# 재미한인문학의 어제와 오늘

# 재미한인문학의 어제와 오늘

김영미 김양순 김정훈 오정화
이기인 이상갑 정덕준 조규익

한국문화사

■ 재외한인문학연구 총서를 펴내며

  문학은 근본적으로 삶에 대한 질문이다. 그것은 시간과 공간을 넘어서는 문학의 존립 근거일 수 있다. 재외한인문학은 삶에 대한 질문의 가장 첨예한 방식이다. 재외 한인은 숙명적으로 '나'에 대한 쉼 없는 질문의 상황에 놓여 있을 수밖에 없는 사람들이다. 그들의 글쓰기가 절실하고 간절하여 긴박할 수밖에 없는 이유이다.

  재외한인문학은 특수한 시대의 특수한 문학이 아니다. 그것은 보편성을 지닌 문학 현상의 한 양상이다. 따라서 이에 관한 연구 또한 문학에 관한 탐구의 한 방식이다. 재외한인문학에 대한 연구들이 괄목한 만한 성과를 내며 성장한 지 절대 짧지 않은 시간이 지났다. 그동안 연구성과를 한 자리에 묶어내는 학술적 작업이 없음은 아쉬운 바였다.

  재외한인문학 연구총서를 펴내면서 이에 대한 새로운 이정표이고자 한다. 재외한인문학 연구의 의미 있는 성과들을 집적하고 새로운 담론들을 생성해내는 추동의 기제로서 작동될 수 있기를 바란다. 아울러 재외한인문학이 이루어내는 눈부신 성취를 보는 즐거움과 행복이 그 안에 들어있길 바란다.

  한국문학의 세계화를 꿈꾸는 시대, 재외한인문학과 그 연구가 힘차게 이를 밀고 나가는 화두가 되기를 빌어본다.

2022년 4월
공주대학교 재외한인문화연구소 김영미

■ 책을 내면서

　이 책은 재미(在美)한인문학이 이제까지 산출해 온 문학작품을 대상으로 그 미적 자질과 주제적 특성을 살피고, 나아가 문학적 성과와 의의를 규명하는 데 초점을 두고 있다.
　재미한인의 이주 역사는 1903년 하와이 노동 이주로 시작되는데, 광복을 기점으로 그 이전과 이후의 이주 목적과 성격이 크게 다르다. 광복 전의 이민은 막일하는 잡역부나 농촌의 소작인 등의 노동이민 또는 '사진 신부'가 대부분이며, 그만큼 이주·정착 과정 또한 간고하였다. 이와는 달리, 광복 후 특히 개정 이민법이 발효된 1965년 이후에는 지식층 중심의 경제·문화적 상승 욕구에 의한 자의적 선택 이민이 대규모로 이루어지고 있으며, 비교적 쉽게 정착한다는 점에서 광복 전과는 확연히 다르다. 그러나 광복 전이든 후든, 또는 자의에 의한 이민이든 타의에 의한 것이든, 재미한인은 고향 땅을 떠나왔다는 탈공간의 박탈적 경험과 함께 현지 사회의 인종차별, 언어·문화적 충격 등 숱한 시련을 통과제의처럼 겪게 된다. 재미한인문학은 이러한 재미한인의 각양의 삶, 디아스포라 체험과 정서를 작품화하고 있는데, 광복 전과 후가 서로 다른 성향을 드러낸다.
　재미한인문학은 대규모 이민이 이루어진 80년대에 접어들어 본격적으로 전개되는데, 이주·정착의 단계에 따라 내포하는 내용과 지향이 사뭇 다르다. 광복 전 이민 1세대 작가들이 '일시 체류자' '방문자' 의식에서 벗어나지 못한 채 고국에 대한 그리움과 조국애 등을 작품에 담아내는 데 반해, 광복 후의 2/3세대 작가들은 민족 정체성뿐 아니라 인간의 욕망 본연 또는 인간 본연 문제를 주로 형상화하는 것이다.

　재미한인 1세대 작가의 조국의식은 대부분 이주의 길을 떠날 때의 고국 상황에 거의 고정되어 있다. 그래서 이들은 주로 조국 독립에의 열망과 향수, 이민 생활의 애환을 담아내는데, 일정 기간이 지난 후에는 현지화 과정에서 겪는 각양의 갈등을 표출시킨다. 과거 기억 속에 존재하는 조국과 현재 일상을 꾸려나가는 미국이라는 거주 국가 사이에서 발생하는 내적 갈등은 대표적인 예인데, 이는 재미 한인 1세대 문학의 바탕에 깔린 공통적 특질이라 할 수 있다. 그러나 광복 후의 2/3세대 작가는 1세대 작가의 정서에 무관심하거나 외면하고자 하는 성향을 드러내고, 미국의 젊은 작가들과 비슷한 경향을 보인다. '민족성'은 이들의 중심 주제에서 벗어나 있는 것이다. 어떤 한인 문학단체에도 소속되지 않은 채 미국 주류문단에서 영어로 작품을 창작 발표하는 작가가 특히 그러하다. 이들 작가는 미국 사회 구성원으로서의 주인의식, 정착·동화 과정에서 겪게 되는 인종차별과 이로 인한 상대적 박탈감과 소외, 인간 본연의 문제와 인류 보편의 가치 등에 더 많은 관심을 드러낸다.

　재미한인문학이 내보이는 이러한 세대 간 차별적 특성은 물론 각 세대의 문학적 지향의 차이에서 연유하는 것으로, 작가에 따라 서로 다른 이민 목적과 일상어로 사용하는 언어의 차이, 현지 사회에의 동화 의지 등이 빚어낸 결과적 현상이라 할 수 있다. 그러나 이런 세대별 차이에도 불구하고 여전히 재미한인문학을 일관하는 주된 주제는 '한국인으로서의 정체성 추구'와 함께 이를 극복하는 과정에서 보여주는 '긴장과 갈등'이라고 할 수 있다. 또한, 한국문단과의 밀접한 관계 아래 창작 활동이 이루어지고 있다는 점에서 중국 조선족문학이나 재일(在日)한인문학, CIS 고려인문학 등과는 결이 다른 특징적 면모라고 지적할 수 있다.

이 책은 크게 셋으로 나누어 묶었다. 먼저, 재미한인문학의 형성과 그 전개 양상을 살펴보고, 이주·정착 과정에서 겪었던 치열한 삶의 양상, '민족'과 '국적' 사이에서 여전히 '경계인' 또는 일시적 '체류자'일 수밖에 없는 삶이 어떻게 이들의 문학에 형상화되어 있는지, 세대별 특성과 그 의미가 무엇인지 해명하고 있다. Ⅰ부「재미한인문학의 사적 전개」에서는 재미한인문학의 형성 과정과 전개 양상을 살피고, 서사적·주제적 특성을 세대별 주요 작가의 대표적 작품을 중심으로 개관하고 있다. Ⅱ부「재미한인 시문학」에서는 광복 전 이주 1세대 시문학의 주제적 특성을 밝히고, 2/3세대 작품을 중심으로 시적 지향의 변화 양상과 함께 한국계 미국 시인들의 작품세계를 살피고 있다. 끝으로, Ⅲ부「재미한인 소설문학」에서는 재미한인 소설의 서사적 특성과 주제의식을 세대별로 살펴보고, 미국 주류문단에서 작품 활동을 하는 작가들의 주요 작품을 중심으로 그 문학적 성과를 해명하고 있다.

이 책은 한국연구재단 일반공동연구지원사업 지원에 힘입은 연구성과들을 엮은 것이다. 지원해준 한국연구재단에 감사의 마음 전하며, 연구를 함께 수행한 김영미, 김정훈, 이기인, 이상갑 교수께, 특히 논문 수록을 흔쾌히 허락해주신 김양순, 오정화, 조규익 교수께 깊이 감사드린다. 아울러 자료 수집과 자문에 도움을 아끼지 않으신 재미 한인문학 단체 관계자 여러분, 그리고 출판을 맡아준 한국문화사 김진수 사장과 편집부 여러분께 감사드린다.

2022년 4월 정 덕 준

# ■ 차례

■ 재외한인문학연구 총서를 펴내며__5
■ 책을 내면서__7

## I. 재미한인문학의 사적 전개

**재미한인문학의 특성과 전개 양상** ················· 15
  1. 서언 ················· 15
  2. 세대 및 장르별 특성 ················· 18

## II. 재미한인 시문학

**국권상실기 재미한인 시문학** ················· 61
  1. 서 언 ················· 61
  2. 망향과 계몽, 노동이민 시대의 시문학 ················· 65
  3. 두 개의 미국, 유학생 시대의 시문학 ················· 72
  4. 결 어 ················· 80

**재미한인 시문학의 주제적 특성** ················· 84
  1. 서 언 ················· 84
  2. 향수, 일시 체류자 방문자 의식 ················· 89
  3. 이민 생활의 애환, 이방인 의식 ················· 99
  4. '이민자', 정체성 갈등 ················· 106
  5. 시민 되기, 이웃과 함께 살기 ················· 113
  6. 결 어 ················· 122

**한국계 미국 시인 캐시 송, 명미 김, 수지 곽 김의 차이** ················· 125
  1. 서언 ················· 125

2. 캐시 송, 『사진 신부』: 과거 탐색과 새로운 출발 ················ 127
3. 명미 김, 『깃발 아래』: 거리와 단절의 경험과 시적 가능성 ········ 142
4. 수지 곽 김, 『분단국가의 비망록』: 한국계 미국 시인 2세대의
   "후기기억" ······································································ 152
5. 결어 ············································································· 160

## III. 재미한인 소설문학

### 욕망과 좌절, 재미 한인작가의 자아 찾기 ···················· 167
1. 서언 ············································································· 167
2. 아메리칸 드림과 탈향, 문화사절 의식 ····························· 170
3. 귀향의 욕망과 좌절, 빛바랜 아메리칸 드림 ····················· 183
4. 결어 ············································································· 190

### 혼종(混種)의 서사, 재미한인 1세대 소설 ······················ 195
1. 서언 ············································································· 195
2. 조국 독립, 애국·애족의 서사 ········································ 198
3. 혼종(混種), 민족 차별에 대한 비판 ································ 202
4. 결어 ············································································· 215

### 해원과 치유, 재미한인 소설의 서사적 특성 ················ 218
1. 서언 ············································································· 218
2. 해원(解冤), 창작의 원천 ················································ 221
3. 도피적 삶, 미국에서 살아가기 ······································· 226
4. 위안과 치유, 노후 생활 ················································ 234
5. 결어 ············································································· 240

### 미주(美洲) 한인 이민 1세대 소설의 서사 ···················· 243
1. 서언 ············································································· 243
2. 상실과 보상, 중년의 사랑 ············································· 246
3. 상처와 자존, 사회적 관계 회피 ····································· 252

4. 감상과 체념, 작중인물의 내면세계 ······················· 261
   5. 분노와 여유, 이종학과 장명길, 맹하린 ··················· 269
   6. 결어 ····································································· 275

## 이해, 차별을 넘어-재미한인 소설의 주제적 특성 ··············· 280

   1. 서언 ····································································· 280
   2. 변방의식, 한국문학에의 지향 ································· 285
   3. 인종차별, 이민사회 적응의 한계 ····························· 290
   4. 이해와 존중, 차별을 넘어 공존하기 ························ 298
   5. 결어 ····································································· 303

## 『딕테』- 한국계 미국 이민 여성으로서 '말하는 여자' 되기 ········ 307

   1. 서언: 한국계 미국 이민의 역사와 문학 ··················· 307
   2. 차학경의 『딕테』 ···················································· 311
   3. 결어: 『딕테』가 한국계 미국문학에 주는 시사점 ········· 339

## 차별을 넘어 차이, 린다 수 박 소설의 미학 ······················ 343

   1. 서언 ····································································· 343
   2. 김치와 누에, '양가적 정체성'의 준거 ······················ 347
   3. 인종차별적·아(亞)서구적 시각 ································ 352
   4. '차이'를 아는 지혜, 하나됨을 향하여 ······················ 357
   5. 결어 ····································································· 362

## 『네이티브 스피커』의 내연과 외포 ·································· 366

   1. 서언: 네이티브 스피커와 바벨탑 ····························· 366
   2. 바벨탑과 소외된 자아 ············································ 371
   3. 언어 콤플렉스와 진실, 그리고 자아 정체성 ············· 379
   4. 결어 ····································································· 386

■ 찾아보기__389

# I. 재미한인문학의 사적 전개

# 재미한인문학의 특성과 전개 양상

## 1. 서언

이 글은 재미(在美)한인문학이 이제까지 산출해 온 문학작품을 대상으로 그 미적 자질과 주제적 특성을 분석하고, 이들 문학이 내보이는 공통적인 특질을 추출하여 한민족문학의 형상을 새롭게 재구해보는 데 초점을 두고 있다. 이를 위해 먼저 재미한인문학의 전개 양상을 살펴보고, 이주정착 과정에서의 재미 한인들의 삶이 어떻게 형상화되어 있는지, 그 심미적 자질과 주제적 특성은 무엇인지, 세대별 특성이 있다면 어떻게 드러나고 있는지, 세대를 하나로 아우를 수 있는 공통적인 특질이 있다면 무엇인지 등을 살펴보고 있다.

미국은 광복 이후 현재에 이르기까지 한민족의 경제적·사회적 상승 욕구에 의한 자의적 선택 이민이 활발한 지역이다. 따라서 재미한인문학에는 중국이나 CIS 지역, 일본 등지의 한인문학에 흔히 드러나는 '이주'라는 탈(脫)공간의 박탈적 경험은 두드러지게 드러나지는 않는다. 하지만 여전히 이들 문학에는 언어적 전치(轉置) 과정에서 발생하는 소외와 정체성의 혼란, 여러 면에서 현지화되어있음에도 불구하고 민족적 정체성을 고수하려는 숨은 노력 등이 담겨 있다. 1세대 작가의 작품들이 특히 그러한데, 현지어로 창작 발표한 1.5세대와 2, 3세대 작품 또한 자전적 내용이나 체류자·망명자 의식을 담아내는 등 한국문학과 근접한 작품 내적 특질을 드러내고 있다. 또한, 거주 국가의 지배적 언어로 창작된 작품은 한국계 '유/이민 문학' 또는 '소수자 문학'이라는 범주로라도 미국문학으로 받아들여질 수 있겠지만, 한글로 창작된 문학은 언어 문제 때문에 현지에서 전혀 수용될 수 없다. 특히 대다수 작품의 경우 작품 내용이나 주제적·정서적 특성상 아직 한국문학에서 완전히 분화되지 않은 상태라는 점도 유념해야 할 문제이다. 이러한 작품들은 한국문학의 범주로 간주하여 받아들이지 않을 경우, 그 문학사적 생명력을 상실할 수밖에 없게 된다. 따라서 재미한인문학에 대한 논의에서 무엇보다 중요한 것은 이들 문학을 한국문학의 범주 안에 담아 한민족문학의 영역을 확장하려는 열린 시각이라 할 것이다.

　재미한인문학은 '국민'과 '민족'이라는 이중적 지위, 이중 언어에 대한 문제를 안고 있다. 이러한 문제는 CIS 고려인이나 재일한인 등 재외한인사회에 공통적으로 나타나는 현상이지만, 재미 한인은 결국 그 정신의 근원을 형성하는 원형이 한민족이라는 점 때문에 혼란스러워하고 있다. 이처럼 현실적 문화와 원형적 문화가 충돌하면서 동시에 변용을 지향하는 이중적 형태가 바로 재미 한인들의 문학세계이다. 따라서 이 글에서는 국적이나 이주 목적, 사용 언어와 관계없이 한민족에 혈연적 뿌리가 닿아 있고, 문화적·의식적 차원에서 자신이 한민족이라는 의식하에 발표한 작품이라면 마땅히 한민족문학으로 간주해야 한다는 관점을 취한다. 논의의 편의를 위해 언어를 구분하는 것은 가능하지만, 범주 설정의 문제에서는 쓰인 언어에 상관없이 재미 한인 작가의 작품 모두를 한민족문학으로 간주하여 논의의 대상에 포함시킬 것이다.

  이 책에서는 재미한인 작가들의 작품을 대상으로 하되, 창작 주체를 중심으로 이주·정착의 단계에 따라 크게 3세대로 나누어 살펴보고 있다. 한국에서 태어나 청·장년기에 이주하여 모국어로 사고하며 의사소통이 가능한 세대를 1세대, 한국에서 태어나 유소년기에 이주하여 해당 지역에서 성장하고 현지 문화에 익숙해진 세대 또는 해당 지역 1세대 부모에게서 태어나 그곳의 교육과 문화 속에서 성장한 세대를 1.5/2세대, 그리고 1세대 조부모를 두고 해당 지역에서 태어나 성장하여 한국문화에 대한 직접적인 접촉이 없는 세대를 3세대로 구분하고, 각 세대의 문학적 특성을 살펴볼 것이다.

  재미한인문학은 이주·정착의 단계에 따라 내포하는 내용이 사뭇 다르다. 광복을 기준으로 이전과 이후의 이주 및 문학 활동 양상이 뚜렷이 다르게 나타나고, 세대별로도 이주·정착의 단계적 구분을 명확하게 보여주고 있다. 따라서 이러한 변별적 특성이 재미한인문학에 어떻게 형상화되어 있는지를 중점적으로 살펴볼 필요가 있다. 물론 다소의 차이는 있지만, 1세대 작가의 조국의식은 이주의 길을 떠날 때의 상황에 거의 고정되어 있다. 그래서 이들은 주로 조국의 당대 상황에 대한 문제 제기와 향수를 담아내는데, 일정 기간이 지난 후에는 현지화 과정에서 겪는 각양의 갈등을 표출시킨다. 과거 기억 속에 존재하는 조국과 현재 일상을 꾸려나가는 미국이라는 거주 국가 사이에서 발생하는 내적 갈등은 대표적인 예인데, 이는 재미 한인 1세대 문학의 바탕에 깔린 공통적 특질이라 할 수 있다. 이와는 달리, 3세대 작가는 이러한 1세대 작가의 정서에 무관심하거나 외면하고자 하는 성향을 드러내고, 미국의 젊은 작가들과 비슷한 경향을 보인다. '민족성'은 이들의 중심 주제에서 벗어나 있는 것이다. 그러나 비록 민족성과 민족어를 민족문학의 절대적인 표상으로 인정한다고 하더라도, 그것을 정체성 규명의 잣대로 엄격하게 사용할 수 없는 어려움이 재외 한인문학 연구에는 필연적으로 내재하게 되고, 이것은 시간이 지날수록 더욱 크게 드러날 수밖에 없다. 따라서 재미한인문학의 이주 세대별 특성을 명확히 파악하는 것은 여타 지역 한인문학을 이해하는 방법적 틀을 찾는 작업이라 말할 수 있다.

이 책에서는 창작 언어가 무엇인가는 따로 고려하지 않고, 한국문학의 일반적인 주제와 정서 및 분위기를 끌어안고 있는 작품이라면 모두 논의의 대상으로 삼는다. 재미 한인 작가의 경우, 현재 세계 공용어라 할 수 있는 '영어'로 재현해야 하는 창작의 갈등을 간과할 수 없다. 이런 문제는 이민 초기부터 특히 지식인 집단을 중심으로 간헐적으로 제기되었던 부분이기도 하다. 하지만, 재미한인문학은 '모국어'를 통해 문학 활동을 하고자 하는 의지 또한 강하게 표출되고 있으며, 그 성과 또한 만만치 않다. 모국어인 한국어에 예속되어 창작하고자 하는 의지, 모국어에 예속되어 있으나 현지어까지도 수용해 보고자 하는 의지, 현지어를 수용하면서도 객관적으로 자긍심을 갖고 당당하게 모국어를 유지 발전시키고자 하는 의지가 재미 한인 작가의 작품 곳곳에서 드러나 있는 것이다. 따라서 재미한인문학에 관한 논의는 현지어로 창작된 문학작품까지 함께 다룰 때 비로소 그 온전한 형상이 드러날 수 있을 것이다.

## 2. 세대 및 장르별 특성

재미 한인의 이주 역사는 1945년 해방을 기준으로 그 이전을 전기 이민사로, 그 이후를 후기 이민사로 구분할 수 있다.[1] 전기 이민과 후기 이민은

---

[1] 이에 대해서는 이광규, 『재미한국인』, 일조각, 1989 참조.

그 목적과 성격이 상당히 다른데, 무엇보다도 미 대륙에 건너온 재미 한인의 직업과 교양 정도에서 확연히 구분된다. 1903년 하와이 사탕수수 농장 노동자 이주로 시작된 전기 이민의 경우, 막일하는 잡역부나 농촌의 소작인 또는 머슴, 심지어 건달까지 포함된 하층민이 대부분이었다. 물론 유길준·박영효 등 재미 유학생이나 지식인도 일부 있지만, 이들은 극히 소수에 불과했다. 전기 이민자의 65% 정도가 문맹이었다는 점은 초기 이주의 성격을 짐작하게 해준다. 더욱이 이후 일제가 조선인의 미국 이민을 통제했기 때문에 사실상 전기 이민사회의 구성원은 이민 초창기에 형성된 이주자들이 주축을 이룬다. 후기 이민은 1965년에 개정된 이민법인 '하트-셀러법' 제정 이후 미국으로 이주해 온 사람들을 가리키는데, 미국 본토로 이주한 지식인계층이 주류를 이룬다. 이들은 전기 이민의 경우에 비해 비교적 손쉽게 정착한다.

재미한인문학도 전기와 후기가 서로 다른 성향을 드러낸다. 전기의 경우, 이주·정착 과정의 간고함에서 연유하는 것이지만, 한인사회의 문학 활동은 이주 이전에 체득한 민요와 가사·창가의 형태를 한동안 지속해 나가는 등 다소 정체된 모습을 보인다. 그러나 후기의 경우, 미국에서의 정착이 어느 정도 안정을 찾게 되자, 문학을 통해 자신의 내면과 재미 한인사회가 직면한 문제들을 다양한 방식으로 표출하기 시작하면서 한인사회의 문학 활동도 활발해진다. 이를 세대별·장르별로 구체적으로 살펴보면 다음과 같다.

### 1) 망향, 조국애: 1세대 문학

재미 한인사회는 조선 말기의 정치적 망명과 하와이 노동이민을 중심으로 형성되고, 일제강점기의 유·이민과 망명자 집단이 유입되면서 그 세를 확장한다. 광복 이후, 미국으로의 이민이 비교적 활발하게 이루어지고, 특히 한국전쟁 이후 한국 정부가 자유로운 해외 진출을 법제화하면서 이주자들이 급격하게 늘어나 현재에 이르게 된다. 광복 이후 이주한 재미 한인들은 이전 시기와는 달리 고학력자인 경우가 많고, 그만큼 문화적 욕구가 높다는 점이 특이하다.

재미 한인 1세대 작가는 한국에서 태어나 한국에서 교육을 받고 청·장년기에 미국으로 이주하고, 한국어를 모국어로 하여 사고하고 의사소통을 하며, 주로 한국어로 작품을 창작하는 세대라 할 수 있다. 이들은 대개 자신의 경험을 토대로 간고했던 이민 생활에 관한 자전적 이야기를 주로 담아내고 있다. 이들 1세대 문학은 모국어인 한국어로 창작했을 뿐 아니라, 작품의 주제적인 경향이나 장르에 대한 인식이 한국에서 배우거나 즐겼던 작품들과 크게 다르지 않은 모습을 보인다.

### (1) 망향, 정체성과 모국어 : 시문학

재미한인 1세대 시문학은 광복을 기점으로 창작 경향과 주제의식에서 일정한 차별성을 가진다. 국권 상실기에 이루어진 초기 유·이민이 대부분 타율적 이주라고 한다면, 광복 이후 또는 한국전쟁 이후의 이민은 경제적·사회적 상승 욕구에 의한 것으로 자율성을 특징으로 한다. 이는 CIS 지역이나 중국·일본 지역에서의 이주·정착 과정과 상당한 차이가 있다. 스스로 선택한 이민이고, 따라서 생활 또한 현지인을 지향하거나 현지인의 그것을 추구하게 되고, 그래서 문학의 형식과 주조(主潮)도 이주 시기에 따라 서로 다르게 나타난다.

#### 가. 방문자 또는 체류자 의식의 표출

광복 이전 초창기 이주 한인들은 나라 잃은 백성으로서 기본적인 삶조차 유지하기 어려운 상황에서 이주를 선택했고, 그래서 이들은 자신들을 '이민'(移民)이 아니라 '유민'(流民)으로 간주한다. 정상적 의미의 이민이라면 자신들이 도착한 곳에 성공적으로 정착하고, 현지 사회에 동화하는 것이 절대 과제이자 최상의 목표라고 할 수 있다. 하지만 재미 한인 1세대 대부분은 모국으로 돌아가는 염원을 버리지 않고 그 꿈이 이루어지는 날을 기다리며 인고의 삶을 이어가고 있었다. 그래서 이들은 정체성의 위기와 여기서 연유하는 고통을 심각하게 겪게 된다. 이들은 이민의 땅이 잠시 체류하는 곳이고, 언젠가는 반드시 돌아가야 할 모국이 있다고 믿고 있었지만, 현실적으로 그러한 귀환이 쉽지 않았기 때문이다. 일시적 체류자 의식이 강하고, 자신들을 유랑민과 정착민·망국민 사이에 끼어있는 존재로 인식하는 한, 이들 1세대 한인들이 살아가고 있는 미국은 언제나 손님 자격으로 잠시 '방문한' 땅 이상의 의미를 지니지 못하게 된다.

한편, 재미 한인 1세대는 이민지 미국에서 겪어야 했던 신산한 생활고나 망국의 한, 실향의식을 담아낼 문학적 도구를 찾게 된다. 그러나 개인적 학식이나 지위 고하를 막론하고 1세대 한인들 대부분은 정신적·시간적 여유가 없었고, 현지 언어로 자신의 내적 감정을 형상화할 수 있는 능력이 없었다. 그래서 이들 1세대 한인들은 공동체의 현실적 염원을 드러내기 위한 수단적 매체로 전통적인 민요나 가사(歌辭)·창가(唱歌)·시조 등을 빌어 자신들의 감정을 표현하게 된다. 이후, 미국 현지에서 경험한 찬송가나 포크송·민요 등 여러 형태의 노래들을 수용하고, 그 구조 및 형태와 표현법을 배워나가면서 점차 새로운 형태를 만들어내게 된다. 초기에는 대개 고국에서 익숙해 있던 가사의 형태를 부르다가, 후대로 내려오면서 창가류의 단형 시가를 거쳐 자유시로 변모되는 모습을 보이는 것은 그 한 예이다.

이런 점에서 재미 한인 1세대의 시문학은, 모국의 시문학이 문학 내적인 동기에 의해 자유시로의 형태로 전이되는 발전 과정을 거치는 것에 비해, 현지인들이 일상에서 부르던 노래를 일정 부분 받아들이면서 자유시의 경험을 축적해 가게 되었다고 말할 수 있다. 다시 말하여, 초기에는 전통적인 노동요나 창가에 새로운 가사(歌詞)를 붙여 부르다가, 이후 영어로 된 가사를 한국어 가사로 바꾸어 부르게 되고, 점차 자유로운 시 형식을 체험하면서 새로운 형태의 시가문학을 발전시켜 나가게 된 것이다.[2]

광복 이전 재미 한인 1세대는 『신한민보(新韓民報)』[3]를 중심으로 문학 활동을 벌인다. 이들 1세대 한인은 이 신문 지면을 통해 일제에 대한 저항 의식과 독립에의 염원, 식민지적 현실에 대한 반성과 비판, 그리고 이민 생활의 애환과 고국에 대한 그리움 등을 주 내용으로 한 계몽적 성격의 시들을 다수 발표한다. 다음 시는 이런 경향을 보여주는 대표적인 민요이다.

> 금전옥답 몇마지기 근근조업 이아닌가
> 안쫑걸음 섬놈들이 승야월장 도적하니
> 나의한이 뼈에박혀 네놈들의 더운간을
> 나의목적 성취하여 태서열국 도로거든
> 네놈들을 다시보자 태평양을 건넜더니

---

[2] 이에 대해서는 정명숙,「한국 개화기 해외 유이민 시가 연구-『신한민보』를 중심으로」(대구대 석사학위논문, 1988)/ 문무학,「일제강점기 유이민 시조 연구-『신한민보』를 중심으로」(『대구어문논총』14집, 대구어문학회, 1996.6)/ 조규익,「초창기 在美韓人들의 국문 시가에 대한 인식」(『국어국문학』124호, 국어국문학회, 1999.5) 등의 글 참조.

[3] 1909년 2월 10일 창간된 '대한인국민회(大韓人國民會; Korean National Association)'의 기관지로, 영문명은 *The New Korea Times*. 국권상실기 재미한인 문학은 이 신문을 중심으로 전개된다.

> 가시밭에 몰아넣고 어저귀로 등을치니
> (중략)
> 일편단심 위국하자 병정순검 되고보니
> 칼있어도 못찌르고 총있어도 못놓으니
> 사람이라 무엇할까 자유세계 한번가서
> 나의마음 되는대로 태평양을 건넜더니
> 가시밭에 몰아넣고 어저귀로 등을치니
> 하일염천 집 낮았네 반도풍진 참담한곳
> 어이하면 바삐가서 나의피를 뿌리면서
> 우리형제 구해볼까 상전벽해 웬일인가[4]

전편 170여 행, 13연의 장편 가사체 형식으로 엮어져 있는 이 민요는 그 시기 노동이민의 실상을 핍진하게 노래하고 있다. 그 양식적 성격 면에서 교술적 개화가사와 궤를 같이하는 것인데, 특히 주목되는 것은 그 기본적 구성이 마치 '달거리'를 본뜬 듯한 형태를 취하고 있다는 점이다. "가시밭에 몰아넣고 어저귀로 등을 치니/ 하일염천 집 낮았네 반도풍진 참담한곳"이라는 구절에서 우리는 그 시기 멕시코 전역을 휩쓴 반독재 혁명운동의 열화 같은 움직임과 한국인 노동이민의 엄혹한 노동 현실의 일단을 어렵지 않게 살펴볼 수 있다.

나. 고향에 대한 그리움, 정체성

광복 전에 미국으로 이주한 1세대 재미 한인과는 달리, 광복 이후 이주한 1세대 재미 한인은 문학단체를 조직하여 한국어로 작품 활동을 벌이며 한국인으로서의 결속을 다지고, 고향에 대한 그리움이나 이민 생활의 힘겨움 등을 작품으로 표현하면서 현실적 고난을 극복해나간다. 그들은 이러한 문

---

[4] 채동진, 「대한제국 만만세야 국민호를 만만세야」, 『신한민보』 1909. 6. 30.

학 활동을 통해 한국인으로서의 자부심을 키워나가는 한편, 미국 사회에 한국인과 한국문학을 널리 소개하려 한다. 로스앤젤레스에서 발간된 재미한인문단 최초의 동인지 『지평선』(1973~1976)에 실린 시 작품들은 그 좋은 예이다. 이들 작품은 이주 1세대들이 겪어야 했던 정착 과정의 힘겨움과 정체성 위기 등의 상황을 보여주며, 이를 기독교와 우주적 사유를 통해 초월하고자 하는 의지를 담고 있다.

『지평선』 이후 미국 서부의 『미주문학』과 동부의 『뉴욕문학』은 재미한인문단의 문학 활동을 대표하는 잡지인데, 여기에 수록된 작품들도 『지평선』에 게재된 작품들과 비슷한 수준을 내보인다. 이들 잡지에 실린 1세대의 시들은 독자의 보편적인 감정을 끌어내기보다는 시인 자신의 사적인 이야기를 들려주는 데 급급하고, 자신의 삶을 사실적으로 보여주려는 것들이 대부분이다. 특히, 시인이 자신의 감정에 단순 몰입함으로써 감상적인 측면을 드러내는 경우가 많다.

한편, 고향과 조국에 대한 그리움을 담고 있는 작품들이 다수 창작되고 있다. 예컨대, 현지에 정착하지 못하고 "이국어에 휘말린 무거운 몸을 묻고/ 어쩌다 들린 고국 술집 막걸리에/ 내게도 고향이 있고 고국이 있다는/ 황소 웃음 같은 반추로/ 냉혹한 변민과 자학이 범벅된/ 하루의 生을 마신다/ 피보다 진한 나를 마신다// 그래도 고국은 아직 봄인데…"[5]에서 보는 것처럼, 낯선 이국땅에서의 삶의 어려움과 고향에 대한 그리움을 노래하는 작품은 그 좋은 예이다. 아내의 해산을 보며 고향의 어머니를 떠올리는 김진춘의 「어머니가 된 당신」, 무인도 같은 타국에 적응하지 못하고 그리움과 고독에 신음하는 자신의 아픔을 토로한 김병현의 「여권」, 영어 발음 속에 깃드는 향수의 색채를 이야기하는 황갑주의 「내가 말한 영어엔」, 고향에 두고 떠나

---

[5] 전달문, 「그래도 고국은 아직 봄이네—뉴욕日記」, 『미주문학』 2집, 1984.

온 어머니와 가족친지들에 대한 그리움을 그린 최연홍의 「두 개의 편지 안에서」, 고향의 산과 모국어의 따스한 체온에 관해 이야기하는 최선영의 「나무의 시」, 태평양을 보며 외롭고 배고프던 부산 피난민 시절을 회상하는 이창윤의 「물새―'산타모니카'항에서」, 고향 우물가 양지쪽의 항아리를 떠올리며 향수에 젖어 있는 자신의 모습을 담아낸 김시면의 「항아리」 등도 같은 문맥의 작품이다.

전달문의 「그래도 고국은 아직 봄이네-뉴욕日記」를 보면, 이 시의 화자는 막걸릿집에 들러 자신에게 고향이 있고 조국도 있다는 사실을 새삼 확인한다. 이런 의례는 타국 땅에서 떠도는 이방인의 현실이지만, 자신의 몸 속 깊은 곳 어딘가에는 자신이 뿌리내리고 살았던 조국이 든든하게 자리하여 자신을 받쳐주고 있음을 깨닫게 하는 기제에 다름 아니다. 이 시의 화자는 그래서 자신의 든든한 과거를 확인하고, 떠돌고 있는 현실의 고통에서 조금이나마 벗어날 수 있게 된다. 말하자면, 재미 한인 1세대에게 조국은 자신들의 정체성을 확립하게 해주는 강한 토대라고 할 수 있는 것이다.

라. 주변적 삶과 모국어

미국에 살면서도 자신을 미국인으로 인식하지 않고 여전히 한국이 조국인 외국인일 뿐이라고 여기는 '외국인 의식'을 분명하게 드러낸 시 작품도 다수 찾을 수 있다. 현실적으로는 미국인으로 생활하고 있지만, 내면적으로는 온전히 미국인이 될 수 없을 뿐 아니라, 심층에는 여전히 자신은 한국인이라는 의식이 서로 부딪치며 갈등하는 모습을 그린 작품들이 그러하다.

마종기의 「선종(善終) 이후 4」는 그 좋은 예이다. "가끔 당신을 만나요/ 먼 나라 낯선 도시에/ 나를 찾아온 환자 중에서도/ 비슷한 윤곽, 안경과 대머리/ 당신은 미소하겠지만/ 나는 말 없이 반가워서 속으로 울어요// 가끔 당신을 만나요/ 외국어로 대화를 나눌 수밖에 없고/ 가끔 당신의 살이 더 희어지고/ 눈이 파래지더라도 당신이 환자들의 고통과 두려움 사이로/ 대견하게 나를 보시는 마음 알아요"에서 보는 것처럼, 이 시의 화자는 아버지와 외모가 비슷한 미국인 환자의 모습에서 아버지를 떠올린다. 이때 화자가 마음으로 떠올려 대화를 나누는 아버지는 한국인 아버지의 모습이 아니라, 외국어를 하고 흰 피부를 가지고 있고 눈이 파란 백인의 모습이다. 화자는 그렇게 변형된 아버지에게서 "대견하게 나를 보시는 마음"을 알아보고, "귀에 익은 목소리"를 듣는다. 아버지의 외모는 변형되어도 화자 내면의 아버지에 대한 그리움의 정서는 원형 상태로 남아있다. 외국어를 쓰고 흰 피부와 파란 눈을 가진 미국인과 아버지의 목소리를 가진 한국인이 화자의 내면에서 서로 갈등하는 것이다. 그의 「인사-우주인 닐 암스트롱에게」에서도 마찬가지의 모습이 나타난다. 이 시의 화자는 자신을 "음지의 작은 나라 노란둥이"라고 부른다. 이 호칭에는 한국인임에도 불구하고 미국인으로서 생활하는 자신에 대한 자기 비하가 담겨있는데, 이 비하의 어조에는 미국인으로 살아가야 하는 시적 자아에 대한 경멸과 경계가 자리 잡고 있다. 이성열의 「미국에서 그리는 자화상」[6]도 그러하다. "오늘도 서부 영화는 보지만/ '카우보이' 쏴대는 총은/ 어느덧 아픔의 총탄 되어/ 내 심사에 마구 와서 박히네"에서 보는 것처럼, 이 시의 화자는 자신을 소외된 주변으로, 힘없는 약자로 인식한다. 그러므로 서부영화에서 카우보이가 총을 난사하면 어느 틈에 주변인이자 약자가 되고, 그 총알이 피해자 의식에 사로잡힌 자신의 몸속을 관통하는 것처럼 느끼게 된다.

한편, 일상의 괴리를 시로 형상화한 작품도 흔히 찾을 수 있다. 마종기의 「두 개의 일상」을 비롯하여 김진춘의 「육육년 여름」(『지평선』 1집, 1973),

---

[6] 이성열, 「미국에서 그리는 자화상」, 『미주문학』 3호, 1985.

김시면의 「영주권」(『지평선』 1집, 1973) 등이 그것이다. "그만한 거리를 두고/ 가물에 피부가 뜬/ 전라도 한끝의 전답이 살아나와/ 갑자기 내 형제가 된다.// 죽으나 사나 형제여,/ 당신의 그림자는 길고 여위다/ 그 변치 않는 그림자를/ 황급히 주머니에 쑤셔 넣고/ 천장이 높은 파티에 참석한다."(마종기, 「두 개의 일상」 일부)에서 보는 것처럼, 이들 작품에는 그림이든 음악이든 일상생활이든 화자의 내면에서 튀어나와 수시로 화자의 생활에 개입하고, 그것을 억제하고 외국의 생활에 자신을 맞춰야 하는 이주 한인의 정서를 내보이고 있다.

이러한 일상의 괴리는 가족 관계에서도 발생한다. 김병현은 시 「모국어」에서 "직장에서 학교에서 거리에서/ 온종일 이국어를 쓰다가/ 밤에만 잠꼬대로 모국어를 말한다.// (중략) 한국인도 미국인도 아닌 우리집 아이들/ 마당에 고인 빗물을 "국물"이라 한다./ 오래된 빵을 "늙은 빵"이라 한다."고 토로하고 있다.[7] 화자에게 있어 영어는 이국땅에서 생활하기 위한 하나의 '도구'에 불과하다. 그런데 화자와는 달리, 아이들과 아내는 영어를 온전한 도구로 삼고자 그쪽에 마음을 쏟고 있고, 심지어 집에서 기르는 강아지나 고양이도 모두 영어 쪽으로 기울고 있다. 이처럼 영어로 둘러싸인 환경 속에서 화자는 무척이나 고독하고 착잡할 수밖에 없다. 하지만 그는 '사랑'만은, '유언'만은, '비문(碑文)'만은 모국어로 하겠다는 다짐을 보인다. 그에게 있어 모국어는 자신의 존재성과 정체성을 지켜주는 마지막 보루이기 때문이다.

한편, 현지어인 영어로 창작된 1세대 재미한인 시문학 작품들은 대체로 조국의 이야기 또는 조국의 향수, 애국심에서 나온 '집단적 자아'를 노래한다. 대표적 시인으로는 자비 출판한 첫 시집 *Curtains of Light*(1970)에 이어

---

[7] 김병현, 「母國語」, 『미주문학』 2호, 1984, 50쪽.

시집 *Eating Artichokes*(1972), *Under the Rolling Sky*(1976)와 소설집 *Dancer Dawkins and the California Kid*(1985), *Dead Heat*(1988) 등을 펴내면서 왕성하게 활동하고 있는 Willyce Kim(1946~ ), 시집 *Polymnia: Sacred Poetry*(1986), *Elitere Lyric Poetry*(1998) 등에서 포스트모던 경향의 시를 발표하여 탁월한 재능을 인정받은 Theresa Hak kyung Cha(본명 車學慶, 1951~1982), 시집 *A Humming Bird's Dance*(1996)를 펴낸 Ok gu Kang(1940~ ), 그리고 Ko Won(본명 高性遠, 1025~2008), Chung Mi Kim(김정미) 등이 있다. 고원은 동국대 전문부를 졸업하고 시집 『시간표 없는 정거장』(1952)을 발간하여 한국에서 등단한 시인으로, 1958년 런던대학에서 영문학을 수학한 후 1964년 도미하여 뉴욕대학에서 비교문학 박사학위를 취득하고 미국에서 작품 활동을 해온 대표적인 1세대 시인이다. 1966년 '캔자스시티 스타 시인상'을 수상하고, 한국의 현대시를 영역 출판(*Contemporary Korean Poetry*, University of Iowa, 1970), 미국 주류문단에 소개하여 재미 한인문학이 자리 잡는데 이바지한 바 크다. 시집으로는 『이율의 항변』(*Antinomic Contradiction*, 1954), 『태양의 연가』(*The Love Song of the Sun*, 1956), 『오늘은 멀고』(*Far Is Today*, 1963), *At the Time Appointed With Eyes*(1969), *The Turn of Zero*(1974), *With Birds of Paradise*(1984), *Some Other Time*(1990) 등이 있다.

김정미(193?~ )는 서울 태생으로, 이화여대 영문과를 졸업하고 방송작가로 활동하다가 도미한 후 UCLA 대학원에서 연극예술을 전공, 석사학위를 받았다. 1973년 시애틀 워싱턴대학에서 시 창작 워크숍을 통해 시를 쓰기 시작한 그의 시는 수많은 시선집에 수록되고, "직관적이면서도 초현실적인 느낌을 자아내는 평범한 언어"가 돋보인다는 평가를 받고 있다. 그의 장편 희곡 『하나코』는 1999년 로스앤젤레스에서 초연된 후, 개작한 작품 『위안부』가

2004년 뉴욕에서 공연되어 호평을 받았다. 시집으로 *Chungmi: Selected Poems*(1982), *Selected Poem by The Korea American Poets*(1995), *Glacier Lily*(2004) 등이 있다.

### (2) 조국애, 조국에 대한 재인식 : 소설문학

광복 이전 재미한인 1세대 소설은 크게 3.1운동 이전과 이후의 것으로 나누어 볼 수 있다.[8] 3.1운동 이전의 소설이 주로 낭만적 애국주의에 경도된 모습을 보인다면, 3.1운동 이후에 발표된 소설은 계몽적 주제와 함께 애정과 자유연애 문제 같은 인간의 심리나 현실의 생활 문제를 주요 소재로 삼는 등 구체적인 변화를 보인다. 3.1운동 이전 작품이 경술국치(庚戌國恥)로 손상된 민족적 자존심을 관념적으로나마 보상받으려는 지사적 지식인들의 욕망을 소설 형식에 담아 구체화하고 있다면, 이후의 소설은 차분하게 민족의 현실을 직시하고 그에 대한 합리적 대안을 제시하거나 좀 더 본질적인 인간의 내면을 미학적으로 형상화하는 것이다.

### 가. 조국애와 독립 의지

광복 이전 재미한인 1세대 소설은 1909년 확대 개편된 '대한인국민회'(大韓人國民會; 이하 '국민회') 기관지『신한민보』를 중심으로 전개되는데, 미국 사회에의 적응에서 겪는 어려움보다는 백척간두에 서 있는 고국의 운명과 국민의 의식 계몽문제 등을 주로 다루고 있다. 이 점에서는 3.1운동 이전과 이후의 작품이 일정한 동질성을 가진다고 말할 수 있다. 1911년 1월『신한민보』에 게재된 검영생의 소설「참쟝부뎐」은 그 좋은 예이다.

---

[8] 이에 대해서는 조규익,『해방 전 재미한인 이민문학 1』, 월인, 1999, 107-159쪽 참조.

「참쟝부뎐」에서, 주인공 '참쟝부'는 하와이 사탕수수 농장에서 일하던 소년 시절에 누군가가 신문 읽는 것을 주워듣고 일본이 한국 백성을 학대한다는 사실을 알게 되는데, 이때 크게 각성하여 이제까지의 게으른 생활을 청산하고 미국 교회에서 한인 교육을 위해 세운 학교에 입학하여 일심으로 학업에 진력한다. 이후 정치전문학교와 독일 육군학교를 졸업한 후 귀국하여 일본군 장교가 된 '참쟝부'는 조선인 병사들을 상대로 은밀하게 독립정신을 고취하다가 쫓겨나자, 해삼위(海蔘威: 블라디보스토크)로 가서 독립군을 일으킨다. 일본 정부는 '참쟝부'의 군대에 연전연패하고 청국 및 미국과의 외교 관계까지 악화되자, 어쩔 수 없이 한국의 독립을 승인하고 만다. 말하자면, 「참쟝부뎐」은 구국의 영웅에 의하여 한국의 독립이 성취되기를 간절하게 소망하고 있던 당대 한국인의 꿈을 그린 작품이다. 작품이 발표된 시기가 경술국치 후 4개월여가 지난 시점이라는 것을 감안하면 작가의 의도를 쉽게 짐작할 수 있다. 작가는 영웅소설에서 흔히 보는 다분히 공상적인 영웅담에 기탁, 조국 독립에의 안타까운 열망을 내보인 것이다. 따라서 이 작품은 그 작가의식이 대한제국 말 애국계몽 시기에 발표된 단재 신채호(申采浩)의 『을지문덕』(1908)[9] 『이순신전』(1908)[10]과 같은 역사전기소설이 담아낸 주제의식 '영웅 대망(待望) 사상'과 궤를 같이한다고 말할 수 있다.

한편, 이 작품은 고소설에서 흔히 볼 수 있는 가벼운 반전의 묘미와 더불어 민담적 발상의 흔적을 드러내 보인다. 주인공 '참쟝부'는 본래 일하기를

---

[9] 광학서포(廣學書舖)에서 출간한 소설로, 원제목은 '대동사천재 제일대위인 을지문덕(大東四千載第一大偉人乙支文德)'. 국한문본(1908.5)과 국문본(1908.7)이 있다.
[10] 『대한매일신보』에 연재(1908.5.2~8.18)된 한문소설로, 원제는 '수군제일위인 이순신전(水軍第一偉人 李舜臣傳)'이며, 순국문 『리슌신젼』도 같은 신문에 연재(1908.6.11.~10.24)함.

죽기보다 싫어하던 인물로서 "잡놈 듕에는 혼 가지도 부죡ᄒ지 안흔 뎨일 등 잡놈"의 면모를 띠고 있었는데, '우연한' 계기로 갑작스럽게 완전히 새 사람이 되어 영웅적 활약을 전개하게 된다는 구성이 그러하다. 또한 「참쟝부뎐」은 문장이나 기법의 측면에서 볼 때 매우 단순하고 소박한 면모를 보여주고 있다. 그리고 작품의 이야기는 상당히 긴 시간에 걸쳐 있는 데 반해 서술은 매우 짧고, 장면 묘사가 거의 없이 극도로 축약된 설명으로 이루어져 있다. 따라서 이 작품은 장편소설의 줄거리를 간략하게 요약한 것 같은 느낌을 주는데, 이는 당시 소설이 지닌 구조적 한계로 보인다.

남궁 시예라의 「난쳐난쳐」(『신한민보』 1911.2.8.)는 러·일 전쟁 때 어머니가 러시아 군인에게 살해당한 후 아버지와 단둘이 강원도 양양의 시골로 옮겨 살아온 화자(여자주인공)의 이야기이다. 작중 화자의 남편은 사고무친의 신세로 의병에 지원하여 전투에 나섰다가 부상을 입고 길에 쓰러져 있던 중 지나가던 서양인 목사에 의해 구출된 젊은이다. 이들 부부가 사는 시골집에 의병들이 일본군에게 쫓겨 피신해오자, 남편은 의병들을 도와 싸우다가 일본군에게 체포되어 골방에 갇힌다. 남편은 아내 도움으로 탈출에 성공하지만, 일본군은 작중 화자인 아내의 아버지를 잡아다 놓고 남편을 찾아오지 않으면 아버지를 처형하겠다고 협박한다. 그녀는 고민에 싸여 어찌할 바를 모르는데, 숨어 있던 남편이 사정을 눈치채고 스스로 나타난다. 일본군이 남편에게 의병들의 동정을 염탐하여 알려주면 목숨을 살려주는 것은 물론 후한 상까지 주겠다고 회유하지만, 그는 이 제안을 거절하고 죽음을 자청한다. 이런 절체절명의 순간, 의병들의 공격으로 짧은 전투 끝에 일본군은 퇴각하고 만다는 내용이다. 이 작품은 『신한민보』에 발표된 재미한인 1세대 소설작품 가운데 비교적 짧은 분량의 소품이지만, 정연한 짜임새와 뚜렷한 주제의식을 함께 갖추고 있는 수작이라 할 수 있다.

광복 이전에 발표된 재미한인 1세대 소설은 무엇보다 뜨거운 애국의 열정과 독립의 의지를 강렬하게 표출하고 있다는 점을 그 특징으로 지적할 수 있다. 이는 '독립'이라는 당위적 명제가 압도적이고, 그래서 개인의 사적 삶이나 이주 과정에서의 문제 등을 형상화하기 어려웠던 시대 상황에 기인하는 것으로, 이주 1세대의 의식이 현재 자신이 머무는 곳이 아니라 자신이 떠나온 시점의 고국 현실에 머물러 있음을 시사한다.[11]

나. 미국이라는 이주 공간의 허상

3.1운동 이후 재미한인 1세대 작가의 관심 영역은 일방적 애국주의에서 현실 문제로 바뀌는 경향을 드러낸다. 그러나 이들의 소설이 내보이는 현실은 이민자로서 이국에서의 삶이 아니라, 유학생 혹은 노동자로 미국 생활을 마치고 귀국한 사람들이 고국에서 부딪히게 되는 문제 등에 집중되어 있다. 따라서 '미국'이라는 공간은 과거에 다녀왔거나 앞으로 다녀와야 할 작품 외부의 공간으로, 다만 작중인물의 대화 속에 존재할 뿐이다. 그뿐 아니라, 고국의 문제들, 예를 들면 풍속 개량이나 자유연애 등의 사회적 문제들 또한 상당 부분 괴리를 내보인다. 다시 말하여 이 시기 1세대 한인 소설의 공간은 '미국'이 아니라 한국이 주류를 이룬다고 하겠는데, 이것은 한국의 이미지만이라도 차용하여 민족적 정체성을 지켜 나아가려는 작가의식에 기인한다고 볼 수 있다.

오정수의 「자유혼인」(『신한민보』 1924.9.5)은 그 한 예이다. 이 작품은 미국 칼튼대학에 다니다가 6개월 전에 귀국한 '곽성수'의 결혼에 대한 고민을 다룬 이야기이다. 두 해 전 미국으로 건너가 칼튼대학에서 고학생으로

---

[11] 조규익, 「한인 이민문학과 한국문학」, 『해방 전 재미한인 이민문학 1』, 월인, 1999, 31쪽.

공부한 '곽셩수'는 귀국한 지금 '자기 경영'의 문제보다는 이상적인 결혼 상대를 구하는 문제에 더욱 몰두하고 있다. 그는 평양과 서울에서 여러 여성을 만나지만, 한평생 지낼 벗과 같은 여성을 구하기가 쉽지가 않다. 그는 조급한 마음에 이화대학 졸업생 '진명'과 약혼한 후, 원산 근경의 명승을 구경하다가 실족하여 크게 다치고, '김명준'의 딸 '순실'의 구원과 간호로 점차 회복하게 된다. 그 사이 '곽셩수'는 '순실'과 사랑에 빠지지만 약혼자 때문에 어쩔 수 없이 돌아서게 되고, '순실'은 평생 '곽셩수'를 생각하며 수절한다는 내용이다. 이 작품은 미국식 애정관을 동시대 한국 사회에 적용해보려 한 작품으로, '순실'을 수절하는 전통적 여성으로 그림으로써 봉건적 윤리관에서 벗어나지 못한 작가의식의 한계를 보여주고 있다. 「자유혼인」에서 미국이라는 공간이 있는 그대로 그려지는 것이 아니라, 단지 일종의 알레고리로서만 제시되고 있는 것도 이런 한계에 기인하는 것으로 보인다.

　20세기 전반기 재미한인 1세대 소설은 한글 소설의 경우 그 어느 작품에도 이주 한인이 미국 사회에 어떻게 적응해 나갈 것이냐의 문제에 대해 고민한 흔적을 구체적으로 내보이지 않는다. 이것은 물론, 이광규가 지적한 바대로,[12] "조국이 없으면서도 한국이 해방되면 조국으로 돌아간다는 생각만 있어 이민이면서도 미국에는 체류자로만 생각하였던" 이 시기 재미한인 사회의 현실인식에서 연유한다고 말할 수 있다. 현실적으로는 이민자로 삶을 영위하면서도 의식의 차원에서는 이민이 아닌 일시적 체류자로만 간주하는 1세대 한인의 왜곡된 현실인식은 '일시 체류'의 기간이 점점 장기화하면서 조금씩 약화된다. 재미한인 2세대 소설에 이르러 '이민'의 형상과 정착 과정의 갈등이 온전히 드러나는 양상을 보이는 것도 이 때문이다. 따라

---

[12] 이광규, 『재미 한국인』, 일조각, 1989, 21-25쪽 참조.

서 이와 같은 1세대 소설의 주제적 특성은 재미한인들이 아직은 미국이라는 나라의 제도적 본질이나 문화적 심층에 도달하지 못하고, 미국 사회에서 열등하고도 완벽한 타자(他者)의 형상으로 인지되고 있었음을 확인시켜 준다. 다시 말하여, 1세대 한인은 이민의 땅 미국 사회에 정착하는 과정에서 필연적으로 접하게 되는 충격과 갈등을 적극적으로 인식하고 극복하려는 주체적 의지가 미흡했다고 볼 수 있는 것이다.

### 다. 분단 조국에 대한 재인식

광복 이전 재미한인 1세대 소설 대부분은 한글로 창작된 작품들이다. 하지만, 미국 사회에 재미한인의 소설을 선보인 것은 영문으로 창작한 소수의 1세대 작가라 할 수 있다. 이들 역시 한국에서 태어나 성장하여 한국어를 모국어로 하고 있지만, 성인이 되어 미국에 정착한 이후 현지어인 영어로 작품을 창작하고 발표한다. 따라서 이 시기 재미한인 1세대 소설 대부분이 한글 작가에 의한 작품이 주류를 이루고 있었던 만큼 영문 창작자들의 작품 활동은 희소성 이상의 가치가 있다고 하겠다. 그들의 작품이, 한글로 쓰인 작품들과 마찬가지로, 고국인 한국의 역사를 담아내면서 동시에 한국의 현실과 한민족의 아픔을 형상화하고 있고, 이러한 창작 활동은 그 자체로 민족의 저항과 굴절과 이산(離散)의 충격을 고스란히 드러내고 있다는 점에서 그러하다. 이들의 작품에 대한 보다 적극적인 조명이 필요한 까닭이 여기에 있다.

재미 한인문단 최초의 영문소설은 강용흘의 『초당(草堂)』(The Grass Roof, 1931)이다. 『초당』은 작가의 자전적 장편소설로, 1세대 재미 한인사회가 겪고 있는 문화적 격리 현상을 담아내고 있다. 이 작품은 본문에서 한 번도 미국이 직접적인 무대로 등장하지 않는다. 한시 혹은 시조를 읊는 유장한 가락이 흘러 다니는 전통적인 '조선'의 시골이나 3.1 만세의 열풍이 휩쓰는 서울 거리와 같은 한국 내의 다양한 공간, 주인공이 유학한 바 있는 일본이 주요 배경을 이루고 있을 뿐이다. 모두 23개의 장으로 구성된 이 작품은 각각의 장이 시작될 때마다 영·미 시의 시구절 하나를 제사(題詞)로 배치하고 있다. 이처럼 서양의 문학과 동아시아의 풍물을 같은 지면 속에 병치해 놓음으로써 결과적으로 한편으로는 그 양자 간의 차이를 두드러지게 부각시키고, 다른 한편으로는 그 차이를 넘어서서 문화의 보편성이 환기되는 이중적 효과를 불러일으킨다. 한편, 신비한 것으로 과장된 조선의 풍물과 공간 묘사를 중심으로 이루어진 이 작품의 배경은, 단편적인 예이긴 하지만, 1세대 한인 영문소설의 배경적 중심 역시 한국 사회에 기반하고 있음을 짐작하게 한다. 또한, 이것은 재미한인 1세대의 내면은 미국이라는 공간과 한국이라는 공간이 아직은 화학적 융합을 이루지 못하고 물리적 통합에 머물고 있을 뿐이라는, 따라서 이들은 여전히 문화적 격리 현상을 감내할 수밖에 없는 현실을 표상하는 것이라 할 수 있다.

김은국(金恩國, 1932~2009)의 『순교자』(The Martyred, 1965)는 한국전쟁이 한창이던 1950년 10월, 국군과 유엔군이 평양을 회복했을 때 12명의 기독교 목사들이 의문의 죽음을 당한 사건을 다룬 작품이며, 『심판자』(The Innocent, 1968)는 한국 현대사의 흐름을 뒤튼 5.16 군사 쿠데타를 소재로 다루면서도 그것을 이상주의적 시·공간으로 옮겨 재구성한 작품이다. 또한 『잃어버린 이름』(Lost Names, 1970)은 일제강점기의 창씨개명과 해방을 전후한 시기를 배경으로, 작가의 어린 시절을 다룬 자전적 작품이다. 그러나 이들 작품은 한국 현대사를 배경으로 한국인의 삶을 그려내고 있음에도 불구하고, '한국'의 현장성이나 '한국인'의 구체성이 미약하다. 김은국은 이들 작품에서 '한국'의 실제적 형상을 추상적으로 그려 보이는 것이다.[13]

김용익은 영문소설과 한글 소설이라는 두 개의 영역을 자유롭게 넘나들며 창작한 작가로, 대표작으로는 「꽃신」 「뒤웅박」 등이 있다. 「꽃신」은 1956년 "The Wedding Shoes"라는 제명으로 미국 문예지 *Harper's Bazaar*에 발표한 작품을 작가가 한글로 다시 쓴 것이며, 단편 「겨울의 사랑」도 "Love in Winter"(1956)라는 제목으로 미국 문예지에 발표했던 것을 한글로 다시 써서 『현대문학』(1964.2)에 발표한 것이다. 김용익의 이와 같은 창작 행위는 미국 문단에 데뷔하여 영어로 창작 활동을 벌이면서도 한국어에 대한 애정과 관심을 놓지 않았고, 이것을 창조적인 작업으로 발전시켜 나가고 있음을 반증하는 것이라 할 수 있다. 그의 소설세계는 물론 그의 절실한 내적 요구에 의해 생성된 것이겠지만, 그것과 더불어 미국 독자들의 오리엔탈리즘에 영합하는 측면도 없지 않다고 할 것이다. 하지만, 김용익 스스로 끝까지 '동양인 양키'를 거부, '양키'가 아니라 '동양인'으로 남아있었다는 점에 특히 유념할 필요가 있다. 그가, 강용흘이나 김은국과는 달리, 노년에 접어들어서까지 소설 창작을 계속할 수 있었던 동인은 이 지점에 있기 때문이다.

요컨대, 재미한인 1세대 작가들, 특히 영문 창작 작가들의 작품은 한국 '역사'를 재현하여 한국과 한국이 처한 현실을 재조명하는 경향을 드러내는데, 이것은 영문 창작 작가들이 민족적 정체성을 확립하고 애국의 열정을 드러내는 또 하나의 독특한 방식이라 할 수 있다. 이것은 또한 당대 재미한인의 사유 기반이 '한국의 현실과 영토'를 떠나지 못하고 있음을 예증하는 것이기도 하다. 근대전환기와 일제강점기, 광복과 남북 분단, 남북한의

---

13 이에 대해서는 김병익, 「작은 시작의 의미」(『문학과지성』, 1970.12)/ 장양수, 「사랑-신 없는 세계에서의 구원의 길」(『한국문학논총』 17집, 1995)/ 송창섭, 「김은국의 진리와 한국현대사-『순교자』, 『심판자』, 『잃어버린 이름』」(김현택 외, 『재외한인작가연구』, 고려대 한국학연구소, 2001) 등을 참조.

독자 정부 수립, 한국전쟁으로 이어지는 정치적 격변과 사회적 혼란, 그만큼 불안정한 '한국'의 영토 위상, 그래서 언젠가는 돌아갈 고국의 현실에서 눈을 떼지 못하는 1세대의 안타까움이 그것이다.

## 2) 정착, 제2의 고향: 1.5/2세대 문학

한국에서 태어나 유소년기에 부모를 따라 미국으로 이주하여 성장기 대부분을 미국에서 보내고 미국식 문화에 익숙해진 세대, 이민 1세대 부모 밑에 미국에서 태어나 미국식 교육과정과 미국 문화 속에서 성장한 세대를 이주 2세대로 분류할 수 있다. 이 중 앞의 부류를 이주 1.5세대로 나눠 2세대와 구분하기도 하지만, 그 문학적 특질이나 세대별 특성이 후자와 크게 다르지 않아 별도의 독자적인 세대로 분류하지 않는다.

재미한인문학의 개화기라고 할 수 있는 1.5/2세대 문학은 질적인 면에서나 양적인 면에서나 매우 다양하고 풍부하게 전개된다. 이들 세대 작가들은 1965년 흔히 '하트-셀러법'으로 불리는 '이민국적법'의 제정·공포로 지식인계층의 미국 이민이 폭증한 이후 본격적으로 등장한다. 이들 세대는 교육 수준과 이주 동기의 측면에서 1세대 한인 작가와 사뭇 다르고, 이들의 작품 또한 1세대 작품과는 다른 면모를 내보인다.[14]

### (1) 정체성, 제2의 고향 미국 : 시문학

재미 한인 1.5/2세대의 시문학은 부모 세대가 이주·정착 과정에서 겪었던 고난과 자신의 어린 시절 기억을 더듬어 그 경험을 종합하여 작품으로

---

14 이에 대해서는 명계웅, 「미주 한인문학의 개관, 민족 정체성」, 미주문학단체연합회 편, 『한인문학대사전』, 2003 참조. 이하 『한인문학대사전』은 『대사전』으로 약칭함.

형상화하거나, 현지 주류문화에 동화하려는 노력, 그러한 과정 중에 한민족으로서의 정체성을 추구하는 내용을 주로 그리고 있다.

### 가. 한글 창작 작가와 영어 창작 작가의 분화

1.5/2세대가 주도하는 재미한인 시문학은 한글 작품과 영문 작품으로 이원화된다. 영어로 시를 쓰는 대표적 시인으로는 *Under Flag*(1991), *The Bounty*(1996), *Dura*(2001) 등의 시집을 발간한 Myung Mi Kim(김명미: 1958~ )을 비롯하여 시집 *Direct Translation, The De-Militarized Zone, Under the Hostile Moon*(1993) 등을 펴낸 Jean Yoon(1962~ ), 시집 *An Ordinary Evening in Garden, The Shower*(1995)를 펴낸 Ann Choi(1965~ ), *Yuse-jang*(1995), *Trendwinds*(1995), *Compromises*(1995) 등의 시집을 펴낸 Walter K. Lew, 그리고 Janet M. Choi, Yearn Hong Choi 등이 있다.

이들 세대 한글 창작 시의 경우, 재미한인 문인단체 활동 현황을 미국 동부와 서부지역으로 나누어 파악하고, 작품 발표의 장을 마련해주는 주요 문예지들을 중심으로 살펴볼 필요가 있다. 한글 창작 시의 경우, 미국 서부지역은 『지평선』(1973-1976, 총 3호)을 비롯하여 『미주문학』(1982) 『시조월드』(1985) 『외지』(1987) 『울림』(1987) 『문학세계』(1988) 『글마루』(1991) 『미주기독문학』(1994) 『해외문학』(1998) 『재미수필』(1999) 『오렌지문학』(2003) 등의 문예지에, 동부지역은 『신대륙』(1985~ 1986, 총 3호) 『워싱턴문학』(1991) 『뉴욕문학』(1991-2001) 『시카고문학』(1996, 총 3호) 등의 문예지를 중심으로 발표되고 있다. 한편, 이들 세대에서도 시 장르에서는 영어 창작보다 한글 창작이 많이 이루어진다. 이것은 한국 시와 영시의 작법 차이, 그리고 한국 시의 작법이 더 친숙하고 손쉽게 익숙해질 수 있는 데서 비롯한다고 볼 수 있다.

나. 정체성 고민, 인종차별 극복 의지

한글 창작 시의 경우, 1.5/2세대로 대표되는 재미한인 시문학은 이민지 미국에서의 힘겨운 현실을 시로 승화시키거나, 고향에 대한 그리움을 그리기도 하고, 민족 정체성에 대한 고민, 그리고 소수민족으로서의 한계를 극복하려는 의지와 함께 쉽게 굴하지 않는 강인한 생명력을 내보인다. 이 점에서 김병헌의 시 「Valley Fever」는 주목되는 작품이다. 시인은 '밸리 피버'라는 질병을 소재로 인종차별의 현장을 고발하고, 그에 대한 자신의 심정을 "더욱 괘씸한 것은/ 밸리 피버가 백인들과 친한 질병이었다면/ 벌써 특효약이 개발되었을 것이라는 점.// 뒤늦게나마 주 정부에서/ 밸리 피버 죽이기에 기십만 불을 내놓았다지만/ 밸리 피버가 백인들과 친한 질병이었다면/ 그 정도는 조족지혈이라는 점."[15]이라고 토로하고 있다. 그리고 이 땅에서 유색인종으로 살아갈 우리들의 후손들을 위하여 이런 차별에 대해 엄격히 따지고 대항할 것을 이야기하고 있다.

이런 의식의 연장선에서 곽상희의 「뉴욕 산조, 아메리카여, 사죄하라」(『미주문학』 11호, 1993), 이관희의 「4.29 흑인폭동 현장에서」(『미주문학』 11호, 1993) 같은 작품이 창작 발표된다. 곽상희는 이 작품에서 "들어라, 총을 가진 자는 총으로 망할지니, 미워하는 자는 미워함으로 저주받을지니, 아메리카여, 사죄하라. 그대 양심의 총으로 코리아의 꿈, 신뢰를 사살한 흉악죄를" 고발한다. 또한, 이관희는 「4.29 흑인폭동 현장에서」에서 "우리는 가나안 땅을 정복한 여호수아와 갈렙의 정의와 번영의 꿈을 안고 이 땅에 발을 내디뎠습니다./ 우리는 이 땅의 주인이 되기 위해 왔습니다./ 우리는 이 땅에 우리의 뼈를 묻을 것입니다./ 우리는 이 땅에 우리의 얼을 심을 것입니다./ 우리는 이 땅을 우리들의 후손자들에게 물려 줄 것입니다."고

---

[15] 김병헌, 「Valley Fever」, 『미주문학』 12호, 1994. 130쪽.

외친다. 이 시의 소재가 된 '4.29 흑인폭동'이란 1992년 4월 29일 흑인들에 의하여 로스앤젤레스 한인 타운이 공격당해 폐허가 된 사건으로, 시인은 당시 미국 경찰이 흑인과 히스패닉으로 구성된 폭도들의 횡포를 수수방관한 것은 인종차별이라고 비판하고 분노한다. 이관희는 이 작품에서 미국 사회의 인종차별 문제를 날카롭게 비판하고 고발하는 한편, 그것을 극복하려는 노력과 함께 스스로를 미국 땅의 중심부에 자리매김하려는 의지를 드러낸다.

### 다. 제2의 고향, 미국

1.5/2세대 시인의 한글 시에는 미국을 제2의 고향으로 인식하고 미국 사회에 적절히 적응하는 모습을 그리기도 하는데, 이숭자의 「아메리카 향수」는 그 좋은 예이다. 이숭자는 이 작품에서, "혹이나 푸휴킨 거리에서/ 해바라기 웃음으로 환한 Mc와의 우연한 해후라면/ 실로 가슴 설레는 여로의 향연/ 그리스 신전의 아름드리 대리석 기둥처럼/ 가슴 가득 안고 빙빙 돌고 싶은 나의 아메리카// 누가 미국에/ 향수가 없다던가?"[16]라고 토로, 미국과의 긍정적이고 친화적인 모습을 그려 보인다. 이 시의 화자는 외국에서 미국의 상징인 맥도널드 간판을 보면 '노스탤지어'에 사로잡혀 그 기둥을 안고 빙빙 돌고 싶다고 말한다. 여기서 맥도널드 기둥은 미국의 표상이자 데모크라시의 심벌이며 향수를 자아내는 상징물로 형상화되는데, 이는 시인에게 있어 미국은 더 이상 타국이 아니라 이미 '고향'임을 반영한 것이라 하겠다.

이런 유형의 시들은 재미한인 1.5/2세대들이 미국 사회의 한 구성원으로서 주인의식과 역사의식을 가지고 있음을 의미하는 것으로, 이제 재미한인

---

16 이숭자, 「아메리카 향수」, 『미주문학』 11호, 1993. 188쪽.

사회가 1세대의 '방문자 의식' 또는 일시적 '체류자 의식'에서 벗어나 서서히 자기 자리를 만들어가고 있음을 보여준다.

### (2) 미국 사회에의 정착 · 동화 의지와 한계 : 소설문학

재미한인 1.5/2세대 소설은 시문학 분야와는 달리 한국에서 등단한 작가 또는 한국문단을 통해 등단한 작가들이 중심을 이룬다. 주목의 대상이 되는 작가로는 1970년대 등단한 박시정(朴始貞)·김지원(金知原), 1980년대에 등단한 송상옥(宋相玉, 1938~2010), 1990년대 등단한 김혜령·한영국 등이 있다. 박시정과 김지원은 한국『현대문학』을 통해 데뷔한 작가이고, 김혜령은 재미한인문단에서 작품 활동을 하던 중 한국『현대문학』을 통하여 다시 등단한 작가이다. 영어로 창작하는 작가로는 이창래, 노라 옥자 켈러, 수잔 최, 헬렌 킴 등이 있다.

### 가. 이민 현실에 대한 객관적 성찰

재미 한인 1.5/2세대 작가들은, 한국의 현실에 관심을 기울였던 1세대 작가와는 달리, 재미한인의 이주·정착 과정에서의 애환이나 재미한인사회의 다양한 삶의 양태를 핍진하게 그려 보인다. 전문적 작가로서의 역량을 분명하게 보여주는 박시정·김지원 등은 그 대표적인 작가이다. 박시정(본명 박정자, 1942~ )은 연세대 국문과 졸업 후 1969년『현대문학』추천(단편「초대」「그들의 시대」)을 통해 문단에 데뷔한 작가로, 미국 이민 후에도 한글 소설만 창작하고, 주로『현대문학』『문학사상』등 한국문단의 지면에 작품을 발표해오고 있다. 그는 재미한인사회가 이주·정착 과정에서 겪어야 했던 각양의 애환에 관심을 기울여, 재미한인이 낯선 미국 땅에서 어떤 고통을 겪고 어떤 문제와 씨름하며 어떤 희망을 지니고 살아가는가를 끈질

기계, 그리고 비교적 객관적인 시각으로 관찰하여 이를 그의 작품에 담아내고 있다. 그래서 그의 작품들에는 재미 한인사회의 빛과 어둠이 생생하게 살아 숨 쉬고 있다.

김지원(金知原, 1942~2013)은 이화여대 영문과 재학 중 『여원(女苑)』 현상공모 당선(단편 「늪 주변」)으로 작품 활동을 시작, 1973년 미국에 이민한 후 1974년 『현대문학』 추천(단편 「사랑의 기쁨」 「어떤 시작」)으로 문단에 데뷔한 작가이다. 이후 뉴욕에 거주하며 한글 소설만 창작하여 이를 한국 국내의 지면에 발표, 1997년 단편 「사랑의 예감」으로 제21회 '이상문학상'을 수상한다. 김지원은 뉴욕과 서울을 오가며 작품 활동을 한 특이한 이력의 작가라 하겠는데, 그러면서도 그의 작품은 재미한인의 삶을 소설의 중요한 제재로 다루고 있다는 점에서 박시정과 비슷하다. 「새벽의 목소리」(1973)은 특히 그러하다. 그러나 박시정의 소설세계가 현실적이고 사회적인 문제에 집중된 데 반해, 김지원의 그것은 상징적이고 보편적인 문제를 다루고 있다는 점에서 서로 다른 작가의식을 드러낸다.

나. 미국 사회에 대한 비판적 인식

재미 한인 1.5/2세대 작가들은 이민자 의식과 체류자 의식이라는 양가 의식을 형상화하여 내보이기도 한다. 미국의 현실을 비판적·주체적으로 인식하면서도 이민과 정착·동화의 과정에 나타나는 민족적 애환과 간고한 삶을 드러내려는 작가의식이 그것이다. 김혜령·한영국 등은 그 한 예이다.

김혜령(1962~ )은 1980년 한국외국어대학 재학 중 도미(渡美), 대학원(UC Irvine)에서 생물학을 전공한 시인이자 작가이다. 김혜령은 『문학세계』 창간호(1988) 신인작품 공모 소설부문 입선으로 등단한 후, 1993년 미주판 『한국일보』 소설부문 당선(단편 「깃털」), 『문학예술』 시 당선(「나비」), 1994년 『현대문학』 소설 당선(중편 「두 개의 현을 위한 협주곡」) 등을 통해 재미 한인문단과 한국문단에 등단, 본격적으로 작품 활동을 하는 여성작가이다. 그의 단편 「반달」(『미주문학』 16호, 1999)은 특히 주목되는 작품이다. 「반달」은 고교 때 미국에 이민해온 한 중년 남자의 삶을 통해 미국 사회에 정착하고 동화하기 위해 몸부림치는 재미 한인의 고단한 삶과 뿌리내리지 못하는 이민자의 내면을 날카롭게 드러낸 작품이다. 장남인 주인공은 부모 따라 미국에 이민, 아버지가 운영하는 가게에서 일하게 되는데, 가정 형편 때문에 동생이 대학을 졸업한 후 대학에 진학한다. 그는 대학 졸업 후 제약회사에 취직하지만, 1년도 되기 전에 감원 태풍에 휘말려 실직한다. 실직 후 대학원에 진학하고, 졸업 후 중간관리자로 취직하지만, 또 감원 대상에 올라 실업자가 된다. 고학력이 오히려 취업에 장애가 된다는 점을 깨달은 그는 대학원 학력을 숨기고 임시직으로 취업하여 6년여 동안 전전하다가 이 일자리마저 잃게 된다. 말하자면, 주인공은 사람이 아니라 사람의 능력, 그중에서도 "꼭 필요한 부분만을 사기를 원"하는 미국의 경제체제에 편입하지 못하고, 그래서 미국이라는 거대한 문명사회로부터 소외당할 수밖에 없는 재미 한인의 전형이요, 우울한 초상이라 할 수 있다. "처음 부모 따라 미국에 왔을 때 날아갈 듯 신바람이 났"던 주인공의 낭만적 체험과 미국 사회라는 객관적 현실 사이에 존재하는 괴리, '임시직'이나 다름없는 정착 과정은 이주 한인이 감내하고 극복해야 하는 '현실'에 다름 아닌 것이다.

한영국(1956~ )은 『뉴욕문학』(4집, 1994) 신인상 공모에 당선(단편 「에블린」)으로 데뷔한 후, 1994년 미주판 『한국일보』 시 부문 당선 등 작품 활동을 활발히 전개, 현재 뉴욕 한인문단을 대표하는 작가의 한 사람으로 꼽힌다. 그의 「우리들의 유년에 바치는 조사(弔詞)」(『뉴욕문학』 9집, 1999)

는 이주 당시 품었던 막연한 동경과 미국 사회라는 냉엄한 현실 사이의 거리, 이를 뛰어넘으려는 정착 의지를 잘 담아 보인 작품이다. 이 소설의 주인공은 대학 입시에서 실패한 후, 서울에서 뉴욕으로 도피성 유학을 떠나온 젊은 여성이다. 그러나 뚜렷한 목적의식이나 구체적인 계획도 없이 막연히 유학길에 오른 그녀는 그럴듯한 변명을 앞세워 비슷한 처지의 한국인 유학생들과 어울려 놀며 지내는데, 때마침 한국에서는 IMF 사태가 벌어지고, 부모로부터의 송금이 끊어진다. 방세 때문에 외지고 낡고 좁은 방으로 옮겨간 그녀는 비로소 자신을 되돌아보게 되고, 홀로 저 거대한 세상과 마주 서고야 말겠다는 각오를 다지면서 철없던 시절을 떠나보내는 조사를 쓴다. 말하자면, "아무리 신고한 상황에서도 다달이 사서 끼고 다니던 엘르란 잡지"에서 보던 뉴욕에서 살아가면서 낯설고 두려운 황량한 도시일 뿐인 뉴욕을 목도하게 되고, 그래서 마침내 뉴욕이라는 '허상'을 벗어던지고 실존적 자아를 찾게 된다는 내용이다. 여기서 우리는 재미 한인의 미국 이민과 정착에 대한 접근법이 긍정적이고 적극적인 방향으로 변화되고 있음을 엿볼 수 있다. 재미 한인 1세대의 소설들이 일시적 체류로서의 '이주'의 성격을 내보이는 데 반해, 1.5/2세대의 작품들은 현지 사회에 '동화'하려는 의지적 '이민'으로서의 성격을 본격적으로 형상화하고 있다는 점이 그것이다.

한영국은 이러한 정착·동화 의지를 「에블린」에서 보다 구체적으로 서사화한다. 이 작품은 작중화자 '김선경'의 눈에 비친 미국 사회, 아메리칸 드림을 구현하기 위해 안간힘을 쓰는 불법 이민자들의 신산한 일상과 그들에게 핍박과 좌절을 강요하는 미국 사회의 어두운 일면을 다룬 것으로, 필리핀 출신 이민 여성 '에블린'을 통해 온갖 희생을 감수하고서라도 미국 사회에 정착하려는 이민자의 의지를 잘 형상화하고 있다. 미국 사회에서 아시아계는 아직도 소수이며, 다양한 차별에 시달리는 존재일 수밖에 없다. 그뿐만 아니라, 자신은 합법적인 미국 시민 혹은 영주권자일지라도 자신의 수많은 동족이 미국 내에서 불법 이민자로서의 불안한 삶을 영위하고 있으며, 또한 끊임없이 새로운 불법 이민자들의 행렬이 자신의 모국으로부터 미국을 향하여 몰려오고 있는 현실 때문에 고통스러운 시선으로 자신의 위상을 되돌아보지 않을 수가 없다. 이것이「에블린」의 '폴'처럼 미국에서 태어난 백인으로서는 도저히 이해하기 어려운 '이민자 의식'이다. 화자 '김선경'과 '에블린' 사이의 친화감은 일차적으로는 이러한 현실적 위상의 동질성에서 기인하는 것이라 하겠는데, 작가는 이 작품에서 미국 사회에 정착·동화하는 하나의 방법으로 '이민자 상호 이해에 입각한 인간적 연대'를 제시하고 있다.

재미 한인 1.5/2세대 한글 소설은, 위에서 본 대로, 미국 사회를 비판적·주체적으로 인식하면서도 이민과 정착·동화의 과정에 나타나는 민족적 애환과 삶의 고충을 선명하게 파악하고자 하는 욕망을 드러내는데, 이것은 1세대 한인 소설과는 다른 이들 세대 소설의 특성으로 지적된다.

다. 역사 현실에 대한 비판적 성찰

1960년대부터 시작된 포스트모더니즘이라는 서구중심주의에 대한 비판은 30년이 흘러서야 '다문화주의'로 발전되고, 소수민족 문화는 창작의 핵심 주제가 된다. 재미 한인작가의 작품 또한 예외가 아니다. 1980년대에 접어들어 미국 사회에 불기 시작한 소수민족들의 정체성 찾기와 탈식민주의, 그리고 아시아계 미국문학의 바람을 타고 재미 한인작가들은 한국 역사와 전통·문화에 관심을 기울인다. 일제강점기의 종군위안부 문제를 재조명하려는 움직임은 그 하나로, 이 반인륜적이고 충격적인 소재는 한국의 과거를 통해 일제를 고발하는 미학적 장치가 된다. 이창래와 노라 옥자 켈러의 작품들이 주목을 받는 것도 이 때문이다.

한 살 때 부모를 따라 이민해온 이창래(1965~ )[17]는 데뷔작 『네이티브 스피커』(1995)로 미국 주류문단의 주목을 받았고, 두 번째 소설 『제스처 라이프』(1999) 또한 호평을 받는다. 세 살 때 미국으로 건너간 노라 옥자 켈러 역시 『종군위안부』(1997)를 발표, 아시아계 미국 작가로서 주목을 받으며 데뷔한다. 말할 필요도 없지만, 종군위안부 문제는 충격적인 소재이며, 관심의 대상이 될 수밖에 없는 주제이다. 더구나 제국의 폭력을 고발하는 정치성이 주목을 받는 다문화주의 문학에 잘 맞는 역사 현실이다. 그러나 이 소재를 어떻게 다루는가에 따라 미학성과 정치성이 조화를 이루며 성공하기도 하고, 실패하기도 한다. 여기서 한 가지 짚어봐야 할 문제는 이창래와 노라 옥자 켈러에 대한 미국 문단의 평가와 한국 및 재미 한인사회의 평가가 상당한 차이를 드러낸다는 점이다. 이창래는 미국 주류문단에서 크게 주목받는 것에 비해 한국이나 재미 한인문단에서는 호응이 높지 않다. 이에 반해 노라 옥자 켈러는 그런 반응의 차이를 보이지 않는다. 그동안 이창래는 한국인들에게 "겉은 노랗고 속은 하얀 바나나 작가"라든가, 한국의 전통보다 미국을 더 높이 평가한다는 비판을 받아왔다. 예컨대, 하인즈 인수 펭클, 월터 K. 류 등은 이창래의 작품이 미국의 상업주의와 결탁,

---

[17] 이에 대한 논의로는 조규익, 「바벨탑에서의 自我 찾기-『네이티브 스피커』의 外延과 內包」(『어문연구』 34권2호, 한국어문교육연구회, 2006)/ 이선주, 「미국이주 한국인들의 디아스포라적 상상력-이창래의 『네이티브 스피커』」(『미국소설』 15권1호. 미국소설학회, 2008.6)/ 김종희, 『미주 한인 디아스포라 문학에 나타난 민족정체성 고찰-이창래, 수잔 최, 이민진의 작품을 중심으로」(『현대문학이론연구』 44집, 현대문학이론학회, 2011.3)/ 전영의, 「이창래의 <영원한 이방인>에 나타난 혼종적 욕망과 언어 권력」(『현대소설연구』 67집, 한국현대소설학회, 2017.9) 등이 있다.

사실을 왜곡하면서 홍보되는 것을 비판한다. 그 이전에 재미한인 작가의 작품들이 많이 있는데, 마치 『네이티브 스피커』가 최초의 작품인 것처럼 광고하고, 이창래 자신도 그것을 정정하려 하지 않는다는 것이다. 그뿐만 아니라, 이창래는 고향(민족)의식이 약하고, 한국의 문화를 얕잡아 보며, 그러면서도 한국의 전통을 오히려 자신의 명성에 이용하고 있다는 비판마저 받지만, 켈러에 대한 반응은 그다지 큰 차이를 보이지 않는 것이다. 이것은 물론 작가의식의 차이에서 비롯하는 것이겠지만, '종군위안부'라는 역사적 사실에 대한 시각 차이 또한 그 원인으로 지적할 수 있다.

이창래의 『제스처 라이프』는 K라는 종군위안부를 사랑했던 '하타'의 비밀과 그것을 기억하는 과정을 통해 깨달음에 이르는 일인칭 소설이고, 노라 옥자 켈러의 『종군위안부』는 '아키코'라는 어머니의 삶을 기억하고 재구성하면서 모녀 관계를 회복하는 과정을 서술한 작품이다. 『종군위안부』[18]에서, '종군위안부'의 딸은 어머니 사후에 비로소 어머니 이름이 '아키코'가 아니라 '김효순'이며, 그녀가 평생 숨겨온 비밀을 알게 된다. '아키코'는 종군위안부였고, 그래서 그녀는 참혹했던 자신의 과거를 딸에게 감추게 된 것이다. 이 작품에서 종군위안부는 이중적 의미로 발전되는 서사의 모티프이다. 종군위안부의 기억은 '아키코'의 정상적인 삶을 방해하지만, 한편으로는 한국의 전통과 문화를 주장하는 은유로 발전된다. 그것은 한국의 수치스러운 과거이며 일본 제국주의의 만행이지만, 동시에 '아키코'에게 이국

---

[18] 이에 대한 논의로는 최혜실, 「식민자/피식민자, 남성/여성, 부자/빈자-노라 옥자 켈러의 『종군위안부』를 중심으로」(『여성문학연구』 7집, 한국여성문학학회, 2002.6)/ 권택영, 「기억의 방식과 켈러의 종군위안부」(『미국소설』 12권 1호, 미국소설학회, 2005.6)/ 이상갑, 「재미 한인 소설의 변방의식과 탈식민성」(『어문논집』 60집, 민족어문학회, 2009.10)/ 변화영, 「『종군위안부』에 나타난 고통과 기억의 의미」(『비평문학』 51집, 한국비평문학회, 2014.3) 등이 있다.

문화에 동화할 수 없게 만드는 부정적 고향의식이다. 그리고 그것은 일본, 나아가 그 연장 선상에 있는 서구문화와 제국주의를 비판하는 하나의 기제가 된다. 바꿔 말하여, 종군위안부는 특정 민족에 국한되지 않는 세계사적 문제라 할 수 있는데, 재미 한인작가들은 이 문제를 미국 문화와 갈등하는 차원을 넘어서서 인간성을 근원적으로 탐색하려는 확장된 은유로까지 보편화시키고 있다. 이것은 재미 한인사회가 정착과 동화의 의지를 자발적으로 생성하는 단계에 접어들었음을 보여주는 의식의 전환이라 할 수 있다. 특히 이러한 경향이 영문으로 창작 발표하는 재미 한인작가의 작품에 강하게 드러난다는 사실에서, 이민의 정착 과정이 이원화되고 있는 경계 지점에 서 있음을 추정해 볼 수 있다.

라. 전통적 가부장제, 여성 억압에 대한 비판

재미한인 1.5/2세대 영문소설의 또 다른 관심 영역은 전통적 가부장제와 여성 억압 문제인데, 작품 대부분이 부정적이고 비판적 시각을 드러낸다. 헬렌 킴의 『엄마의 집』은 그 대표적인 예이다. 이 작품의 공간적 배경은 서울이며, 시간적 배경은 1969년 여름이다. 작중화자 '준희'네 집에 어느 날 준희 할머니 친구의 외손자 병수가 들어온다. 그날 이후 준희네 집에는 병수 때문에 여러 가지 일들이 벌어지는데, 마침내 준희 어머니가 친정으로 가버리는 사태로까지 발전한다. 이 작품은 준희 부모가 미국으로의 이민 계획을 세우는 것으로 끝나는데, 작품을 지배하는 작가의 문제의식은 전통적 가부장제의 여성 억압에 대한 비판이다. 이러한 문제의식은 준희 어머니의 생각과 행동을 통하여 구체적으로 드러난다. 준희 어머니는 지적이고 총명하며 활달한 여성으로, 학창 시절에는 최고의 육상 선수였고, 직장생활도 경험한 바 있는 지식인이다. 하지만 그녀의 모든 것은 결혼과 더불어

'좋았던 옛날'의 허무한 추억으로만 남게 된다. 엄격하고 자기중심적인 시어머니와 냉담한 남편의 그늘에서 자신의 생명력이 시들어가는 것을 속수무책 바라만 보고 있어야 했고, 남편으로부터는 "얼마간의 존중"조차도 받지 못한다. 헬렌 킴은 이 작품에서, 준희 어머니를 전통적인 가부장제의 횡포에 시달리면서 자신의 희생을 감수해야 하는 인물로 설정, 작가의 문제의식이 바로 그 전통이라는 한국 가부장제의 여성 억압을 날카롭게 따지고자 하는 데에 놓여 있음을 드러내고 있다.

재미 한인 1.5/2세대의 영문소설은, 위에서 본 대로, 한국과 한국 사회에 대한 관심과 함께 미국 사회에의 동화 의지와 그것의 한계를 절감하는 경계인 의식을 드러낸다. 이들 세대의 작가들, 특히 영문으로 창작하는 작가들은 한국어를 배울 기회도 한국에 대한 지식도 거의 없는 상황임에도 불구하고 미국 사회에서는 한국인으로 존재해야 하고, 그래서 자연히 자아 정체성에 대한 위기에 봉착한다. 그들이 한국인으로서의 민족 정체성을 확보하려는 매개는 한국의 역사적 현실과 문화이다. 그러나 이들은, 식민지 피해자로서의 상흔이 남아있는 채 '감정적인 표상'을 드러내는 1세대와는 달리, 한국의 이면 즉 문화적 감정구조의 내면과 역사적 사실들을 '논리적'이면서도 비판적으로 형상화함으로써 미국 사회가 추구하는 보편적 가치에 동참하려는 경향을 보인다. 이것은 미국의 문화에 진정으로 동화하고자 하는 재미한인의 심리적 정착 과정을 보여주는 것이라 할 수 있다.

### 3) 정체성, 동화: 3세대 문학

재미한인 3세대는 1세대를 조부모로 둔 세대로, 3세대 작가들은 자신의 경험보다는 조부모의 구전설화 또는 구전 역사에 의존하여 한국인의 이민 경험을 작품화하고 있다. 이들은 특정 문학단체에 소속되어 활동하기보다는 개별적으로 작품을 생산해 내는 데 집중한다. 이것은 이들이 미국 주류 사회나 문단에 이미 편입되었고, 현지화가 완료된 상태라는 것을 의미한다. 물론 작품을 통해 민족적 특질과 감정을 드러내는 경우가 없지 않지만, 그것은 묘사와 서술의 대상일 뿐이며, 더 이상 민족성 추구의 수단이 되지는 못한다. 예컨대, 작품 속의 한인도 '구체적인 한인 여자의 형상에 집약된 거주 지역의 여자', 이를테면 사실주의 문학이 추구하는 구체성 요구 실현 이상의 역할은 하지 않는다. 그 여자의 자리에는 다민족 국가의 다른 민족의 여자가 놓일 수도 있는 것으로까지 보인다. 요컨대, 이전 세대 작품에서 보는 '민족성'은 이미 이들 세대 작품의 중심 주제에서 벗어나 있다고 할 수 있다.

### (1) 정체성 추구, 긴장과 갈등: 시문학

가. 주류문단으로의 편입, 영문 창작 시

재미한인 3세대 시인 중에서 영어로 시를 창작하는 대표적인 시인으로는 Cathy Song, Gary Yong Ki Pak, 이윤홍, 신지혜, 김소향, 조성자 등을 들 수 있다. Cathy Song(1955~ )은 하와이 이민 3세대로, 웨슬리대학 졸업 후 보스턴대학 대학원을 마치고 1980년대부터 시를 쓰기 시작한다. 그는 『사진 신부』(*The Picture Bride*, 1983), *Frameless Windows, Squares of Light*(1988), *School Figures*(1994) 등의 시집을 내는 등 미국 주류문단의 주목을 받으며 하와이 한인문학을 이끌고 있다. 『사진 신부』는 1983년 예일대학이 주는 '젊은 시인상'을 비롯하여 '프레데릭 보크 시인상' 등을 받았고, 1988년 '엘리엇 케이드 문학상', 1993년 '셸리 기념상' '하와이 문학상' 등을 수상했다. 이 시집은 전자책으로 번역 출판되었는데,[19] 「사진 신부」「1959년 와히아와의 부활절」 등의 작품에서 시인은 미국에 이민해온 한인 1세대 조부모에 관해 이야기하고 있다. 조부모가 이민해온 당시 상황과 이민 후 사탕수수밭에서 노동하던 모습, 그리고 현재 손자들과 함께 생활하는 모습에 대한 묘사를 통해 그들의 삶을 아름다운 시선으로 그려내고 있으며, 다른 한편 이주 3세대인 자신과의 결속 관계를 말하고 있다.

나. 귀향의식과 현실과의 거리-한글 창작 시

재미 한인 3세대 한국어 창작 시는 『미주문학』『뉴욕문학』을 중심으로 발표되는데, 이들 작품의 주제는 크게 두 가지로 나뉜다. 그 하나는 타국 땅 미국 사회에 쉽게 뿌리내리지 못하고 고향에 대한 절절한 그리움을 담아낸 작품으로,「연어」「뿌리」 등은 그 한 예이다. 이윤홍은 「연어」에서, "이십 년을 떠나와 살았다/ 삶은 어디서나 만만치 않았지만/ 햄버거에 질린 위장은/ 고추장으로 덮어씌우며 이를 악물었다// 떠나올 때 가슴에 담았던 것들/ 고향, 눈물, 그리움 따위는/ 천년 묵은 바위로 눌러버리고/ 선인장보다 더 날카로운 가시로 온몸을 감고/ 모래 깊숙이 뿌리를 박았다"고 말하고,[20] 신지혜는 「뿌리」에서 "물밑 일렁이는 흰 뿌리를 보고/ 비로소 밤낮으로 단단히 움켜쥔 그리움/ 내게도 있음을 깨닫는다."라고 고향에 대한 그리움을 노래한다. 특히 이윤홍은 「연어」에서, 자신을 사막에서도 살아가는

---

[19] 『사진 신부』, 한국문학도서관, 2007.11. 캐시 송과 그의 시에 대한 논의로는 윤석임,「한국계 미국 시인 캐시 송의 시에 나타난 아시아계 여성들」(『현대영미어문학』 27권4호, 현대영미어문학회, 2009.11)/ 정은귀,「미국의 한국계 시인들, 디아스포라, 귀환의 방식: 마종기, 캐시 송, 명미 김의 시를 중심으로」(『비교한국학』 18권3호, 국제비교한국학회, 2010.12)/ 김양순,「아시아계 미국시의 재편성: 캐시 송, 명미 김, 수지 곽 김의 차이를 중심으로」(『미국학논집』 42권3호, 한국아메리카학회, 2010.12) 등이 있다.

[20] 이윤홍,「연어」, 『미주문학』 21호, 2002.12.

강인한 생명력을 가진 선인장에 비유, 정착 과정에서의 간고함을 빗대어 내보인다. 그러나 타지에서 안정적으로 정착하지 못하는 자신을 "겉돌기만 한 노란 뿌리들"인 유민으로 비유, 결국 귀향하고 싶은 소망으로 표출한다. '연어'를 동경하는 화자의 마음은 바로 이런 귀향의식에 다름 아니다. 그러나 "눈곱을 매단 채/ 시치미를 떼고 있는/ 오줌싸개 서울// 지린내에 찌든/ 기저귀가 흘러내려도/ 부끄러움 모르는 서울"(김소향, 「오줌싸개 서울─1998년 가을에 만난 서울」 일부)에서 보듯, 실제의 귀향은 이들에게 또 다른 씁쓸함만 남기게 된다.

다른 하나는 조성자의 「뉴욕 다운타운의 아침」에서 보는 것처럼, "단물 다 뺏기고도 보도블록에/ 들러붙은 껌의 순박한 기질과/ 누군가 뱉어 놓은 타액 속 아직도/ 꿈틀거리는 다하지 못한 말들이 담배 한 대/ 피워 무는 길 위 두 딸을 대학에 보낸/ 중년의 부부가 마적 떼 같은 밤바람 지나간/ 자리를 비질하는 옷가게가 있다"[21]는 등 타국에서의 힘든 삶을 긍정적으로 극복하며 보다 나은 삶을 위해 성찰하는 노력과 의지를 드러내는 시 작품들이 있다. 「뉴욕 다운타운의 아침」의 전반적인 분위기는 '아침'이라는 시간 설정에서 알 수 있듯, 밝고 희망적이다. 그리고 그 속에서 가족을 위해 고된 일상을 참아내며 암울한 현실을 극복하려는 의지를 담아내고 있다. 이런 점은 신지혜의 시 「쉐난도 강가의 돌멩이들」 등에서도 확인할 수 있다.

어느 경우든 이들 역시 이민족에게 거리를 두는 미국 사회의 냉엄한 현실에 힘겨워하는 모습을 보이지만, 섣불리 이런 감정에 매몰되지 않고 객관 상관물을 통해 그러한 현실을 시적 형상으로 승화시켜 나가고 있다. 또한, 어려서 떠나온 고향에 대한 그리움을 표출하면서 이를 통해 생활의 위안을

---

[21] 조성자, 「뉴욕 다운타운의 아침」, 『뉴욕문학』 12호, 2002.11. 363쪽.

찾고, 불만족스러운 현실을 극복해 나갈 힘을 얻고 있다. 따라서 이들의 작품에서는 쉽게 굴하지 않는 강인한 생명력을 느낄 수 있다. 이 때문에 이들 작품이 그려낸 한국 또는 재미한인에 대한 이야기가 미국 사회와 문단에 끼친 파급 효과는 이전 세대의 작품과는 비교할 수 없을 만큼 매우 크고, 이로 인해 한국과 재미한인, 나아가 미국 내 소수민족에 관한 관심도 고조되고 있다.

위에서 살펴본 것처럼, 재미한인 1세대와 그 이후 세대의 세대 간 정서적·언어적 이질성은 문학작품의 주제가 이원화되는 경향을 나타낸다. 고국에 대한 그리움과 '일시 체류자' 의식을 드러내는 1세대의 작품, 미국 주류 사회에 편입하기 위한 노력 혹은 미국 내 소수민족으로서의 애환 등을 그려내는 2세대 및 3세대의 작품이 그것이다. 하지만 이런 차이에도 불구하고, 여전히 재미한인 시문학을 일관하는 주제는 '한국인으로서의 정체성 추구'라고 할 수 있다. 요컨대, 재미한인 시문학을 일관하는 주제는 '한국인으로서의 정체성 추구'와 함께 이를 극복하려는 과정에서 보여주는 '긴장과 갈등'이라고 할 수 있다.

### (2) 동화(同化), 한국계 미국인: 소설문학

가. 보편적 자아 또는 주류문화에의 동화

재미한인 소설문단은 1990년대에 접어들어 등장한 3세대 작가들을 중심으로 한인사회 내부 문제에 관심을 기울이고, 재미한인의 정체성에 대해 이전 세대와는 다른 새로운 해석을 내보인다. 주류문화에의 동화 또는 '보편적 자아'가 그것이다. 재미한인 3세대 작가들에게 민족적 정체성이나 미국 문화에의 동화 문제는, 1세대나 2세대와는 달리, 크게 문제시되지 않는다. 소수민족 이민자들이 타자로서 자신을 인식하는 것은 현지 사회에서의 고립을 자초하는 것이고, 따라서 재미한인은 한국인으로서 민족적 정체성을 긍정하기 전에 무엇보다도 먼저 미국 사회의 주류문화에 동화(assimilation)해야 한다는 것이다. 이들 3세대 작가는 '소수민족 작가'가 아니라 '미국인 작가'로 불리기를 희망하고, 그래서 '노벨문학상' 수상 작가 솔 벨로(Saul Bellow, 1915~2005)나 '오 헨리상' '퓰리처상'을 수상한 버나드 맬러머드(Bernard Malamud, 1914~1986) 같은 유대계 미국인 작가들처럼, 미국 문단의 주변부에서 백인 주류에 들어가고자 노력한다. Gary Pak, Don Lee, Willyce Kim 등은 3세대를 대표하는 작가들이다. 이들은 모두 하와이에서 출생했거나 이곳과 밀접한 관련이 있는 작가라는 공통점이 있다.

Gary Pak(Gary Yong Ki Pak, 1952~ )은 단편집 『와이푸나의 파수꾼』(*The Watcher of Waipuna, and Other Stories*, Bamboo Ridge, 1992)를 출간한 후, 『종이비행기』(*A Ricepaper Airplane*, University of Hawaii, 1998)를 발표하는데, 이들 작품을 일관하는 주제는 패배자야말로 인간 존재의 완전한 승리자라는 것이다. 단편 「와이푸나의 파수꾼」에서, 주인공 '길버트'는 심적 무능력에도 불구하고 매우 훌륭한 인간으로 묘사되고 있다. 「종이비행기」의 메시지는 비록 인간이 사회의 밑바닥에 있을지라도 꿈과 비전을 잃지 않으면 훌륭한 인간으로 발전할 수 있다는 것이다.[22]

Don Lee(1959~ )의 *Yellow*(Norton, 2001)는 3세대 재미한인의 고민을

---

[22] Gary Pak에 관한 논의로는 이일수, 「게리 팍의 단편들에서 읽히는 장소들: 인류학적 장소, 비장소, 빈 공간, 다가올 장소」(『미국소설』 28권1호, 미국소설학회, 2021)/ 김영미·이병호, 「게리 팩의 『종이비행기』에 나타난 하와이 공간의 재현」(『영미문학교육』 14권1호, 한국영미문학교육학회, 2010), 「태평양 탈식민주의문학의 한 가능성: 『와이푸나의 파수꾼』과 다른 단편들」(『안과밖』 29권, 영미문학연구회, 2010) 등이 있다.

잘 형상화하고 있다.[23] '바나나'라고 불리는 주인공 '대니'를 통해 그려낸, 영원히 이방인일 수밖에 없는 재미한인의 서글픈 초상이 그것이다. 바나나는 겉은 노랗지만 속은 하얀 아시아인을 지칭하는 은어로, 동양인이 서양인에 동화되고 있음을 상징하는 호칭이다. 하지만, 다른 한편으로는 동양인을 조롱하고 경멸하여 부르는 비하적인 속어이며, 미국 사회에서의 이방인 의식을 대변하는 것이기도 하다. '대니'는 주류사회에 진입하기 위해 소수민족의 문화적 정체성을 버리고, 코뼈와 광대뼈를 재구성하는 성형수술까지 받으면서 '백인' 되기를 간절히 소망하지만, 달라진 것은 아무것도 없다. 대니' 같은 이민자는 영원히 '바나나'일 수밖에 없고, 그래서 결코 주류가 될 수 없는 서글픔과 소외감에 사로잡힌다. 이민자 천국이라는 미국 사회지만, 아시아계라는 족쇄를 달고 있는 한 '미국인'이 될 수는 없는 것이다.

Willyce Kim(1946~ )은 시인으로 등단하여 세 권의 시집을 펴낸 후 장르를 바꿔 소설을 쓰기 시작한 작가로, *Dancer Dawkins*(Alyson Publications, 1985), *Dead Heat*(Alyson Publications, 1988) 등을 출판한다. 이들 소설은 도박·마약 등을 소재로 하여 샌프란시스코 지역 한인사회의 어두운 일면과 각양의 인간 군상들을 풍자적으로 조명해 보인다. 재미한인 작가 대부분이 자신 또는 선대의 이민 경험을 소설에 반영하는 데 비해, Willyce Kim은 예외적이라는 점이 특이하다.

나. 차세대의 민족적 정체성에 관한 관심

재미한인 3세대 작가는 재미한인사회의 어린이나 청소년의 정체성 문제

---

[23] 이에 대한 논의로 김성곤, 「Rethinking Difference and Identity: Don Lee's Yellow」 (『현대영미소설』 15권1호, 2008.4)/ 이수미, "단편소설집의 사이클"로서 단 리의 『옐로우』 연구」(『영어영문학』 57권5호, 한국영어영문학회, 2011.12) 등이 있다.

를 주목하고 이를 작품에 담아내고 있는데, 재미한인 차세대의 민족적 정체성에 관한 관심을 형상화하고 있다는 점을 3세대 소설의 또 다른 특성으로 지적할 수 있다. Linda Sue Park(한국명 박명진, 1960~ )[24]의 소설 *A Single Shard*(사금파리 한 조각, 2001)는 특히 그러하다. Linda Sue Park은 이 작품의 창작 의도는 미국의 주류사회로부터 소외되어가는 재미한인 어린이와 청소년들에게 한국에 대하여 많은 것을 알리고, 다민족 사회인 미국에서 한인으로서의 자존을 지키면서 정착동화하게 하려는 데 있다고 밝히고, 이것이 글을 쓰기 시작한 동기라고 말한 바 있다. 그의 창작 의도대로, 이 작품은 도자기 예술의 아름다움과 도공의 장인정신을 통하여 한국인의 민족적 정체성을 형상화, 점차 민족적 자긍심을 잃고 미국 주류사회에 편입되어 가고 있는 재미 3세대 한인들에게 자신을 차분히 돌이켜보는 기회를 주고 있다. 그는 이 작품으로 2002년 미국 아동문학상 중에서 가장 권위 있다는 '뉴 베리 메달상'을 수상한다.

21세기에 접어들어 재미한인 작가들, 특히 혼혈을 포함하여 한국계 미국인 작가들의 수는 점점 증가하고 있다. 이들은 다양한 장르와 다양한 주제로 실험성을 띠면서 재외한인문학의 새 장을 열고 있다. 한국문화와 역사 등의 한국적 주제에서 점차 미국적인 주제로, 한국인이라는 민족적 정체성의 추구에서 미국 주류문화에 동화한 보편적 자아의 추구로 바뀌어 가는 것이다. 따라서 이것이 어느 정도 구체적으로 실행되고 있는지, 한민족의 미국에서

---

[24] 이에 대한 논의로 김신정, 「다문화성과 한국계 미국문학의 의미망 -린다 수 박의 작품을 중심으로」(『현대문학의 연구』 25집, 한국문학연구학회, 2005.3)/ 이상갑, 「전통에서 길어 올리는 차이의 미학-『뽕나무 프로젝트』, 린다 수 박론」(『현대문학이론연구』 36집, 현대문학이론학회, 2009.3)/ 유지현, 「융합과 승화의 도정-린다 수 박의 『사금파리 한 조각』 연구(『우리어문연구』 38집, 우리어문학회, 2010.9) 등이 있다.

의 이주와 정착의 과정이 구체적으로 어떻게 변화되어가는지를 적극적으로 구명하는 것은 재미한인 3세대 소설의 전반적 특성을 밝혀내는 작업이라 바꿔 말할 수 있다. 나아가, 이를 통해 기존의 민족문학 논의가 안고 있는 폐쇄성을 극복하고 세계문학으로서의 한민족문학의 보편적 자질들을 추출하는 지점을 포착할 수 있을 것이다.

# II. 재미한인 시문학

# 국권상실기 재미한인 시문학

## 1. 서언

한국과 미국의 교류는 1882년 '조미(朝美) 수호통상조약'이 체결된 때부터 시작된다. 하지만, 이후 약 20년간 '조선인'의 미국 진출은 민영익·홍영식 등의 외교관, 유길준·윤치호 등의 유학생, 그리고 박영효·서광범·서재필 등 정변에 실패하여 망명한 정치인들에 국한된 극소수에 불과했고, 20세기에 접어들어 미국 이민이 본격화된다. 미국이 하와이를 개척하면서 해외 노동자를 모집하고, 1902년 12월 23일 이에 응한 121명의 한인이 제물포항을 떠나 하와이 마우이섬에 도착한다. 이른바 노동이민이 대규모로 이루어지기 시작한 것이다. 이후 을사늑약이 체결된 1905년까지 65차례에 걸쳐 7,226명이 하와이에 도착한다. 또한, 1905년에는 1,033명의 노동이민자가 멕시코 어저귀(애니깽) 농장으로 노동이민을 하고, 1910년부터 1,115명의 사진중매 신부가 하와이에 이민한다. 이와 함께, 한인 거주자가 계속 늘어나면서 여러 한인 단체들이 설립되는데, 1902년 유학을 목적으로 미국에 온 안창호와 1904년에 도미한 박용만, 1905년에 도미한 이승만 등이 한인

단체의 중심인물이 된다. '외교독립론'을 주장한 이승만과 '무장독립론'을 주장한 박용만은 초기 한인 노동이민자들이 모인 하와이에서, '민족개조론'을 주장한 안창호는 샌프란시스코를 중심으로 한 미국 본토에서 각각 한인사회를 이끄는 주도적 인물이 된다. 이때 현지 한인들의 처참한 생활을 목격한 안창호는 유학을 포기하고 친목회를 조직하는데, 그 친목회가 '북가주 샌프란시스코 한인공립협회'(이하 '공립협회'로 약칭)로 발전하게 된다. 공립협회는 1909년 하와이의 '한인합성협회'와 연합, 미국 한인사회를 대표하는 '대한인국민회'(大韓人國民會, Korean National Association; 이하 '국민회'로 약칭)로 확대되어 재미 한인사회의 중추적 역할을 한다. 국권상실기 초의 재미한인문학은 주로 이 '국민회' 기관지 『신한민보』(新韓民報, *The New Korea Times*; 1909.2.10-1978)를 중심으로 전개된다.

한국 근대문학에 끼친 영향이라는 측면에서 볼 때, 재미한인문학은 일본으로 유학한 한인 학생들의 그것과 비교해 양적인 면에서나 국내 문단의 영향력에서 상대적으로 미약한 모습을 보여준다. 하지만 국권상실기 재미한인사회에는 한국 근대 최초의 자유시인으로 알려진 김여제(金輿濟, 1893~ ?)를 비롯하여 1930년대 미국 시 번역에 공헌한 한세광(韓世光, 1909~1979), 사회주의 시인 이정두(李廷斗, 본명은 廷允, 1897~ ?), 400여 편의 시조를 발표한 시인 홍언(洪焉, 1880~1951) 등 다수의 한인 시인들이 활발히 활동하고 있었다. 이들은 『대한매일신보』의 전통을 계승한 항일 민족지 『신한민보』와 '북미조선학생총회'(The Student Federation of North America) 기관지 『우라키』(*The Rocky*; 1925-1936), '수양동우회' 기관지 『동광』 등을 중심으로 다양한 문학작품을 발표하고 있으며, 이들의 문학은 한국문학의 전통을 계승하면서도 한편으로 동시대의 한국과 일정한 심리적·공간적 거리를 두고 있다는 측면에서 나름의 독특한 울림을 보여주고 있다. 즉, 이들의 문학은 이 시기 한국과 인접한 간도나 일본에서의 한인문학이 한국문학의 일환으로 국내의 문학과 별다른 차별성이 없이 전개되었던 것과는 달리, 상대적인 지리적 단절감과 귀국의 어려움으로 인해 본격적인 이민문학의 특성을 보여주는 것이다. 뿐만 아니라, 실용주의와 개인주의를 바탕으로 한 이들의 문학은 미 군정기 이후 한국문학에도 일정한 영향을 끼치고 있다. 따라서 그 구체적인 실상을 온전히 파악하는 일은 매우 중요하다고 말할 수 있다.

국권상실기 재미한인 시문학에 관한 기존의 연구는 아직은 소략한 편이며, 『신한민보』 게재 작품을 중심으로 주로 개화기 시기[1]와 시조 장르[2]의 소개 및 경향 분석에 초점을 맞추어 왔다. 채근병[3]은 일제강점기 전반에 걸쳐 재미한인 시문학을 소개하고 있는데, '개관'이라는 글의 성격상 시문학을 다룬 부분이 적을 뿐 아니라, 그나마 대부분이 1920년대 이전 작품에 대한 간략한 언급에 그치고 있다. 최근 재미한인문학 연구에 집중한 박미영[4]의 경우, 『신한민보』 주필을 맡았던 홍언 개인 연구에 주목하여 이 시기

---

[1] 정명숙, 「한국 개화기 해외 유이민 시가 연구-『신한민보』를 중심으로」, 대구대 석사논문, 1988./ 조규익, 「초창기 在美韓人들의 국문 시가에 대한 인식」, 『국어국문학』 124호, 국어국문학회, 1999.5(『해방 전 재미 한인이민문학 1』, 월인, 1999.8.에 재수록)

[2] 문무학, 「일제강점기 유이민 시조 연구-『신한민보』를 중심으로」, 『대구어문논총』 14집, 대구어문학회, 1996.6.

[3] 채근병, 「재미 한인문학 개관Ⅰ-해방 이전 작품을 중심으로」, 김종회 편, 『한민족 문화권의 문학』, 국학자료원, 2003.10.

[4] 박미영, 「재미 작가 홍언(洪焉: 1880-1951)의 시조 형식 모색 과정과 선택」, 『시조학논총』 18집, 한국시조학회, 2002.12/「재미 작가 홍언의 몽유가사·시조에 나타난 작가의식」, 『시조학논총』 21집, 한국시조학회, 2004.7/「재미작가 홍언의 미국 기행시가에 나타난 디아스포라적 작가의식」, 『시조학논총』 25집, 한국시조학회, 2006.7.

재미한인 시문학의 전개와 특성을 충분히 밝혀주지 못하고 있다. 때문에 국권상실기 재미한인의 시 작품들을 총체적으로 온당하게 평가하고, 이를 바탕으로 이들 작품을 한국문학사에 편입할 수 있도록 이 시기 재미한인 시문학에 관한 본격적인 연구가 시급한 상황이다.

광복 이전 한국인의 도미는 이주 목적과 정착 및 활동 형태로 볼 때 1919년 3.1운동 이후 일제의 정책 변화와 '1924년 국적 할당법'(The 1924 National Origins Quota Act; 일명 '중국인 이민 제외법') 제정을 분기점으로 서로 다른 양상을 보여준다.[5] '조·미 수호통상조약'(1882.5) 이후부터 3.1운동이 일어난 1919년까지는 노동이민이 주를 이루며, 이들은 대부분 재미 한인사회에 뿌리를 내린다. 반면, 1920년대 들어서는 조선총독부가 발급한 여권을 소지한 유학생이 주를 이루는데, 미국으로의 영주권이 허락되지 않아 학업을 마친 후에는 서둘러 귀국하는 모습을 보인다. 여기서는 이러한 점을 염두에 두고, 일제강점기 재미한인 시문학을 3.1운동과 1924년 미국의 개정이민법 제정을 전후로 하여 두 시기로 나누어 살펴보고자 한다.

---

5 재미한인의 이주 시기에 대해 김선정은 제1시기(1903~1924), 제2시기(1924~1965), 제3시기(1965~1990년대 말), 제4시기(1990년대 말-현재)의 네 시기로 구분하고, 각 시기의 변별점을 밝히고 있다. 필자 역시 기본적으로 김선정의 의견에 동의하나, 일제강점기의 경우 이런 구분이 지나치게 미국 쪽 변화에 초점을 둔 것으로 보인다. 따라서 이 글에서는 일제강점기 재미한인의 변화는 출발지인 국내 사정, 즉 일제의 정책 변화 역시 중요한 요인으로 고려하여 1919년 3.1운동과 1924년 미국의 개정이민법 제정을 분기점으로 하여 전기와 후기로 구분하여 살펴보고자 한다. 김선정, 「한인의 미국 이주 시기 구분과 특징」, 『남북문화예술연구』 4호, 남북문화예술학회 2009.6.

## 2. 망향과 계몽, 노동이민 시대의 시문학

 1902년의 하와이 노동이민과 1905년의 멕시코 노동이민, 그리고 1910년부터 시작된 '사진중매 신부'(picture brides)[6]로 대표되는 초기 재미 한인 사회 유이민의 실상은 '이민'이라기보다 '기민'(棄民) 혹은 '유민'(流民)의 성격이 강하다. 국권상실기에 고향을 떠나 부평전봉(浮萍轉蓬)의 신세가 된 이들 중 일부가 미국으로 오게 된 것이다. 따라서 이들에게 있어 미국은 '잠시 거주하는 곳' 이상의 의미를 지니지 못한다. 그들의 꿈과 희망은 대부분 고국이 독립을 쟁취하고 살만하게 되면 귀국을 하는 데 맞춰진다. 그리하여 이 시기 유이민 한인의 시 주제는 이민자들의 애환, 고국에 대한 향수와 타국생활의 설움, 새로운 삶에 적응하지 못하는 고통 등이 주류를 이룬다.

>  강남에 노든 속에
>  봄바람 소식 실은 배 만 리나 떨어져 있으니
> 
>  친척들과 이별하고 조상님의 묘 버린

---

[6] '사진중매 신부'란 하와이 이주노동자를 정착시키기 위한 하와이주 정부의 '사진결혼법' 제정 이후, 미국과 일본의 신사협정으로 사진 교환을 통해 혼인을 목적으로 하와이에 온 젊은 여성을 지칭하는 말이다. 1907년 11월부터 1924년 미국의 이민법 개정 전까지 1,115명의 한인 여성이 사진중매 신부로 하와이에 이주했다. 사진중매결혼으로 이민을 한 여성들 대부분은 마산 등 영남지방 농촌 출신인데, 사진과 달리 나이가 많은 신랑과 결혼해야 하는 여성도 적지 않았으며, 이러한 이유로 결혼생활이 파탄에 이르는 일도 자주 발생하였다. 사진중매 신부 이야기는 재미한인 3세 캐시 송(Cathy Song)의 시집 『Picture Bride』(1983)에 담겨 있다. 이 시집은 『사진 신부』라는 제명으로 번역, 전자책으로 출판되었다(캐시 송, 『사진 신부』, 한국문학도서관, 2007)

슬픔을 뉘 알리요.

새 울어 눈물 보지 못하고
꽃 웃어도 소리 듣지 못하니

좋은 것 뉘가 알고
슬픔인들 뉘가 알리.

—최용운, 「망향」(1905) 전문

  인용한 작품은 재미한인이 쓴 최초의 자유시로 알려진 작품[7]이다. 이 시를 쓴 최용운은 1905년 고국을 떠나 하와이 마우이섬으로 이주한 한인 여성이다. 이 시 전반에서 찾아볼 수 있는 '향수'는 언제나 인간의 본성이라 할 수 있는 것으로, 고향을 떠나온 이민자의 시에서 흔히 나타나는 정서이다. 이와 함께 이 시에는 고향을 떠나 낯선 곳에 와 살아가게 된 이의 슬픔과 다른 이들과의 소통이 쉽지 않은 데서 겪는 외로움 등이 잘 드러나 있다. 특히 '새'와 '꽃'에 비유하여 소통 불가능의 신세가 된 자신의 처지를 표현하는 방식은 비슷한 시기에 나온 최남선의 「해에게서 소년에게」(『소년』 창간호, 1908.11.)와 비교해도 그 기법이 결코 뒤지지 않는 수준을 보여주고 있다.

  하지만, 이런 류의 자유시는 초기 재미한인문학에서는 극히 예외적인 경우라고 볼 수 있다.[8] 이 시기 재미한인 유이민문학의 작가는 전문적인

---

7 재미 한인문단의 시와 시론 전문지 『미주시인』은 이 작품을 재미한인 현대시의 효시로 보고, 미주 현대시 100주년을 맞아 재미 시인 52인 대표시선집 『물 건너에도 시인이 살고 있었네』(미주시인 출판부, 창조문학사, 2007.10)를 발간한 바 있다.
8 김영철은 1920년 이전까지 『신한민보』에 발표된 작품 중에서 "정형률의 파괴 징후를 보이는" 작품은 다수지만, 자유시로 분류될 수 있는 것은 L.K.S.의 「내

근대문학교육을 받지 않은 이들이 다수를 차지하고 있다. 이들은 자신이 이민을 선택할 때 가지고 있던 기대와 희망, 현지에서 부딪치게 된 각종 어려움을 생소한 자유시형의 실험을 통해 드러내기보다는 자신에게 친숙한, 떠나오던 당시까지 우리나라에서 유행하던 창가나 국문 풍월·민요·한시·시조·개화가사 등의 형태를 차용하여 담아내고 있다. 다음 시는 그 대표적인 예라 할 수 있다.

금뎐옥답몃마직이/ 근근조업이안이가/ 안쫑거름셤놈들이/ 승야월장도적ㅎ니/
나의한이쎄에박켜/ 너놈들의더운간을/ 나의목뎍성취ㅎ야/ 퇴셔렬국도로거든/
너놈들을다시보자/ 퇴평양을건넛더니/ 가시밧에모라넛코/ 어젹위로등을치니/
흉듕에ㅅ힌한과/ 목젼에당ㅎ분은/ 영사언경못참깃네/ 이사자쳐ㅎ엿더니/
국민회에졍디목뎍/ 뎨국권리회복ㅎ며/ 동포명예증진ㅎ니/ 나의마음먹은디로/
늬손ㅅ락쑵은놈을/ 이닉심녁경갈ㅎ야/ 위국위민ㅎ게되니/ 나의목뎍그만이오

일편단심우국ㅎ자/ 병명순검되고보니/ 칼잇셔도못쎨으고/ 총잇셔도못노흐니/
ㅅ룸이라무엇홀가/ 자유세계한번가셔/ 나의마음되ㄴ디로/ 퇴평양을건넛더니/
가시밧에모라넛코/ 어젹위로등을치니/ 하일염쳔집나잣네/ 반도풍진참담ㅎ곳/
어이ㅎ면밧비가셔/ 나의피를쑤리면셔/ 우리형데구히볼가/ 상면벽히웬일인가/
쑥갓쳐셔한탄터니/ 국민회의졍디목뎍/ 열심가의긔관이오/ 모험쟈의시긔로다/
나의심녁경갈ㅎ야/ 위국위민ㅎ게되니/ 늬의목뎍그만이오

---

나라야」(1916.4.6), 리용직의 「츄은 것을 불으난 벌에」(1917.4.26), 작가 미상의 「흑로망향가」(1917.11.1), 안중근의 「슌국가」(1917.12.27), 리살음의 「찌ㅅ쥴」(1917.12.27) 「츙무노리」(1918.3.28) 「조샹나라」(1918.5.9), 상항디방회의 「국민회 대경축 축ㅅ」(1918.1.31), 전진택의 「원슈갑흐랴고」(1918.8.29.) 등 9편뿐이라고 지적하고 있다(제목과 발표연도는 조규익의 자료집을 참고, 필자가 일부 정정함). 김영철에 따른다면, 이후 새로 발굴된 자료를 덧붙인다고 하더라도, 1920년 이전의 재미 한인문단에서 자유시는 아직 주류가 아니라고 볼 수 있다. 김영철, 「개화기의 자유시론」, 『한국현대문학연구』, 1993.2. 44쪽.

이 작품은 채동진이 '국민회' 출범을 기념하여 제목을 달지 않고 『신한민보』(1909.6.30)에 발표한 것으로, 전체 12연[9] 322구(1구 2마디)의 장편 가사체 형식으로 되어 있다. 인용한 부분은 이 중 5연과 6연이다. 채동진은 이 작품을 통해 일본 이민회사와 멕시코 이민 브로커의 농간으로 1905년 멕시코 유카탄반도의 메리다 어저귀(애네껜, 애니깽) 농장으로 이주하여 4년간 강제노동을 하게 된 이주 한인들의 사연, 그들이 이민할 때 품고 있던 기대와 희망, 이민 후 현실적으로 부닥치게 되는 문제들에 대하여 다채롭게 묘사하고 있다. 멕시코 이민자의 사례를 이야기하고 있지만, 같은 시기에 하와이에 이민한 한인 노동이민자들도 다를 바 없는 사정이므로 당시 미주 이주민의 사연과 실상을 파악하는 데 참고가 될 만하다. 또한, 국권상실기에는 멕시코 한인사회가 독자적인 활동을 하지 않고 '메리다 국민회 지방회'라는 이름으로 '국민회' 지부로 활동하면서 샌프란시스코 본부에서 위원을 파견[10]하여 도움을 주는 형식을 취하고 있으며, 이들이 산출한 문학 역시 대부분 『신한민보』를 통해 발표되고 있다는 점에서 흔히 넓은 의미의 재미한인문학으로 간주하고 있다.

---

[9] 가사체에 '연'이라는 말을 사용하는 것은 적절치 않으나, 이 작품의 경우 새로운 화자가 등장하여 서술내용이 바뀔 때마다 말머리 부호를 달아 구분하기 때문에 편의상 각각을 '연'으로 지칭한다. 구는 '빗금(/)'을 통해 구분하고, 각 구는 인용한 예에서 보듯 2개 마디의 결합으로 되어 있다.

[10] '국민회'는 채동진의 요청으로 멕시코 한인 보호와 구제를 목적으로 1909년 2월 황사중과 방화중을 멕시코 메리다로 파견한다. 또한, 1917년 '국민회' 중앙총회장 안창호가 멕시코를 방문, 1년 정도 체류하며 멕시코 한인들에게 경제적으로 후원하는 한편, '국민회' 연합지방총사무소를 메리다에 설립하여 멕시코 한인사회 조직을 강화하고 한인들의 생활방식을 선진화시키는 등 '국민회' 차원에서 지속적인 관심을 보인다. 이자경, 『멕시코 한인 이민 100년사: 에네켄 가시밭의 100년 오딧세이』, 한맥문화출판부, 2006.12. 참조.

이 작품은 매 연마다 '①화자가 이민하게 된 사연 제시→ ②이민 후의 고난→ ③'국민회'에 대한 기대'라는 공통된 틀을 반복적으로 보여주고 있다. ①에는 애국지사, 대한제국 관리를 비롯하여 학생·농민·군인·보부상·광부·한량·건달 등이 매 연마다 화자로 등장하여 각자 항일·구국을 쟁취할 힘을 기르거나, 경제적 어려움을 타파하고 새로운 삶을 개척하려는 등의 목적으로 이민을 하게 되었음을 말하고 있다. 이 중 지식인계층이 화자로 나오는 전반부 6연에서는 항일·구국을 위한 능력 보유를 이민의 목적으로 제시하고, 뒤이어 일반 노동이민자가 화자로 나오는 7~10연에서는 개인의 향상 욕구를 동기로 제시하고 있어 양자의 차별성을 은연중에 드러내고 있다. ②는 "가시밧에모라넛코 어격위로등을치니"라는 정형화된 어구로 시작하여 이민 후에 겪은 어려움을 상세하게 서술, 디아즈(P. Diaz) 독재체제에서 시행된 이른바 '식민지농장'에 노예처럼 얽매여 고강도 노동 착취에 시달리던 한인 이민자들의 실상을 여실히 보여주고 있다. "국민회의경뎌목뎍"으로 시작하는 ③에서 작자는 '국민회'가 지식인계층과 일반 노동이민자를 망라한 미주 한인 모두를 위한 단체이며, 각자가 이민해올 때 꿈꾸었던 바를 구체적으로 실현하도록 도와주는, 즉 '위국 위민'을 근본적 목적으로 하는 단체임을 반복적으로 역설하고 있다. 이와 연관하여 마지막 두 연에서는 앞의 연과는 다소 이질적인 화자가 등장하여 주목을 끈다. 11연의 화자는 고리장이를 하다가 이민하여 농장주 편에 서서 밀고자 노릇을 하는 자[11]로, '국민회' 창립을 통해 개과천선하는 모습을 보여준다. 12연은 고국에서의 사연을 제시하지 않고, 부부가 함께 이민 온 후 가난을 견디

---

[11] 11연의 화자는 이 작품에 앞서 발표된 대시생(大視生)의 「경세환(警世丸)」(『신한민보』, 1909.1.13)에서 재미 한인사회의 "만목일치 미운쟈"로 지적한 '가지사(假志士), 소인학싱, 겨으른쟈, 노름군, 아편쟝이, 탐식쟈(貪色者)'와 동궤에 놓인다.

지 못하여 불화하던 중 이상한 현지풍에 젖어 부부가 각기 따로 놀고 있었는데, '국민회' 창립을 계기로 잘못을 깨닫고 다시 화합하게 된다는 이야기를 담고 있다. 말하자면, 마지막 두 연에서 채동진은 이주 한인사회 내부의 상호 불신과 갈등·반목을 간접적으로나마 인정하고, '국민회' 발족을 통해 이런 문제점들이 해소되기 바라는 기대감을 내보인 것이다.

노동이민이 주를 이루던 이민 초기에 『신한민보』를 중심으로 한 재미한인사회 지도층에서는 재미 한인에게 익숙한 시 형태인 창가와 가사, 그리고 시조 형태를 통해 재미한인의 항일의식 고취와 계몽에 힘쓰게 된다. 이를 보다 활성화하기 위해 『신한민보』는 일련의 시가 활성화 방책을 내놓는다. 당시 일반 대중을 대상으로 한 『신한민보』의 시가 활성화 방책은 가급적 '노래' 형태를 지향하고, 찬송가나 당대 미국의 대중음악을 차용한 창작을 권장하는 것이었다. 이는 특히 1918년 8월에 『신한민보』 주필로 취임한 백일규(白一圭, 1880~1962)에 의해 주도되는데, 주필 취임 초기인 1918년과 1919년 사고(社告)와 광고 형태로 『신한민보』 지상에 여러 차례 공지된 '국문 시가'에 대한 형식 규약[12]을 통해 확인할 수 있다. 이러한 형식 규약은 문학적 완성도나 미적 가치보다 대중의 계몽을 위한 효용성에 주안점을 두고 있다.

그러나 실상 그 실효성에는 많은 문제가 발생한다. 백일규가 자신의 이름으로 중국 시의 자수율에서 탈피하여 영시의 염운법(斂韻法)[13]을 채택,

---

[12] 백일규가 주필 취임 후 애국계몽운동의 일환으로 국문시(국어 창가) 운동이 전개되고, 이와 관련하여 『신한민보』는 495호(「국어창가발간츄지」, 1918.7.18), 496호(「북미로신질쓰 창가출판부 창가모집 광고」, 1918.7.25), 529호(「국문시 모집 광고」, 1919.3.22) 등의 사고와 논설·광고문을 통해 국민시 형식과 내용에 관한 제한을 구체적으로 제시하고 있다.
[13] 백일규는 시학에서 가장 긴요하고 보편적 요소를 염(斂)과 운(韻)으로 본다. 시의

장단·고저·강약 등을 활용하여 시를 창작할 것을 권하는 「국문 시 모집 광고」(529호, 1919.3.22)는 한국시 창작에 적응하기는 어려운 것일 뿐 아니라, 시대의 주류가 되어가던 자유시 운동에 제대로 부응하지도 못해 일반 대중의 창작욕을 북돋우는 데 일정한 한계를 보이게 될 것이다. 다른 사고와 광고에서 강조한 '노래' 형태에 덧입히거나 '개사(改詞)' 형태의 창작 또한 공지 당시 일시적인 호응은 있었으나,[14] 1920년 이후 축가나 행사노래 등에 포함되는 소수의 작품을 제외하고는 『신한민보』 지면에서조차 그 흔적을 찾기 어렵다. 즉, 일반 대중을 대상으로 한 시가 부흥 노력은 『신한민보』의 노력에도 불구하고 창작에 있어 그 실효성을 보이지 못한 것이다. 이러한 시가 부흥 노력의 현실적 한계는 1919년 이후 일반 대중의 미국 이민이 어려워지고, 유학생 및 고등교육을 받은 이들과 1.5세 이후 세대 위주로 재미 한인사회가 재편됨에 따라 재미 한인문단도 지식인 중심의 자유시 창작이 대세를 이루게 된 시대적 변화에서 그 원인을 찾을 수 있다.

한편, 초기 재미 한인문단에서 가장 활발한 창작 활동을 보여준 시조와 가사 장르는 국권상실기 전반에 걸쳐 『신한민보』가 지향하던 항일의식 고취와 계몽의 목적을 다하고 있다. 『신한민보』에 발표된 가사의 경우 동시대 국내에서 창작되던 개화가사류와 형식상 별다른 차별성을 보이지 않는

---

염은 장단음으로부터 이루어지고, 이는 음률의 장단음으로 곡조를 정하는 것과 같은 이치라는 것이다. 그는 그리스 라틴의 염법(斂法)에 근거하고 있는 영미시의 염법(iambic, trochaic, dactylic, anapestic)을 참고하여 국문시의 염법(foot)을 고안해 보려 한 것으로 보인다. 이에 대해서는 조규익, 앞의 글, 236쪽 참조.

[14] 견진틱의 「원슈갑흐랴고」(1918.8.29), 곽림대의 「동반도녯집」(1918.9.5) 「상사희」(1918. 9.12), 로정민의 「독립가」(1919.5.15), 리성식의 「독립가」(1919.7.10) 등을 비롯하여 작가 불명의 「환영가」(1918.8.8), 「환영가」(1918.8.15), 「불여귀」(1918.10.24), 「무제」(1918.11.7), 「한양셩」(1918.11.14. 21) 등이 집중적으로 발표된다.

다. 다만 내용에서는 앞서 살펴본 채동진의 가사나 홍언의 「국치의 노래」[15]에서 볼 수 있듯, 항일 민족의식을 전면에 드러내고 재외동포의 단결을 촉구하는 등 『대한매일신보』 사회등가사 이후 시국에 대한 비판적 인식을 전면에 드러내지 못하던 국내 가사와 다소 변별성을 보여준다. 시조는 대부분 단형시조가 게재되는데, "종장 첫 음보와 둘째 음보의 정형 자수 이탈, 끝음보 생략, 4음보형의 이탈"이라는 '종장 파괴'의 공통적 특징을 보여주고 있다. 이런 양상이 전개된 것은 시조의 미학적 차원보다는 사회 계몽수단으로서의 목적이 우선시되어 "주제를 확연하게 드러내기 위해서 시조의 전통적 양식을 파괴한 것"으로 보기도 한다.[16] "경쳥 경로ㅎ고보니 방약무인가 너 뿐인가 여바라 이등아 네아모리 무도ㅎ들 오쳔년 례의동방"(운외연객, 1909.9.8)이나 "뎍쟝아 닷지말고 목을느려 칼밧아라 너의조샹 쳥졍소섭 그ㅇ들도 못면힛것던 하믈며 죽기를 지쵹ㅎ눈 잔인ㅎ너를 살녀무엇"(문무자, 「젼필승」, 1911.6.14) 등 국권상실기 전반기의 단형시조 주제는 일제의 학정을 비판하고 구국·독립을 위해 동포들이 결사 단결할 것을 촉구하는 내용이 주를 이루고 있다.

## 3. 두 개의 미국, 유학생 시대의 시문학

1920년대에 이르러 재미 한인사회는 노동이민자가 주류를 이루었던 이전까지와 달리 유학생들과 지식계급이 주도하는 양상을 보여준다. 이러한

---

[15] 『신한민보』, 1913.10.24. "슯히날니던태극긔발이/ 티욕을밧고쎠러진후에/ 노예 명에와우마편칙이/ 이러케심홀줄몰낫고나// 죽지만마라죽지만마라/ 이국정신이 죽지만마라/ 반도쟝ㅅ를익글고와셔/ 왜구를모다구툭ㅎ리라"
[16] 문무학, 앞의 논문, 474쪽.

상황 전개는 일차적으로 일제와 미국의 정책 변화에 기인한다. 국내에서는 3.1운동 이후 일제의 일시적 유화정책에 따라 해외 유학에 대한 제한조치가 완화되어 유학생 수가 늘게 된 데 반해, 미국은 1924년 '국적 할당법' 제정을 통해 아시아권의 이민을 제한하고 있다. 이 때문에 재미 한인사회의 경우 일반 이민은 광복을 맞을 때까지 전면 금지된다. 반면, 일반 유학생 수는 일본이 광주학생운동과 만주사변 등을 기회 삼아 다시 민족탄압 정책으로 선회, 유학을 금지하는 1930년대 중반까지 지속적인 증가 현상을 보인다.[17]

이러한 재미 한인사회의 인적 구성 변화에 따라 1920년대 이후의 재미한인 시문학도 이전 시기와는 다른 양상을 보이게 된다. 이전까지 다수 창작되던 민요·국문풍월·창가·개화가사·한시·시조 등에서 점차 자유시형으로 대체해 나가는 한편,[18] 일반 대중의 발표장에서 한 걸음 나아가 근대식 문학

---

[17] 광복 이전 미국에 유학한 한인 학생이 모두 891명인데 반해, 1921년 이후의 유학생이 289명에 이른다. 김원용, 『재미 한인 50년사』(1959), 혜안, 2004, 29-32쪽. 이러한 유학생 증가 현상에 대해 미국 유학생 출신인 김여제는 "조선 학생에게 가장 유학하기 적당한 곳", "적수공권으로 나의 운명을 개척치 아니치 못할 경우에 처한 대다수의 조선 학생에게는 가장 편의한 곳"이기 때문이라고 말한다. 김여제, 「미국 유학」, 『동광』 18호, 1931.2. 66쪽.

[18] 조규익은 재미한인 시문학이 기계적 음수율에서 탈피, 자유시형을 습득하게 된 것은 현지인들이 일상에서 부르던 노래를 받아들이고 개사하면서 자유로운 시 형식을 체험하는 가운데 자연스럽게 이루어진 것이라고 보고 있다. 조규익, 앞의 논문, 237쪽. 물론 이런 영향도 없지는 않겠지만, 보다 직접적으로는 국내 신문·잡지의 지속적인 구독과 국내에서 이미 자유시형을 체득한 유학생·지식인 계층의 유입에 기인한다고 보는 것이 더 합리적이라고 할 수 있다. 1920년대 중반부터 미국 대중가요를 개사하여 작품을 쓰는데 적극적이던 홍언이, 개인적인 선택과 취향의 문제도 있겠지만, 1930년대 이후에 들어서도 여전히 자신에게 익숙한 개화가사체와 시조 형식을 창작의 기본으로 삼고 있음은 한 예가 될 수 있다.

교육을 받은 보다 훈련된 시인이 활동하는 전문적인 문단의 모습을 갖춰나가기 시작한다. 발표 작품의 주제적 측면에서도 이전 시대의 항일의식의 직설적 토로와 대중에 대한 계몽 대신에 이민지에서 느끼는 궁핍의 현실적 고통과 자본주의적 현실의 모순 고발, 식민지인으로서 느끼는 자의식의 토로가 주를 이루게 된다.

>奴隸에서 解放된 껌둥이
>오늘은 다시 돈의 鐵鎖에……
>러시아서 解放된 파란녀자
>오늘은 다시 돈의 束縛에……
>綠色치마의 愛蘭 색시
>오늘도 그치마 綠色……
>
>(중략)
>
>무엇 무엇해도……
>그들은 名節이 잇고,
>그들은 설곳이 잇고…….
>
>××× ××××
>나는 송곳하나 꼬즐땅도……
>아! 나는 송곳하나 꼬즐땅도…….
>— 한흑구, 「밤 전차 안에서」, 『동광』 28호, 1931.12. 98~99쪽

이 시의 화자는 자정이 넘어 자신이 사는 시카고 빈민가 홀스테드 행 전차를 탄다. 전차 안에는 일터에서 돌아오는 흑인, 폴란드 여자, 아일랜드 여자 등이 화자와 함께 지친 몸으로 집으로 돌아가고 있다. 화자는 이들과 동질감을 느끼며, 이들이 자신의 자유를 속박하던 노예 상태나 식민 상태에서 제도적·정치적으로는 벗어났지만, 가난으로 인해 다시 자본에 예속되어

경제적 식민 상태에 놓여 있음을 안타까워한다. 그러나 그들은 돌아가 지친 몸을 누일 곳이라도 있지만, 그들과 별반 다를 게 없는 신세인 자신은 돌아갈 곳조차 없는 이방인 신세임을 새삼스레 인식하며 씁쓸해한다. "우리 속 같은 조선 땅에서/ 배움에 목말라"(한흑구, 「축출명령」, 『동광』 38호, 1932.10) 공부하러 찾아온 미국이지만, 학기 중에는 "동서로 표박하며 이 집 저 집 종살이를 다니고"(김여제, 「미국에서 맛본 달고 쓴 경험」, 『우라키』 4호, 1930.6), 방학에는 "학비를 조달하고 빚을 청산하기 위해 농막에 거주하며 농장일을"(김여제, 「북미에서 고학 5년간」, 『동광』 6호, 1926.10) 하면서도 학비를 채 감당하지 못하여 강제 출국을 당할 처지에 놓이는 일이 비일비재하고, 이 경우 학교를 나와서는 막상 "갈 곳이 없"(한흑구, 「축출명령」)는 처지가 되는 것이 바로 당시 재미한인 유학생이 처한 상황이었다. 즉, 당시 한인 유학생들은 낯선 미국 땅에서 가난과 돌아갈 조국 상실이라는 이중적 곤경에 놓여 있었던 것이다. 다만, 단순히 외지에서 온 이방인이라서 이러한 어려움을 겪고 있다고 이야기하는 것이 아니라, 홍언의 시 「길- 틱사스 하이웨이에서」(『신한민보』, 1936.7.16) 등에서 보듯, '가진 자와 못 가진 자'라는 구도와 중첩시켜 재미한인의 문제를 바라보고 있다는 점은 특기할 만하다.

또 하나 주목해 봐야 할 것은, 앞서 살펴본 시에서도 볼 수 있듯, 이 시기 재미한인 시인이 그들의 작품을 통해 재미한인이 처한 고단한 삶뿐 아니라, 아메리카 원주민을 비롯하여 흑인·아일랜드인 등 미국 사회의 소외계층들에 대해서도 각별한 관심을 보인다는 점이다. 그중에서도 특히 서양인들에게 삶의 터전을 빼앗기고 주변인으로 전락한 아메리카 원주민에 대해 집중적인 관심을 보인다.

四 시틸관 안이뵈고/ 북소리 고요하니/

절벽을 직힌 쟝사/ 견징이 쉬여젓다
五 十자가 통한 길이/ 텬국에 다앗지만/
　　녜 고향 니버리고/ 발길이 돌아셔랴
六 셩 아리 안즌 로인/ 쳐량이 말하기를/
　　자손이 유마에셔/ 바구니 걸이 팔어
—홍언, 「인디안의 녯 궁-클리푸 쑤월링에셔」 일부, 『신한민보』, 1936.2.13.

四 홍에문 들어갈 졔/ 은은히 들리난 듯/
　　악형에 죽은 귀신/ 스듧히 우는 소리
五 종각에 올으난 길/ 층계를 싸은 돌은/
　　홍인이 굴렷건만/ 아는 쟈 업는게라
六 문 압헤 웃고 셧는/ 신부님 손에 셩경/
　　잘 먹고 살진 몸들/심의로 가렷으니
—홍언, 「쳔주교의 녯 절-신타 바바라에셔」 일부, 『신한민보』, 1937.1.28.

　이전 시기에 흔히 사용하던 개화가사체 형식을 띤 위의 시는 이제는 관광지가 된 아메리카 원주민 아니시지 인디언의 암굴 거주지(Cliff Dwelling)에서 백인에 의해 멸망한 원주민 고대 왕국의 자취를 보며 읊은 시이다. 시인은 옛 원주민 왕국의 자취를 훑으며, "十자가 통한 길이/ 텬국에 다앗지만/ 녜 고향 니버리고/ 발길이 돌아셔랴"라고 하여, 천주교 사제를 앞세워 왕국을 침략한 백인들이 보여주는 이중성에 대해 경계의 목소리를 내비친다. 또한, 마지막을 "자손이 유마에셔/ 바구니 걸이 팔어"라는, 즉 옛 왕국의 후손들이 근처인 애리조나주 유마(Yuma) 길가에서 바구니 걸이를 팔아 겨우 생활을 유지하고 있다는 원주민 노인의 말로 끝맺어, 왕국 멸망 이후 이곳에서 쫓겨난 그 후손들의 비참한 삶을 함께 고발하고 있다. 이 원주민 노인의 말은 일제 식민통치하에서 유리걸식하는 한민족의 참담함을 보고 분노한 시인이 "문전의 옥토는 어데로 가고 쪽박의 걸식이 웬 말인가!"(한흑구, 「그대여 잠깐만 셨거라」, 『신한민보』, 1929.6.20)라고 외치는 소리와 닿아있다. 역시 개화가사체로 된 뒤의 시에서, 시인은 캘리포니아 산타바바라 성당을 보며, 그 성당의 종각을 올리고 층계를 쌓느라 죽어간 원주민의 원혼과 "잘 먹고 살진 몸"으로 심의(深衣)를 입고 서 있는 신부의 모습을 대비하여 제국주의의 폐해와 위악을 지적하고 있다.

이런 시에 등장하는 아메리카 원주민의 모습은 일제에 의해 나라를 빼앗긴 채 미국으로 떠나와 힘겹게 살아가고 있는 한인들의 모습과 자연스럽게 중첩된다. 때문에, 이 시들에서 보듯 재미한인 시인들이 아메리카 원주민을 비롯한 미국 사회의 마이너리티에 주목하고 있는 것은, 유사한 처지라는 자연스러운 동감의 표시를 넘어 이들이 처한 현실의 어려움과 그 원인을 사실적으로 보여주고, 이를 통해 간접적으로나마 재미한인의 독립 의지를 북돋기 위한 목적성을 함께 가지고 있는 것으로 보인다.

한편, 이와 같은 미국 사회의 소외집단 및 사회적 소수자에 관한 관심에서 좀 더 나아가, 경제공황 이후 자본주의의 모순을 지적하고 노동자계급의 각성과 변혁의 행동을 요구하는 사회주의 지향의 작품들도 이 시기에 다수 발표되고 있다.

> 보라!
>     네엽구리에 가로노인 屍體들을!
> 감지못한 눈에는 正義의빗이 가득하고
>     탈쏫이마른 두입살에는 自由의 불으지즘
> 아! 이 웬일인가! 이 착한사람들이!
>     그러나 다시 그 엽구리에 손을 대여보라!
> 槍의痕迹! 그리고 주린腸子를!
>
> (중략)
> 우리의 팔쑥은 아직도 몸의붓터
>     아! 움직임업는 넘어진者의 몸에 붓헛나니

> 먼저 짱우에 팪둑을 드디고
> 넘어진 넘어진 네몸둥이를
> 일으키지 안으려는가! 안으려는가!
> ─한흑구, 「첫동이틀째」, 『우라키』 5호, 1931.7. 152쪽.

선동적인 어투에 비해 표현은 다소 난삽해서 정확한 의미 파악이 어려운 작품이지만, 대체로 기아에 허덕이다 가난하고 힘없는 자들이 죽어가는 모습을 그저 보고 있지만 말고 새로운 시대로의 변혁을 위해 뜨거운 정열로 떨치고 나가자는 내용이다. 시인은 "妖婦의 눈 속에 잠긴 요란하든 이 거리"와 "屠殺場 갓흔 골목길"에 쓰러져 있는 굶주린 이들의 모습을 대비, 시대의 흐름을 대변하는 '전차'를 등장시켜 변혁의 정당성을 부여하고 있다. "매일 우리는 펜을 銃으로!/ 매일 우리는 進軍喇叭을 울니자/ 人類를 救하는 陳頭에서"라고 외치는 이정두의 「동지들에게 보내는 시」(『우라키』 4호, 1930.6. 118쪽), 경찰의 탄압과 대중의 무관심에도 불구하고 "인류를 구하는" 사명을 달성하기 위해 애쓰고 있다는 「狂者의 노래」(이정두, 『우라키』 5호, 156쪽), "우리의 가는 곳은/ 인류를 구하는 마당이며/ 자유 평등을 구하는 젼션"이라고 말하는 이정대의 「아우의게」(『신한민보』, 1929.1.17), 그리고 "이 세상은 감옥이다./ 우리 로동자의 아들들은 죄수이다."라고 절규하는 김호철의 「여들 검둥이 아희의게」(『신한민보』, 1932.1.28) 등에서도 이와 유사한 사회 인식을 찾아볼 수 있다.

이 시기 재미한인 시문학 작품들의 이러한 시적 경향은 미국 사회의 변화와 동기적 관련이 있다. 1929년에 시작된 대공황으로 미국 사회는 내일에 대한 전망이 불투명한 절망적 상황이 지속되고, 이로 인해 기존의 자본주의 체제에 대한 회의가 팽배해져 미증유의 혼란에 빠지게 된다. 이와 함께 소비에트 러시아와 공산주의에 대한 막연한 환상과 기대가 퍼지면서 미국 사회는 이른바 '붉은 10년(Red Decade)'을 맞이하게 되는데, 재미

한인사회에도 그 영향이 파급된다. 기존 '국민회' 주도의 보수적인 분위기에서 탈피, 시카고 한인 유학생을 중심으로 사회주의 성향의 '재미 한인사회과학연구회'가 결성(1930.10.10)되는 등 급속하게 사회주의에 경도되는 상황이 벌어지게 된 것이다. 당시 한흑구(韓黑鷗, 본명 世光)는 강해주·고병남·김고려·김태선·김호철·이응영 등과 함께 "세계 무산계급의 부르짖음에 보조를 같이하며 약소민족의 설움을 위하여 투쟁 전선에 나아갈 것"을 내세운 '재미 한인사회과학연구회' 발기인으로 참여하는데, 이 단체는 이후 중국후원회, 조선의용대 미주후원회, 그리고 조선민족혁명당 미주지부로 이어지는 재미 한인사회 사회주의운동의 중심이 된다. 앞에서 인용한 「첫 동이틀째」 외에도, 시카고와 그곳 친구들의 모습을 떠올리고 있는 시 「쉬카고」(『우라키』 6호, 1933.1)는 미국 유학시절 한흑구의 사상적 지향점이 어느 쪽에 놓여 있었는지 짐작하게 해준다.

이 시기에 발표된 재미한인 시에서 특기할 만한 것은, 이주 후 상당한 시간이 지났음에도 불구하고, 어느 사회에서나 이주자가 겪게 되는 이중언어와 이중문화에 대한 언급을 찾아볼 수 없다는 것이다. 이것은 무엇보다도 '정착', 주류사회와의 동화 혹은 편입을 염두에 두고 있지 않으며, "아침 해볏 빗나는 져긔/ 나 그리는 무궁화 피는 져긔/ 비록 貧困의 설음 잇다 하여도/ 째로 不意의 災難 온다 하여도/ 쓰던달던 내 살림사리/ 아아 언제나 도라가리"(유암, 「향수」, 『우라키』 1호, 1925. 9. 130쪽)[19]나, "우리는 가렵니다/ 우리의 싱디 고국을 차져/ (중략)/ 머지안은 압날에"(이정두, 「당신들은 가십니까?」 『신한민보』, 1929.9.19)에서 보듯, 자신을 일시 체류자 또는 망명자·유민으로 인식하여 언제든지 귀국할 때를 기다리고 있음을 말해주

---

[19] 유암(流暗) 김여제가 상해에서 발간된 『독립신문』 75호(1920.3.11)에 '金輿'라는 필명으로 발표했던 시를 재수록한 것이다.

는 것이라 할 수 있다.[20] 미국 사회에서 선주민과 함께 어울려 살아가려면 필연적으로 선행되어야 하는 것이 현지인과의 의사소통과 문화적 이질감의 조정, 이 과정에서 발생하는 민족적 주체성과 자기 정체성 확립 문제이기 때문이다. 따라서 이 시기의 재미한인 시 작품에는 외국인으로서의 차별과 멸시보다는 가난으로 인한 궁핍한 삶과 상대적인 여유를 보이는 선주민 백인과의 대비만이 강렬하게 드러나는데, 이것은 1905년 하와이 노동이민으로 미국에 건너온 차의석의 자서전 『금산』(The Golden Mountain, 1961)이 보여주듯, 오히려 또 다른 형태의 '미국에 대한 선망'과 연결된다.

## 4. 결어

이 글에서 다루고 있는 국권상실기 재미한인은 광복 이후, 특히 1965년 미국 이민법 개정 이후 도미한 한인과는 많은 부분 차별성을 드러내고 있다. 국권상실기에 이민해온 한인들은 하와이 노동이민으로 시작하여 1920년대 이후 유학생 중심으로 한인사회를 형성한다. 따라서 경제적·정치적 이유로 이주해온 광복 이후 한인과는 이민 동기에서부터 전혀 다른 모습을 보이며, 이들 양자 간의 연계성은 매우 미약하다. 광복 이후 도미한 한인들은 자신의 민족적 정체성에 연자부호(하이픈)를 가지고 있는 즉 '한국계 미국인(Korean-American)'으로 불리는 데 반해, 전자는 '한인'(Korean in

---

[20] 1917년 '사진중매 신부'로 미국에 건너와 로스앤젤레스에서 야채상으로 상당한 재산을 모은 김혜란은 그 한 예이다. 김혜란은 『신한민보』『독립』에 시를 발표하는 등 어느 정도 성공한 이민 생활을 하고 있었는데, 1931년 15년간의 미국 생활을 접고 다섯 아이를 한국인으로 교육하기 위해 귀국을 선택한다.

America)으로서의 정체성을 유지하고 있다는 점에서 가장 뚜렷하게 차별된다. 때문에, '한인'은 '한국계 미국인'이 드러내는 분열된 자아의 '이산적 정체성'을 보여주지 않으며, '귀국을 전제로 한 임시 거주인'으로서 미국 내에서의 자신의 존재를 자리매김하고 있고, 미국을 바라보는 시선 역시 고국으로의 귀환에 초점을 맞추고 있다.

이 글에서는 국권상실기 재미한인 시문학을 1919년 3.1운동과 1924년 미국 이민법 개정을 전후하여 두 시기로 나누어 살펴보았다. 3.1운동 이전 시기의 재미한인 시문학은 일반 노동자계층에 의해 주로 창작되며, 고국에 있을 때부터 친숙한 장르였던 민요와 개화가사·창가·시조 등을 활용하여 창작되고 있다. 주된 내용은 항일의식 고취와 대중 계몽이다. 이 시기에는 미국의 대중가요 곡조를 빌려 가사를 개사하는 방식의 창작도 시도되는데, 이를 통해 시인들은 점차 자유시형에 대한 경험을 축적하게 된다. 미국 이민법 개정 이후의 재미한인 시문학은 유학생·지식인 중심의 좀 더 전문화된 시단을 형성한다. 전 시대와 달리 자유시가 주류를 이루는 가운데, 이민지에서 느끼는 가난의 현실적 고통과 자본주의적 현실의 모순 고발, 식민지인으로서 느끼는 자의식을 토로하는 내용이 주를 이룬다. 이 시기 작품은 가난과 조국 상실이라는 재미한인이 겪는 이중고를 주로 다루는 가운데, 미국 사회의 소외 집단에게도 관심을 기울이는 모습을 보인다. 이런 관심은 이후 사회주의 성향의 작품을 산출하는 데까지 나아가는 출발선이 된다.

전기와 후기를 불문하고, 국권상실기 재미한인 시문학의 주요 관심사는 조국 독립의 간구라 할 수 있다. 다만, 전기에는 항일이나 구국·독립 등의 주제를 직설적으로 거칠게 드러내 전경화하는 데 반해, 후기의 시문학은 미국 내에서 한인들이 처한 고난의 모습과 흑인이나 아메리카 원주민 등 여타 소외집단에 대한 묘사를 통해 재미한인이 겪고 있는 간난과 조국 상실로 인한 이중고의 원인이 어디에 있는지를 지적, 간접적으로 민족적 각성과 의식 고취를 하고 있다는 점에서 표현 기법의 원숙함을 내보인다.

1920년대 이후 본격적으로 등장하는 시인들과 그들 각각의 작품 경향에 대해서는 보다 구체적인 서술이 필요하지만, 이 글에서는 상세한 언급을 하지 못하였다. 이에 대해서는 다음 장에서 상론하기로 한다.

□ 참고문헌

1. 기본 자료
<국가보훈처 공훈전자사료관 원문자료실>
<국사편찬위원회 한국사 데이터베이스>
『동광(1926.5~1927.8; 1931.1~1933.1』 영인본, 한국한문헌연구소 편, 아세아문화사, 1977.
『신한민보(1909~1973)』 영인본, 논문자료사, 1991.
『우라키(The Rocky)』 영인본, 북미유학생총회; 한림대 아시아문화연구소 편, 한림대학교 출판부, 1999.
김원용, 『재미한인50년사』, 캘리포니아 리들리, 1959.3; 혜안, 2004.10.
민충환 편, 『한흑구 문학선집』, 아시아, 2009.6.
이자경, 『멕시코 한인 이민 100년사: 에네켄 가시밭의 100년 오딧세이』, 한맥문화출판부, 2006.12.
조규익, 『해방전 재미한인 이민문학 1~3권』, 월인, 1999.8.

2. 논저
김권동, 「黑鷗 韓世光의 시 연구」, 『한민족어문학』 56집, 한민족어문학회, 2010.6.
김선정, 「한인의 미국 이주 시기 구분과 특징」, 『남북문화예술연구』 4호, 남북문화예술학회, 2009.6.

김영철, 「개화기의 자유시론」, 『한국현대문학연구』, 1993.2.
김욱동, 「차의석의 『금산』 - '미국의 꿈'을 넘어서」, 『외국문학연구』 30호, 한국외국어대학교 외국문학연구소, 2008.5.
김정훈, 「재미 한인 시문학 연구 - 광복 이후 재미 한인 시문학의 특성과 변화 양상을 중심으로」, 『국제어문』 45집, 국제어문학회, 2009.4.
김희곤, 「해제: 북미유학생 잡지 『우라키』」, 『우라키』, 한림대 아시아문화연구소 편, 한림대학교 출판부, 1999.
문무학, 「일제강점기 유이민 시조 연구 - 『신한민보』를 중심으로」, 『대구어문논총』 14집, 대구어문학회, 1996.6.
민충환, 「새로 발굴한 한흑구의 자료」, 『문예운동』 113호, 문예운동사, 2012.3.
박미영, 「재미작가 홍언(洪焉: 1880-1951)의 시조 형식 모색과정과 선택」, 『시조학논총』 18집, 한국시조학회, 2002.12.
박미영, 「재미작가 홍언의 몽유가사·시조에 나타난 작가의식」, 『시조학논총』 21집, 한국시조학회, 2004.7.
박미영, 「재미작가 홍언의 미국기행시가에 나타난 디아스포라적 작가의식」, 『시조학논총』 25집, 한국시조학회, 2006.7.
박연옥, 「재미 한인문학 연구의 현단계」, 『국제한인문학연구』 3호, 국제한인문학회, 2005.10.
안형주, 「초기 미주한인 여성과 그 딸들」, 『여성과 역사』 2집, 한국여성사학회, 2005.6.
유영자, 「한흑구의 시와 수필의 세계」, 『문예운동』 113호, 문예운동사, 2012.3.
장규식, 「일제하 미국 유학생의 근대지식 수용과 국민국가 구상」, 『한국근현대사연구』 34집, 한국근현대사학회, 2005.9.
장규식, 「일제하 미국유학생의 서구 근대체험과 미국문명 인식」, 『한국사연구』 133호, 한국사연구회, 2006.6.
장석원, 「북미 유학생의 내면과 미국이라는 거울 - 북미 유학생 잡지 『우라키』」, 『상허학보』 8집, 상허학회, 2002.2
정명숙, 「한국 개화기 해외 유이민 시가 연구 - 『신한민보』를 중심으로」, 대구대 석사논문, 1988.
조규익, 「초창기 在美韓人들의 국문시가에 대한 인식」, 『국어국문학』 124호, 국어국문학회, 1999.5.
채근병, 「재미 한인문학 개관 I - 해방 이전 작품을 중심으로」, 김종회 편, 『한민족문화권의 문학』, 국학자료원, 2003.10.

# 재미한인 시문학의 주제적 특성

## 1. 서언

　재미 한인사회의 이주 역사는 조선 말기 정치적 망명자와 1903년 하와이 사탕수수 농장 노동자 이주로 시작된다. 초기 이민의 경우 유길준·박영효, 재미 유학생 등 지식인도 일부 있지만, 막일하는 노동자나 농촌의 소작인 또는 머슴 등의 하층민이 대부분이었다. 1903년~1905년 사이에 이주한 이들 이민자는 7천2백여 명으로 알려져 있는데, 이들 중 65% 정도가 문맹이었다는 것은 초기 이주의 성격을 가늠케 해준다. 더욱이 이후 일제가 한국인의 미국 이민을 통제했기 때문에 사실상 초기 재미 한인사회의 구성원은 초창기에 이주한 사람들이 주축이 된다. 그러나 광복 후 미국으로 이주한 한인들은 지식인계층이 주류를 이루는데, 이들은 초기 이민자와는 달리 비교적 손쉽게 정착한다. 미국의 개정이민법 '하트-셀러법' 제정(1965) 이후 이주해온 고학력 이주민들은 특히 그러하다.
　1960년대 후반 이후 이민자들이 절대다수를 차지하고 있는 재미 한인사회는 모국에서의 교육이 고학력자인 경우가 많아 상대적으로 문화적 욕구가 높은 편이다. 이를 바탕으로 80년대 이후 재미 한인문단은 『한국일보』 『중앙일보』 등 한국의 주요 신문 미국지사가 해마다 신춘문예를 개최하고, 『미주문학』(1982) 『기독교문학』(1983) 『신대륙』(1985) 『울림』(1987) 『가교문예』(1987) 『문학세계』(1988) 『외지(外地)』(1989) 『뉴욕문학』(1991) 『워싱턴문학』(1991) 『샌프란시스코문학』(1995) 『시카고문학』(1996) 『미주펜문학』(2004) 『미주시세계』(2004) 『한미문학』(2005) 『샌프란시스코펜문학』(2005) 등 여러 잡지에서 신인상 제도를 통해 한글로 작품을 쓰는 작가들을 배출하고 있다. 또한, '미주한국문인협회' '국제펜클럽한국본부 미주지역위원회' '재미시인협회' '한미문학가협회' 등 여러 문학단체가 활발히 활동, 큰 규모의 한글문단을 형성하고 있다.

재미 한인문학에 관한 논의는 여타 재외 한인문학 등에 비해 비교적 활발히 이루어지고 있고 그 성과 또한 적지 않은데, 이는 규모와 활동상 그리고 한국문단과의 활발한 교류 등 주목할 만한 요인에 힘입은 바 크다.[1] 이제까지의 논의에서, 조규익의 『해방 전 재미한인 이민문학(1-6)』은 광복 이전이라는 시기적 한정이 있지만, 최초의 본격적인 재미한인 시문학의 소개라는 점에서 의미를 가지며, 여기에 엮은 작품들은 후속 연구자들에게 중요한 자료로 활용되고 있다는 점에서 그 의의는 자못 크다. 이소연의 「재미 한인문학 개관Ⅱ」[2]는 광복을 분기점으로 하여 재미한인문학을 전체적으로 조망

---

[1] 주요 연구로 조규익, 『해방 전 재미한인 이민문학(1~6권)』(월인, 1999)/ 김종회 편, 『한민족 문화권의 문학 1/2』(국학자료원, 2003/2006)/ 유선모, 『미국 소수민족 문학의 이해-한국계 편』(신아사, 2001) 『한국계 미국 작가론』(신아사, 2004)/ 이동하·정효구, 『재미 한인문학 연구』(월인, 2003)/ 임진희, 『한국계 미국 여성문학』(태학사, 2005)/ 송명희 외, 『미주지역 한인문학의 어제와 오늘』(한국문화사, 2010) 등이 있다.
[2] 김종회 편, 『한민족 문화권의 문학 2』, 국학자료원, 2006,

하고 있다. 하지만, 이 글은 『미주문학』 21호(2002)와 『뉴욕문학』 12집(2002)에 실린 5편에 전적으로 기대고 있으며, 그 내용도 지나치게 소략하다. 『재미 한인문학 연구』에 실린 정효구의 「재미한인 시에 나타난 의식의 변천과정 I, II」는 1980년대부터 1990년대 중반에 이르는 재미한인 시문학의 변천 과정을 '언어·자아·조국·미국·도시·문명·기독교'라는 중심어를 통해 살펴보고, 그 특성을 다양한 시각으로 연구한 것으로서 일정 부분 의의가 있다. 다만, 논의의 대상을 주로 『미주문학』(동인지 『지평선』 포함)과 『뉴욕문학』(동인지 『신대륙』 포함)에 실린 시작품으로 한정하여 1990년대 중반 이후 간행된 다양한 한인 문예지에 나타난 변화 양상을 충분히 살피지 못하고 있으며, 여러 특성을 동일 비중으로 나열하여 상호 관련성에 대한 고찰이 다소 부족하다는 점에서 아쉬움이 있다.

이 글에서는 위에서 살펴본 기존 연구성과를 토대로, 광복 이후 특히 1980년대부터 현재까지 발표된 재미한인 한글 시문학 작품을 중심[3]으로, 재미한인의 이주·정착 과정이 어떻게 이들의 작품 속에 형상화되어 있으며, 어떤 특성을 보이는지 공시적으로 고찰하고자 한다. 이와 함께 이 과정에서 재미한인 시문학을 전체 한민족문학사에서 어떻게 다루어야 할 것인지, 이들의 문학 경험에서 우리 한국문학은 무엇을 취할 수 있는지를 성찰해 보는 기회로 삼고자 한다. 광복 이후를 대상으로 한 것은 이전까지의 문학 담당층과 이후의 문학 담당층 사이의 관련성이 그리 많지 않으며, 현재의 재미한인 시문학의 성격을 올바로 파악하기 위해서는 가급적 현재에 집중

---

[3] 대상을 한글로 쓴 시문학으로 한정한 것은 수집의 한계에 일차적인 원인이 있지만, 또한 재미한인 시문학은 발표 지면을 비롯하여 수록 작품에 이르기까지 한글문학에 절대적인 비중을 두고 있으며, 이 글의 관심 대상인 한민족의 이주·정착의 주제를 다루고 있는 작품의 경우 절대다수가 한글로 발표되고 있다는 점을 고려한 탓도 있다.

하는 것이 더 효과적이라고 보기 때문이다. 실제로 『신한민보』를 중심으로 전개된 광복 이전의 시문학은 일제에 대한 저항의식과 조국 독립에의 염원, 식민지적 현실에 대한 반성과 비판, 그리고 이민 생활의 애환과 고국에 대한 그리움 등을 담은 계몽적 성격의 시들을 주로 발표하고 있어, 광복 이후의 시문학과 많은 차별성을 보인다.[4]

한편, 특히 1980년대를 기점으로 삼은 것은 이 무렵 미 서부 로스앤젤레스에서 '미주한국문인협회'가 결성되고 기관지 『미주문학』이 발간됨에 따라 이전까지 재미한인 작가 개개인의 작품 활동에 의존하던 데에서 벗어나 재미한인문학이 본격적으로 모습을 드러내는 시기이기 때문이다. 그런데 현재까지의 재미한인 한글 시문학은 문학작품의 내용과 사상 또는 정서 면에서 아직 한국문학과 완전히 분화되지 않은 상태에 있는 것으로 보인다. 재미한인 문예지에 발표된 작품의 경우 사용하는 언어가 무엇이든 발상과 정서가 여전히 고국인 한국에 뿌리박고 있다.[5] 또한, 한글로 창작된 작품들은 끊임없이 새로운 이민자가 유입되면서 세대별·시기별 차별성이 뚜렷하게 드러내지 않는다. 따라서 이 글에서는 시대 구분을 하지 않고 같은 특성을 드러내는 작품, 특히 최근 작품을 중심으로 하여 공시적으로 그 특성을 살펴보되, 그런 가운데서도 재미한인들의 이주·정착 과정에 따라 어떠한 변화가 일어나고 있는지를 고찰해 보고자 한다.

---

[4] 국권상실기 재미한인 시문학의 특성에 대해서는 조규익, 『해방 전 재미한인 이민문학』 1권(월인, 1999)/ 채근병, 「재미 한인문학 개관 I」(김종회 편, 『한민족 문화권의 문학 1』, 국학자료원, 2003)/ 김정훈·송명희, 『국권상실기 재미 한인 시문학 연구』(『국제어문』 55집, 국제어문학회, 2012.8) 참조.
[5] 한글로 된 시뿐만 아니라, 『미주펜문학』의 '영시 초대석'에 수록된 재미한인의 영시작품들을 보면, 자신들의 자전적 내용이나 고국 또는 어린 시절에 대한 그리움을 담은 이민 1세대의 정서가 그대로 표출되고 있다.

광복 이후 한국인의 미국 이주는 한국전쟁을 전후한 시기의 이민과 1965년에 개정된 미국 이민법, 즉 '하트-셀러법'(Hart-Celler Act) 발효 이후 이루어진 대규모 이민의 두 시기로 나눌 수 있다. 특히 개정 이민법 발효 이후인 1970~1980년대는 연 3만여 명 이상의 미국 이민이 이루어지고, 이들로 인해 본격적인 재미 한인사회가 형성·성장하게 된다.[6] 이 시기의 이민은 국권상실기의 반강제적인 이민 형태와는 성격이 판이할 뿐 아니라, 수적으로도 현재 재미 한인사회의 주류를 형성할 만큼 상당한 것이었다. 인적 구성 또한 이전과 달리 한국에서 대학 교육을 받은 전문직·관리직·사무직 등에 종사했던 신(新) 중산계층의 증가가 두드러진다. 즉, 이 시기의 미국 이주는 정치·사회적 요인이나 생존 조건에 의한 것이 아니라, 개인적 사정이나 동기에 의한 경제적·사회적·교육적 자기실현 욕구에 따른 능동적이고 자율적 선택으로 이루어진 것이다. 따라서 이들은 미국을 '잠시 머무는 곳'이 아니라 자신이 살아갈 삶의 터전으로 인식하고, 그에 따라 미국 사회에 정착하고 동화되기 위한 노력을 아끼지 않게 된다. 이들은 또한 적극적으로 문학단체를 조직하여 작품 활동을 벌이며 한국인으로서의 결속을 다지고, 작품을 통해 이민지 미국 사회에서 겪게 되는 현실적 고난을 극복해 나가려 한다. 나아가, 이런 문학 활동을 통해 한국인으로서의 자부심을 키워나가는 한편, 미국 사회에 한국인과 한국문학을 널리 소개하려 한다. 하지만 낯선 타국에서의 생활은 처음 기대와는 달리 그리 녹록하지 않아 여러 가지 면에서 어려움을 겪기도 하는데, 재미한인 시문학에는 이와 같은 재미 한인의 이주·정착의 모습이 다양한 형상으로 그려져 있다. 이들 작품에 표출된 몇 가지 특징적인 주제의 변화, 그리고 이주·정착에 따른 재미 한인사

---

[6] 윤인진, 『코리안 디아스포라- 재외 한인의 이주, 적응, 정체성』, 고려대 출판부, 2004. 200쪽.

회의 의식 변화를 고찰해 보이면 다음과 같다.

## 2. 향수, 일시 체류자·방문자 의식

광복 후 재미한인 시문학은 1980년대 중반까지도 그 소재나 주제가 이민 초기와 별 다름없이 주로 이민 생활의 간고함과 애환, 그로 인해 더 간절해지는 고향에 대한 향수와 귀향의 꿈같은 극히 근원적이고도 개인적인 내용에 맞추어져 있다. 그리고 이런 내용을 주로 자전적이고 서사적인 표현 방법으로 형상화하는 것이 주류였다. 80년대 중반 이후 점차 이런 경향을 탈피하고 있는 모습을 보이지만, 여전히 끊이지 않고 발표되고 있다. 이러한 일반적인 향수의 미학은 우리가 가슴에 담고 살아가야 할 숙명적 정서이며, 따라서 이민 행렬이 그치지 않는 한 이와 같은 '이민 시' 형태가 앞으로도 계속 발표될 것임은 너무 자명하다.

이러한 부류의 그리움은 무엇보다 익숙한 곳에서의 '격리 또는 이탈'과 '복귀에의 어려움 또는 불가능'에서 기인한다. "빛바랜 초라한 인생이/ 폼나게 거듭나기 위해"(김강자, 「이방인의 하루」, 『미주기독문학』 7집, 2002) 아메리칸 드림의 기대와 희망으로 힘들게 선택한 이민이지만, 익숙하지 않은 이국땅에서의 삶이 순탄할 수만은 없다. 이런 가운데 쉽게 떠오르는 감정은 자신이 떠나온 고향의 친숙함으로부터의 '격리 또는 이탈'로 인한 외로움이다. 다음 시는 이러한 심정을 잘 형상화하고 있다.

앞마당에 널린 호박꼬지, 무말랭이
그리고 누런 나락 알들
빗방울 후둑이니 거둬들인다

> 뒤 안 장독대 항아리 뚜껑 덮고
> 장지문 밖의 은행나무 내다본다
> 끝내 누운 잎 하나 저승길 내는데
> 추적이는 가을비에 젖는
> 바깥마당 멍석에 고추
> 산비탈 묵정밭에서 몸을 키우다
> 찾아온 햇빛에 솔깃해하며
> 사람의 눈을 피해 익어버렸다
> 멍석 채로 둘둘 말린 어둠 속에서
> 떠나 온 밭머리 남겨진 풋고추 하나 그리워
> 오늘 내린 찬비에 숨죽여 울고 있다
> ―김정기,「비설거지」 일부(『미주문학』 30호, 2005.3)

이 작품에 그려진 고향은 우리네 옛 시골 풍경, 바로 그것이다. 이처럼 고향이나 고국에 대한 그리움을 노래하는 재미한인 시작품에 그려지는 고향 이미지는 이민 시기와 관계없이 흔히 현대의 도시가 아니라 시골, 그것도 근대화되기 이전의 시골 모습이다. 이것은 무엇보다 고향에 대한 그들의 감정이 출발 당시에 메어 있음을 의미하는 동시에, 미국 현지의 각박한 도시적 삶에 대한 일정한 비판의식을 우회적으로 반영한 때문이라 할 수 있다.

위의 시에서, 가을에 갑작스레 비가 오자 앞마당에 널어놓은 호박고지와 무말랭이, 누런 나락 알들을 부산하게 거둬들이고, 뒤꼍 장독대 항아리 뚜껑을 덮은 후 주인은 한숨 돌리고 장지문 밖을 내다본다. 그런데 바깥마당 멍석에 늘어놓은 고추는 깜빡하고 못 거둬들여 추적추적 내리는 가을비에 그대로 젖고 만다. 가을철에 흔히 볼 수 있는 비설거지 풍경이다. 그런데 문제는 "떠나온 밭머리 남겨진 풋고추 하나"이다. 다른 고추들은 햇빛에 잘 익었지만, 미처 거두지 못한 풋고추 하나가 산비탈 묵정밭 밭머리에 남아 주인이 거둬간 다른 고추들을 그리워하며 찬비를 맞으며 "숨죽여"

울고 있다. 시인의 시선은 이 "남겨진 풋고추 하나"에 머문다. 그리고 고향을 떠나 낯선 곳으로 이민해온 자신의 심정을 이 풋고추와 동일시한다. 실상은 이 풋고추와는 달리 스스로의 선택에 의한 이탈이지만, 지금 시인의 심정에는 이런 차이점은 큰 의미를 지니지 못한다. 비록 주인이 잠시 깜빡하고 못 거둬들여 가을비에 젖고 있지만, 곧 거둬들일 것이 분명한 바깥마당 멍석에 놓인 고추와는 달리 자신은 그 친숙한 가을 풍경에서 완전히 배제되어 있다는 외로움의 심정만이 시 전체에 가득하다.

이런 외로움은, 다음 시에서 보는 것처럼, 필연적으로 강렬한 귀향 의지로 연결된다.

> 이른 아침 안개되어
> 하늘로 오르리라
> 그리고 다시 비되어
> 마음에 묻어둔 고향 땅 다시 적시리라
> ─김옥례, 「비의 노래」 일부(『미주문학』 23호, 2003.7)

이 시는 고향에 대한 그리움과 함께, 죽어서라도 고향을 찾아가겠다는 죽음을 초월한 절체절명의 귀향 의지를 드러내고 있다. 그런데 이 시에는 이민사회의 모습이나 삶에 대한 그 어떤 감회도 나타나지 않는다. 그저 근원적이고 숙명적인 것으로서의 향수를 그리고 있다. 이른 아침 서린 안개에 자신을 대입, 그 안개가 구름이 되고 다시 그 구름이 비가 되어 내리게 될 때 고향 땅에 내리고 싶다는 부단한 귀향의 열망만을 노래하고 있다. 이러한 향수와 귀향 의지 표명은 시대를 초월하고 어디서나 나타나는 전형적인 방식이라 할 수 있다.

이러한 정서는 현재를 항상 불만족스럽게 생각하고 과거로 회귀하려는 마음의 표출이라 할 수 있다. 따라서 설사 어려운 과정을 거쳐 현재의 생활에 안정을 찾았다 하더라도, 이처럼 자신의 심정적 출발점을 고국과 고향에 남겨두고 있는 한 돌아가고자 하는 마음과 고향에 대한 그리움은 쉽게 그치지 않게 된다. 더욱이, 다음 시에서 보듯, 쉽게 돌아가기 어려운 사정이라도 있게 되면 이 '그리움'은 더욱더 증폭된다.

> 고국을 떠나
> 5년이 흐르고, 10년이 지나면서
> 유달산 쓰르라미 소리
> 마음속에서 점점 커지더니
> 고국 사람들과 만나 얘기를 할 때
> 불쑥불쑥
> 유달산과 겹쳐 보이고
> ―문무일, 「유달산」 일부(『시향』 1집, 2004)

이러한 그리움은 고국을 떠난 시기의 장단과 큰 관련이 없다. 오히려 심정적으로 현지인이 되지 못하고 한국인으로 자신의 정체성을 굳건하게 간직하고 있는 상태에서는 떠나있던 시간이 길면 길수록 오히려 고향에 대한 그리움은 가중되게 된다. 「유달산」의 화자는 이민 생활 10년이 넘지만, 동향이 아니라 하더라도 동포를 만나면 그들의 모습에서 고향에 있는 유달산의 모습을 떠올리게 되는 등 날마다 고향에 대한 그리움을 쌓아만 간다. 『시향』 1집에 실린 백순의 시 「칠일장」의 화자도 마찬가지다. 그는 불류리치 산골 호숫가의 7일장을 찾아 이른 새벽부터 호박·감자·양파 등 자신이 수확한 농작물로 좌판을 벌이고 있는 농부의 모습에서 고향의 모습을 떠올리고 고향 장에 온 듯 환청까지 듣고 있는데, 이런 화자의 모습은 「유달산」의 화자와 다를 바 없다.

동양과 서양을 넘나드는 철학을 시를 통해 보여준다고 해서 '코즈모폴리턴'[7]으로 불리기까지 하는 신지혜 역시 문무일·백순 등과 같은 마음 상태를 드러낸다. 「뿌리」(『뉴욕문학』 12집, 2002.12)의 화자는 뉴욕 허드슨강 강 기슭에 서서 물밑에 잠겨있는 나무뿌리를 보면서 자신의 뿌리와 '고향'에 대한 상념에 잠긴다. 그리고 그의 의식 속에서 허드슨강의 "일만 오천 개의 잎맥이 부대끼며 뒤척"이는 모습은 고향 집 "금간 돌담벽에/ 어스름 이파리들 잔잔히 입맥치"는 장면과 겹쳐지고, 허드슨강 "어느 모천을 지나와/ 죽죽 치닫는 저녁놀 꽃무더기"는 화자의 "그리움"을 타고 "고향집 문풍지를 붉게 붉게 물들이"는 모습으로 이어진다. 이런 환상을 보면서 화자는 "나도 물밑 길을 따라서/ 아슴한 내 뿌리를/ 가슴 시리도록 오래 더듬어 본다"라고 하여, 자신의 "선명한 그리움"을 "한 줌의 흰 웃음을 강기슭에 부려놓고/ 쏜살같이 달아나는 저 물살들"에 비유하고 있다.

이런 주제를 다룬 시들은 독자의 보편적인 감정을 끌어내기보다는 시인 자신의 사적인 이야기를 들려주는 데 급급한 경우가 많다는 점에서 시적 형상화에 아쉬움을 남기는 경우가 적지 않다. 자칫 시인이 자신의 감정에 단순 몰입함으로써 감상적인 측면을 강하게 드러내기 쉽기 때문이다. 이런 부류의 시에서 보여주는 그리움은 그것이 아무리 강조되고 시적 형상화에 성공하더라도 단지 그리움의 일시적 토로에 머물 뿐, 반드시 고향으로 회귀하고자 하는 절박함으로 심화되어 나타나지는 않는다. 이것은 이들이 보여주는 그리움이 자신이 디디고 있는 현실에서 구체적으로 추출되는 것이 아니라 자신의 내면에 잠재되어있는 과거의 형상, 즉 기억 속에 잠재된 사적인 고향의 이미지만을 일방적으로 회상하는 데서 나오는 것이기 때문이다. 대개 이런 시들에서 그려지는 배경은 추상화되고 중립적인 공간(space)이 아니라, 시인 개인의 자취와 흔적이 묻어있는 특정한 곳으로서의

---

7 박현수, 「안개의 국적, 코즈모폴리탄의 경전」, 신지혜, 『밑줄』, 천년의 시작, 2007.

장소(place)이다. 즉, 이들이 그리워하는 것은 공간이 아니라 개인의 추억이 묻혀 있는 장소이며, 이들의 외로움은 그런 추억을 간직하고 있는 지역적인 특성을 더 이상 재현할 수 없다는 데서 오는 외로움인 것이다.

그러나 자칫 형체 없는 그리움의 발산에 머물 수도 있는 이러한 감정이 자신이 디디고 있는 현실과의 접점을 가지게 되면, 비로소 막연한 관념이 아니라 현실의 어려움을 견뎌내게 하는 구체적인 내면의 힘으로 전화된다.

> 불종대 아래
> 지게 품팔이
> 손 구루마는
> 종일 서성거리다 어둠에 밀리며
> 가만가만 흥얼거리고 있었다
>
> 올림픽 거리 김스전기 앞
> 히스페닉들은
> 서툰 영어로 하루를 팔고
> 비 오는 날
> 함께 내리는 진한 향수
> 와이퍼가 부지런히 지우고 있다
> ─최석봉, 「향수 2」 일부(『하얀 강』, 창조문화사, 2004)

이 시에는 비가 오는데도 불구하고 로스앤젤레스 한인타운 올림픽 거리 김스전기 앞에 모여 서툰 영어를 하면서 하루의 노동을 팔려고 애쓰는 히스패닉의 모습과 목포 불종대 아래 모여 섰던 지게 품팔이의 모습이 겹쳐져 형상화되고 있다. 이때 자동차 안에서 이 광경을 바라보며 와이퍼로 차창에 흘러내리는 빗물을 지우는 화자의 행동은 실제 자신의 가슴에 흘러내리는 그리움의 눈물을 닦아내는 행위에 다름 아니다. 이 시의 화자가 보여주는 그리움은 앞서 살펴본 시들에 표출된 그리움과는 사뭇 다른 결을 보인다. 이 그리움이 화자의 이민 초기 경험과 일자리를 구하는 히스패닉의 모습, 불종대에서의 기억이 중첩되는 가운데 드러나는 것이기 때문이다.

>이국어에 휘말린 무거운 몸을 묻고
>어쩌다 들린 고국 술집 막걸리에
>내게도 고향이 있고 고국이 있다는
>황소웃음 같은 반추로
>냉혹한 번민과 자학이 범벅된
>하루의 生을 마신다
>피보다 진한 나를 마신다
>
>그래도 고국은 아직 봄인데……
>―전달문, 「그래도 고국은 아직 봄이네―뉴욕日記」 일부(『미주문학』 2호, 1984)

 이 시의 화자는 스스로를 "초조를 씹고 있는 실향인"으로 규정한다. 그리고 낯선 타국에서 "어디서 쉼을 얻어야 할까" 고뇌하며 "냉혹한 번민과 자학이 범벅된/ 하루"를 끝내고 집으로 돌아오는 길에 고국의 막걸리를 파는 집에 들러 "내게도 고향이 있고 고국이 있다는/ 황소웃음 같은 반추"를 하고 있다. '막걸리집'은 고향과 고국을 떠올리게 하는 공간으로, 이곳에서 화자는 낯선 땅에서 이방인으로 떠돌고 있는 현실의 고통을 잠시나마 벗어날 수 있게 된다. '막걸리'는 고국에서의 젊은 시절과 타지에서 떠도는 현재를 연결해 주는 매체(vehicle)로, 산업사회로 완전히 전환되기 전의 한국 사회가 간직하고 있던 여유와 정겨움의 한 표상이다. 바로 이 '막걸리'로 인해 고국과 고향에 대한 '향수'는 떠돌이의 일상을 굳건하게 지탱해주는 심리적 방어기제로 전화하게 된다. 하지만, 이것으로 충분하지 않다. "그래도 고국은 아직 봄인데……"라는 마지막 행에서 화자의 '향수'는 극대화되는 것이다. 이때의 "그래도"는 막걸리 한 잔으로는 달래지지 않는,

어떻게 해도 '고국의 봄' 같을 수는 없다는 화자의 심리를 적절하게 드러내는 시어라 할 수 있다. 또한, 여기에는 고국으로 가고 싶어도 쉽게 갈 수 없다는 심정이 강하게 내재하고 있다.

고향에 대한 간절한 그리움이 현실의 어려움을 견뎌낼 수 있는 버팀목이 된다는 점은 다음 시에서도 확인할 수 있다.

> 뻐꾸기 울음 한창 울더니
> 내 안에서 어머니 국자가 되었다.
> 어딘가에서 졸졸 흐르는 산골 물
> 유년의 발 씻는 물소리,
> 내 무릎의 상처 씻어 준다.
> 뾰족하고 모난 만하탄의 빌딩 숲이
> 둥글게 둥글게
> 어머니의 젖가슴이 된다
> ―곽상희, 「그믐달과 열쇠」 일부(『뉴욕문학』 16집, 2006.10)

> 다시 일어설 수 있는 힘 어둠 속에
> 어둠을 녹이시던 어머니, 당신 속에
> ―안경라, 「유채꽃」 일부(『미주문학』 38호, 2007.3)

이 시들은 이민족에게 일정한 거리를 두는 미국 사회의 냉엄한 현실에 힘겨워하는 모습을 보이지만, 섣불리 이런 감정에 매몰되지 않고 객관 상관물을 통해 그러한 감정을 시적 형상으로 승화시켜 나가고 있다. 이런 가운데 어려서 떠나온 고향에 대한 그리움을 표출하면서 이를 통해 생활의 위안으로 삼고 불만족스러운 현실을 극복해 나갈 힘을 얻고 있다. 「그믐달과 열쇠」에서는 어릴 때의 추억을 회상하는 것으로서 "내 무릎의 상처"를 치유하고, "뾰족하고 모난 맨하탄의 빌딩 숲"으로 묘사된 각박한 현실을 헤쳐 나갈 "새의 눈망울 같은/ 열쇠 하나"를 찾게 된다. 「유채꽃」에서는 보다 직설적으로 현실 속의 좌절에서 벗어나 "다시 일어설 수 힘"을 '어머니'로 표상된 고향을 떠올리는 것에서 찾고 있다. 이처럼 어린 시절 고국에서의 추억을 회상하는 것은 현실의 고통에 쉽게 굴하지 않는 강인한 생명력의 근원이 된다.

그러나 그들이 다시 고국을 방문했을 때 그곳은 더 이상 추억 속의 고향은 아니다. 시인이 보고 싶은 것은 자신이 떠나기 전의 모습이지만, 현실은 시인이 기억하고 있는 지난날의 모습을 가리고 있다. 급속한 변화로 인해 소멸하고 파괴되어버린 현장만이 그들을 반길 뿐이다. 이런 변화된 현실을 바라보는 반응은 대체로 다음 두 가지 양상으로 나타난다. 하나는 "적막을 베고 누운 대청마루/ 흔적 없는 흰 고무신/ 어느 고방에서 퍼렇게 녹슬고 있을 놋기명/ 불도저에 밀려간 문전옥답/ 노란 초가 사이에서 우뚝 솟아 있던 시댁/ 문화재로 보존되어/ 창원의 집으로 문패를 바꿔 달고/ 고향의 지킴이로 살아있다"(안선혜, 「추석」, 『미주문학』 33호, 2005.12)에서 보듯 지금은 없어진 옛 추억을 떠올리며 회상에 젖는 것이며, 다른 하나는 변화에 부정적 시선을 던지며 도덕적 질타를 가하는 것이다.

    눈곱을 매단 채
    시치미를 떼고 있는
    오줌싸개 서울

    지린내에 찌든
    기저귀가 흘러내려도
    부끄러움 모르는 서울
    ―김소향, 「오줌싸개 서울-1998년 가을에 만난 서울」 일부(『뉴욕문학』 12집, 2002)

    산수 좋기로 소문난 여기는 산청山淸

> 지금 여기에선
> 개발이란 이름으로
> 어느 돈 많은 여사장이 서울서 내려와 깃대를 꽂고
> 주차장에는 얼룩덜룩 문어발 가리개 달았습니다
> "옥궁", 이름도 끈적한 러브호텔을…
> ─이정자, 「산울음-山淸에서」 일부(『시향』 1집, 2004)

고향에 돌아온 시인은 자신이 회상하던 정겹고 인정 넘치는 고향 인심은 사라지고, '개발'이라는 미명 아래 맑은 물이 흙탕물로 변하고, 산이 파헤쳐지고, 논밭이 유흥지로 변한 모습을 보며 분노를 금치 못한다. 기억 속의 고향은 '어릴 적 그리운 어머니'의 모습인데, 귀국하여 보게 된 고향의 현재 모습은 대단히 실망스럽기만 하다. 그래서 이러한 변화에 대해 실망의 한숨과 도덕적 질타의 목소리를 감추지 않는다.[8] 이들의 시에서 변화한 고국의 현실에 대해 객관적으로 바라보고 인정하려는 모습은 쉽게 찾아보기 어렵다.

이처럼 이들 시인이 고국의 변화에 대해 불편한 마음을 드러내는 것은 자기만의 추억으로 물들어있는 장소(place)가 공간화되는 것에 대한 심리적 저항의 일종으로 볼 수 있다. 나만의 장소, 개인의 특별한 추억이 자리한 곳이 공간화되는 것, 다시 말해 장소의 공간화는 도시화와 근대화의 또 다른 상징에 다름 아니다. 이들이 변화된 고향의 모습에 대해 분노하는 것은 사실상 근대화가 진행되면서 고향이 자신의 추억의 장소를 파괴하고 있다는 것, 자신이 힘든 이민 생활을 견뎌내게 한 내면적 힘의 근원을 약화

---

[8] 이 연장 선상에서 잠시 미국을 다니러 온 한국인들에 대한 인상도 그다지 호의적이지 않다. 오히려 "끊임없이 건너와/ 브로드웨이 피프츠 애비뉴/ 보석 골짜기를 싹쓸이 사냥하는/ 굶주린 개떼들"(장석렬, 「맨하탄이 부끄럽다」, 『한미문학』 1호, 2005.11)에서 보듯, 드물지만 비판적인 시선도 드러난다.

시키고 있다는 것, 그래서 이제는 더 이상 자신의 버팀목이 되기 어려워졌다는 점에 기인한다.

이런 불만은 어느 정도 필연적인 것으로 볼 수 있다. 어차피 이민의 삶이란 떠나온 고향을 그리며 새로운 고향을 찾아가는 것이고 보면, 새로운 고향을 찾아가는 과정에서 자기 가슴에 품고 있던 고향과 달라진 현실에 대해 괴리를 느끼고 분노하는 것은 어쩌면 이민자로서 당연히 겪을 수밖에 없는 숙명이라고 말할 수 있다. 이런 과정을 통해 이민자는 자신이 정착할 새로운 고향을 찾아내게 되는 것이다. 이민자가 느끼는 떠나온 고향에 대한 그리움은 그의 영혼 속에 녹아있는 생명의 근원이며 꿈의 근원이기는 하지만, 그렇다고 하여 이것이 폐쇄적이고 고정된 것일 필요는 없는 것이다.

### 3. 이민 생활의 애환, 이방인 의식

재미한인 시문학에서 고향에 대한 그리움 다음으로 많이 표출하고 있는 주제가 미국 이민 후 정착 과정에서 겪게 되는 현지 사회와의 갈등과 그 가운데 느끼는 이방인 의식에 관한 이야기이다. "햇볕으로 눈물 말리고/ 달빛으로 외로움 달래"(윤학재, 「새벽길」, 『미주펜문학』 2호, 2004.8)며, "뜨거운 열가마 세탁소에서/ 이른 새벽 늦은 밤 열심히 일"(정문혜, 「개척 교회 사모님」, 『미주기독문학』 7집, 2002.10)하고, "고무줄 같이 늘인 썸머 타임까지도/ 다 삼켜 버리며/ 왼 종일 오그렸던 허리를/ 아직도 펴지 못한 채/ 흑암 속으로 잦아"(김강자, 「이방인의 하루」, 같은 책)드는 것이 대부분의 한인 이민자가 미국 이민 생활 초기에 만나게 되는 공통적인 체험이다.

얘들아 그렇게 뛰지 마라

아래층 외로운 노인 천정 무너진다고
아우성치면
이 아파트에서 쫓겨난다

문밖으로는 절대 나가면 안 돼
백인 여인네 들 경찰에 전화하면
무서운 경찰 너희들 업어다 보호소에 가두면
보고픈 엄마를 울리고
벌이 시원찮은 애비는
형무소에 간다
─이천우, 「이민 풍속도」 일부(『시향』 2집, 2005)

빈 아파트에 애들만 놔두고 직장으로 가야만 했던 이민 1세대의 아픔이 절절히 느껴지는 시이다. 한국과는 다른 낯선 문화와 접하면서, 화자로 설정된 아버지는 혹시라도 문제가 생겨 가정에 파탄이 올까 싶어 늘 긴장하며 살아간다. 여기서 이민자의 문화와 개별적 사정을 이해하려 하지 않는 선주(先住) 이웃들, 이들과의 갈등 속에서 숨죽이며 힘들게 살아갈 수밖에 없었던 초기 이민자들의 신산함을 엿볼 수 있다.

이러한 정착의 어려움은 이민 초기에만 존재하는 것이 아니다. 다음 시를 보자.

고향을 떠나 태평양을 건너온 이민의 고달픈 삶도 그의 소박한 꿈을 꺾지는 못했는데
은퇴를 준비하며 어린아이처럼 좋아했는데
십이월 차디찬 새벽, 이십 년 몸 바친 일터에서
그는 이순의 나이를 허무하게 접고 말았습니다.
세븐 일레븐 매장에 든 열네 살 흑인 소년의 칼에 찔려
─권귀순, 「겨울아침」 일부(『시향』 2집, 2005)

이 시는 마운트버넌에 있는 세븐 일레븐 편의점 앞에서 매일 야근이 끝나는 아침 일곱 시면 빵 부스러기를 새들에게 나눠주던 한 한인 이민자가 아무런 잘못도 없이 흑인 소년에게 찔려죽은 사건을 담고 있다. 재미한인이 미국 사회에 정착하게 될 때 가장 두려워하는 일이 바로 이런 어이없는 사건과 직면하는 것이다. 느닷없이 다가오는 일이기에 미리 대처할 수도 없는 것이 바로 이런 일이다.

이런 문화적 충돌과 생활의 부적응으로 인한 긴장과 피로 때문에 한인 이민자들은 왜 자신이 이민을 왔는지 후회하는 모습을 보이게 된다.

> 넓은 하구를 꿈꾸며 흐르다
> 어느 물살에 밀려버렸는지
> 알지도 못하는 언덕에 누워
> 하얗게 제 몸 삭이는
> 슬픈 이민의 꿈
> ─장석렬, 「이민의 강」 일부(『한미문학』 1호, 2005.11)

이 시의 화자는 자신을 "흐름을 놓친 부스러기"로 표현한다. "제 길만을 고집하여 흘"러 가는 강물의 흐름을 따르지 못하고 "어느 물살에 밀려버렸는지" 문득 강변으로 밀려 나와버린 부스러기에서 자신의 모습을 찾고 있다. 그래서 그들은 "내가 등대고/ 오수를 즐기는/ 이 땅은 누구의 터전일까"(이성열, 「아메리카 抒情」, 『미주문학』 3호, 1985), "해마다 더욱/ 낯설어지는/ 타관의 흙, 햇살./ 날마다/ 멀어져 가는/ 뉴욕의 강물"(김정기, 「뉴욕일기(2)」(『미주문학』 4호, 1986), "한철을 살다 가는/ 나뭇잎처럼/ 우리는 지금/ 이국의 한 시절을 누벼사는/ 손님일 뿐이다"(김윤태, 「손님」, 『뉴욕문학』 2집, 1992)라고 탄식한다.

이십 년을 떠나와 살았다
삶은 어디서나 만만치 않았지만
햄버거에 질린 위장은
고추장으로 덮어씌우며 이를 악물었다

떠나올 때 가슴에 담았던 것들
고향, 눈물, 그리움 따위는
천년 묵은 바위로 눌러버리고
선인장보다 더 날카로운 가시로 온 몸을 감고
모래 깊숙이 뿌리를 내렸다

해일이 밀려오고 산사태 나도
결코 쓰러지지 않는다 했는데
아, 미끈미끈한 버터에 겉돌기만 한 노란 뿌리들
—이윤홍, 「연어」 일부(『미주문학』 21호, 2002.12)

 이 시에서 화자는 자신을 사막에서도 살아가는 강인한 생명력을 가진 선인장에 비유, 정착 과정에서의 간고함을 내보인다. 이때의 '사막'은 화자가 살아가고 있는 이국땅을 지칭한다. 이 '사막'에서 생존하는 방법은 "날카로운 가시로 온몸을 감고/ 모래 깊숙이 뿌리를 내"리는 것뿐이다. 그러나 여전히 자신은 "미끈미끈한 버터에 겉돌기만 한 노란 뿌리들"이라서 이 땅에 안정적으로 정착하지 못하고 있다. 그리하여 그는 언제나 먼 바다로 떠났다가 다시 고향으로 돌아오는 '연어'를 동경하게 된다. 이것은 화자가 여전히 미국 땅을 자신이 살아가야 할 곳이라기보다는 '잠시 머무는 곳'으로, 자신을 '이방인'으로 생각하고 있음을 의미한다.
 1970~80년대에 미국에 이민해온 한인들은 실제 미국에 오기 오래전부터 마음속에 자신이 한국에서 이루지 못하던 꿈을 실현할 기회의 땅으로 미국을 생각하며, '아메리카 드림'을 꿈꾸고 온 경우가 많았다. 이것은 이들

의 개인적 사정이라기보다는 한국의 근현대사를 통해 우리가 가지게 되었던 집단적이면서도 미묘한 역사적 집단최면에 가까운 것이었다. 그러나 이들이 자신이 앞으로 살아갈 곳인 미국에 도착하여 체험하는 것은 상상과 거리가 먼 현실의 냉혹함 뿐이었다. 이것이 단순한 '여행'이라면 다시 돌아가면 되지만, 고국에서 모든 것을 정리하고 떠나온 입장에서는 쉽사리 복귀하기도 어려운 상황이다. 여기서 몸은 미국에서 살고 있으나 마음은 여전히 자신이 두고 온 고향에 남아있는 괴리가 발생하게 된다. 그리고 생활이 힘들수록 '고향'과 그에 덧칠한 '정지된 화면'은 자신의 정체성을 확인시켜 주는 유일한 증표로 작동하게 된다. 사정이 이렇기에 정착할 수 없는 자의 '외로움'과 '유랑'의 정서는 고향에 대한 '그리움'에 이어지는 이들의 현실적 정서가 된다.

> 오늘은
> 어디로 가야 하나?
> 질척이는 비는
> 폭풍우 되어 온 거리를 삼키려 들고
> 뚫어진 헤어진 봇따리에
> 흠뻑 젖은 옷가지처럼
> 차갑게 젖어 헤어진 가슴
> 너무도 아름다운 San Francisco
> 모두들 마음은 두고 간다는데
> 너는
> 마음도 몸도 둘 곳이 없네.
> ―장금자, 「Homeless」 전문(『미주펜문학』 3호, 2005.8)

이 시의 화자는 비 오는 샌프란시스코 거리에서 어디로 가야 할지 몰라 헤매고 있다. "뚫어진 헤어진 봇따리에/ 흠뻑 젖은 옷가지"는 그가 오랫동안 "마음도 몸도 둘 곳이 없"어 방랑하고 있음을 말하고 있다. "항구는 불빛이다/ 물 위에 떠 있는/ 불빛// 불빛처럼/ 선박도 떠 있고 부두도 떠 있고/ 우리도 떠 있다"라고 말하는 최연홍의 「항구」(『외지』 14호, 2004), 엔세나다(Ensenada) 남쪽만(灣) 끝쪽의 좁은 바위층 사이로 보이는 파도를 보고 "바위벽에 대고 고통을 때리고 부수뜨리는, 그는/ 그래도 비빌 데가 있었음에, 그가/ 한없이 부러워"진다고 적고 있는 문금숙의 「비빌 데가 있었음에」(『미주시세계』 3호, 2006.11), "세상은 무인도/ 열방이 뒤끓는 무인도/ 그 고도 속의 개 한 마리가/ 먹구름에 스쳐 가는 달을 보며/ 나도 무인도/ 으르렁 컹컹"하는 형남구의 「무인도의 연가」(『뉴욕문학』 12집, 2002.11) 등도 역시 고국과 이국땅 어디에도 뿌리박지 못하고 유랑하는 자로서의 외로움을 노래하고 있다.

물론 이들의 시에는 단순히 이민자가 정착 과정에서 만나는 고통만이 담겨 있는 것은 아니다. 이들이 이민의 간고한 삶을 견뎌낼 수 있는 것은 미래(흔히 자식 세대)에 대한 희망 때문이기도 하다. 재미한인 시에는 자식 세대는 미국 땅에서 성공적으로 정착하리라는 희망을 걸고 힘차게 살아가는 긍정적 삶의 모습을 노래한 작품을 자주 만날 수 있다.

> 단물 다 뺏기고도 보도블록에
> 들러붙은 껌의 순박한 기질과
> 누군가 뱉어 놓은 타액 속 아직도
> 꿈틀거리는 다하지 못한 말들이 담배 한 대
> 피워 무는 길 위 두 딸을 대학에 보낸
> 중년의 부부가 마적 떼 같은 밤바람 지나간
> 자리를 비질하는 옷가게가 있다
> 보리밥으로 키운 아랫배 힘 주고
> 셔터 문을 올리면
> 에드버룬처럼 벙글어지던 하늘이
> 가게 문을 열고 불쑥 들어서는 것을 볼 수 있다

―조성자, 「뉴욕 다운타운의 아침」 일부(『뉴욕문학』 12집, 2002.11)

　이 시는 미국 뉴욕으로 이민 와서 옷가게를 하며 두 딸을 대학에 보낸, 어느 정도 성공한 재미한인이 맞이한 어느 날 아침의 풍경을 담은 작품으로, 전형적인 한국인 이민자의 삶을 묘사하고 있다고 할 수 있다. 이 시의 전반적인 분위기는 '아침'이라는 시간 설정에서 알 수 있듯, 밝고 희망적이다. 중년의 재미한인 부부가 두 딸의 교육을 위해 이민자의 고된 일상을 견디며 힘차게 하루를 시작하는 가게 문으로 "에드버룬처럼 벙글어지던 하늘"이 "불쑥 들어서는" 모습은 이들의 이런 희망이 진실로 달성될 수 있으리라는 예감을 던져준다. 이런 모습은 곽상희의 「치통2」(『뉴욕문학』 16집, 2006.10)에서도 확인할 수 있다. 곽상희는 이 시에서 이민 생활의 어려움을 치통에 비유하여 "문풍지 떠는/ 바람의 틈새를/ 치통이 비집고 들어 온다", "평화와/ 행복의 기억조차 말갛게/ 씻어버리고/ 백기를 들라들라 재촉한다"고 말하지만, 곧 "아직도 다색채의/ 꿈이 쑥쑥 자라고 있다./ 아직도/ 아직도/ 아라비아 사막에서."라고 하여, 꺾이지 않고 미래의 희망을 이야기하고 있다.

　다만, 이런 시에서 여전히 다소 안타까움이 느껴지는 부분은, 미국 땅에 뿌리내리려는 의지가 표출되기보다는 그곳을 자기 꿈의 실현을 위한 공간으로 활용하겠다는 의미만을 보여주고 있어 '생활인'으로서는 '겉돌고' 있다는 점이다. 이것은 자신의 주위에 사는 이들과 더불어 살기보다는 현실에 대한 일방적인 부정적 시각과 함께 이에 대한 어설픈 대결의식만을 갖는 데에서 비롯한다. 물론, 이 대결이 주체의 패배로 귀결됨은 당연한 일이다. 이들의 시에서 슬픔과 외로움, 자학의 감정이 지배소로 드러나는 것이 바로 이 때문이라 할 수 있다.

## 4. '이민자', 정체성 갈등

재미 한인사회에서, 여타 지역 한인사회도 다 그러하지만, 초기 이민자들의 정착을 어렵게 하는 것 중 첫 번째로 꼽을 수 있는 것이 현지 공용어에 대한 부적응이다. 다음 시들은 바로 이들이 이민 초기에 직면하게 되는 '영어 장애'에 대해 이야기하고 있다.

> 다운타운호텔 주방요리사 헬퍼로 일할 때
> Water Cress를 Water Melon처럼 열매이겠거니
> 삶은 계란, 보일레의 발음을 이해 못해
> 엉뚱한 데서 찾던 웃지 못할 영어와의 눈치싸움
> 맘씨 좋은 흑인요리사는 친절히 가르쳐 주지만
> 나는 속에서 눈물이 난다
> ―김 미셸리아, 「백 투 스쿨 수박 쎄일」 일부(『시향』 2집, 2005)

> 입에 물고 웅얼거림에 지쳤다
> 타액이 용광로에 산화한다
> 귀는 여든이 지나 벌들의 난장판 놀이 윙윙만 거푸 먹는다
> 담배 한갑 사며 다시 혀가 기절한다
> 찔러 넣은 주머니 속 손에 긴장 수(水)가 흐른다
> ―송영구, 「혀를 펴고 싶다」 일부(『미주문학』 38호, 2007.3)

위에 인용한 시들은 영어에 익숙하지 않은 이민자가 겪는 언어 장애와 삶의 긴장을 그리고 있다. 식당일을 하면서 미국인의 영어 발음을 제대로 알아듣지 못해 생긴 에피소드와 담배 한 갑 사는데도 의사소통이 제대로 될까 싶어 긴장하게 되는 화자의 모습이 생동감 있게 표현되어 있다. 이민 초기에 누구나 겪었던 일이라 더욱 친숙하게 와 닿는다. 결국, 답답한 마음에 길에서 본 운명철학관에 찾아 들어가 "영어 무지 잘하는" "효험 짱 좋은

부적"을 구하는 「혀를 피고 싶다」의 화자는 바로 재미 한인사회 초기 이민자들의 답답한 마음을 유머를 섞어 잘 드러내고 있다.

> 굳은 땅 한 뼘 적시지 못하고
> 지나가는 한줄기 소나기처럼
> 도무지 종잡을 수 없는 그네들의 조크
> 늦깍이 이민생활 눈치만 웃자라
> 어눌한 몸짓으로 연출하는 언어,
> ─이정자, 「영어가 나를 웃기네요」 일부(『시향』 1집, 2004)

  이런 난감한 사정은 어느 정도 이민 생활을 겪을 때까지 지속된다. 인용한 시의 화자 역시 가게에 오는 단골손님이 늘어놓는 조크를 제대로 알아듣지는 못하지만, "귀 활짝 열고 눈은 그의 표정을 쫓아다니며/ <u>으흐 으흐</u> 아는척하며/ 눈치껏 배꼽을 잡는 시늉도 하며/ 덩달아 폭소를 터트리"고 있다. 그리고 이런 자신의 모습이 웃기고 눈물 나는 것임을 말한다. 제 얘기에 취해 흥이 난 단골손님과 제대로 알아듣지도 못하면서 알아듣는 척 장단을 맞추어야 하는 주인의 모습. 이것이 시인이 파악한 재미한인 1세대의 자화상이다.
  재미 한인사회에서 동포 모임이 중요한 자리를 차지하고 있는 중요한 이유 중 하나가 그곳이 바로 미국 땅에서 이러한 영어 장애로 인한 일상생활의 스트레스를 벗어날 수 있는 유일한 공간이기 때문이다.

> 수요일 오후 두 시가 되면
> 맨하탄 간이역에
> 키 작은 이방인은
>
> 발돋움하고서

          7번 전철을 기다린다
                  ―김월정, 「맨하탄 간이역에」 일부(『한미문학』 1호, 2005.11)

 위에 인용한 시는 고단한 이민 생활 중 일주일에 한 번 있는 동포 모임에 가기 위해 전철을 기다리는 이의 모습을 담고 있다. 동포들의 모임은 이처럼 낯선 땅에 이민해 와서 살아가는 이들이 고단한 삶을 버텨나갈 수 있게 하는 힘이 되고 있다. 유명한 스테이크 하우스에 같은 한인 친구들과 함께 가서 "주눅 든 영어로 주문을" 하고, "속이 메슥메슥한 채로" 주차장으로 나오면서 빗속에 "어깨동무를 하고" 다 함께 "대-한민국"을 소리높여 부르는 모습을 그린 「피더 루거 스떼익크 하우스에서」(『미주문학』 36호, 2006.9) 역시 같은 문맥의 작품이다.
 재미 한인사회에서 동포 모임에 대한 의존도가 높은 것은 함께 모여 살기를 좋아하는 민족성뿐만 아니라, 재미한인의 일반적인 이민 특성과 밀접한 관련을 맺고 있다. 주로 경제적·교육적 동기로 이민을 선택한 재미한인은 현지 사회에 적응하는 과정에서 미국 노동시장에서의 불리함을 극복하기 위해 대도시에 거주하며 자영업에 종사하는 비율이 높다. 이런 가운데 자녀교육에 높은 관심과 투자를 한 결과, 초기 정착단계의 경제적 어려움을 극복하고 점차 현지 사회의 중산층으로 진입한다. 그런데 경제적 신분 상승에 전념하다 보니 주류사회에 대한 관심과 정치참여가 미미하였고, 자영업을 운영하며 저소득 소수민족 고객과 종업원에 의존하는 정도가 높다 보니 흑인이나 멕시칸과의 인종갈등도 심했다. 다인종·다민족 사회에 살면서도 타인종·타민족과의 상호작용이 미미하고, 일상을 한인교회·교민신문과 같은 동포기관에 의존하며 생활하고 있다. 이 과정에서 한민족 정체성이 유지되고 모국과의 교류와 유대가 강하게 지속된다.[9] 재미한인 시문학에 동포들의 모임을 소재로 한 작품이 적지 않은 것은 이러한 한인사회의 사정에서 비롯한다.

  그러나 한편, 재미 한인사회와 동포 모임에 대한 긍정적인 시각만이 존재하는 것은 아니다. 아래에 인용한 시들은 재미 한인사회의 문제점과 우려의 일단을 드러내고 있다. "없으면 없는 대로 등 기대어 살"지 못하고, "너 따로 나 따로" 사는 재미 한인사회의 현실에 대해 답답한 마음을 드러내는 문무일의 「495 Beltway」(『시향』 1집, 2004), 서로를 감싸지 못하고 오히려 험담만을 나누는 잘못된 행태를 비판하는 천취자의 「물방아」(『뉴욕문학』 15집, 2005.10) 등이 이야기하는 것이 그러하다. 이런 잘못된 행태를 이재학은 다음과 같이 노래한다.

        젊은 날엔 우리는 라면이었다
        나는 국수 너는 국물
        눈물나게 부르는
        합창이여
        비 오는 날
        나는 따끈한 온면이 되어
        님의 저녁상 위에

        사랑이고 싶어라
                         —이재학, 「라면」(『외지』 14호, 2004)

  이 시의 화자는 라면을 끓이면서 더불어 살아가는 삶, 서로가 하나가 되었을 때 상생하는 삶의 가치를 생각한다. 재미 한인사회의 정착이 가속화되면서 우리가 고국에서의 젊은 시절 가지고 있던 소중한 가치를 점차 잃어버리고 있는 것이 아닌가 하는 은근한 깨우침이다. 유경찬도 「새 날이

---

9  윤인진, 앞의 책, 201쪽.

밝으면」(『시세계』 27호, 2000.10)에서 새 천 년을 맞아 이제까지 재미 한인 사회 내에서 분열과 갈등을 조장하던 일부 인사들이 자신의 잘못된 모습을 반성하고, 우리 모두 "한배를 타고 떠나온" 동포라는 것을 잊지 않기를 당부하고 있다.

미국 사회에서의 정착이 진행될수록 일상생활에서 받는 영어 스트레스는 점차 소멸해간다. 하지만 이에 반비례하여 고국과 모국어에 대한 기억은 어쩔 수 없이 점점 희미해져 가고, 이것은 고국에서의 기억을 간직한 이민 1세대와 "고국의 언어로 어느 정도의 의사소통은 되지만 속내 깊은 이야기는 어려운"(오금옥, 「사월 그리고 팔월 이야기」, 『기독문학』 11집, 2006.12) 1.5/2세대와의 갈등 원인이 된다. 다음 시는 이런 상황의 쓸쓸함을 이야기하고 있다.

> 직장에서 학교에서 거리에서
> 온종일 이국어를 쓰다가
> 밤에만 잠꼬대로 모국어를 말한다.
>
> (중략)
>
> 한국인도 미국인도 아닌 우리집 아이들
> 마당에 고인 빗물을 "국물"이라 한다.
> 오래된 빵을 "늙은 빵"이라 한다.
> ―김병현, 「母國語」 일부(『미주문학』 2호, 1984)

위의 시 「母國語」의 화자에게 영어는 이국땅에서 생활하기 위한 하나의 '도구'에 불과하다. 그런데 화자와는 달리, 아이들과 아내는 영어를 생활화하고 있고, 이런 속에서 화자는 소외감을 느낀다. 강아지나 고양이, 참새들마저 "나의 모국어에 대답에 서툴"다는 화자의 한탄은 쓸쓸함의 토로 이상이 아니다. 최복림의 「아무도 알아듣지 못하는 말」(『미주문학』 32호, 2005.10)에서처럼, 이 가정에는 "온갖 언어들이 통용되고 있다/ 아무도 알아듣지 못하는 말들이". 같은 가족 내에서도 의사소통에 장애를 겪는 상황 속에서 화자는 무척이나 고독하고 착잡할 수밖에 없다. 하지만 그는 '사랑'만은, '유언'만은, '비문(碑文)'만은 모국어로 하겠다고 다짐한다. 그에게 있어 모국어는 자신의 존재성과 정체성을 지켜주는 마지막 보루이기 때문이다.

단순히 '말'의 문제만이 아니다. 무엇보다 심각한 문제는 재미한인 1세대와 후속 세대 간에 벌어지는 서로 다른 가치관과 문화적 이질성이다. 다음 시는 자식 세대를 위해서 헌신한 이민 1세대나 아버지 세대와는 다른 가치관으로 살아가는 1.5세대 또는 2세대 사이에서 생기는 문제를 다루고 있다.

영어가 서툴고 문화가 다른 미국 이민의 길
추적추적 비 내려 장사를 할 수 없었던 날
모텔에서 할 일 없이 창밖을 바라볼 때도 해 뜨는
내일, 쾌쾌한 냄새나는 것도 참고 오늘까지 살았다
땅바닥을 뒤지다 목덜미에 땀만 송송 거린다
누가 사라진 핀만큼이나 A형의 꿈을 기억할까
천식에 걸린 아들의 두꺼워져 가는 안경알 보며
남 팔목에 채워준 시계가 몇 판이나 되었을지

사춘기 나이 17살 되고 조금 지날 무렵
도둑고양이처럼 툭하면 어둠의 꼬리 잡고 다니다
프리웨이 나갈 길로 들어가 끝내 돌아오지 않던
아들 하나 제대로 키우지 못해 삼진 아웃이라며
미국에 와서 바보가 되는 것도 참을 수 있었는데
피투성이 죽음은 어느 통곡의 강에 뿌려야 될지
네 아버지가 팔았던 그 많은 시계는 어디로 갔을까

―한길수, 「낙타와 상인2」 일부(『미주문학』 36호, 2006.9)

위의 시는 아들의 죽음으로 삶의 희망을 상실해버린 어느 재미한인의 아픔을 이야기하고 있다. 고국에서 명문 고교 야구선수였던 A는 낯선 미국에 이민하여 말도 제대로 통하지 않아 바보 취급까지 당하면서도 자식에게 기대를 걸며 살아간다. 하지만 시계장사를 하며 고생스럽게 키운 자식이 사춘기 때인 17살에 한밤에 몰래 프리웨이에 나가서 놀다 불의의 사고로 죽게 되자, 망연자실 넋을 놓고 있다. 화자 역시 매일매일의 생존에 바빠 주변을 돌아볼 틈이 없는 "사막의 나"로 살고 있던 중이라 A의 아들이 방황할 때 "한순간 지친 몸 쉴 수 있는 그늘"이 되어 주지도 "다가가 흐르는 눈물 닦아 주지"도 못했다는 것에 미안함을 느끼며, 자식이 떠나고 "새벽바람으로 언 담벼락에 기댄" A의 "손을 잡아주고 함께 울어 주"고 있다.

> 문득
> 썰물로 지워질
> 아나폴리스 비취 모래 위에
> 모국어로 이름을 쓰고
> 파도에게 묻는다
>
> 내 아들과 아들의 아들이
> 언제까지
> 한글 이름을 간직할 것인가
> ―백순, 「아나폴리스」 일부(『시향』 1집, 2004)

위 시의 화자는 "양복에/ 구두에/ 바디로션까지 바르고/ 그 자태 자랑스러워/ 아나폴리스 시장 바닥을/ 활보"하며 아나폴리스 선창에서 "금발 같은/ 갈색 머리카락을 흩날"리는 존재로 설정되어 있다. 겉으로는 이민한 후 어느 정도 성공하여 현재의 삶에 대해 만족스러워하는 모습을 보이지만, 그 내면에는 자신이 여전히 '한국인'임을 고백하고 자손들이 한국인으로서의 자긍심을 잃지 않았으면 하는 소망이 남아 있다. 물론 "썰물로 지워질" 모래 위에 자신의 이름을 쓰는 행위는 한국인이라고 드러내놓고 살기 어려운 현실을 토로하는 화자의 고백에 다름 아니다.

## 5. 시민 되기, 이웃과 함께 살기

재미한인 시문학은 고향에 대한 그리움이나 현지 적응의 어려움과 외로움을 직설적으로 표출하던 데서 탈피, 지금 살아가고 있는 미국 땅을 자신의 새로운 삶의 터전으로 바라보는 시각을 내보이기 시작한다. 재미한인은 무엇보다도 낯선 땅 미국에서의 생활을 힘겨워하고 그러한 현실을 부정적으로 인식하며 조국을 그리워한다. 하지만 그들이 지금 있는 곳은 미국이며, 그곳은 그들의 삶을 일구어야 할 터전이다. 고향에 대한 그리움의 정서를 바탕에 깔고 있을지라도 그들은 자신이 머물 곳을 집으로 인식하고 적응하기 위해 노력해야 하며, 또한 마땅히 그곳에서 희망과 즐거움을 찾아야 한다. 그러나 이런 선택이 누구에게나 쉽게만 다가오는 것은 아니다. 이 과정에서 일차적으로 문제가 되는 것이 민족적 정체성 포기와 '미국 시민권' 획득이다. 문제는 "12년을/ 비비고 딩굴어도// 체온이 달라서/ 섞일 수 없는 너"(김월정, 「맨하탄」, 『한미문학』 1호, 2005.11)나, "씻고 또 씻고/ 헹구고 또 헹구어도/ 여전히/ 황색은 황색"(김월정, 「맨하탄 간이역에」, 『한미문학』 1호, 2005.11)에서 드러나 있는 것처럼, 외면적으로는 미국인으로 생활하지만 실제로는 온전히 미국인이 될 수 없고, 심층에는 자신이 한국인이라는 의식을 강렬하게 견지하고 있는 경우이다. 비공식적인 집계지만 재미 한인사회에서의 미국 시민권 신청률은 20% 미만에 불과하며, 이민해온 지 오래된 한인들도 '영주권'만 취득하고 사는 경우가 대다수라는 것은 이런 심리가 한인사회에 여전히 강력하게 남아있음을 뜻한다.

    숨죽이고 새콤달콤
    마음을 바꾸고 살다가
    너 아닌 너네 나라 어떻더라 하면

    풋고추일 때보다
    휘얼 쫀득해진 장아찌도 속이 쩌르르
    성질을 낸다

    마음은 누그러졌어도 아직 남은
    성깔로 속이 끓는다

    제대로 익으려면 가슴에 고여드는
    짠맛에 익혀야 진미니라
    어미 말 잊고 빳빳한 자존심이 또 요동을 친다
    이민 삼십 년에 나는 아직도 설익은 장아찌였던가
    가슴의 물기를 한 번 더 꽉 짜낸다
            ─강학희, 「합중국 고추 장아찌」(『미주시세계』 3호, 2006.11)

  이 시의 화자는 벌써 미국에 이민해온 지 30년이 지났음에도 여전히 동화되지 못하고, 고국에 대한 험담을 들으면 분노하고 있다. 평소에는 "숨죽이고 새콤달콤/ 마음을 바꾸고 살"고 있지만, "빳빳한 자존심"이 요동쳐 속을 끓이는 것이다. 시인이 소재로 선택한 고추 장아찌를 만드는 과정은 그의 이런 심정을 잘 드러낸다. 장아찌의 재료는 "매운기 땡땡한 헐러피뇨/ 멕시코 작은 고추, 갸름 날씬한 한국 고추와/ 몸통은 커도 심심한 미국 벨페

퍼,/ 귀여운 하바네로 칠리"이다. 말 그대로 다국적이고 '합중국'(合衆國)적이다. 모두가 떠나온 곳은 다르지만, "이젠 집으로 돌아갈 수 없는 사연들" 때문에 "아리고/ 쓰린 눈물 흘"리는 이들이어서 처음에는 티격태격하다 이제는 "얼추 화합"이 되어 가고 있다. 다만, "아직 남은/ 성깔"이 있는 "설익은 장아찌"여서 고국에 대한 향수가 여전히 진하게 남아 있다.

자신을 미국 주류사회에서 소외 또는 배제된 주변인으로, 힘없는 약자로 보는 인식도 미국인으로 살아가는 데 있어 장애로 등장한다. "오늘도 서부 영화는 보지만/ '카우보이' 쏴대는 총은/ 어느덧 아픔의 총탄 되어/ 내 심사에 마구 와서 박히네"라고 말하고 있는 이성열의 「미국에서 그리는 자화상」(『미주문학』 3호, 1985)에서 이런 문제를 엿볼 수 있다. 이 시의 화자는 서부 영화를 보며, 주인공인 카우보이가 아니라 그에게 쫓기는 원주민(native American)과 자신을 동일시한다. 그래서 카우보이가 총을 난사하면, 어느새 원주민과 자신이 동일시되어 그 총알이 주변인이자 약자이자 피해자인 자신의 몸속을 관통하는 것처럼 느끼게 된다. 윤휘윤이 「이방인의 현주소」(『미주문학』 36호, 2006.9)에서 "언제까지 지켜질지 모를 내국인으로 남기를/ 고집하"며 미국 국적 취득을 유보하고, 이런 자신의 모습을 "여기서도 저기서도/ 정착 못하는 삶"으로 규정하는 것도 이런 의식의 연장이라 하겠다. 때문에 '미국 시민권'의 획득은 장석렬이 「시민권을 받으며」(『한미문학』 1호, 2005.11)에서 묘사하고 있는 것처럼, 그 자체로 "무장해제"이고 '항복 선언'이며, "다시/ 한국인이라" 부르지 못하게 되는, "돌아오지 못하는 다리를 건너"는 "귀순자"의 행위로 인식된다. 또 다른 조국을 얻는 기쁨이 아니라, "높푸르던/ 조국의 하늘이/ 원망의 손 흔드는" 쓰디쓴 패배와 절망의 행위로 받아들여지는 것이다.

한편, 이와는 달리 "뼈속 깊이 허기진 바람소리와/ 서 있어야 할만큼의 무게로 서서/ 내 오늘을 끈질기게 버티어 보리라."(윤영미, 「전신주2」, 『미주시세계』 3호, 2006.11)에서 보듯, 이민지 미국에서 소수민족으로서 느끼는 삶의 고통과 그 한계를 극복하고 '주인되기' 의지를 보여주는 작품도 다수 창작된다. 이 경우 일차적으로 문제 삼는 것이 인종 간의 갈등과 차별이다.

> 손톱 밑에 가시가 박히면 못 자도록 아프고 곪는다. 끓는 기름에 물방울이 튀면 길길이 뛰며 되튕겨낸다. 백인촌에 흑인이나 멕시칸, 황색인이 이사 들면 집값이 뚝 떨어진다. 이물질끼리 섞이면 거부반응이 일어난다.
>
> 인간과 짐승 사이에 양다리 걸친 원숭이. 천만년이 지나도 인간도 못되면서 인간 흉내의 천재, 줄만 보면 남사당, 제 몸에 이 방목하고 잘근잘근 씹어먹는 야만족, 어쩌자고 꼬리 밑의 빨간 뒷부분은 만년 노출증인지. 원숭이라는 단어만으로도 해종일 무재수의 기분에 사로잡힌다.
>                              ─김병현, 「同類」(『미주문학』 23호, 2003.6)

인용한 시에서, 시인은 이민 생활의 어려움을 '손톱 밑에 박힌 가시'라고 비유하여 그 아픔을 호소하고 있고, 인종 문제와 문화적 충돌 등 모든 이질적인 요소들이 근원적으로 화합이 될 수 없음을 "거부반응"이라는 물리적 현상으로 설명하고 있다. 다인종 사회란 원천적으로 종족의 화합이나 문화적 조화가 이루어지기 힘들다는 극히 부정적인 견해를 적극적으로 나타내고 있다. 2연에서는 서양인이 동양인에게 흔히 하는 비칭(卑稱) '원숭이'라는 말을 알레고리로 원숭이가 사람이 될 수 없듯이 재미한인이 결코 미국인이 될 수 없다는, 이민의 삶에 대한 부정적인 회의를 보여준다. 즉, 아무리 미국 사회를 일컬어 '용광로'(melting pot)니 '샐러드 접시'(salad bowl)라고 부르고, 이민자의 물결이 이어져 그 안에 들어가는 재료의 수가 증가해도 그 재료들이 하나로 융합될 수 없다는 사실[10]을 이민 후 정착 과정에서 새삼 확인하게 되는 것이다.

　1992년에 발생한 '4.29폭동' 때 백인 부호들이 사는 베벌리 힐스를 보호하기 위해 흑인과 히스패닉의 로스앤젤레스 한인타운 습격을 방관한 미국 경찰의 행위를 비판한 곽상희의 「뉴욕 산조, 아메리카여, 사죄하라」(『미주문학』 11호, 1993), 이관희의 「4.29 흑인폭동 현장에서」(『미주문학』 11호, 1993), 마종기의 「페터슨시의 몰락」(『이슬의 눈』, 문학과지성사, 1997) 등이 바로 이 문제를 다루고 있는 작품이다. 이들 시인은 미국 사회에서 여전히 해결되지 않고 엄존해 있는 인종 차별 문제를 비판적으로 고발하는 한편, 그것을 극복하려는 노력을 통해 스스로를 미국 땅의 중심부에 자리매김하려는 의지를 드러내고 있다.

　　　더욱 괘씸한 것은
　　　밸리 피버가 백인들과 친한 질병이었다면
　　　벌써 특효약이 개발되었을 것이라는 점.

　　　뒤늦게나마 주 정부에서
　　　밸리 피버 죽이기에 기십만 불을 내놓았다지만
　　　밸리 피버가 백인들과 친한 질병이었다면
　　　그 정도는 조족지혈이라는 점.
　　　　　　—김병현, 「Valley Fever」 일부(『미주문학』 12호, 1994)

　　　그런데 누가 나를
　　　좀 찾아 주면 안 되나요.
　　　제 이름은 무엇인지
　　　제 집은 어디인지
　　　제 꿈은 무엇이었는지
　　　　　　—고현혜, 「어느 소년의 죽음」 일부(『미주문학』 36호, 2006.9)

---

10　르몽드 디플로마티크, 권지현 역, 『르몽드 세계사』, 휴머니스트, 2008.11. 83쪽.

김병현은 '밸리 피버'라는 질병을 소재로 인종차별 현장을 고발하고, 그에 대한 자신의 심정을 직설적으로 토로하고 있다. 화자는 이 질병이 유색인종에게 많은 병이고, 이 때문에 주 정부가 특효약 개발에 별다른 관심을 보여주지 않았으며, 뒤늦게 특효약 개발과 질병 치료를 위해 아주 적은 금액을 내놓고 생색을 내고 있다는 점을 고발하는 것이다. 그리고 이 땅에서 유색인종으로 살아갈 우리의 후손들을 위하여 이런 차별에 대해 엄격히 따지고 대항할 것을 말하고 있다. 고현혜는 큰길에서 총에 맞고 버려진 15살 정도의 흑인 소년을 화자로 삼아 미국 사회의 인종차별을 비판한다. 흑인 소년은 "아무도 관심이 없다고요/ 제가 죽은 것도."라고 하여 미국 사회에서 얼마나 흑인 문제에 대해 무관심한지에 대해 이야기한다.

미국 사회의 주류로 살기 위한 노력은 인종차별에 대한 비판과 항의에 그치지 않고, 다음 시에서 보듯, 미국이 당면한 정치적·사회적 이슈에 적극적인 관심과 참여로까지 나아가고 있다.

> 화약 연기에 눈이 멀고
> 포화 소리에 귀 먹었다
> 평화의 새는
> 차라리 차가운 돌이 되어 굳어버렸다
>
> 크로포드 목장 앞의 반전시위는
> 촛불로 타오르고
> 최고 책임자를 향한 신디 시한의 요구는
> '시위의 권리는 지지한다. 그렇지만
> 반전엔 동의할 수 없다'는 답
> 또 하나 돌 비둘기가 세워진다
> ─김희주, 「돌 비둘기」(『미주문학』 34호, 2006.4)

위에 보인 김희주의 시는 미국인의 입장에서 이라크전 반대를 표명하고 있다. 화자는 부시 대통령의 목장에 가서 이라크전 반전시위를 벌이고, 그것을 거부한 대통령에 대해 분노하는 모습을 담고 있다. 이 시에 등장하는 '신디 시한'은 이라크전에서 죽은 한 미군 병사의 어머니로, "돌이 깨지는 비명이 들린다./ 포레스트 검프의 깊은 눈에/ 돌 조각들이 뛰어든다."라는 결말은 부시 대통령의 거부로 인해 평화정신이 이미 훼손되었음을 의미한다. 최연홍의 「테러와의 전쟁」(『시향』 1집, 2004)도 마찬가지다. 이라크전을 끝내지 않는 부시 대통령에게 화자는 "전쟁을 끝내라/ 어렵게 생각하지 말아라/ 그렇게 월남전도 끝난 것이다/ 월남전을 기피한 대통령은 모를 수밖에 없다"라고 하여 반전의 목소리를 드높인다.

2001년 '9.11 테러' 때 죽은 친구 아들 이야기를 다룬 정문혜의 「테러로 사라진 앤디에게」(『뉴욕문학』 12집, 2002.11)나 "로스엔젤스 시청광장 한 구석 비상 출구 앞에 어둠이 깔리면/ 언제나 찾아와 자리를 까는 누더기 몸 하나/ 네 바퀴 아직 잘 구르는 쇼핑 카트와 족쇄를 채우고 밤을 맞는" 상이병사의 비참한 삶을 그린 박경호의 「탈출」(『미주문학』 36호, 2006.10)에서 보듯, 이제 이들은 미국인의 입장에서 함께 생각하고 분노하는 모습을 보여주는 것이다. 다음 시 역시 마찬가지다.

> 불화살 되살아 내 심장 뚫어 오고
> 슬프다, 아파 온다, 분류를 삼킨다
> 내가 이방인이 아닌 줄 이제야 알았다
> 너와 이 마을을 사랑하나 보다
> 우리의 자유와 꿈을 누가 앗아갈 건가?
> ―하운, 「뉴욕 91101」 일부(『뉴욕문학』 12집, 2002.11)

9.11 테러를 통해 무너진 쌍둥이 빌딩을 보며 통곡하고 있는 화자는 이 일을 계기로 자신이 더 이상 이방인이 아니라 같은 '미국인'임을 자각한다.

이런 점은 "두고 온 대륙 아주 먼 곳에/ 목메이는 조국이 서로 달라도/ 이 나라 이 땅 네거리에 만나서 섞이여 갈지니"라고 말하는 김윤태의 「맨하탄의 네 거리, 그 질주 앞에서」(『한미문학』 1호, 2005.11)에서도 확인할 수 있다.

하지만, 이런 거창한 사회적·정치적 주제보다는 다음과 같은 시에서 보는 일상적 삶의 문제에 관심을 돌리기 시작한 것이 '주인으로 살기'에 보다 더 걸맞은 모습인지도 모른다.

> 직장 동료 쿠웬이 버스 안으로 들어가고
> 뒤따라
> 왼발을 문턱에 올려놓자마자
> 자동문이 스르르 닫히고
> 몸뚱이는 공기 받듯
> 길바닥으로 패대기쳐 열십자로 의식을 잃었고
> ─윤휘윤, 「귀가」 일부(『외지』 18집, 2008.6)

위의 시는 버스를 타다가 발이 문에 낀 사고를 당한, 한 흑인 청소부가 제동을 걸어 '참혹한 현장'은 피할 수 있었던 일화를 적고 있다. 이른 새벽, 날이 아직 어두워 운전사가 확인하지 못했던 것인지 어떤지 정확한 원인은 모르지만, 이후 "줄서기에 각별"하게 되었다는 이야기다. 이 시에서 우리는 주류사회에 진입하지 못한 데서 오는 소외감이라는 거창한 주제보다는 삶의 한 단면을 통해 그곳이 미국이든 한국이든 바쁘고 힘겹게 살아가는 현대인의 삶은 그 모습이 크게 다르지 않다는 것을 확인한다. 그리고 시인의 이와 같은 시선이야말로 자신이 살아가는 땅에 뿌리내린 생활인의, 주인의 시선이라고 할 수 있다. "작년 겨울 이락크에 손자 녀석 잃고/ 뇌졸증으로 앓던 아내도 없이 혼자 사는/ 이탈리안 할아버지"(곽상희, 「다친 장미꽃」,

『미주문학』 36호, 2006.10)나 "사업장 가는 길목에 세월이 뜯어먹다가/ 남긴 반 폐가 현관 밖"에 "흔들의자에 업혀 흔들리고 있"는 늙은 흑인의 삶에 관심을 보내는 김병현의 「자기 위한 연장전」(『미주문학』 36호, 2006.10), "피붙이 하나 없어서 쓸쓸한 생일"을 맞는 이웃 독거노인의 외로움에 주목하는 최서혜의 「점점 커지는 보자기」(『외지』 18집, 2008.6) 등, 이제까지 외면하거나 등한시하던 주변인에게 눈길을 돌리는 작품들 역시 비로소 자신을 미국 시민으로 인식하기 시작한 모습이라 할 수 있다.

이상에서 살펴본 시들은 재미 한인이 다민족·다민족 사회인 미국의 한 구성원으로서 주인의식과 역사의식을 가지고 있음을 그리고 있는데, 이는 재미 한인사회가 1세대의 '방문자 의식' '체류자 의식'에서 벗어나 이민해 온 미국 사회에서 서서히 자기 자리를 만들어가고 있음을 의미한다.

재미한인 시인들은, 아직 일부이긴 하지만, 정착의 시간이 쌓이면서 미국을 제2의 고향으로 인식하는 모습을 그린 작품도 발표한다. 다음 시는 그 좋은 예이다.

> 혹이나 푸휴킨 거리에서
> 해바라기 웃음으로 환한 Mc와의 우연한 해후라면
> 실로 가슴 설레는 여로의 향연
> 그리스 신전의 아름드리 대리석 기둥처럼
> 가슴 가득 안고 빙빙 돌고 싶은 나의 아메리카
>
> 누가 미국에
> 향수가 없다던가?
> ─이승자, 「아메리카 향수」 일부(『미주문학』 11호, 1993)

이 시에는 앞서 살펴본 시들과는 달리, 미국과의 긍정적이고 친화적인 모습이 드러난다. 이 시의 화자는 외국에서 미국의 상징인 맥도널드 간판을 보면 '노스탤저'에 사로잡혀서 그 기둥을 안고 빙빙 돌고 싶다고 말한다. 여기서 맥도널드 기둥은 미국의 표상이자 데모크라시의 심볼이며 향수를 자아내는 상징물로 형상화되는데, 이는 시인에게 있어 미국은 더 이상 타국이 아니라 이미 '고향'임을 반영한 것이라 하겠다. 그래서 화자는 "그대 노스탤저, Mcdonald/ 파란 잔디 기름진 내 고장 이정표로 서다"라고 말한다. 이 점은 "노래하라,/ God Bless America!/ 척박한 외지에 뿌리내린 한민족이여/ 우리들의 꿈나무를 의젓하게 키워낸/ 이 땅에 감사하라"라고 말하는 허권의 「미국을 사랑하라」(『시향』 3집, 2007), "내 고향/ 맨해튼"을 외치는 김소향의 「나그네 되어야 하는가」(『뉴욕문학』 15집, 2005.10), 그리고 "비에 정들어 나는 이 오리건을 못 떠난다"고 말하는 오정방의 「오리건의 비」(『미주문학』 29호, 2005.1)에서도 동일하게 변주된다.

## 6. 결 어

어느 사회든 기존의 문학 정전에서 정치·사회·문화, 민족적·인종적 소수자에 관한 연구는 대단히 미흡한 실정이다. 여기에는 주류문화가 가진 고정관념과 선입견 및 편견으로 인하여 이들의 글쓰기를 한낱 이질적이고 신비한, 이방인의 문화·인류학적 경험 정도로 격하시킨 이유도 있지만, 기존의 완고한 학문적 풍토에서 소수자의 문학이 아예 설 자리조차 갖지 못하였던 데서도 연유한다. 우리 사회도 크게 다르지 않다. 최근까지 재외 한인문학이 미학적인 평가를 제대로 받지 못하고 주류문단의 곁가지로 치부되고 주목받지 못한 것은 이를 반증한다. 하지만 소수자 문화에 관한 관심은 다양성과 차이를 화두로 변화하고 있는 학문적 패러다임에서 그 유효성이 자주 그리고 강력하게 요구되는 추세이다. 이 점에서 이 글은 국내에서 진행되고 있는 정전 위주의 문학 수용이 아니라, 그간 상대적으로 주목받지 못하고 배제되거나 망각되어온 재미한인 시문학에 대한 관심을 증대시키고, 주류문학 정전의 범주에서 벗어나 좀더 다양한 문학 수용에 이바지할 수 있을 것이다.

위에서 살펴본 것처럼, 재미한인 시문학은 고향에 대한 그리움과 '일시적 체류자' '방문자' 의식을 드러내거나, 미국 주류사회에 편입하기 위한 노력 또는 미국 내 소수민족으로서의 애환 등을 그려내는 주제적 특성을 보여주고 있다. 초기에는 이방인으로서 단순히 낯선 땅에 이민해온 자의 설움과 두고 온 고향에 대한 향수를 노래하고 있지만, 점차 그 사회의 정치·사회적 문제와 자기 주변 생활의 문제로 그 주제가 전이되고 있는 것이다. 하지만 이런 차이점과 변화에도 불구하고, 여전히 재미한인 시문학을 일관하는 주제는 '한국인으로서의 정체성 추구', 그리고 이를 극복하려는 과정에서 보여주는 '긴장과 갈등'이라고 할 수 있다.

다만, 시인의 거주 장소만 미국으로 옮겼을 뿐, 고국에서의 문학 활동과 별다른 변별성을 보이지 못하고 있다는 점이나 고국 의존성이 강하다는 점은 문제라 할 수 있다. 창작 활동에 전념할 수 없는 경제적 어려움과 실질적 독자층의 부족이라는 열악한 환경에 기인하는 바가 크겠지만, 부부 문제나 아이 문제, 세대 간의 갈등 등 자신의 삶에서 우러난 구체적 경험을 담아내고 자신만의 특성을 심화시켜 나가지 못한다면 자칫 한국문학의 변방으로만 머물게 될 수도 있기 때문이다.

## □ 참고문헌

### 1. 기본 자료

『기독문학』,『뉴욕문학』,『미주기독문학』,『미주문학』,『미주시세계』,『미주펜문학』
『센프란시스코펜문학』『외지(外地)』『한미문학』
김문희,『당신의 촛불 켜기』, 문학수첩, 2007.
마종기,『이슬의 눈』, 문학과지성사, 1997.
미주문학단체연합회 편,『한인문학 대사전』, 월간문학 출판부, 2003.
미주한국시문학회 편,『시향(2005~2007)』, 도서출판 월인, 2004~2007.
신지혜,『밑줄』, 천년의시작, 2007.
전달문,『望鄕類曲』, 선우미디어, 2008.
조규익,『해방 전 재미 한인 이민문학(1~6권)』, 월인, 1999.
최석봉,『하얀 강』, 창조문화사, 2004.

### 2. 논저

김관수 외,「미주지역 시와 수필 특선―뉴욕과 센프란시스코에서 사는 문인들 23 인」,『계간 시세계』 27호, 2000.10.
김종회 편,『한민족 문화권의 문학 1』, 국학자료원, 2003.
송명희,「재미동포문학과 민족 정체성―미국 동부지역 워싱턴 문단을 중심으로」,『비교문학』 32집, 한국비교문학회, 2004.
윤영천,『한국의 유민시』, 실천문학사, 1987.
윤인진,『코리안 디아스포라―재외 한인의 이주, 적응, 정체성』, 고려대 출판부, 2004.
이동하·정효구,『재미한인문학 연구』, 월인, 2003.
한국문학회 편,『해외문화 접촉과 한국문학』, 세종출판사, 2003.
홍경표,「미주 이민문학의 현황과 전망」,『국제한인문학연구』 1호, 2004.
르몽드 디플로마티크, 권지현 역,『르몽드 세계사』, 휴머니스트, 2008.
스티븐 컨, 박성관 역,『시간과 공간의 문화사 1880-1918』, 휴머니스트, 2004.

# 한국계 미국 시인 캐시 송, 명미 김, 수지 곽 김의 차이*

## 1. 서언

『20세기 미국시개론』(*Introduction to Twentieth-Century American Poetry*)에서 크리스토퍼 비취(Christopher Beach)는 모더니스트 미국시 연구에서는 대략 대여섯 명 시인의 '정전'(canon)에 집중할 수 있으나, 20세기 후반부에 이르러서는 주요한 시인이 누구인지에 대해 의견의 합일점을 찾기가 어렵다고 말한다(6). 그 이유로 비취는 더욱 많은 시인들의 작품활동과 더욱 다양해진 문화집단을 들고 있다. 현대 미국시 개론서 등에서 지적하고 있는 문화의 다양성, 형식과 언어의 이질성이라는 특징은 소수민족의 시적 전통의 유입과 무관하지 않다. 그런데 주목할 점은 비취도 『20세기 미국시 개론』의 서론에서 다양한 배경을 지닌 새로운 집단으로서 소수민족 문학을 들지만, 정작 본문에서는 아시아계 미국 시인에 대해 전혀 논의하지 않는다는 사실이다. 이는 비단 비취의 저술에만 국한된 현상이 아니다.

챙(Juliana Chang)에 따르면, 1960년대~70년대에 미국 내에서 소수인종과 민족에 대한 의식이 표면화되고, 70년대 후반~80년대에는 소설 분야에서 인종의 경계를 넘어서는 즉 흑인작가 혹은 아시아계 작가의 작품이 주류 독자들에게 인정받게 되는 현상이 나타났으나,[1] 아시아계 미국시에 대한 인지도는 여전히 낮은 편이다.[2] 국내에서도 이와 유사한 현상이 발견된다. 1990년대 이후 국내에서도 소수민족 문학에 대한 논의는 급증하고 있고, 한국계 미국소설에 관한 연구도 활발하게 이루어지고 있다.[3] 이에 비해 아시아계 미국 시인, 한국계 미국 시인에 대한 연구는 미흡한 실정인 것이다.

전반적으로 아시아계 미국 소설보다 아시아계 미국시에 대한 관심이 부족한 이유는 무엇일까? 매릴린 친(Marilyn Chin)은 아시아계 미국문학 비평계의 "시에 대한 두려움과 혐오"를 지적하였고(Chang 83 재인용), 챙은 시는 "사적이고 개인적"이며, 소설은 "공적이고 사회적"이라는 비평적 인식과 "시는 난해하다"는 일반적 반응을 언급하였다(85). (아시아계) 미국시가 복잡한 이미지와 사적인 "숨겨진" 의미를 내포하기 때문에(Chang 85) 접근하기 어렵다고 생각하는 독자들의 선입견도 이유가 될 수 있으나, 이에 못지않게 아시아계 미국시에 대한 정형화된 비평적 관점도 문제가 될 수

---

* 이 글은 「아시아계 미국시의 재편성: 캐시 송, 명미 김, 수지 곽 김의 차이를 중심으로」라는 제목으로 『미국학 논집』 42.3 (2010): 203-41에 게재된 논문임.
[1] 챙은 그 예로 워커(Alice Walker)의 『컬러 퍼플』(*The Color Purple*), 킹스턴(Maxine Hong Kingston)의 『여인 무사』(*The Woman Warrior*)를 들고 있다(81-82).
[2] 1980년대 이래 아시아계 미국문학에 대한 관심의 증가는 일레인 김(Elaine Kim), 에이미 링(Amy Ling), 스티븐 수미다(Stephen Sumida), 소링 웡(Sau-ling Wong), 킹콕 청(King-kok Cheung) 등의 저술과 『아메라시아 저널, 비평 대중』(*Amerasia Journal, Critical Mass*)과 『멜루스』(*MELUS*) 학술지 등에 잘 나타나 있지만, 이 또한 소설이나 비소설 산문 연구에 치우쳐 있다.
[3] 강용흘(Yonghill Kang), 이창래(Chang-rae Lee), 하인즈 인수 펜클(Heinz Insu Fenkl), 노라 옥자 켈러(Nora Okja Keller) 등에 관한 연구. 한국에서의 아시아계 미국문학 연구 현황은 『영어영문학』 51권 4호에 실린 이수미의 글 참조.

있다. 아시아계 미국시에 대한 기존의 연구가 주로 민족·정체성 등의 논의에 머물러 있는 듯하다. 이러한 시점에서 본 연구는 상대적으로 주목을 덜 받은 장르를 다루면서, 또한 그 논의의 심도를 높이고자 한다.

본고는 아시아계 미국 시인 중 캐시 송(Cathy Song), 명미 김(Myung Mi Kim), 수지 곽 김(Suji Kwock Kim)의 첫 시집을 중심으로 그들이 한국계 미국 여성 시인으로서 갖는 정체성·가족·민족성과 같은 공통의 문제뿐만 아니라, 이러한 문제의식이 어떻게 각기 다른 방식으로 다루어지는지 비교 분석하고자 한다. 에이미 링(Amy Ling)이 지적하였듯이, 아시아계 미국문학은 "과거를 기억하고, 무시되어 알려지지 않은 역사로서 지금까지 침묵하는 이들에게 목소리를 부여하고, 이국적이고 낯선 경험에 대한 고정관념을 바로잡는" 공동의 목적을 가질 수 있다(2). 그러나 이러한 공동의 목적에 초점을 맞추다 보면, 자칫 아시아계 미국 시인 개별적 특성과 서로 간의 섬세한 차이점을 간과할 수 있다. 이러한 문제에 착안하여 본고에서는 한국계 미국 시인으로 주목받고 있는 캐시 송, 명미 김과 수지 곽 김의 첫 시집의 가치를 조명하면서 그들 사이의 차이를 논의해 본다.

## 2. 캐시 송,『사진 신부』: 과거 탐색과 새로운 출발

캐시 송은 하와이에서 태어나서 성장한 작가 중 미국 전역에서 인정을 받아『미국문학 노턴 선집』(*The Norton Anthology of American Literature*),『현대시 노턴 선집』(*The Norton Anthology of Modern Poetry*),『미국문학 히스 선집』(*The Heath Anthology of American Literature*),『갑판 없는 배』(*The Open Boat: Poems from Asian America*),『동요하는 미

국』(*Unsettling America: An Anthology of Contemporary Multicultural Poetry*) 등의 시선집에 작품이 수록된 최초의 시인으로 일컬어진다(Schultz 267). 송은 아시아계 미국 시인으로서 미국문학을 대표하는 시선집에 소개되었을 뿐만 아니라, 그녀의 작품이 여성 작가들의 선집인『금지된 바늘땀』(*Forbidden Stitch*)에도 실린다.

캐시 송의 첫 시집『사진 신부』(*Picture Bride*)가 1982년 625권의 경선작 가운데서 예일대학 신인총서로 선정됨으로써 당시 27세의 송은 미국 시단에서 "갑작스럽고도" "영광스러운" 주목을 받고(Lim, "Review" 95), 리치(Adrienne Rich), 머윈(W. S. Merwin), 애쉬베리(John Ashbery), 루카이저(Muriel Rukeyser)와 같은 예일대학 총서 젊은 시인의 반열에 오르게 된다. 그전까지 캐시 송은『전원 평론』(*The Greenfield Review*),『다리들』(*Bridges*),『하와이 평론』(*Hawaii Review*),『시 하와이』(*Poetry Hawaii*) 등과 같은 소잡지 혹은 지역 잡지를 통해 작품을 발표하였지만, 미국 시단에서 널리 알려진 시인은 아니었다.[4]

---

4  캐시 송의 시인으로서의 도약 발판과 첫 시집의 형성과정을 약술하면 다음과 같다. 초기 시 중 2편「잔여물」(Remnants),「숙주」(Bean Sprouts)는『사진 신부』에서 아버지에 관한 다른 작품과「차이나타운」(Chinatown)이라는 제목의 시에 변형되어 나타나고, 1983년 이전에 출판되었던「조지아 오키프 화집에서」(From a Georgia O'Keeffe Portfolio: Flower Series. No.3. An Orchid),「잃어버린 여동생」(Lost Sister)은 원작대로『사진 신부』에 포함된다. 다만「조지아 오키프 화집에서」는「난초」(An Orchid)라는 제목으로 수록된다. 첫 시집으로 캐시 송은 아시아계 미국 문학의 주요 인물로 부상하게 되었지만, 창작에의 남다른 열정은 어린 시절의 송에서부터 찾아볼 수 있다. 캐시 송은 9살 때 이미 자신에게 영향을 준 중요한 경험을 기록해가면서 '가족 연대기 편찬자'(family chronicler)의 역할을 하였고, 칼라니 고교(Kalani High School) 시절에 시재(詩才)를 더욱 발전시켜 나갔다. 하와이 대학(The University of Hawaii at Manoa)에서 시인이자 비평가인 언터레커(John Unterecker)의 지도를 받았는데, 언터레커는 송의 시가 하와이뿐

아시아계 미국 시인 1세대인 캐시 송에 대한 연구는 주로 그녀의 가족사, 자아의 정체성 탐색, 동양적 이미지와 시어의 사용 등에 관한 것이고,[5] 이러한 연구 방향은 현재까지 큰 변화가 없는 듯하다. 캐시 송의 시에서 분명 가족사가 중요한 위치를 차지한다. 중국계 미국인 2세인 어머니 엘라 송(Ella Song), 한국에서 하와이에 이민 온 사탕수수 농장 노동자의 아들, 즉 한국계 미국인 2세인 아버지 앤드루 송(Andrew Song)을 비롯해서 송의 가족에 대한 이야기는 시선집에 수록된 작품들에서 나타나고, 특히 송의 시집에서는 시인의 의도가 반영된 특정한 위치를 차지하고 있다. 『사진 신부』가 송의 할머니에 대한 시로 시작하고, 『창틀 없는 창문들, 사각형의 빛』(*Frameless Windows, Squares of Light*)의 1부 「창문과 들판」("The Window and the Field")은 아버지와 할아버지에 대한 작품으로 구성되어

---

만 아니라 미국 본토 독자들의 호응을 얻어낼 수 있으리라 평가하였다. 1977년에 웰즐리 대학(Wellesley College)에서 영문학으로 학사학위를 받고, 1981년에 보스턴 대학에서 문예창작으로 석사학위를 받았다. 이 시기의 송은 캐더린 스피박(Kathleen Spivack)의 격려와 지도로 자신의 작품을 출판하게 된다. 그리고 이러한 준비 작업은 첫 시집이 예일대학 신인총서로 지정되는 결실을 가져왔고, 『사진 신부』는 완성된 문체와 뚜렷한 목소리로 강력한 재능을 드러낸 시집으로 평가받았다.

[5] 국내연구로는 안중은의 영어 논문 "Aspects of Familial Relationships in Cathy Song's Poetry"가 있다. 이 글에서 안중은은 캐시 송의 시에 나타난 가족 관계의 양상을 부모와 자녀와의 관계, 조부모와 손자 손녀와의 관계 대가족들의 관계의 측면으로 나누어 고찰한다. 국외연구로는 흑인 여성시인 도브(Rita Dove)와 송을 함께 다룬 월러스(Patricia Wallace)의 "Divided Loyalties"와 『사진 신부』를 제3세계의 글쓰기의 예로서 문화적 통합과 다양성에 관한 묘사로 이해한 후지타-사토(Cayle K. Fujita-Sato)의 "'Third World' as Place and Paradigm in Cathy Song's *Picture Bride*"가 있다. 또한 동서양의 문학 연구의 연속물의 일환으로 출간된 서적에 캐시 송의 민족성이라는 주제를 다룬 밴 다인(Susan R. Van Dyne)의 논문이 수록되어 있다.

있다. 『피겨스케이팅 기본동작』(*School Figures*)은 자신의 어머니에 대한 작품으로 시작하고, 여기서 어머니가 중국계 미국인 2세임을 밝히면서 어머니의 삶에서의 구체적인 사건을 시의 소재로 삼고 있다. 자신의 부모와 조부모뿐만 아니라, 언니인 앤드리아(Andrea), 남동생인 앨런(Alan)이 캐시 송의 시에 자주 등장한다.

본고에서 주목하게 될 『사진 신부』에서도 과반수의 작품이 가족 관계를 다루고 있고, 대개 일인칭 여성 화자를 통한 자전적인 내용이 등장하기 때문에 기존의 연구가 가족 역사, 가족 앨범, 세대 간의 결속의 지속적인 힘, 혈육과 혈육 사이에서 결실을 맺게 되는 소통에 관심을 갖는 것도 일차적으로 타당해 보인다. 그러나 『사진 신부』에 대한 일부 초기 연구에서는 송의 할머니를 "우편으로 주문한 신부"(mail order bride)라고 지칭하거나(Rev. of *Picture Bride* 59), 「사진 신부」("Picture Bride")가 송의 어머니에 관한 시라고 간주하는가 하면(Young 330), 송의 시를 "느낌으로 우리가 아시아적이라고 알아챌 수 있는 정교하고 명확한 정확성"의 산물이라고 해설함으로써(Goldensohn 42), 자전적인 내용에 대해 편견이나 오류, 혹은 동양적인 것에 대한 고정관념에 기인한 비평의 한계를 드러낸다. 본고에서는 이러한 비평적 한계를 극복하기 위해 시인 자신의 과거사가 어떤 방식으로 묘사되고 있는지 주목하고, 더 나아가서 아시아계 여성시인 1세대로서 캐시 송이 갖는 주제의식이 있다면 그것이 무엇인지 찾아보고자 한다.

표제시 「사진 신부」는 셜리 림(Shirley Lim)의 평가에 따르면, 이 시집에서 가장 강력한 작품은 아니지만("Review 5" 96), 스물세 살 나이에 부산을 떠나 자신보다 열세 살이나 많은 신랑을 만나러 하와이로 이주해온 사진 신부, 즉 캐시 송의 할머니에 관한 시로서, 『사진 신부』 시집의 주요한 모티브를 암시해 준다.

　　　　　　　그리고
부산의 양복점을 통과해
단지 최근에 들어본
이름의 섬으로 자신을 데려가려고
배가 기다리고 있는
부두까지는
먼 길이었던가?
와이알루아 제당 공장
바깥 막사의
등에 불이 켜졌을 때
그리고 그의 방안이
사탕수수 대롱에서 날아 들어온
나방들의 날개로 훤해졌을 때
한 남자가 그녀의 사진을
불빛에 비쳐보면서
기다리고 있었던
그 섬의 기슭으로?
내 할머니는 어떤 것을
자신과 함께 가지고 오셨을까? 그리고
자신보다 열세 살이 많은
자기 남편이라는
낯선 이의 얼굴을
들여다보게 되었을 때,
그녀는 저고리의 비단 옷고름과,
사내들이 사탕수수를 불태우는
주변 들판에서 불어온
메마른 바람으로
부풀어 오른 치마의 끈을
다소곳이 풀었던가?

　　　　　　And
was it a long way

through the tailor shops of Pusan
to the wharf where the boat
waited to take her to an island
whose name she had
only recently learned,
on whose shore
a man waited,
turning her photograph
to the light when the lanterns
in the camp outside
Waialua sugar Mill were lit
and the inside of his room
grew luminous
from the wings of moths
migrating out of the cane stalks?
What things did my grandmother
take with her? And when
she arrived to look
into the face of the stranger
who was her husband,
thirteen years older than she,
did she politely untie
the silk bow of her jacket,
her tent-shaped dress
filling with the dry wind
that blew from the surrounding fields
where the men were burning the cane? (*PB* 3)

「사진 신부」는 첫 문장을 제외하고 모두 의문문으로 이루어져 있는데, 이러한 특이한 구성은 이주자로서의 정체성 탐색의 과정이 또한 자아를 구축하고 형성해 나가는 과정임을 보여주는 시적 장치이다. 한국의 부산에서 하와이의 와이알루아까지의 긴 이주를 17행으로 구성된 한 문장으로 표현하면서, 캐시 송은 그 여정이 불빛을 향해 날아 들어오는 나방들의 운명과 유사하게 순탄하지 않았음을 암시한다. 사탕수수를 불태우는 들판에서 불어오는 메마르고 뜨끈한 바람에 "다소곳이" 옷을 벗는 여인의 모습에서, 그리고 제당 공장 막사의 방이 사탕수수 밭에서 "이주해 오는" 나방들의 날개에서 "광명"으로 바뀌는 상상적 전환에서 가족, 하와이의 전원 풍경과 노동 현장, 이민자와 새로운 문화의 병치, 성적·미적 긴장감이라는 『사진 신부』 전반에 걸친 중요한 문제를 미리 감지할 수 있다.

하와이로 이주해 온 여성의 삶은 『사진 신부』의 다른 작품들에서도 그려지고, 그녀와 같은 아시아계 미국 여성의 경험은 「막내딸」(The Youngest Daughter)과 「하얀 현관」(The White Porch)에서도 묘사된다. 「막내딸」에서 화자는 나이 든 어머니를 씻겨드리면서 "수많은 학이 창문을 가리다가", "갑작스러운 미풍에" "날아오르는" 것을 상상하며, 도피를 꿈꾸는 "신뢰할 수 없는" 인물이다(PB 6). 「하얀 현관」에서 역시 여성 화자는 어머니로 인해 가사 노동의 의무에 묶여 있는 인물이며, 이러한 구속적인 상황은 "숱이 많은" 그녀의 "닿은 머리를" 어머니가 "잡는다"는 표현에서 느껴진다. 그리고 어머니는 "금반지"를 끼고, "답답한 담요"를 덮고 주무신다. 이 때 화자는 연인을 위해 "산뜻하게 감은" 머리카락을 "풍요의 척도처럼", "신부의 베일처럼" 자유롭게 늘어뜨린다. 그리고 이 작품은 "천, 머리카락과 손" 안으로 연인이 슬그머니 들어오는 장면으로 끝난다(PB 24). 「하얀 현관」은 어머니의 머리를 감겨드리는 것에서 시작해서, 가사 노동의 구속, 딸의 머리채를 손으로 붙잡는 어머니와 어머니의 금반지에 끼여 있는 몇 올의 머리카락 등에서 암시되는 모녀지간의 복잡 미묘한 관계를 보여주며, "천, 머리카락과 손"의 이미지로 끝남으로써, 캐시 송의 강점인 이미지의 유기적 특성을 잘 드러내준다.

가족과의 관계, 새로운 지역으로의 이주와 정착이라는 주제를 서정적 이미지로 구현해 낸 또 하나의 예로 「부활절, 와히아와, 1959」(Easter: Wahiawa, 1959)를 들 수 있다. 캐시 송의 조부모의 모습을 보여주는 이 작품은 부활절을 축하하는 1950년대의 전형적인 미국 중산층 가정에 대한 묘사로 시작한다.

> 할머니는 기회를 잡아
> 빨래를 너셨고
> 어머니와 고모들은
> 편안한 짧은 바지를 입고 짧은 파마머리를 한 채,
> 푸른색을 엷게 입힌 달걀을 나르며
> 집밖으로 열을 지어 나갔다.
>
> Grandmother took the opportunity
> to hang the laundry
> and Mother and my aunts
> filed out of the house
> in pedal pushers and poodle cuts,
> carrying the blue washed eggs. (*PB* 7)

이 작품의 제목에 나와 있는 1959년은 하와이가 1898년 이래 미국의 영토에 속해 있으면서 비로소 공식적으로 하나의 주가 된 의미 있는 연도이다. 이 시는 미국인이 되는 과정에 관한 것이고, 이러한 변화의 중심에 서 있는 인물은 화자의 할아버지, 한국에서 하와이로 이주해 사탕수수밭에서 일한 분이다. 한국에서 굶주림에 시달려서 강둑에 있는 메추리알을 찾아 먹었던 반면, 현재 그의 손주들은 숨겨진 부활절 달걀을 찾아서 모으고 있다. 지금 그의 가족이 부활절을 축하할 수 있는 것은 다름 아닌 그의 노동의 결실이다.

> 그것은 하와이의
> 사탕수수밭을 통과해 갔던
> 또 한 번의 긴 걸음,
> 그곳에서 그는 낫으로,
> 사탕수수 줄기를 베는 일을
> 십팔 년 동안 했다. 그의 오른쪽 팔은
> 몸의 다른 부분과 균형이 맞지 않게
> 거대하다.
> 그는 그 팔로 세 명의
> 손주를 안을 수 있었다
>
> It was another long walk
> through the sugarcane fields
> of Hawaii,
> where he worked for eighteen years,
> cutting the sweet stalks
> with a machete. His right arm
> grew disproportionately large
> to the rest of his body.
> He could hold three
> grandchildren in that arm. (*PB* 8)

하지만 화자는 할아버지의 오랜 노동의 가치 여부에 대해 아는 바가 없다. 오히려 화자는 "넘어진 각각의 줄기가 그를 개척지에 더욱 가까이 데려다주었다고 생각하고 싶다"라고 말할 뿐이다. 화자가 이민 노동자로서의 할아버지의 고충을 이해하게 되는 세대 간의 교감의 가능성보다 다음과 같은 서정적 묘사가 더욱 눈길을 끈다.

나는 그날 오후 달걀을 세 개 찾아내었다.
저녁까지, 비가 심하게 내리고 있었다.
할아버지와 나는 저녁도 건너뛰었다.
대신에, 우리는 현관에 앉아 있었고
나는 할아버지가 날 위해 껍질을 까서
손질해주신 것을 먹었다.
그의 무릎 위에 흩어져 있던
고운 바다색 껍질들은
비 온 뒤 바다가 해변에
가져다 준 것과 같은 어떤 것이었다.

I found three that afternoon.
By evening, it was raining hard.
Grandfather and I skipped supper.
Instead, we sat on the porch
and I ate what he peeled
and cleaned for me.
The scattering of the delicate
marine-colored shells across his lap
was something like what the ocean gives
the beach after a rain. (PB 9)

"몰아닥칠 폭풍의 무게로 잡아 당겨진 달걀흰자의 얇은 막"이 덮여 있는 하늘(PB 7), 결국 비가 쏟아져 내린 저녁은 뒤뜰에서의 부활절 달걀 찾기, 할아버지와 당시 4살이던 캐시 송이 나누었던 정감 어린 순간과 엮어진다. 푸른 색깔을 입힌 부활절 달걀껍데기에서 비 온 뒤 해변에서 발견될 수 있는 조개껍데기가 연상되고, 더 나아가서 태평양을 건너와 하와이에 정착한 할아버지의 삶의 편린(片鱗)이 느껴진다. 캐시 송은 1959년의 부활절을 축하하던 풍요의 배후에 할아버지의 노동, 인내와 고통이 있었음을 세월이 흐른 뒤 깨닫게 되었고, 그날의 서정적 기억과 시간을 이 작품에서 복원해낸 것이다.

한편, 캐시 송은 아시아계 미국문학이라는 범주에서 자신의 작품이 논의되는 것을 꺼리면서, 『사진 신부』는 "과거를 탐색하는 하나의 방식"이고, 아시아계 미국인에 국한된 주제를 다룬 것은 아니라고 역설하였다(Lim, Rev. of *Picture Bride* 96 재인용). 이러한 시인 자신의 강조점에도 불구하고 앞서 살펴보았듯이, 이 시집은 캐시 송의 자전적인 이야기, 가족관계에 대한 서술로 읽을 부분이 있다. 그런데 이러한 과거사의 내용 못지않게 서정적 이미지, 이미지들 사이의 유기적 관계는 『사진 신부』가 캐시 송의 특색 있는 첫 시집으로 자리매김하는 데 중요하게 작용한 것이다.

이와 같이, 과거의 탐색이 『사진 신부』의 중요한 주제이지만, 동시에 우타마로(Kitagawa Utamaro, 1753~1806)[6]와 오키프(Georgia O'Keeffe, 1887~1986) 두 화가의 그림에서 영감을 받아 쓰여진 시편들 또한 자전적 요소 못지않게 『사진 신부』의 중요한 부분을 차지한다. 예컨대, 캐시 송은 「아름다움과 슬픔」(Beauty and Sadness)은 우타마로에게, 「새하얀 장소로부터」(From the White Place)는 오키프에게 바친다. 의미심장하게도 『사진 신부』의 구조는 오키프의 그림에 의존하고 있다. 총 31편의 작품은 오키프의 그림 제목을 따른 다섯 부분, 「검은 붓꽃」(Black Iris), 「해바라기」(Sunflower), 「난초들」(Orchids), 「붉은 양귀비」(Red Poppy), 「하얀 나팔꽃」(The White Trumpet Flower)으로 나뉘어 있다. 그리고 「오키프를 따른 파랗고 하얀 시행」(Blue and White Lines after O'Keeffe)은 이 다섯 가지 꽃 이름을 제목으로 한 5편의 연작시로 구성되어 있다. 그 첫 시 「검은 붓꽃」에서 화자는 아마도 우타마로의 그림에 등장하는 여인과는 대조적인 화가로서의 그녀 자신에 대해 말한다.

---

[6] 목판화(ukiyo-e)와 미녀도(bijinga)로 유명한 18세기의 일본 화가.

그리고 젊은 화가인 나는,
또다시,
홀로 저녁 먹을 준비를 한다.
팔레트를 빤히 들여다보고,
내 음식 속의 푸른색을 상상한다.
가느다란 총알들,
내 무기처럼 줄지어 있는
정어리 통조림 깡통과
은빛 물감 튜브들을 벗겨내기.

And I, the young painter,
once again,
prepare to dine alone.
I stare into the palette,
imagine green in my diet.
Peeling back the tins of sardines,
these silver tubes of paint,
lined like slender bullets:
my ammunition. (*PB* 43-44)

　이처럼 독립적이고 강력한 여성 화가의 목소리는 우타마로의 미녀도[7]에 그려진 여성상과 대조를 이룰 뿐만 아니라 이를 전복하면서, 여성의 정체성을 새롭게 정립할 대안적인 유형을 제시한다. 자신과 자신의 예술을 재창조하기 위해 독립과 자유를 추구하는 오키프는 캐시 송의 첫 시집에서 중요하게 작용한다.
　이 시점에서 1982년 캐시 송의 첫 시집이 예일대학 신인총서로 선정될

---

[7]　지면상 본고에서는 우타마로의 그림, 즉 여성을 대상화하여 그 아름다움을 표현한 미녀도를 제재로 한 「아름다움과 슬픔」, 「목에 분을 바르는 소녀」(Girl Powdering Her Neck), 그리고 우타마로의 그림을 연상하게 하는 「이케바나」(Ikebana)에 대해 논의하지 않는다.

당시 원제목이 오키프의 유화 이름을 딴 『새하얀 장소로부터』(*From the White Place*)라는 사실에 주목할 필요가 있다. 출판사의 결정에 따라 아시아계 미국 시인의 면모를 강조하는 『사진 신부』로 시집의 제목이 변경되고, 서문에서는 휴고(Richard Hugo)가 송의 시를 "수동적이고 수용적인 감수성"을 드러내는 것으로 평가함으로써(xiii), 송의 시세계에 대한 이후의 비평 역시 주로 아시아계 미국 시인의 정서에 초점이 맞추어진다. 시집의 제목을 변경하기를 원했던 출판사의 확고한 태도는 캐시 송이 가진 인종적 특성을 강조함으로써 얻게 될 효과를 감안한 것으로 보인다. 그리고 "절규하거나 분투할 필요가 없는" 송의 시에 "고요한 결의의 힘"이 있다는 휴고의 비평적 진술(xiii-xiv)이 줄리아나 챙이 비판했듯이, 송을 "고대에 고정되어 있는 무시간적 아시아의 문화를 구현한 시인"으로(88) 주변적 위치에 머물게 한 것인지 아닌지 하는 문제에는 여전히 논쟁의 여지가 있다. 그러나 1983년 『사진 신부』가 출판된 후, 그 표제시 「사진 신부」를 시집 전체를 읽어낼 수 있는 관점과 미적 재현의 방식을 제시하는 핵심 작품으로 이해하는 입장이 캐시 송 비평의 주된 경향이 된 것은 분명하다.

사실상 『사진 신부』에 대한 인종 중심적인 해설에 가려서 여성 시인으로서의 출발을 선언하는 캐시 송의 강력한 태도가 충분히 부각되지 못하였지만, 「새하얀 장소로부터」라는 작품이 암시하듯이, 작가로서의 독립과 자유는 『사진 신부』에서 놓칠 수 없는 주제이다. 「새하얀 장소로부터」라는 제목은 화가 오키프의 "밝은 빛에 대한 첫 기억"을 가리키고(Zhou 96 재인용), "새하얀 장소"는 상상력과 창조력의 출발점과 창조적 변용이 시작되는 공간을 암시한다. 여성 화가로서 오키프가 인식하는 자유와 독립의 중요성을 캐시 송은 「새하얀 장소로부터의 Ⅱ부, 기억들, 갤러리 291」("Memories, Gallery 291")에서 다음과 같이 그리고 있다.

그는 그녀에게 남자와 여자 사이의
공간, 그 사이에 있는
대양과 평원을 보여주고 싶었다.
그녀는 자신의 뼈와 손목을
점검하는 시선을 견뎌냈다.
첫 손길은 그녀를 놀라게 했고,
그의 렌즈는 따뜻한 해골처럼 느껴졌다.

그녀는 두려움 없이, 자신의
육체가 만들어낼 형상을 믿고, 앉아서 기다렸다.
그가 지형과 대상들,
그녀의 얼굴—
일반적으로 아름답게 여겨지지 않는 것들을 그렸을 때.

*이것은 어떻게 달의 인력이*
*당신의 피를 불러는지를*
*느끼게 하는 바,*
*달이 찾는 이가 바로 당신이고*
*당신을 안내해 줄 땅도 나무도 없을 때.*

He wanted to show her
the space between a man and a woman,
the oceans and plains in between:
she endured the inspections
of her bones and wrists.
The first touch surprised her,
his lens felt like a warm skull.

She sat waiting, unafraid,
trusting the shapes her body would make
as he plotted terrains and objects,
her face—

things not generally regarded as beautiful.

> *This is how it must be*
> *to feel the pull of the moon*
> *lengthening your blood,*
> *when it is you the moon seeks*
> *and no ground nor trees to guide you.* (PB 73)

「기억들, 갤러리 291」은 오키프가 사진작가인 스티글리츠(Alfred Steiglitz)를 처음 만난 장소인 뉴욕의 갤러리를 배경으로 스티글리츠가 오키프의 누드사진을 찍던 순간을 묘사한다. 스티글리츠가 "갤러리 291"에서 오키프를 자신의 응시와 예술의 대상으로 삼았다면, 캐시 송은 「기억들, 갤러리 291」을 통해 스티글리츠의 관점을 오키프의 관점으로 급전환하여 스티글리츠의 의도를 전복할 뿐만 아니라, 오키프의 목소리에 힘을 실어준다. 남성과 여성 사이의 간극과 차이를 보여주려는 스티글리츠의 의도를 지목하고, "뼈들" "형상들" "일반적으로 아름답게 여겨지지 않는 것들"과 같은 단어와 어구를 삽입함으로써, 캐시 송은 어떻게 남성 작가가 여성 모델을 대상화하고 있는지 그리고 어떻게 오키프가 자신의 육체와 자신이 그리는 골격과 풍경을 보고 있는지를 대비시킨다. 요컨대 캐시 송은 오키프를 남성 작가가 묘사할 대상으로서가 아닌 예술가로서 묘사하고 있다. 이탤릭체로 표시되어 있는 오키프의 목소리는 미지의 세계를 탐색하는 예술가로서의 그의 감수성과 정신을 전달해 주는 것이다. 그리고 「새하얀 장소로부터」는 "나의 첫 호흡이 고통을 주리라는 걸 알고서 오늘 처음으로 숨을 쉬기 시작했다"라고 끝을 맺음으로써 오키프의 의미 있는 출발을 예고해 준다. 앞서 지적했듯이, "새하얀 장소로부터"가 캐시 송의 첫 시집의 원 제목이었다는 것과 오키프의 회화 이름으로 『사진 신부』의 작품들이 분류되어 있다는 점을 상기하면, 오키프의 화가로서의 출발을 선언하는 대목은 송의 시인으로서의 출발을 의미하는 지점으로 보인다. 이는 글쓰기를 "존재의 행위"로 인식했고, "창조적 자아"가 만들어낸 것을 세상에 드러내 보이고자 했던("Why I Write" 8) 초기의 캐시 송의 입장이 잘 나타나는 장소이면서, 아시아계 미국 시인 1세대로서의 자신의 역할을 예리하게 의식한 시점이기도 하다.

### 3. 명미 김, 『깃발 아래』: 거리와 단절의 경험과 시적 가능성

명미 김은 한국계 미국 시인, 이민 1.5세대라 불릴 수 있다. 1957년 12월에 서울에서 출생하여 9세에 미국으로 이민을 가게 된 명미 김은 캐시 송에 비해 중간자·경계인으로서의 의식이 더욱 첨예해 보인다. 명미 김은 인터뷰에서 밝혔듯이 한국어와 문화에 대해 익숙하지만, 그 문화의 체득이 완성되지 않은 나이에(Lee 95) 새로운 언어를 습득하게 되고 이질적인 문화를 체험한 것이다. 명미 김이 미국으로 이주한 1967년은 언어적·문화적 "단절"(rupture)의 해이며, 14살 되던 해 아버지의 돌연한 사망은 또 하나의 상실, "파열"(rupture)의 경험으로 남게 된다.

린 켈러(Lynn Keller)가 명미 김과의 인터뷰 서문에서 명쾌하게 지적하고 있듯이, 명미 김은 자신에게 주어진 언어와 문화의 내부인이면서 동시에 외부인이기도 한 독특한 시각으로 시를 쓰고 있으며, 이는 명미 김의 작품이 갖는 심미적 참신함과 정치적 관심의 핵심인 것이다(335). 그리고 칼 영(Karl Young)이 주목하였듯이, 이러한 명미 김의 특수한 상황이 첫 시집 『깃발 아래』(*Under Flag*)의 주요한 기교, 즉 유창한 언어와 발음하기 어려운 언어 사이를 넘나드는 방식과 긴밀하게 연관되어 있다(1). 『깃발 아래』의 출간으로 명미 김은 1991년에 '다문화 출판도서상'을 받았고, 1993년에는 '거트루드 스타인 상'(Gertrude Stein Award)을 받았는데, 이는 김의 혁신적인 실험성과 언어·인종·문화·역사에 대한 복잡한 의식에 대한 비평계의 인식을 입증해 주는 것이다.

『깃발 아래』는 국기에 대한 경례 때 낭송되는 "하나님 아래, 하나의 나라"라는(Keller 336) 국가에 대한 충성의 맹세를 암시하면서, 동시에 국가와 언어의 경계를 넘어온 이민자들의 문제의식을 다룬 시집이다. 즉, 일레인 김(Elaine Kim)이 「한국계 미국 문학」("Korean American Literature")에서 지적하였듯이, 『깃발 아래』는 고국의 상실과 한국계 미국인이 직면하게 되는 인종차별과 단절된 언어의 경험을 탐색한 것이다(176). 이러한 탐색의 과정에서 명미 김은 이민자의 구체적 실존적 경험에 초점을 맞추고, 이들의 삶의 드라마를 구성하는 단편들을 보여준다. 본고에서는 명미 김의 1.5세대로서 중간자로서의 의식이 어떻게 시적으로 구현되어 있는지, 특히 '거리' '단절' 그리고 '파열'의 경험이 작품 속에서 어떻게 그려지는지 살펴보고자 한다.

『깃발 아래』의 표제시는 "거리이다."(Is distance)라는 표현으로 시작한다. 바로 그 다음 부분은 "만약 그녀가 그것을 안다면 경계선에 포위되고 정복당해서, 형체가 일그러진 똑같은 거북이를 잡으려고 낚싯줄을 연못에다 던지고 또 던지면서"(16)이다. 현이 강(Hyun Yi Kang)은 거북이를 '거북선'과 연결하여 한국의 역사에서 주권을 지키기 위한 저항의 상징으로 이해하고, 시간적·공간적으로 떨어져 있는 지점에서 계속적으로 이러한 민족적 상징을 붙잡으려는 시도가 이미 왜곡되고 불투명한 상황으로 인해 무익하게 되리라는 의미로 이 세 행을 해설한다("Re-membering Home"

259). 또한, 이 부분 시적으로는 다채롭지만, "낚싯줄을 던진다"는 비유적 표현은 연못에서 바다의 생물체인 거북이를 찾는 행위와 일그러진 거북이의 형상으로 인해 그 의미가 더욱 모호해진다. 현이 강은 이 표현이 시의 형식과 언어를 찾아내려는 이민자 시인의 힘겨운 시도, 즉 외지인 미국의 지리적·언어적 맥락에서 고국인 한국을 재현하려는 시도가 될 수 있다고 주장한다("Re-membering Home" 259).

현이 강의 해설에도 불구하고, 시의 도입부에서부터 등장한 대명사 "그녀" "그것"이 무엇을 지시하는지 불명확해 보이며, "거리는 …이다"라는 표현이 아니라, 주어가 생략된 채, "거리"가 술어로 자리매김한 첫 행은 그 무엇이 주어이든 거리가 쉽게 좁혀지지 않으리라는 점만을 명확하게 해준다. 그리고 시집 『깃발 아래』에서 구두점이 거의 사용되지 않기 때문에 "거리이다."에 찍힌 마침표는 더욱 눈에 띄고, 단절과 "거리"를 종국적인 것으로 강조하는 효과를 갖는다. 「깃발 아래」의 첫 3행은 각 행이 독립된 연처럼 배열되어 행 사이의 간격이 넓다. 흥미롭게도 이러한 간극은 "거리"라는 핵심어의 개념을 시각적으로 드러내 주는 것이다.

이 작품에서 "거리"라는 단어는 "위에"는 "희생자들", "아래에"는 전형적인 "한국의 마을"이라는 행에 이어, "멀리서" "155mm의 포탄이 터졌다"는 대목에서 다시 나타난다(*UF* 16). '위'와 '아래'라는 단어는 또한 '북'과 '남'을 가리킬 때도 사용되므로, 여기서는 남북 간의 전쟁과 단절을 표현하는 것으로 볼 수 있다. 도입부의 "거리이다."라는 구절은 「깃발 아래」에서 다시 등장하는데, 이때는 "만약 그녀가 그것을 알 수 있다면"이라는 약간 수정된 표현으로(*UF* 18) 화자가 갖는 열망을 암시해 준다. "거리이다."라는 구절 직전에는 군사용 무기 이름이 줄지어 나오고, 그 직후에는 아군도 적군도 아닌, 희생자와 군인도 아닌, 시민들의 행렬이 등장한다. 하지만

"그들의 요구"는 "피로 씌어져 있고", "지도자" 아마도 독재자는 민중의 "야망"을 꺾을 의도로 최루탄을 사용하고, 마스크를 쓴 민중은 흩어진다 (*UF* 18). 「깃발 아래」는 분단국가 사이의 거리뿐만 아니라, 시민과 정치인 사이의 거리를 보여주고, "그러면 얼마나 오랜 연습과 얼마나 오랜 훈련이 경계라는 것을 허물 수 있겠는가"라는 핵심적인 문제를 제기한다(*UF* 18).

이러한 경계와 거리의 문제는 『깃발 아래』의 첫 작품 「그리고 노래한다 우리는」("And Sing We")에서부터 예고된 것이다.

> 그것이 정말 진정으로 울려야 하나
> 그래서 우리가 그걸 노래해야 한다
>
> 떡 벌어져 있는 거리라도 가 닿을 수 있으면
> 우리는 그 시절 가까이에 있게 되려나
>
> 우리가 가까이 가면, 그 바다는 무엇이 되려나?
>
> 목소리

> Must it ring so true
> So we must sing it
>
> To span even yawning distance
> And would we be near then
>
> What would the sea be, if we were near it
>
> Voice (*UF* 13)

이전의 문맥 없이 대명사 "그것"이 지시하는 것을 결정하긴 어렵지만,

시집의 제목인 『깃발 아래』와 관련지어 볼 때, "그것"은 '국가'(national anthem)일 수 있다. 주어와 동사의 순서를 바꾼 제목,「그리고 노래한다 우리는」에서 "우리"는 마치 강압적으로 배치되어 자리가 굳어진 품사처럼 때로는 국가의 단일한 정체성을 불안정하게 나타내는 소수집단이다. 그리고 "해야 한다"(must)는 조동사의 반복에서도 느껴지듯이, 이 집단은 주류 세계의 강압에 의해 주변적 존재로 자리 잡고 있으며, 그들의 불안정 위치는 위의 인용문 바로 다음에 등장하는 하나의 단어 "목소리"(Voice)가 주변으로 밀려나 매달려 있는 것으로 암시된다.

"목소리 그것은 밑바닥을 치고 다시 끌어 올린다 우리는 어떤 소리를 내는가, '앤', '에이취', '쥐' 말해보라 그러면 그건 때맞추어 나는 소리가 된다". 이 연에서 n, h, g가 한국(Hanguk), 나의(naiu) 한국, 혹은 고향(kohyang)을 연상하게 하지만(Kang 255), 이보다 더욱 중요한 점은 유기적 의미를 갖기 이전의 n, h, g와 같은 개별 음소가 소수민족으로 알파벳을 배울 때 혹은 미국의 국가를 노래할 때의 영어의 낯설음을 암시해 준다는 것이다.

미국 주류세계에 대해 느끼는 이민자의 거리감, 영어와 한국어 사이의 간극 등은 3부로 구성된「그런 집단 속으로」("Into Such Assembly")에서 집중적으로 다루어진다. 1부는 미국의 시민권을 획득하는 장면으로 시작하고, "영어를 읽고 말할 수 있습니까?", "이곳 이외의 그 어느 나라에 대한 충성도 철회합니까?", "그럼 이제 말해보시지요, 미국의 대통령이 누구인지?" 등의 일련의 규격화된 문장들을 나열함으로써 이러한 절차가 갖는 "정치적 권위"를 "탈신비화"(Kang 256)하는 동시에 그 절차의 형식적이고 피상적인 면을 비판한다. 반면에 다음의 연에서는 다양한 색조를 비롯한 감각적이고 서정적인 묘사를 통해 동양적 감수성을 드러낸다.

    백조가 점점이 떠다니는 호수 위로 케이블카가 지나간다

우리 슬레이트집에는 붉은색 옻을 칠한 장롱이 있고
국화는 줄지어 꽃을 피우고
아이보리색, 황갈색, 옅은 노란색 꽃잎이 손가락 사이에서
으깨어지면, 마치 옥에서 날 듯한 향기처럼, 푸르른 냄새가 피어나고
걸어둔 메주가 마르도록 소사의 초가지붕은 그늘을 드리우고
메마른 산등성 바위 위로 고구마가 자란다
반대편, 물기 있고 푸른 산줄기의 소나무는
우리가 소풍 가서 노래 부르는 녹음이 우거진 빈터를 가리고 있다.
　　　*성불사 깊 은 밤 에*

Cable car rides over swan flecked ponds
Red lacquer chests in our slateblue house
Chrysanthemums trailing bloom after bloom
Ivory, russet, pale yellow petals crushed
Between fingers, that green smell, if jade would smell
So-Sah's thatched roofs shading miso hung to dry—
Sweet potatoes grow on the rock choked side of the mountain
The other, the pine wet green side of the mountain
Hides a lush clearing where we picnic and sing:
　　*Sung-Bul-Sah, geep eun bahm ae* (UF 29)

"백조" "호수" "붉은색 옻" "국화" "옥" "초가지붕" "일본의 미소"[8] 등과 같은 동양적 이미지의 과도한 사용으로, 화자의 기억에 의존하고 있는 이 연과 바로 앞부분의 관료적이고 형식적인 서술 사이의 차이는 더욱 극명해진다. 현이 강은 이 대목에서 현란한 세부묘사를 지목하면서 이를 "무감동적인 아이러니한" "나열"로 해설하지만(257), 일견 서정적이고 동양적인 묘사에서도 "손가락 사이" "으깨어진" "걸려 있는" 등의 표현은 명미 김

---

[8] 이 시에서는 "miso"라고 되어 있지만, 지붕 아래 걸려 있다는 점을 고려하면 여기서의 "미소"로는 한국의 메주가 더 적합한 표현일 것임.

특유의 간극, 거리, '사이'(betweenness)에 대한 인식과 함께 긴장감을 불러 일으킨다. 또한, 산허리는 "메마른" 쪽과 "푸르른" 쪽으로 분리되어 있고, "메마른"은 문자 그대로 "숨 막히는"으로 번역될 수도 있어, 그 바위 위에서 자라는 고구마의 영어 단어 일부인 "달콤한"(sweet)이라는 표현이 더욱 눈에 띄게 된다. 이 연의 마지막 행은 한국 가곡의 한 구절로서, 구체적인 역사적 현장과는 관련 없는 낭만적 정서를 표현하는 듯하다. 하지만 이 구절은 영미권 독자에게는 의미가 쉽게 전달되지 않는 소리로만 받아들여질 수 있고, 한국 독자에게는 각 음절 "깊" "은" "밤" "에"를 영어의 독립된 단어로 처리한 방식과 영어 철자로 인해 완벽하게 친숙한 시행으로 느껴지지 않을 수 있다. 그렇다면 명미 김의 시의 이러한 특이성과 낯설음은 '한국성'(Koreanness)을 회복하려는 시도도 아니고, 영어에 안주하려는 것도 아니다.

「그런 집단 속으로」의 1부는 현재의 관료적인 미국과 과거의 서정적인 한국 중 그 어느 쪽도 선택하기 어려운 화자의 처지가 집약적으로 표현된다. "어느 쪽도, 어느 쪽도 아니다 누가 어머니의 언어이며, 누가 아버지의 나라인가?"(Neither, neither Who is mother tongue, who is father country?) 부정어를 두 번씩이나 사용하여(*UF* 29) 한국어와 영어, 한국과 미국 중 그 어느 언어도 그 어느 나라도 화자의 정체성을 안정적으로 대변해줄 수 없다는 사실을 강조한다. 그리고 언어와 국가에 대한 물음으로 "무엇"이 아니라, "누구"라는 의문 대명사를 사용하고, 한 개인의 생물학적·사회적 근원을 일깨우는 "어머니"와 "아버지"를 언급함으로써 언어와 국가가 개인과 민족의 구체적 문화유산의 일부라는 점을 상기시킨다. 따라서 명미 김에게 양쪽의 경험과 유산을 모두 가진 한국계 미국인으로서 어느 한쪽을 선택하고 확고한 정체성을 갖는다는 것은 불가능하다.

「그런 집단 속으로」의 2부에서는 서로 다른 부류의 화자들 이야기가 교대로 등장한다. "한국에는 나무가 있니? 어린아이들은 쓰레기통에서 음식을 찾아 먹니?"라는 질문은 한국에 대한 고정관념 혹은 무지한 관점을 드러내 주는 반면, "우리에겐 점박이 개가 있었어 주말에 우리는 서울에서 포도를 재배하던 소사까지 기차를 타고 갔었지 우리는 달리아로 둘러싸여 있는 안뜰에서 밥을 먹었어"라는 시행은 이민 오기 전 화자가 한국에서 경험했던 서정적 삶에 대한 회상을 나타내준다(*UF* 30). 치우(Jeannie Chiu)가 명미 김의 실험시에 대한 논의에서 언급했듯이, 이 대목에서의 "서울"과 "소사"의 두운(頭韻)은 이러한 회상에 깊은 정서적 울림을 더해주는 것이다(96).

9살 때 한국에서 미국으로 이주한 명미 김처럼 화자는 자신이 떠나온 나라를 극심하게 비하하는 왜곡된 시각을 접함으로써 미국의 새로운 문화를 더욱 이질적이고 문제적인 것으로 인식하게 된다. 남자들의 쾌락을 충족시켜주는 창녀들을 쉽게 만날 수 있는 "저 넘어" 그곳과 화자의 기억 속에 자리잡고 있는 "눈사람"을 많이 만들었던 곳, "파란 슬레이트" 지붕을 한 집이 있던 그곳은(*UF* 30) 명미 김의 압축적 시행의 병치로 인해 격렬하게 충돌한다. 한국에 대한 잘못된 시각으로부터 자신을 보호하기 위한 화자의 서정적 서술은 곧이어 다음과 같은 언어적 제약과 압력에 의해 즉각적으로 위협을 받게 된다.

> 아니야, "뜨", "뜨", 네 혀를 입천장에 대고,
> 윗니 뒤쪽에 살며시 붙여서, 아랫니를
> 혀에 닿을 듯 말 듯 두고 숨을 내쉬어봐, 그리고
> 혀가 떨리는 것을 느껴야만 해, "뜨", "뜨", 거울을 들여다 봐,
> 그게 더 낫지

> No, "th", "th", put your tongue against the roof of your mouth, lean slightly against the back of the top teeth, then bring your bottom teeth up to barely touch your tongue and breathe out, and you should feel the tongue vibrating, "th", "th", look in the mirror, that's better (*UF* 30)

한국어에 존재하지 않는 발음을 새롭게 배우게 되는 과정에서 화자가 느끼는 영어의 강압적인 힘과 이질적 특징은 지역의 이동뿐만 아니라 언어의 차이로 인한 화자의 정체성의 변화를 시사한다.

「그런 집단 속으로」의 2부는 "그리고 건너온 거리, 그 거리의 일부로서 여기에 비가 올 때 거기엔 얼마나 자주 비가 올까? 한 언어에 우리를 맡겨 버린다 그러면 무엇을 주고, 맡겨버리는 걸까?"라는 의문문으로 끝을 맺는다(*UF* 30). 이는 한국과 미국 사이의 막막한 거리를 상기하는 대목이고, 이주로 인해 새로운 언어를 받아들였을 때 자신이 지니고 있던 기존의 것 중 어떤 것을 양도하게 되는가 하는 의문을 제기하는 구절이다.

이러한 거리·이주·동화와 관련된 핵심적인 질문에 대한 명미 김의 입장은 「그리고 노래한다 우리는」에서 찾아볼 수 있다. "퍼부어 대는 충만한 결핍 불분명하게 발음된 이어받은 이산"에서(*UF* 13), 연속적인 음을 지칭하는 "barraging"과 상반된 의미에도 유사한 음을 지닌 "depletion" "replete"의 울림 등으로 파도의 움직임과 소리를 연상하게 된다. '반복되는'(taken over)과 '불분명한 소리'(slurring) 또한 파도를 연상하게 하는 표현이다.[9] 이러한 조수(潮水)의 움직임이 "이산(離散)"이라는 주제어로 집약

---

[9] "slurred" "barrage"가 갖는 부정적인 언어적 의미와 이와 연결된 인종차별적 의미에 대한 설명은 현이 강 256쪽 참조. "결핍"(depletion)과 "충만한"(replete)이라는 상반된 단어의 병치를 퍼붓는 탄막포화(barraging)가 가져오는 파괴, 즉 과도한 폭력의 무의미함과 연결하여 이 대목을 한국전쟁에 관한 것으로 해설하기

되고, 이주의 경험을 나타내준다.

『깃발 아래』 전편에서 한국과 미국에서의 복잡한 기억의 망이 제시되었다면, 「그리고 노래한다 우리는」에서는 화자 혹은 소수민족의 목소리를 바다의 조수의 움직임에 비유하면서 떠나온 한국과 도착한 미국의 삶 사이에 가로놓여 있는 태평양을 암시한다. 그리고 이 시의 마지막 행에서 "대개, 우리는 세워지는 것을 보지 못한 다리들을 건넜다"라고 말할 때, 한국과 미국 사이에 걸쳐 있는 다리는 역사적으로 미묘하고 복잡한 양국의 관계를 시사하고 있다. 여기서의 다리가 「그리고 노래한다 우리는」의 도입부의 "떡 벌어져 있는 거리"를 메워주는 역할을 하는 듯 보이지만, 사실상 이 행의 의미는 단순하지 않다. "우리"가 다리에 이르렀을 때 다리는 이미 건설되어 있었고, 양쪽의 '연결'을 보장해 주는 것은 우리가 아니라 우리가 보지 못한 어떤 힘이기 때문이다. 더구나 "대개"라는 부사로 문장을 시작함으로써 다리를 건너는 행위가 가져올 법한 완성·성취 등의 긍정적 의미를 약화시킨다(Jeon 142).

이 시점에서 "나온 혀짤배기소리 사라진 트래틀 정말 얼마나 멀리 목소리가 들릴까"(*UF* 15). 사소하고 반복적이고 의미 없는 말인 "prattle"의 일례로서 의미 없는 소리에 불과한 "trattle"를 듣고, 이어서 목소리가 이를 수 있는 지점에 대해 질문함으로써 전통적인 방식으로 소통하는 목소리의 능력보다 "떡 벌어져 있는 거리", 간극을 좁혀 줄 목소리의 기능을 강조하는 듯하다. 무의미한 소리와 같은 "trattle"은 단순한 의미에 반발할 뿐 아니라, 양쪽의 거리를 넘어설 또 다른 가능성을 제시하는 것이다. 명미 김 자신

도 함(Jeon 131). 이어서 "slur"는 전투에서 적군의 점령을 당했을 때 강압에 의해 나오게 되는 '불명확한 소리', "이주"의 결과로 얻게 되는 '분명하지 않은 언어'를 의미하는 것으로 해설함(Jeon 131).

의 말을 인용하면 "연결하고, 재배열하고, 형성하고, 상실과 부재에 의해 형성되는 이러한 노력과 실패로, 우리는 상상적인 것" 그리고 시인 자신에게는 "글쓰기의 상태"인 "주의 깊게 듣는 방식"과 "어려운 협상을 시작한다"(Lee 95). 즉『깃발 아래』에서 명미 김은 서로 다른 "문화와 언어 사이"의 이동과 "번역"의 문제를 다루면서(Lee 94), 상이한 문화와 언어의 조화로운 연결이나 화합을 쉽게 상정하지 않으며, 소수가 다수에 동화 혹은 다수에 소수가 통합되는 방식을 제시하지도 않는다.

요컨대, 한국계 미국인 1.5세로서 겪은 이주·결핍·상실·"곤경"(predicament)이라는 경험을 통해 명미 김은 서로 다른 언어와 문화 사이의 거리에 대한 예리한 인식을 갖게 된다. 이러한 인식을 바탕으로 명미 김은 언어와 문화에 대한 고정관념에 대해 의문을 제기하며, "언어가 무엇인지", "언어가" 무엇을 수행할 수 있는지", "어떤 특정한 언어의 발화자로서의 인식은 어떤 의미를 갖는지'' 등의 문제에 몰두하게 된다(Keller 355). 명미 김 자신이 언급하였듯이, 하나의 언어에서 다른 언어로의 이동으로 오히려 시인이 될 수 있었고, 그녀에게 시는 "지각, 사고, 역사적 존재와 변화과정에 참여하는 새로운 방식을 생산하는 것"이다(Keller 355). 이런 점에서 명미 김의 중간자적 입장이 새로운 시적 가능성을 구현하고 있다고 볼 수 있다.

## 4. 수지 곽 김,『분단국가의 비망록』: 한국계 미국 시인 2세대의 "후기기억"

수지 곽 김은 빅토리아 챙(Victoria Chang)의 분류에 따르면 아시아계 미국 시인 2세대이고,[10] 가족이 미국으로 이주한 다음 해 1968년에 출생하였으므로 이민 2세대이다. 첫 시집 『분단국가의 비망록』(Notes from the Divided Country)으로 수지 곽 김은 1,100명이 넘는 지원자의 경쟁을 뚫고 2002년 '월트 휘트먼 상'(Walt Whitman Award)을 수상하였고,[11] '국가/발견 상'(The Nation/Discovery Award), '만 구역 도서 평론가 상'(the Bay Area Book Reviewers Award)도 받게 되었다. 명미 김과 유사하게 수지 곽 김도 대학 강단 시인으로서, 드루대학과 사라 로렌스 대학을 거쳐, 2021년 12월 현재 매사추세츠 대학 보스턴 캠퍼스의 영문과 교수로 현대시와 아시아계 미국문학을 가르치고 있다.

『분단국가의 비망록』이라는 제목에 드러나 있듯이, 이 시집은 명미 김의 『깃발 아래』와 유사하게 남북의 분단 현실, 한국의 과거와 현재를 다루는 것으로 보인다. 그리고 「갈라진 틈」(The Chasm)과 「잊힌 전쟁의 단편」(Fragments of the Forgotten War) 등의 배경은 한국전쟁이다. "1950년 8월"(August, 1950)이 부제인 「갈라진 틈」은 사실상 꿈속의 장면을 묘사한 것으로, "꿈속에서 내 어머니의 사촌 위로 독수리가 맴돈다"라는 시행으로 시작해서(NDC 26) 전쟁의 참혹상을 그려낸다. 하지만 독자는 "낙동강"을

---

[10] 빅토리아 챙은 1980년대와 90년대의 활동이 두드러진 일군의 시인들, 아이(Ai), 캐시 송, 존 야우(John Yau), 리영 리(Li-Young Lee), 매릴린 친(Marilyn Chin), 개러트 혼고(Garrett Hongo)는 아시아계 미국 시인 1세대로 분류하고, 수지 곽 김을 포함한 아시아계 미국 시인 28명의 작품을 『아시아계 미국시 다음 세대』(Asian American Poetry: The Next Generation)라는 시선집에서 소개하고 있다.

[11] 이 상은 시집을 내지 않은 미국 시인을 대상으로 공모하여, 미국시인협회(the Academy of American Poets)가 선정하는 상임. 1975년에 제정되어 매년 한 명의 시인에게 5,000불의 상금을 수여하고, 한 달간 버몬트 스튜디오 센터에서 거주할 수 있게 함. 선정된 원고는 루이지애나 주립대학에서 출판하며, 미국시인협회에서 이 시집을 구입하여 회원들에게 배포함.

사이에 두고 "소련의 T-34 탱크"와 "미국의 로켓탄 발사장치"에서 "상대를 향해 쏘는" 포탄, 그리고 "집중포화 속에 발이 묶인 수많은 피난민"도 꿈속의 장면이라는 사실을 이미 알고 있고, 이것이 화자의 일차적인 경험과는 시간적으로, 공간적으로 유리되어 있다는 느낌을 갖게 된다. 따라서 다음과 같은 종결부는 화자나 독자의 현실이 아닌 그전 세대의 비극적 체험에 대한 화자의 죄의식을 표현한다.

> 내가 당신을 구했을 수도 없는 오십 년 후에, 살아서
>
> 잠 깨는 건 수치스럽다.
> 난 한 마리의 개도 살릴 수가 없었다.
>
> 왜냐하면 새들은 그들의 얼굴을 바꿔서
> 군인들의 얼굴을 쓰고 있기 때문에.
>
> It's humiliating to wake up
>
> alive, fifty years later, when I couldn't have saved you.
> I couldn't have saved a dog.
>
> For the birds change their faces
> and wear the feces of soldiers. (*NDC* 27)

이 작품의 도입 부분에서 인간의 주검을 기다리던 새(vultures)의 모습이 시의 말미에서는 전장에서 적을 살해하는 군인들의 얼굴로 변하고 있다. 타인의 죽음을 목표로 삼아야 하는 병사의 처지가 초현실적인 표현으로 묘사된 것이다. 「갈라진 틈」에서의 비참한 상황은 결국 화자가 꿈속에서 목격한 장면일 뿐만 아니라, 현재와는 50년이라는 시간의 차이가 있는 과거이다. 요컨대, 독자

는 시 제목의 "틈"에서 미국에서 출생하여 성장한 시인과 한국전쟁을 직접 경험한 이전 세대와의 간극을 감지할 수 있다.

「잊힌 전쟁의 단편」의 부제는 "나의 아버지를 위하여"(for my father)이지만, 화자는 시인 자신이 아니라 시인의 아버지 혹은 아버지 세대의 남자이다. 화자는 북한 인민군에게 끌려가신 자신의 아버지를 그 후 다시는 만나지 못하고, 피난길에 오른 아들이며, "잊힌 전쟁"인 한국전쟁을 배경으로 한 작품 속에서 "아버지를 언제 잊을 수 있을까"라는 질문을 던지는, 역사의 소용돌이에 휘말린 개인이다.

> 우리 세 아들들은 1951년 1월 남쪽으로 당신도 없이,
> 　　　　　　평양과 서울 사이 오래된 아주 큰 길, 신작로 위의
> 수많은 다른 이들과 함께 피난을 떠났습니다.
> 소달구지는 담요와 울어대는 아이들로 꽉 차 있었지요.
>
> We three sons fled south in January 1951
> 　　　　　　without you, with a million others
> on Shinjangno, the old Imperial Highway between P'yongyang and Seoul—
> oxcarts crammed with blankets and crying children (*NDC* 30)

이어서 "지게"(chiges) 짐을 구부러지도록 무겁게 등에 짊어진 노인들, "보자기로 싼 꾸러미"를 머리에 이고 가는 "어머니들"의 피난 행렬에 대한 묘사(*NDC* 30)와 "대전, 전라도 지역, 대구, 진주"와 같은 구체적인 지명이 등장하는데(*NDC* 31), 이는 한국전쟁 중의 비참한 현실을 여실하게 그려내려는 시도로 보인다. "우리는 폭탄 앞에서 시체들을 방패로 삼고서, 거지처럼 무릎을 꿇었다"(*NDC* 30), 그리고 "음식이 떨어지면 소여물을 먹었고, 나무껍질을 먹었고, 우리 자신의 몸에서 나온 이를 먹었고, 우리의 잇몸에서는 마침내 피가 흘렀다" 같은 표현(*NDC* 31) 역시 한국전쟁의 참상에 대한 사실

적인 서술이다.

「잊힌 전쟁의 단편」의 화자는 꿈속에서 올빼미처럼 우는 아버지를 만나지만, "너는 어떻게 살아왔니, 어떤 사람이 될래, 어떤 사람, 어떤 사람, 어떤 사람?"이라는 아버지의 물음에 단지 "부서진 조각으로"만 대답할 수 있고, 그 조각은 전쟁의 파편 즉 "총탄, 수류탄 파편, 박격포 외피, 한국 육군의 부서진 방어벽" 등이다(NDC 31). 한국전쟁을 경험한 화자는 자신의 과거와 미래에 대해 논리적인 답을 제시할 수 없고, 단지 전쟁이 초래한 분열과 상실감으로써 말할 수 있을 뿐이다. 화자는 자신이 고아임을, 아버지가 인민군에 끌려가 고통을 당하셨음을 알고 있으나, "어떻게"라는 부분은 결코 알 수 없으리라고 말한다(NDC 31).

역사적 사실을 기록한 듯한 「잊힌 전쟁의 단편」의 결말에서는 공포감을 야기할 만큼 참혹한 장면이 다음과 같이 제시되는데, 이 단편은 「갈라진 틈」에서 새의 얼굴이 군인들의 얼굴로 변한 초현실적인 묘사를 떠오르게 한다.

길을 따라 내가 보았던 각기 썩어가는 육신들,
죽어가는 이들의 외로움을 생각한다.

그 밤을 견뎌내지 못한 자, 아침에는 개들이 그의 해골을 감아 먹고,
그의 온 얼굴이 "벌어진 상처"인 자의
팔을 물어뜯는 사람을 생각한다.

알을 까는 파리들로 검은 뼈, 구더기들로 거품이 이는 시체를 생각한다.

I think of the loneliness of the dying,
the bodies I saw along the way, rotting separately:
I think of that body biting his arm
who didn't live through the night,

wild dogs gnawing at his skull in the morning, his whole face an "exit wound":

I think of a carcass foaming with maggots, the bone black with hatching flies. (*NDC* 32)

「갈라진 틈」과 「잊힌 전쟁의 단편」은 한국전쟁에 대한 사실적인 묘사로 구성되어 있는 듯하지만, 「갈라진 틈」은 꿈속의 장면을 그려낸다는 점에서, 「잊힌 전쟁의 단편」은 남성 화자를 통해 역사적 단면을 회고한다는 점에서 시인 자신의 일차적인 경험이나 이민자로서의 갈등이나 문제의식과는 다소 거리가 있는 작품이다. 여기서 허쉬(Marianne Hirsch)의 용어를 빌린다면, 수지 곽 김은 자신이 전해 들었던 이야기를 통해서 실제로 경험한 적이 없는 사건을 기억하게 되는, 즉 "후기기억"(postmemory)이라는 방식을 통해[12] 아버지 세대의 경험과 한국의 역사에 대해 말한다. "후기기억"은 실제로 과거를 회상하는 것이 아니라, "상상적인" "투사와 창조"(projection and creation)라는 매개를 통해 과거에 이르는 것이다(Hirsch 107).

이와 유사한 맥락에서, 수지 곽 김이 어머니에게 바치는 시 「모어의 번역」("Translations from the Mother Tongue") 또한 한국계 미국인 개인의 실제 경험에 바탕을 둔 작품이라기보다 여러 세대 간의, 혹은 그 세대를 넘어서는 유산과 개인의 정체성의 문제를 다룬 것으로 보인다.

나는 무엇이 살아남는지, 무엇이 어머니에게서 딸에게로
전해졌는지 알고 싶다. 그 어느 것이라도,

---

12 허쉬는 홀로코스트 생존자의 자녀들에게 이 "후기기억"이라는 용어를 적용하여 설명하면서(103), 사실상 이를 "운동, 방법, 혹은 개념"이 아니라, 충격적인 경험과 지식이 세대를 넘어서 전해지는 "구조"라고 주장한다(106).

내가 잘라낼 수 없는 결속이 있다면. 그런데 이는 하나로 동여매는 것을 분리한다.
그리고 전해질 수 없는 것, 당신의 일부, 오로지 당신인 것이
무엇인지 알고 싶다. 힘줄과 피의 쓸쓸한 손,
탯줄이 뼈, 신경, 호흡을 묶는 당신의 내장 깊숙이,
처음으로 노래 부르기 시작했던 당신의 그 일부가 무엇인지.

I want to know what survives, what's handed down
from mother to daughter, if anything is,
bond I cannot cut away, that keeps apart what it lashes together.
And I want to know what cannot be handed down, the part of you
that's only you, lonely fist of sinew and blood,
deep in your gut where cords lash bone, nerve, breath,
the part of you that first began to sing. (*NDC* 16)

「모어의 번역」은 명미 김의 「그런 집단 속으로」에서의 아시아계 미국 시인이 겪은 언어적 혼동이나 문화적 충격과는 다른 층위의 문제를 보여준다. 즉 「모어의 번역」은 시의 제목에서 독자가 예상하게 되는 한국어와 영어 사이의 차이나 언어의 차이와 관련된 권력의 문제를 다루기보다, 여성 세대 사이에서 공유되는 것 혹은 여성 개인이 독자적으로 갖게 되는 특성 등의 주제에 주목한 것이다. "탯줄" "신경" "내장"과 첫 노래 혹은 "호흡" 등의 표현에서 개체의 생명의 근원과 출발을 노래한다면, 이와 유사한 주제는 『분단국가의 비망록』의 첫 작품인 「세대」("Generation")에서는 더욱 포괄적으로 다루어진다. 「세대」는 22편의 원고가 있을 정도로[13] 수지 곽 김이 정성을 기울인 작품이다. 흥미롭게도 이 시는 숫자 0에서부터 5까지 총 여섯 부분으로 되어 있고, 그 중 첫 부분은 "옛날에 나는 무(無)였고, 옛날

---

[13] http://esopusmag.com/files/ARCHIVE_FLASH/6/KIM에서 이 작품의 다른 원고들을 참조할 수 있음.

에 우리는 하나였다"라는 한 줄의 시행으로 구성된다. 이 부분이 22편의 원고에서 한 번도 수정되지 않았는데, 이는 『분단국가의 비망록』을 시작하는 「세대」의 출발을 알리는 지점에 대해 수지 곽 김의 의식과 계획이 뚜렷했기 때문일 것이다.

수지 곽 김은 자신이 태어나기 이전의 역사, 태아가 형성되는 과정에 대해서도 다음과 같이 말한다. 화자는 "어머니의 몸속의 미로를 들어가", "여러 방향으로 나 있는 신경의 숲을 헤매고 다니고", 갈비뼈와 등뼈 사이를 뛰어다니며, "내장의 힘줄에서 흔들거렸다".

> 나의 골격이 결합될 동안, 머릿가죽은 회반죽같이 굳어지고,
> 나의 얼굴 모양이 형성되는 동안 강철을 녹여 만든 가면처럼 단단해지고,
> 나의 피가 욕망의 용광로처럼 요동치는 동안,
> 나의 심장이 폭탄처럼, *이다-이었다, 이다-이었다*라고 똑딱똑딱 소리를 내는 동안
>
> meanwhile my skeleton welding, scalp cementing like mortar,
> meanwhile my face soldered on, hardening like a mask of molten steel,
> meanwhile my blood churning like a furnace of wanting,
> meanwhile my heart ticking like a bomb—*is-was, is-was:* (NDC 5)

이 부분은 현대 미국시의 태동을 알린 휘트먼(Walt Whitman)의 기법을 연상하게 할 뿐만 아니라, 개체의 형성을 제철소의 강철 제조과정 혹은 현대식 공장의 생산 과정에 비유하고, 심장을 강력한 힘을 가진 폭탄에 비유함으로써 자아의 잠정적 에너지를 강조한다.

수지 곽 김의 『분단국가의 비망록』은 그 제목으로 한반도의 분단의 현실을 암시하고 있으나, 한국계 미국 시인 2세대로서 과거의 기억과 미래의 희망을 넘나드는 개인을 표현하고 있다. 제목에서 나타난 분단은 국가의

분단뿐만 아니라, 여성 시인의 형성과 생명체의 유동성을 암시한다. 수지 곽 김의 시는 과거의 역사나 정치를 배경으로 한 맹렬한 어조의 작품이라기보다 생명을 엮어가게 하는 것이 무엇인지에 대해 질문하는 작품으로 보인다.

## 5. 결어

캐시 송, 명미 김, 수지 곽 김에 대한 선행연구는 많지 않고, 특히 2003년 첫 시집의 출간으로 주목을 받기 시작한 수지 곽 김에 대한 연구는 아직 초기 단계에 머물러 있다. 그리고 이들이 공유하는 주제에 대한 각 시인의 의식과 전달 방식에는 흥미로운 차이가 있는데도 불구하고 대개 이들은 아시아계 미국 시인, 혹은 한국계 미국 시인이라는 범주로 묶여서 개괄적으로 평가받기 쉽다. 이러한 종래의 비평적 한계를 극복하기 위해, 본고는 캐시 송, 명미 김, 수지 곽 김의 첫 시집을 정독하면서 이주 시기의 차이, 아시아계 미국 시인으로서의 세대 간의 차이 등에 따라 언어·가족·국가 등의 문제가 어떻게 섬세한 차이점을 보이면서 그려지는지를 살펴보았다.

이 세 명의 시인 모두 동양적인 문화를 다루고, 특히 명미 김과 수지 곽 김은 한국전쟁과 그 상흔을 묘사하고 있다. 캐시 송은 "아시아계 미국문학"이라는 인종 중심적인 분류의 한계를 경계하면서도 『사진 신부』에서 일인칭 여성 화자의 목소리를 통해 가족의 역사, 동화(assimilation)의 문제, 자신의 경험, 세대 간의 거리와 유대 등을 이야기한다. 캐시 송은 아시아계 미국 시인 1세대로서 자신의 유산과 뿌리에 가치를 두고, 문화·정체성·가족·민족성·장소 등에 초점을 맞추어 창작한 것이다. 동시에 송은 이민 3세대로서 서정적 이미지의 적절한 배합으로 이러한 주제를 구현하며, 특히 오키프에 대한 시편들을 통해 아시아계 미국 시인 1세대로서의 출발에 대한 자의식을 강하게 표출한다. 반면 한국에서 출생하여 미국에서 성장한 명미 김은 기아·폭력, 상실된 자존심, 이주 등의 기억을 서사시적 이야기 형식으로 표현한다. 명미 김의 『깃발 아래』는 개인의 심리, 자전적 경험뿐 아니라 문화의 전이, 분열의 역사를 다룬 서사시인 것이다. 이 시집에서는 한국계 미국인의 주체의 분열, 언어와 고국의 상실 등의 주제가 캐시 송에 비해 훨씬 더 전복적이고 실험적인 방식으로, 즉 정례의 문법·구문, 서술의 통일성을 과감하게 파괴하는 방식으로 전달된다. 요컨대, 명미 김은 독특한 실험정신을 바탕으로 한 난해한 시를 통해 개인의 자전적 역사와 민족의 역사의 명징성에 대해 질문을 던진다. 한국계 미국인 1.5세대인 명미 김의 시에는 분절·거리·단절·이산이라는 문제가 일명 "초(超)언어적 시학"(translingual poetics)[14]이라는 방식으로 표현된 것이다. 아시아계 미국 시인 2세대이며 이민 2세대인 수지 곽 김도 식민주의·한국전쟁·이주·인종 차별주의 같은 명확하게 답하기 어려운 문제와 대결한다. 일견 이러한 주제가 명미 김의 『깃발 아래』의 주제와 유사해 보이지만, 수지 곽 김의 『분단국가의 비망록』에 이르러서는 시인과 확연하게 구분되는 화자 설정, 그리고 "후기기억"과 상상적인 투사의 방식으로 그 주제는 소수민족의 정서를 넘어서 한 개인의 심리의 차원에서 다루어진다. 『분단국가의 비망록』의 제목은 한반도의 분단을 가리키는 듯하지만, 이 시집은 분단의 현실 혹은 이민자의 삶뿐만 아니라 과거의 참혹한 사건에 대한 기억과 현재를 넘나드

---

[14] 2009년 6월 18일 고려대학교에서 명미 김은 이러한 제목으로, 단일한 언어나 범주로 고정되지 않는 자신의 시와 시론에 대해 강연함.

는 개인의 심리를 그린 것이다. 즉 제목에서의 분단 혹은 분열은 공동체뿐만 아니라 개인의 분열을 암시해 주고, 수지 곽 김은 분열된 자아라는 보편적인 주제로써 독자를 주술적 혹은 심리적 영역으로 초대한다. 대략적으로 말해서, 한국계 여성시인 1세대에서는 민족적·국가적·인종적 정체성의 혼란이라는 문제에 주목한 반면, 수지 곽 김과 같은 다음 세대의 여성시인은 인종적 경계에 대해 보다 유연한 사고를 가지게 되며, 아시아의 문화적 유산을 그들의 복합적인 정체성의 한 단면에 불과한 것으로 인식하게 된다. 빅토리아 챙에 따르면, 아시아계 미국 시인 1세대에 비해 2세대의 시의 주제는 덜 인종적이고 덜 정치적이며, 미국 주류의 목소리에 더욱 근접한 것이다(xviii).

캐시 송, 명미 김, 수지 곽 김을 포함한 아시아계 미국 시인을 비교 분석하는 연구는 최근 미국시, 아시아계 미국문학 내에서의 아시아계 미국시의 위치와 의미를 조명하고, 문화·정치적 조류, 최근 미국시의 이질성·다양성에 대해 심도 있게 논의하며, 언어·형식과 내러티브의 함의를 탐색해야 할 것이다. 그러나 한 편의 논문에서 이러한 목표를 모두 달성하기는 어렵기에, 본고에서는 이 세 명의 시인의 첫 시집을 출발점으로 삼아 한국계 미국(여성) 시인으로서 그들이 갖는 문제의식이 어떤 방식으로 다루어지는지를 고찰하였다. 특히 본고는 민족·정체성 등과 같은 아시아계 미국문학 연구의 일반적인 논제를 넘어서, 캐시 송, 명미 김, 수지 곽 김이 어떻게 차별화된 방식으로 자신들의 문제에 접근하는지 탐색하였다. 이는 소수민족의 시학과 미국 시학의 전통과의 관계 등을 탐색하기 위해 필요한 선행연구가 될 것이다.

김양순(고려대 영문과 교수)

□ 참고문헌

Beach, Christopher. *The Cambridge Introduction to Twentieth-Century American Poetry*. New York: Cambridge UP, 2003.
Bruchac, Joseph, ed. *Breaking Silence, An Anthology of Contemporary Asian American Poets*. Greenfield Center: The Greenfield Review P, 1983.
Chang, Juliana. "Reading Asian American Poetry? *MELUS* 21 (Spring 1996): 81-98.
Chang, Victoria, ed. *Asian American Poetry: The Next Generation*. Chicago: U of Illinois P, 2004.
Chiu, Jeannie. "Identities in Process: The Experimental Poetry of Mei-mei Berssenbrugge and Myung Mi Kim." *Asian North American Identities*. Ed. Eleanor Ty and Donald C. Goellnicht. Bloomington: Indiana UP, 2004. 84-101.
Fujita-Sato, Gayle K. "'Third World' as Place and Paradigm in Cathy Song's *Picture Bride*." *MELUS* 15.1 (1988): 49-72.
Goldensohn, Lorne. "Flights Home." *Poetry* 144.1 (1984): 40-47.
Hirsch, Marianne. "The Generation of Postmemory." *Poetics Today* 29.1 (2008): 103-28.
Hugo, Richard. Foreword. *Picture Bride*. By Cathy Song. New Haven: Yale UP, 1983. ix-xiv.
Jeon, Joseph Jonghyun. "Speaking in Tongues: Myung Mi Kim's Stylized Mouths? *Studies in the Literary Imagination* 37.1 (2004): 125-48.
Kang, Hyun Yi. "Re-membering Home." *Dangerous Women: Gender & Korean Nationalism*. Ed. Elaine H. Kim and Chungmoo Choi. New York: Routledge, 1998. 249-90.
Keller, Lynn. Interview with Myung Mi Kim. *Contemporary Literature* 49.3 (2008): 335-56.
Kim, Elaine H. "Korean American Literature." *An Interethnic Companion to Asian American Literature*. Ed. King-Kok Cheung. New York: Cambridge UP, 1997. 156-91.
Kim, Myung Mi. *Under Flag*. 1991. Berkeley: Kelsey St. P, 1998. [*UF*로 표기함]
Kim, Suji Kwock. *Notes from the Divided Country*. Baton Rouge: Louisiana State

UP, 2003. [*NDC*로 표기함]

———. "22 Drafts of the Poem 'Generation'." *Esopus* 6 (2006):53-80. 1 July 2010. <http://esopusmag.com/files/ARCHTVE_FLASH/6/KIM>.

Lee, James Kyung-Jin. "Myung Mi Kim." *Words Matter: Conversations with Asian American Writers*. Ed. King-Kok Cheung. Honolulu: U of Hawaii P, 2000. 92-104.

Lim, Shirley. Rev. of *Breaking Silence, an Anthology of Asian-American Poets*, ed. by Joseph Bruchac. *MELUS* 11.2 (1984): 85-90.

———. Rev. of *Picture Bride*, by Cathy Song. *MELUS* 10.3 (1983): 95-99.

Lim, Shirley Geok-lin Lim, Mayumi Tsutakawa, and Margarita Donnelly, eds. *The Forbidden Stitch: An Asian American Women's Anthology*. Corvallis: Calyx Books, 1989.

Ling, Amy. "Teaching Asian American Literature." *Heath Anthology Newsletter* 9(1993). 25 Sep. 2010 <http://www9.georgetown.edu/faculty/bassr/tamlit/essays/asian_am.html>.

Rev. of *Picture Bride*, by Cathy Song. *Publishers Weekly* 223.19 (1983): 59.

Schultz, Susan M. "Cathy Song." *DLB 169*. Ed. Joseph Conte. Detroit: Gale Research, 1996. 267-74.

Song, Cathy. *Frameless Windows, Squares of Light*. New York: W. W. Norton, 1988.

———. *Picture Bride*. New Haven: Yale UP, 1983. [*PB*로 표기함]

———. *School Figures*. Pittsburgh: U of Pittsburgh P, 1994.

Wallace, Patricia. "Divided Loyalties: Literal and Literary in the Poetry of Lorna Dee Cervantes, Cathy Song and Rita Dove." *MELUS* 18.3 (1993): 3-19.

Young, Karl. Rev. of *Under Flag*, by Myung Mi Kim, and *Imaginary Income*, by Maureen Owen. *American Book Review* 15.2 (1993). 9 Sep. 2004. <http://www.thing.net/~grist/ld/owen/ky- mo-mk.htm>.

Young, Robyn V., ed. *Poetry Criticism 21*. Detroit: Gale Research, 1998.

Zhou, Xiaojing. "Intercultural Strategies in Asian American Poetry." *Re-placing America: Conversations and Contestations*. Ed. Ruth Hsu, Cynthia Franklin and Suzanne Franklin and Suzanne Kosanke. Honolulu: U of Hawaii P, 2000. 92-108.

# III. 재미한인 소설문학

# 욕망과 좌절, 재미 한인작가의 자아 찾기

## 1. 서언

재미 한인 사회를 형성하던 지식 계층의 핵심 부류인 작가들은 1930년대에 등장하기 시작했고,[1] 그 대표적 인물이 강용흘(1898-1972)이다.[2] 그는 재미한인 작가들의 공통 주제인 자아 정체성의 추구를 작품으로 구체화한 첫 인물이며, 구세계의 문화적 전통과 자부심을 바탕으로 한 점에서 다른 작가들과 구분된다. 재미 한인 소설들에 나타나는 자아 정체성 확인의 욕구는 체류자(sojourner)[3]의식이나 자국 문화의 사절(使節)의식[4] 혹은 무조건

---

1 물론 1928년 유일한의 *When I was a Boy in Korea*(Boston : Lothrop, Lee & Shepard Co.)가 발표되었지만, 그것을 소설작품으로 보기는 어렵다.
2 강용흘의 존재가 결정적으로 해외문단에 알려지기 시작한 것은 *The Grass Roof*(New York : Charles Scribner's Sons, 1931/장문평 역, 『초당』, 범우사, 1993)였으며, 계속 출간된 *The Happy Grove*(New York : Charles Scribner's Sons, 1933), *East Goes West : The Making of An Oriental Yankee*(New York : Charles Scribner's Sons, 1937/유영 역, 『동양선비 서양에 가시다』, 범우사, 2002) 등도 그의 작가적 성가를 높이는 데 큰 역할을 했음은 물론이다.
3 초창기 재미한인의 체류자 의식에 대해서는 Kim Elaine Hai Kyung("A Survey

적이고 강렬한 귀향 욕구 등으로 구체화된다. 예컨대 강용흘 작품의 주인공은 '서술하는 나'이든 '서술되는 나'이든[5] 모두 작가 자신 혹은 그 대리인으로서 한인 지식인의 표지를 지니고 있다. 이런 초기의 특징들은 약간씩의 변화를 보여주긴 하지만, 최근까지 지속되는 재미 한인 소설의 변함없는 주제의식이다.

이민 초기부터 한인 작가들은 일관되게 자신들의 작품에서 '자아 찾기'를 시도해왔다. 자신의 이야기이든 조부모 혹은 부모의 이야기이든 작품 안에서 그들이 초점을 맞추어온 주 대상은 1세대 한인들이다. 그들은 다수의 노동자와 소수의 지식인으로 나뉜다.[6] 수적으로 많다고 할 수는 없으나 그들은 고국의 생활 현장에서 익힌 각종 장르의 문학들을 창작했으며, 그 가운데 서양인들에게까지 소개된 분야는 영문소설이 유일하다. 이들 모두에 작자 자신들 혹은 이들이 대표하던 한인 이민들의 자아가 반영되어 있음은 물론이다.

강용흘은 영문소설을 통해 한국의 전통문화를 소개하고 자아 정체성 추구의 주제적 전통을 정립시킨 인물이다. 특히 그의 출세작이자 연작 장편으

---

of Literature : Social Perspectives", Ph. D. diss., Univ. of California, Berkeley, 1976, p.1), Choy Bong Youn(*The History of Early Koreans in America, Koreans in North America : New Perspectives*, ed. Lee, Seong Hyong & Kwak Tae Hwan, Masan : Kyungnam Univ. Press, pp.9-34) 등의 견해 참조.

4  Lady Hosie, "A voice from Korea", Saturday Review of Literature, Apr. 4, 1931, p.707.

5  제라르 주네트, 권택영 역, 『서사담론』, 교보문고, 1992, 243쪽.

6  상인이나 노동자의 신분으로 1896-1905년 사이에 7,000여 명의 한인들이 하와이로 건너갔고, 1921-1940년 사이에 유학생 등 250여 명의 한인이 도미함으로써 지식인계층의 주축을 이루었다. (Choy Bong Youn. op. cit. p.239). 지식층 이민들 가운데는 학생 외에 정치적 도피자도 더러 있었고, 이들이 상당 기간 한인 이민사회의 정신적 지주 역할을 한 것으로 보인다.

로 볼 수 있는 『초당』과 『동양선비 서양에 가시다』를 통해 주인공 '한청파(韓靑坡)'로 분장한 자신의 '성장→ 출향→ 미국에의 정착' 과정을 보여준다. 뿐만 아니라, 그가 이룩한 정신적 성장과 함께 주변인적 자아의 실상 또한 보여주려 했다.

강용흘의 작품들은 김난영의 *Clay Walls*[7], 이창래의 *Native Speaker*[8] 등과 표면적 양상은 다르지만, 한인 지식인 작가의 '자아 찾기'가 현재 진행의 과제임을 보여준다. 말하자면 이민 1세기가 넘은 시점에서도 한인들은 여전히 주변인의 처지를 벗어나지 못한 채 방황하는 모습을 보여주거나, 주변인 혹은 경계인으로 남을 수밖에 없는 비관적 상황 인식에 안주하는 모습을 보여준다. 이들 세 작가[9]는 현실적 환경이나 동기, 혹은 사회적 성취의 측면에서 '같고 다름'이 분명하지만, '자아 찾기'의 과제에 대한 인식만큼은 공통적이다.

본고의 논의 대상은 초기부터 지금까지 변함없이 추구되는 '자아 찾기'

---

[7] 김난영, *Clay Walls*, Univ. of Washington Press, Seattle and London, 1987/ 김화자 역, 『토담』, 동문사, 1990.
[8] 이창래, *Native Speaker*, New York : Riverhead Books, 1995/ 현준만 역, 『네이티브 스피커』, 미래사, 1995.
[9] 강용흘이 해당 작품들을 발표한 것은 1931/1937년, 김난영의 『토담』은 1986년, 이창래의 『네이티브 스피커』는 1995년이다. 이들 작가는 시기상 특별한 의미로 연결되는 것은 아니다. 분명 강용흘은 자아 찾기의 문제나 방법을 처음으로 제시했다는 점에서, 김난영·이창래는 유선모(『한국계 미국 작가론』, 현대문화사, 2004, 17쪽)의 지적대로 한국계 미국문학이 미국문단에서 하나의 소수민족 문학으로 자리매김하기 시작한 1980년대에 등장한 작가들이라는 점, 말하자면 그가 명명한 바와 같이 "한국계 미국문학의 르네상스 시대"(같은 책, 38쪽)를 대표하거나 그 직후의 시기를 대표한다는 점에서 재미한인문학 불변의 주제의식인 '자아 찾기'가 어떻게 지속되고 있는지를 살피는 데 유용하기 때문이다. 사실 이창래의 작품까지 언급해야 본고의 목표는 충족될 수 있다. 그러나 시간과 분량의 제약으로 이창래에 관한 논의는 별도의 자리로 미룬다

의 양상이 어떻게 반복되고 변화되는가를 초기의 작가 강용흘과 '재미한인문학 르네상스' 시기를 대표하는 김난영 작품의 대비를 통해 살펴보기로 한다.

## 2. 아메리칸 드림과 탈향, 문화사절 의식

### 1) 붕괴된 구세계, 그 대안으로서의 아메리칸 드림

강용흘의 작품 『초당』은 자서전적 소설, 『동양선비 서양에 가시다』는 소설적(혹은 허구화된) 자서전이라 할 수 있지만,[10] 어느 쪽이 되었건 그것들이 작자 강용흘의 삶을 그린 작품들이라는 점에는 의심의 여지가 없다. 역사적 사건들 속에서 삶의 궤적을 그려내고 있는 작가의 태도는 그대로인 채 주인공의 이름만 새롭게 붙였을 뿐[11] 허구적 성향보다는 자서전적 성향이 훨씬 강하다.

『초당』에는 '송둔치'를 중심으로 하는 고향에서의 어린 시절, 서울과 동

---

[10] 김욱동, 『강용흘, 그의 삶과 문학』, 서울대 출판부, 2004, 125-126쪽.
[11] 원래 이름 강용흘을 Younghill Kang으로 표기한 것과 마찬가지로 주인공의 이름을 Chungpa Han으로 명명한 것 역시 다분히 상징적이다. '청파(靑坡)'란 '푸른 언덕'이다. 'Younghill'의 'young hill' 역시 '젊은(푸른) 언덕'이다. 이런 점에서 두 작품의 주인공인 1인칭 서술자 '청파'는 작자 강용흘 자신이다. 자전소설임을 스스로 강조하기 위한 명명법이라 할 수 있다. 따라서 '청파'는 그의 영문 이름 'Younghill'을 시적으로 바꾼 것이며, '한'이라는 성씨 또한 그가 여러 번 인용한 시인 한용운으로부터 따왔거나 '한국'에서 따왔을 가능성이 크다. 따라서 그의 이름에는 그 자신뿐 아니라 민족이나 나라, 혹은 그가 되고자 염원하던 시인까지 포괄하는 집단적 의미가 들어있다고 해야 할 것이다.

경에서의 유학시절, 미국 유학 준비과정, 미국으로의 출향 등이 시간순으로 나열되어 있다. '고향→ 서울→ 동경→ 고향→ 미국'이라는 공간 이동은 고향을 벗어나 신세계 미국으로의 진입을 결행하기까지 주인공이 명분을 축적해온 과정이다. 구세계의 문화적 실상을 장황하게 설명하고 있는 전반부, 새로운 세계를 만나면서 구세계에 대한 회의를 갖게 되고 결국 좌절하게 되는 주인공의 내면의식을 보여준 중·후반부, 아메리칸 드림을 안고 신세계 미국으로 건너가는 말미 부분 등 사건의 전개나 장면의 전환은 주인공의 성장과 맞물리고 있다.

『초당』의 주된 배경인 고유명사 'Sung Dune Chi(송둔치)' 역시 '(푸른) 소나무 우거진 둔치(물가의 언덕)'로서 작품의 배경이면서 작가에게는 자신의 고향이나 고국을 표상하기 위한 제유적(提喩的) 상관물이다. 말하자면 전반생과 후반생의 통합으로 주인공의 방황하는 삶을 마무리하여 보여주는 이들 두 작품 내용의 골자만 추린다면, 『초당』은 '송둔치에서의 생활'로, 『동양선비 서양에 가시다』는 '꿈을 갖고 신세계에 들어와 좌절을 경험하면서 이루어내는 주인공의 미국 정착'으로 요약된다.

강용흘이 뉴욕대학에서 만나 우정을 나눈 토머스 울프(Thomas Wolfe)는 서평[12]에서 강용흘의 '삶에 대한 애정'과 '새로운 지식 및 경험들에 대한 억제할 수 없는 갈증'에 찬사를 보냈으며, 강용흘 자신은 이것을 '파우스트적인 꿈(Faustian dream)'으로 묘사한 바 있다.[13] 인문학·의학·법학·점성술·신학 등 모든 분야를 두루 섭렵한 서양 중세기 인간의 한 유형인 파우스트를 끌어온 강용흘의 의도는 배움에 대한 갈증을 강조하는 데 있으며, 궁극

---

[12] "Review of Younghill Kang's *The Grass Roof*." New York Evening Post, April 4, 1931, p.5.
[13] 강용흘, 장문평 역, 『초당』, 범우사, 1993, 18쪽. 이하 『초당』으로 약함.

적으로 그는 그것이 아메리칸 드림으로 이어질 수 있다고 믿은 것 같다.

'한일합병'과 3.1운동은 주인공이 경험한 자아 정체성의 첫 혼란이자 위기였고, 선교사와의 만남은 위기에 처한 자아가 새로운 국면으로 들어선 계기가 된다. 그는 전통 종교에서 기독교로 전환한 '미치광이 숙부'를 통해 민주주의의 편모(片貌)를 엿보았으며, 신학문을 익힌 박수산으로부터 새로운 교육을 받고 서구적인 진보사상에 대한 신념을 갖게 되었다. 말하자면 협소한 자아에 갇혀 있던 주인공 청파는 요동치는 시대 상황의 변화 속에서 "서양 학문에 매료되는"[14] 단계로까지 발전하게 된 것이다. 부친이나 조모의 의사와는 상관없이 단발을 감행함으로써 앞서 말한 내면적 변화에 이어 외면까지 서양세계를 향해 한 발 더 내디딘 셈이다. 박수산이 단발한 그에게 서양 모자를 사주자 그는 그것이 '위대한 박사의 모자나 다름없다'고 매우 기뻐하면서, '서양의 학위를 획득하기로 맹세한 선비임을 뜻한다'고 스스로 의미부여를 하고 나선 점에서도 분명해진다. 전통과 결별하려는 그를 용납하지 않는 부친과 고향을 탈출하여 서울로 떠남으로써 새로운 자아를 찾기 위한 탐색의 여정은 시작된 것이다.

서울에 도착, 험난한 수학의 길을 걷게 된 주인공은 일본인이 지배하는 신식 학교에 환멸을 느끼고, '제대로 교육받기 위해서는 미국으로 가야 한다'는 판단을 내리게 된다. 미국으로 건너가기 위해 접촉하는 선교사들로부터 자신이 '이교도'이기 때문에 데려갈 수 없다는 답변을 들으면서 자신이 처한 현실적 한계를 절감한다. "내가 이교도임을 깨달은 것은 그때가 처음이었다"[15]는 술회는 그가 지향하던 서양세계에 도착해서도 주변인으로 지낼 수밖에 없을 것임을 암시하는, 일종의 복선이다. 다급한 상황에서 크

---

14 『초당』, 205쪽.
15 『초당』, 249쪽.

리스천이 되겠다고 맹세하는 그에게 '너의 영혼이 참으로 구제된 것을 내게 보여주기에는 이미 때가 늦었다'는 선교사의 가혹한 선고는 서양이라는 새로운 공간에 진입하는 것도 그곳에서의 새로운 삶도 쉽지 않을 것임을 보여준다. 학교로부터 퇴학을 당하고 미국으로 갈 수도 없게 된 청파는 일본으로 건너가 공부를 재개하며, 그러는 중에도 한국인으로서의 자아 정체성에 대한 탐색을 게을리하지 않는다. 15장 마지막 부분의 한국인에 대한 정의[16]는 청파 자신의 자아 정체성을 확인하기 위해 문화나 인종을 분석한 인류학적 보고문의 수준에 가깝다.

특히 서양의 문물을 받아들여 전쟁 준비를 해온 일본을 세밀히 관찰하며 그들의 장점과 한계를 낱낱이 인식한 주인공은 16세가 되던 해 다시 고향으로 돌아왔고, 숨 막히는 식민지의 현실을 목격하며 이미 한국이 몰락했음을 절감한다. 그가 염원하던 미국행의 준비작업으로 미션계 고등학교에 입학했는데, "영어를 국어로 사용하는 사람들에게 직접 배우고 싶었고, 대학 진학을 위해 미국으로 갈 수 있는 방도를 찾기 위한 것"이 그 목적이었다. 그가 경계인이나 주변인으로 방황하게 될 미국 생활에서의 장애 요인 가운데 하나가 언어라는 점과 대학 공부를 통해 주류사회로 진입할 수 있으리라는 아메리칸 드림의 실현이 수월치 않으리라는 점을 암시하는 내용이다. 3.1운동에 참여했다가 검거된 그는 모진 고문 끝에 새로운 깨달음을 얻는다. "나는 이번 고문으로 온몸이 멍들고, 가슴이 에이는듯한 아픔을 느끼고 있었다. 나는 이제 하나님을 이해할 수도 없었고, 인간을 신뢰할 수도 없었으며, 오로지 미국으로 건너가 폭넓게 인생을 공부할 수 있는 길을 찾아내고 싶을 뿐이었다"[17]는 절규는 치유될 수 없는 상처를 안겨준 구세계에서

---

[16] 『초당』, 279쪽.
[17] 『초당』, 382쪽.

떠나 신세계로 들어가려는 주인공의 의지를 뚜렷하게 보여준다.

『초당』에 표상된 것은 구세계의 붕괴와 그 반작용으로 선택된 신세계 지향 의지이다. 물론 붕괴되기까지 구세계에 남아있던 문화적 전통에 대해서 주인공이 큰 자부심을 보여준 것은 사실이다. 그러나 그런 모든 것들이 망해버렸음을 깨닫는 순간, 그는 그 땅에 남아있어야 할 어떤 이유도 느끼지 못한다. 주인공은 구세계의 전통적 자아를 버리고 신세계 지향의 새로운 자아를 취한다. 『초당』에는 신세계에서 흔히 겪는 유형의 고통이나 정체성의 위기는 없다. 전통적 자아를 버리고 새로운 자아를 받아들이는, 결연한 모습만이 보일 뿐이다. 그 결연함이 아메리칸 드림에 대한 굳은 믿음으로부터 연유된 것임은 물론이다.

### 2) 소외와 열등감, 그 보상 메커니즘으로서의 문화 소개

강용흘은 반이민법(the Immigration Exclusion Act, 1924년)이 발효되기 직전인 1921년 간신히 미국에 도착하는데, 당시 그의 나이 18세였다. 『초당』의 뒷부분에서는 편안했던 경험과 추억들로부터 벗어나 서울과 일본을 거쳐, '새롭고 매혹적인 나라' 미국으로 떠나기까지 그가 겪는 모험들은 '진보적이고 도전적인' 젊은 영혼에게 닥칠 신세계에서의 사건들을 암시한다. 『동양선비 서양에 가시다』에서 주인공은 서구적 삶의 방식에 대한 집착을 통하여 전통적 관념으로부터 탈출하려는 의식을 끊임없이 보여준다.[18] 20대에 진입하려는 작가 강용흘이 지니고 있던 현실인식이나 성향은 새로운 것에 대한 호기심과 그로부터 촉발된 적극적 실천으로 대변될 수 있는

---

[18] '보편적 차원에서의 근대성을 지향하는' 자아라고 할 수도 있을 것이다. 이동하·정효구, 『재미한인문학연구』, 월인, 2003, 397쪽 참조.

데, 그런 점에서 주인공 한청파는 강용흘의 정확한 복사판이다. 신세계 미국, 그 가운데서도 그가 집착한 곳은 뉴욕이다. 미국과 뉴욕은 그에게 '새로움'의 공간으로 인식되었다. 그곳에서 그는 구세계의 옷을 벗고 새로운 존재로 태어날 수 있었다.

뉴욕이 주인공에게 환상의 공간이었던 반면, 고향은 '지저분하고 천하고 비바람 쳐 불고 이끼가 낀, 진저리나도록 못 사는' 곳이다. 주인공이 뉴욕을 '거대한 반역아'로 생각한 것도 전통을 뛰어넘는 참신함 때문이다. 주인공은 현란하고 거대한 뉴욕의 거리에 특히 매료된다. 뒤쪽으로 갈수록 좌절이 증폭되는 것도 처음에 경험한 호감의 강도에 그 원인이 있었다. "서양에서 자연과 운명을 거스르는 반역을 배웠다"[19]고 말한 것처럼, 그는 자연과 운명에 순응하지 않고 현재와 미래를 개척하는 인간 의지의 꽃을 뉴욕에서 목격한다. '공원 벤치에 앉아 반역을 꿈꾸며 파우스트 같은 꿈을 꿀' 정도로 신세계 뉴욕에 경도되어 있었던 것이다. 처음으로 호텔에 들어가 숙박계에 동양필체로 '한청파'를 적어 넣음으로써 "스스로 선택하여 한 뉴욕인으로서 뚜렷이 등록했다"[20]는 호기를 보여주기도 했다. 호텔의 욕조에서 목욕을 하면서는 "죽어버린 옛 세상의 때를 씻어내는"[21] 재계(齋戒)의식을 겸한 입사식을 치르고 뉴욕이란 새로운 공간에 비로소 들어간다. 그를 찾아온 구세계의 조상들이 그에게 "여기서 너는 무엇을 찾으려 하느냐?"고 묻자 "인생이에요"라고 말할 정도로 신세계가 그에게 부여한 의미는 크고도 깊었다.

주인공이 뉴욕에 들어와 시작한 것은 탐색이었다. '인생을 찾는다'는 것

---

[19] 강용흘, 유영 역, 『동양선비 서양에 가시다』, 범우사, 2002, 17쪽. 이하 『동양선비』로 약함.
[20] 『동양선비』, 19쪽.
[21] 『동양선비』, 21쪽.

은 신세계의 공간적 본질을 탐구함으로써 자신의 자아 정체성을 확인하기 위한 긴 여로가 시작되었음을 의미한다. 그러나 곧바로 현실적인 고통을 겪기 시작했는데, 그중 고약한 것은 유색인종이라서 겪는 인종차별의 고통이었다. 주인공은 만만치 않은 신세계 뉴욕에서 많은 사람을 만나고 미국의 문화를 목격하며 현실적인 벽을 느껴가면서도 문명 비평의 태도를 버리지 못한다. 어찌 보면 주인공이 표면적으로는 동양의 문화를 이야기하는 듯하지만, 이면적으로는 양키가 되는 과정에서 겪은 서양문물을 이야기한다고 보는 게 정확하다. 주인공이 동양인에게 서양문물을 소개하는 듯하지만, 기실 그것이 서양인에게는 '동양인의 눈에 비친' 서양의 모습을 보여주는 것이라고 할 수도 있다. 그러는 과정에서 주인공은 자신이 동양인도 아니고 서양인도 아니라는 자기 정체에 대한 현실적 깨달음을 얻게 된다.

이민자 자신들에 대한 주인공의 술회[22] 속에는 그가 신세계 뉴욕에서 확인한 자아의 다양한 모습이 들어있다. 그것은 경계인·망명객·유형수 등 고통 속에 형성된 재미 한인의 현실적 자아들이다. 망명객이나 '고향 그리운 새떼들', '영원한 세월의 유형수' 등은 재미 한인들이 잃어버린 조국을 떠나 체류자의 신분으로 미국에 머물러 있는 현실을 보여준다. 그들이 기다리는 것은 '심판의 날'이다. 그 심판의 날은 일제의 패망과 조국 부활의 날이다. 그러나 그 심판의 날이 기약 없다는 사실은 '영원한 세월의 유형수'란 말에 암시되어 있다. 그런 식으로 기약 없는 삶을 '어정쩡하게' 살다보니 대부분의 재미 한인들은 중간자 혹은 경계인의 신세로 방황할 수밖에 없었던 것이다.

'아메리카로의 멋진 여행, 서양 학문에 대한 탐욕적인 소망' 등은 그가 처음 구세계를 벗어나던 시절의 아메리칸 드림 자체이기도 했다. 구세계와

---

22 『동양선비』, 88쪽.

신세계 사이에 있던 정신적 막간의 장소 캐나다를 벗어나 다시 뉴욕에 입성한 주인공은 미국식 실용주의나 인종차별의 현실에 적응해야 한다는 당위의 난제에 또 부닥치게 된다. 영업 관계로 만난 라이블리 부부의 인종차별적 선언[23]은 주인공에게 충격이었고, 그것은 궁극적으로 자신의 자아를 분명히 인식한 계기가 되었다. 그럼에도 불구하고 그는 "미국의 노선에 서도록 하자"[24]고 스스로에게 다짐한다. 그런 가운데 주인공은 "시를 위해 서양에 온 것이 아니라 자연을 뛰어넘는 인간의 새길을 찾아 왔다"[25]는 새로운 논리를 마련한다. 신세계 미국의 심장부 뉴욕에 온 이상 주인공으로서는 새것을 찾아내거나 분명한 결실을 거둬야 한다는 부담감을 안고 있었다. 그것만이 인종차별에 따른 정체성의 위기를 극복하고 그 나름의 자존심을 세우는 길이라고 생각했던 듯하다.

그렇다면 그가 주변인의 범주를 벗어나지 못함을 깨달았음에도 불구하고 애당초 지니고 있던 '본능적인' 목적을 더욱 지성적으로 설명해야 했던 까닭은 무엇일까? 우리는 뉴욕이 결코 이방인인 주인공에게 그런 일을 부탁한 적이 없었음에도 그 자신은 더욱 열을 올리며 문화적·지성적 작업을 자신의 임무로 생각하려 애쓰고 있는 모습을 발견하게 된다. 물질적으로 궁핍하고 유색인종이라는 이유로 차별받으면서도 그 나름대로 자신을 지탱할 수 있었던 것은 동·서양을 아우를 수 있는 문화적·지성적 자부심 덕분이다. 그 지적 자산을 통해서 그는 현실적으로 상처받은 내면세계를 얼마간 치유 받거나 보상받을 수 있다고 보았던 듯하다. 그래서 그는 자신의 문화적 유산을 언급했고, 르네상스와 신세계 문화의 새로움을 융합함으로써 생

---

[23] 『동양선비』, 180-181쪽.
[24] 『동양선비』, 183쪽.
[25] 『동양선비』, 199쪽.

동하는 자신감을 느끼고자 한 것이다. 그것만이 주인공 자신의 정체성을 지탱할 수 있는 유일한 길이었다. 뉴욕에 다시 돌아와 만난 김의 주장은 아메리카적인 삶의 방식에 매몰되지 말고 길게 보아 동양의 학문을 해야 한다는 점, 동양의 학문을 통해 아시아에 접근하는 서양인같이 되리라는 점, 동·서양의 과장(誇張)이나 편견을 볼 수 있으리라는 점, 양반구(兩半球)의 예술과 종교 문학을 연구하면 할수록 귀한 존재가 되리라는 점 등[26]이었다. 김의 입을 빌었지만, 그것은 사실 주인공의 입을 통해 작자가 하고 싶었던 말이다. 이 단계에 이르러 주인공은 주변인의 입장에서 방황하면서도 그런 외부의 자극에 좌절하지 않을 만한 방어기제는 어느 정도 마련하게 된 셈이었다.

주인공은 '문학적 방랑자'이면서도 '겉보기에는 여유 있는 신사며 학자'라고 자신의 이중성을 실토했다. 자유기고나 정신노동 등으로 겨우 밥을 먹을 정도의 불안정한 생계를 꾸려가면서도 '아메리카 지성인 그룹에 편입될' 날만 기다리는 안타까움을 드러내기도 했다. 그러다가 결국 잡지 <정의>의 아시아 계통 편집인에 취업하고, 다음으로 어떤 월간지에 동양 소식의 기고자로, 그다음엔 브리태니커 백과사전의 편집인으로 각각 취업함으로써 아메리칸 드림의 작은 부분을 성취하게 된다. 그러나 본질적인 문제는 여전히 미해결인 채로 작은 꿈의 성취 과정과 병행, 지속된다. 유색인으로서 벗어날 수 없는 인종차별 문제 때문이다. 그즈음 뉴욕에서 만난 인도계 옥스퍼드 태생인 센자르는 영국인들의 위선적 오만과 우월의식에 바탕을 둔 인종차별 문제를 실감나게 비판하는 젊은이다. 영국인들이 인도에서 저지른 만행과 일본인들이 한국에서 저지른 만행을 비교하면서 두 사람이 공분하는 것도 바로 인종차별 문제였다.

---

26 『동양선비』, 307쪽.

다음으로 만난 인물이 트립이다. 주인공은 백인 여성 트립에게서 이성으로서의 매력을 발견하고 무한한 환상과 착각에 빠져든다. 그러나 결국 트립에 대한 연정은 결실을 맺지 못하는데, 그것은 주인공이 신세계에서 경험한 좌절 가운데 가장 큰 것이었다. 주인공에 의해 '역사적인 아메리카인의 하나'로 묘사된 커비 의원은 그에게 '이 땅의 사람, 우리 사람이 될 것'을 권했고, 주인공은 '그렇게 하고 싶지만 법적으로 거부된다'고 답변한다. 그 답변은 주류사회 인간들의 마음뿐 아니라 제도마저도 미국 사람으로 받아주지 않는 현실을 단적으로 지적한다. 그 간단한 말 속에는 현실적인 인종 차별을 담담히 받아들이려는 체념의 정서가 들어있다. 김의 죽음에 대하여 "그는 끝까지 한국의 망명객으로 죽었다. 아메리카는 김을 위한 나라는 아니었다."[27]고 함으로써 예정된 자신의 미래를 암시한다. 자신도 한국의 망명객으로 죽을 것이며, 아메리카는 자신을 위한 나라가 아니라는 점을 김의 죽음에 의지하여 토로한 것이다.

김은 '망명객으로 죽었지만', 그는 '망명객으로 남겠다'고 했다. 죽을 때까지 망명객의 신세를 벗어나지 못한다는 점을 암시한 것이다. 주인공은 자신의 이야기를 꿈으로 마무리했다. 꿈속에서 본 열쇠와 트립. 열쇠가 있어야 망명객에게 굳게 닫힌 아메리카의 문을 열 수 있다. 떨어지는 열쇠를 찾느라고 그는 윤구와 작두쇠를 잊었다고 했다. 윤구와 작두쇠는 구세계에 남겨두고 온 주인공의 친구로 주인공의 부모나 친척이 모두 죽거나 흩어져버린 현실에서 고향에 남아있는 인연의 유일한 끈이다. 그들을 잊었다고 함으로써 비록 망명객의 신세를 벗어나지는 못했지만, 결코 고향에는 돌아가지 않겠다고 다짐한 셈이다.

이 작품의 내용은 두 축으로 전개되고 있다. 주인공이 미국을 떠돌며

---

[27] 『동양선비』, 434쪽.

주변인 혹은 경계인의 입장에서 당하는 현실적 고통과 주인공이 '동양의 양키'가 되어가는 과정을 그리는 것이 하나의 축이고, 동양의 문화를 소개하고 설명하며 서양의 문화를 비판하는 일종의 문명 비평론 혹은 비교문화론이 또 하나의 축이다. 전자를 통해 주인공은 좌절한다. 그것은 주류사회에 대해서는 주변인, 동양과 서양 사이에서는 경계인으로 방황할 수밖에 없는 재미 한인들의 자화상이다. 그러나 후자에서는 서양의 문학이나 문화에 대한 비판적 묘사를 좀더 적극적으로 시도한다. 그것은 전자에서 받는 마음의 상처나 열등감을 보상받고도 남을 만큼 정신적으로 우월한 모습을 보여준다. 자주 노출되는 비교문학적·철학적·심리학적·인류학적 담론들 역시 의도했든 그렇지 않았건 그가 만나는 서양인들에 대한 지적 우월감을 드러낸 사례들이다. 그가 서양에서 최고급의 인사들을 만난 건 아니지만, 지적·정신적으로 주인공을 능가할만한 사람은 없다. 그들은 다만 인종이나 사회적 지위의 기득권에서 주인공을 앞설 뿐이고, 그런 기득권을 바탕으로 주인공을 비롯한 유색인들을 억압할 따름이다.

앞에서 언급한 레이디 호지(Lady Hosie)도 강을 비롯한 초기 재미한인 지식인들이 자국 문화에 대하여 지니고 있던 투철한 사절(使節)의식을 지적했다. 그 덕에 작자의 책 자체가 그의 고향 사람들에 관한 미국인들의 이해에 직접적으로 기여할 수 있다고 했다. 작가는 원래부터 고국의 전통문화에 대한 자부심이 강했다. 특히 그는 돈이나 물질·무력으로 대변되던 당시 열강들과 달리 한국 사람들만이 지니고 있던 시에 대한 소양이나 세련된 지성을 그 자부심의 근거로 들었다. 이런 사실은 구세계를 탈출하여 신세계에 정착하고자 하는 그 역시 의식의 심층에 잠재된 민족애로부터 자유롭지 못했음을 암시한다.

수틸락사나(Suttilagsana)는 작가 강용흘이 청춘시절을 지낸 고향마을로부터 서양으로 떠난 행위를 정당화하거나 변명하려는 것이 『초당』의 중심 주제라고 지적하였다.[28] 말하자면 그가 자신의 소설 첫머리에서 강하게 표명한 것처럼 풍부한 문화유산을 포기할 수밖에 없었던 점에 대하여 어느 정도 자기 합리화의 필요성에 직면했으리라는 것이다. 그러나 수틸락사나는 전통문화에 젖어 있으면서도 그 한계를 절감하던 당대 식민지 지식인의 성향 가운데 한 면만 본 것이다. 구세계로부터 신세계로 나아가는 것, 작자는 그것을 자신의 내면적 성장과 등가관계로 보고 있었기 때문에 굳이 그에 대한 변명의 필요성을 느꼈다고 볼 수는 없다. 오히려 신세계 진출의 당위성과 구세계 전통문화의 매력 모두 포기할 수 없었던 그 자신의 입장을 감안하면 이 작품의 주제의식이나 서술방법은 그에게 불가피한 선택이었을 것이다.

　미국은 근본적으로 인종차별적 사회이다.[29] 『초당』에서 미국을 가능성과 희망의 땅으로 생각하고 건너온 주인공이 극복해나가야 할 현실적 한계와 좌절의 요인이 바로 인종차별의 벽이었다. 지금도 재미한인이 짊어지고 있는 '고통스런 주변인'이나 '중간계층 소수민족'이란 사회적 입장[30]은 재미한인이 미국 땅을 밟기 시작한 그 시점부터 절감하게 된, 일종의 운명이다.

　캐더린 우즈(Katherine Woods)는 이 작품을 '말 그대로의 소설'이 아니라 오리엔탈 양키(oriental yankee)를 만들어가는, 솔직한 기록이라고 하였

---

[28] Supattra Suttilagsana, "Recurrent Themes in Asian American Autobiographical Literature". Dissertation. Bowling Green State Univ., 1986, p.19. Elaine H. Kim도 이 점에 대하여 "*The Grass Roof*는 한국과 한국인의 묘사가 아니라 그것은 단순히 Kang이 한국을 떠난 데 대한 정당화(합리화)"라고 주장함으로써 Suttilagsana와 같은 견해를 보여주었다. (op. cit. p.34)
[29] 구춘서, 「재미동포의 중간자적 위치에 대한 신학적 이해」, 『재외한인연구』 10, 재외한인학회, 2001, 3쪽.
[30] 위의 글, 2쪽.

다. 특히 강용흘은 매우 성공적으로 미국화되었으며, 따라서 이 작품의 전편(前篇) 격인 『초당』이 주인공의 어린 시절을 그려낸 자서전이라 한다면, 이 작품은 주인공의 '미국 경험들'을 이야기하기 위한 속편이라고 했다. 그러면서도 주인공이 동양적인 초탈함이나 학자다움 혹은 막연한 완벽성에 대한 추구 등 일관된 자세를 지키고 있는 점과 정신이나 영혼의 면에서 잃고 싶어 하지 않은 어떤 것을 잘 지켜 나왔다고 보았다.[31]

주인공이 미국에 지니고 간 것은 아메리칸 드림이다. 그는 낙원으로 이상화된 미국사회에 소속되어 보고자 끊임없이 노력하지만, 그러한 노력 자체가 미국인들에게 우스운 것으로 받아들여지곤 하였다. 예컨대, 미국 소녀 트립과의 로맨스를 통하여 미국사회에 대한 소속감을 느껴보려 했으나, 그것마저 그녀의 냉담한 거부로 좌절되는 수모를 겪는다. 그러면서도 미국사회에 진입하고자 애쓰지만, 그러한 꿈은 쉽게 이루어지지 않는다. 역설적인 것은, 그럼에도 불구하고 그는 당시 대다수 이민 한인들과 달리 구세계인 한국으로의 복귀를 포기하고 만다는 점이다. 그가 만나는 인물들, 예컨대 절망적인 로맨티시스트 김(Kim)이나 협소한 낙천주의자 염(Jum) 등도 모두 주인공과 마찬가지로 모순적인 존재들이다. 그들 모두 아메리칸 드림을 가지고 미국에 건너오지만, 결국 그것은 현실화되지 아니한 채 꿈으로 남을 뿐이다. 주인공 또한 실망이나 오해, 고독 등을 감내하면서 삶의 전 영역에 걸쳐 열심히 아메리칸 드림의 실현을 추구했음에도 불구하고, 결국은 이루지 못한 채 좌절하고 만다. 현실과 욕망 사이의 메울 수 없는 거리를 방황하면서 꿈의 현실태를 찾아 분투해온 주인공에게 남겨진 것은 좌절한 몽상가

---

[31] Katherine Woods, "Making of an Oriental Yankee-Younghill Kang's Study of His American Experiences Is a Lively and Revealing Venture in Autobiography", *The New York Times Review*, Oct. 17, 1937.

의 이미지일 따름이다.

작품의 말미로 갈수록 주인공을 비롯한 유색인들은 백인이 점령한 미국의 주류사회에 들어가고자 하면서도 결국 들어가지 못하는 운명적인 주변인임을 이 작품은 씁쓸하게 확인해주고 있다. 앞서 언급한 바와 같이 중간계층 이론은 미국 내 인종들 사이에서 점하는 한인들의 현실적 위치를 설명하기 위한 효과적인 인식의 틀이다.[32] 백인 주류계층인 유로 아메리칸(Euro-American)과 아프로 아메리칸(Afro-American) 혹은 히스패닉으로 구성된 하류층 사이에 '낀' 존재가 바로 한인들이다. 말하자면, 재미한인들은 인종적 우월감에 젖은 백인 주류계층에 대해서는 열등의식을 갖게 되고, 반대로 여타 유색인종들에게는 일종의 우월감을 갖게 되는 중간계층의 범주를 벗어나기 어려운 것이 현실이다. 그 열등감을 어떻게 해소하느냐가 이들이 당면한 문제이고, 이민 초기 역시 같은 상황이었다.

주인공이 미국에 도착한 이후 적응의 과정에서 끊임없이 부닥친 문제 또한 근본적으로 유색인종에 대한 편견과 차별이고, 그에 대한 대응이 쉽지 않음을 여러 곳에서 밝히고 있다. 따라서 구세계 전통문화의 소개나 서양문물에 대한 비판은 신세계에서 직면한 소외와 열등감을 치유받기 위한 보상 메커니즘의 구현일 수 있는 것이다.

## 3. 귀향의 욕망과 좌절, 빛바랜 아메리칸 드림

작가 김난영의 남편 리처드 한(Richard S. Hahn)은 한국어판 서문에서 작가가 『토담』의 주제를 '보편성'으로 지적한 바 있다. 처음에 리처드 한은

---

[32] 구춘서, 앞의 글, 4쪽.

그 보편성을 '이 세상 곳곳에서 빚어지는 이민의 어려움'을 의미한다고 해석했으나, 나중에 '인간의 본질적 가치와 삶의 내용, 인간의 추구와 희망, 성공과 실패 등 인간이라면 누구나 겪는 삶의 전반적인 면을 의미'하는 데 작가의 뜻이 있음을 깨달았다고 했다. 그러나 작가의 원래 의도가 어디에 있었든 분명 『토담』은 양자 모두를 담고 있다.

재미한인 2세대 출신 작가인 김난영(1926-1989)은 미국에서 태어나 미국의 교육을 받으며 자라났다는 점에서, 10대 후반에 미국으로 들어와 20대 후반에 작품을 쓴 1세대 작가 강용흘과 다르고, 최근 각광을 받고 있는 1.5세대 작가 이창래와도 다르다. 그러나 '재미한인의 정체성 추구'라는 문제에 초점을 맞출 경우, 본질적인 면에서 그들 사이에 차이는 없다. 어차피 재미한인이 정체성의 위기를 겪는 경우 구세계에서의 경험이 큰 작용을 할 것이기 때문이다. 사실 『토담』이 우리에게 중요한 것은 구세계인 한국과 신세계인 미국 사이에 위치한 이민의 삶을 다루고 있기 때문이다. 작품에서 감지되는 정서가 '한국적인가 아닌가'는 2차적인 문제이고, 한국과 미국 사이에서 방황하고 갈등하는 주체의 모습을 사실적으로 그려내고 있는지 여부가 가장 중요한 것이다.

주인공이 구세계의 풍부한 경험을 바탕으로 미국에 들어온 점에서 강용흘의 작품들이나 『토담』은 일치한다. 그러나 전자는 아메리칸 드림에 대한 강렬한 성취 욕구를 갖고 있는 반면, 후자는 구세계 복귀에 대한 집착을 갖고 있다는 점에서 대조적이다. 양자 모두 정착 과정에서 신산한 고통을 겪고 있으며, 특히 『토담』의 주인공 혜수는 복귀하고자 열망해온 구세계에서까지 고통을 겪음으로써 발붙일 곳을 찾지 못한 채 방황하는 모습을 보여준다. 경계인이나 주변인으로 신세계에 눌러앉고 마는 선택 아닌 선택을 하게 되는 것도 대부분의 재미한인들이 공통적으로 겪는 삶의 운명적인 모습이라고 할 수 있다. 이 작품은 '혜수편' '전씨편' '페이편'으로 삼분되어 있지만, 주인공은 혜수이고 나머지 인물들은 조연들이다. 즉 주인공 혜수와 갈등을 벌이며 구세계로 복귀하려는 그녀의 열망을 '역으로' 부각시키는 역할을 수행하는 존재들이기 때문이다. 특히 혜수의 처절한 귀환 욕구는 초기 이주 한인들의 괴로움과 타율적 이민의 실상을 압축적으로 보여준다. 따라서 이 작품은 주인공의 단순한 개인사라기보다는 한인 이민사회의 이면을 사실적으로 보여주는 역사적 서술이다. 스스로를 일시적 체류자로 생각하는 주인공에게 끊임없이 닥쳐오는 고통은 작자의 말대로 '인간이라면 누구나 겪는 삶의 전반적인 면'으로 볼 수도 있겠지만, 당대 이민자들의 집단의식을 그 주된 요인으로 보는 것이 정확하다. 그 특이한 짜임 또한 대부분의 재미 한인문학에서 공통적으로 발견되는 귀납적 구조이자, 이민 작가들이 지니고 있던 관념상의 틀을 반영한다는 점에서 전형적이다. 양반 출신인 자신의 계급과 맞지 않고 구세계에 대한 애착도 거의 없으며 의식 또한 현저하게 다른 남편 전씨, 자신의 생각을 제대로 이해하지 못하는 이민 2세 페이 등은 주인공이 신세계에서 겪는 고통을 가중시키는 존재들이다.

주인공 혜수가 남편 전씨와 만난 것은 구세계가 안겨준 타율의 소산이다. 그러나 그 후 신세계에서 아이들을 낳아 키우며 의식 있는 여인으로 변모해가는 그녀의 모습은 신세계에 적응하기 위한 시도들의 성과이자 구세계로 복귀하기 위한 자발적 준비작업이기도 하다. 계속되는 인종차별은 그녀가 지니고 있던 구세계로의 복귀 욕구를 더욱 부채질하여 결국 그 꿈을 이루게 된다. 그러나 구세계의 실상은 그녀가 알고 있거나 꿈꾸던 것과는 현격하게 다르다. 일본 제국주의에 의해 파괴된 구세계는 아주 생소한 모습으로 바뀌었던 것이다. 말하자면, 이전의 구세계가 이젠 상당히 낯설면서도 부정적인 의미의 또 다른 신세계로 변한 것이다. 이 시점에서 오히려 그녀가 그토록 탈출하고자 노력했던 신세계는 복귀하려는 그녀를 다시 받아들일 만큼 너그럽고 새로운 구세계로 바뀌어 있음을 깨닫는다. 그러나 지난날의 신세계(지금의 구세계) 미국으로 되돌아온 주인공은 그 이전보다 훨씬 가혹한 시련을 겪는다.

조국이 식민지적 상황으로부터 벗어나야 한다는 주인공의 일념은 구세계 복귀의 열망과 맞물려 있으며, 신세계가 그녀에게 가하는 차별의 고통 또한 그런 열망을 부추긴다. 그러나 복귀할 수 없을 정도로 변해버린 구세계의 현실 앞에서 좌절하는 주인공은 신세계에 남을 수밖에 없고, 우여곡절 끝에 2세들로부터 실낱같은 희망의 단서를 발견하는 것으로 이야기는 마무리된다.

작품의 후반에서 작자는 주인공의 딸 페이를 전면에 내세워 이주 한인들의 생활과 그들의 배경적 상황을 구성하던 한·미·일 간의 역사적 사건들을 작품 속에서 엮어나간다. 마지막 부분에서 작가는 남·북으로 분단된 구세계의 현실을 제시하고, 어느 쪽으로도 갈 수 없어 구세계로의 귀환을 포기하고 (마음에 들지 않는) 신세계에 눌러앉을 수밖에 없는 이민 한인들의 강요된 선택을 결론으로 내놓는다. 작가는 주인공을 통하여 구세계를 구성하던 남·북한으로부터 모두 배척받던 한인들의 곤경과 역사의 아이러니를 그려내고 있다. 작자는 또한 페이의 입을 빌어, "엄마 순 조선사람이 되는 것도 쉽지 않네요 뭐."라고 말하게 함으로써 혜수의 심경을 대변하게 한다. 페이의 이 말 속에는 "미국사람 되는 일이 쉽지 않다."는 역설적 내포 또한 들어있다. 말하자면 구세계에의 복귀도 신세계에의 적응이나 동화도 불가능하거나 최소한 '쉽지 않다'는 이주 한인들의 처절한 깨달음이 이 말 속에는 들어있다. 그런 점에서 주인공을 포함한 이주 한인들은 운명적인 경계인이다.

　수천 년의 역사를 지닌 조국과 존경받는 양반 가문이라는 점이 주인공을 지탱해주던 정체성의 근거였다. 그러나 선진국으로 자처하던 1920년대의 미국은 이런 사실을 전혀 인정하지 않았고, 중국인·일본인·필리핀인과 마찬가지로 '동양인'의 범주 속에 넣어 똑같이 차별의 대상으로 삼는 것이 현실이었다. 자기 존재에 대한 주인공의 인식과 미국인들의 인식 사이에는 극복할 수 없는 거리가 있었고, 그것이 이민지에서 주인공이 겪는 갈등과 고통의 근원이었다.

　주인공과 남편 전씨의 대화[33] 속에 1세대 이민자들 상당수가 갖고 있던 체류자 혹은 망명자 의식이 뚜렷하게 나타난다. 양반 출신이든 상민 출신이든 조상과 부모가 있는 조선으로 돌아가야 한다는 생각은 당시 이민자들에게 일반적이었다. 남편 전씨 스스로 '농사꾼의 아들임'을 내세워 양반 출신인 주인공과 다른 생각을 드러내게 한 것은 정체성에 대한 주인공의 명분과 집착을 좀 더 부각시키기 위한 것일 뿐, 그의 생각이 당시 이민들의 보편적인 의식과 같은 것은 아니다. 비록 어려운 삶이지만 구세계는 반드시 돌아가야 할 곳이다. 특히 양반 가문에서 태어나 행복한 어린 시절을 보낸 주인공에게 고향은 무엇보다 소중한 공간이다. 주인공과 가깝게 지내던 클라라의 남편 임선생 역시 '지체 높은' 양반집 자손이자 학자로서 미국에 와서 접시 닦기를 할 만큼 재미 한인들의 상황은 열악했다. 주인공이 이민 초기부터 자아 정체성의 혼란을 경험한 것도 그런 현실을 쉽게 받아들일 수 없었기 때문이다. 구세계에서의 '지체 높은 양반이자 학자가 신세계에서 접시 닦기를 한다'는 사실 자체가 주인공에겐 '이율배반'[34]이다. 인간은

---

[33] 김난영, 김화자 역, 『토담』, 동문사, 1990, 18-19쪽. 이하 『토담』으로 약함.
[34] 『토담』, 20쪽.

고향에서 살아야 하고 불가피하게 고향을 떠났다 해도 구세계에서의 지위와 신분은 신세계에서도 지속되어야 한다는 게 주인공의 믿음이다. 따라서 유색인종이기 때문에 받아야 하는 사회적 푸대접은 주인공 입장에서 도저히 이해할 수 없는 신세계의 현실이다. 백인 전용지역을 발견하고는 '사람은 모두 평등하게 태어났다'는 항변도 되뇌어 보지만, 힘없는 이주 한인으로서는 '독백'에 불과할 뿐이었다.

일자리를 구하고 집을 얻는 과정에서 영어의 필요성을 절감한 주인공은 남편에게 영어 공부를 권하고 자신도 노력했으나 영어를 숙달시키기가 쉽지 않음을 깨닫게 된다. 영어가 어렵기도 했지만, '조선으로 돌아가기 전까지는 이 정도로 충분하다'는 생각 때문이다. 말하자면 일시적인 '체류자 의식'이 영어 학습까지 소홀하게 만든 것이다. 심지어 남편까지도 "사람들은 조선에서 나오려고 야단들인데 당신은 돌아간다는 거요?"라고 되물을 정도지만, "상황이 바뀌면 사람들도 달라질 거예요."라고 응수할 만큼 주인공은 귀향의식이나 체류자 의식이 재미 한인들의 집단의식으로 보편화될 것을 믿고 있다.[35]

미국 땅에서 차별을 받으면서도 독립을 향한 조선인들의 집단 활동은 지속되고 있었고, 주인공 또한 여기에 적극 동참하고 있었다. 처음에는 고국으로 돌아가겠다는 일념 때문이었으나 시간이 흐르면서 구세계의 정치적 현실을 재인식하고 그 개혁의 방향에 대한 모색으로까지 주인공의 의식은 발전된다. 계급 차별과 같은 봉건사회의 한계를 인식하게 되고 동등한 권리와 재산 분배의 필요성 등 주인공은 '새로운 자아'에 대하여 눈 뜨게 된 것이다. 그런 움직임이 한인 커뮤니티에서는 공산주의로 비판을 받지만, 그런 생각을 부분적으로나마 구세계 질서 재편의 한 대안으로 제기한 것은

---

[35] 『토담』, 49쪽.

분명히 의미 있는 일이다. 고향에서 온 삼성으로부터 절망적인 상황을 전해 듣고도 귀향의 당위성을 역설할 만큼 주인공의 귀향 의지는 맹목적일 정도로 강렬한 모습을 보여준다.

이런 점은 클라라의 남편 임선생 사망 후 그녀에게 백인 남자친구가 생긴 사실에 충격을 받는 주인공의 모습에서 더욱 확연해진다. "어떻게 그 사람을 좋아할 수가 있니? 그 사람은 조선사람이 아니잖아."라고 따지는 주인공의 항변에서 배어나는 인종차별의식은 역설적이라고 할 수 있다. 그러나 따지고 보면 그것은 그간 백인들로부터 받아온 인종차별의 반작용이면서 조선인의 정체성에 대한 확인이기도 하다.

재미한인들이 백인들로부터 멸시를 받으면서도 정작 그들을 포용해야 할 때 그러지 못하는 것은 그들에 대한 반감뿐 아니라, 오랜 역사를 자랑하는 '순혈주의'에 대한 집착이나 자존심 때문이라는 것을 주인공의 입을 빌어 말한다. 주인공이 굳게 믿어온 조선인의 정체성이나 이민지 미국에서 경험하게 된 정체성의 혼란 역시 이런 믿음으로부터 연유된 것이다. 주인공은 클라라의 일에서 상실감을 느꼈다고 말한다. 그것은 정체성의 상실이었다.

'양반→근로자→뜨내기'로 격하되어가는 주인공의 처지는 신세계에서 빈민으로 전락해가던 한인 이민자들의 고통을 압축적으로 보여주는 동시에 그들이 경험하던 정체성의 혼란과 위기를 상징적으로 보여주는 일이다. 남편의 죽음과 함께 가정에 엄습한 경제적 위기로 생활은 더욱 어려워지고 인종 차별의 고통 또한 지속되지만, 2세들의 성장으로 세대 간 경험의 전이는 그럭저럭 이루어지게 된다. 구세계의 상황을 바꾸어 보려는 정치 집회도 지속되고, 다양한 사람과의 만남은 주인공을 정체성의 위기로부터 얼마간 구해주는 계기가 되기도 한다. 주인공은 이제 환상으로 바뀐 구세계의 추억이 더 이상 구세계 복귀의 동력이 되지 못한다는 것을 깨닫는다. 2차 세계대전으로 재미한인들은 일본을 타도하려는 미국과 의기가 투합되기는 하지만, 그 과정에서 여전히 인종차별의 벽이 존재하는 것을 확인하고 좌절에 빠진 것이다.

주인공은 '미국사람도 조선사람도 아닌' 경계인, '남한인도 북한인도 될 수 없는' 제3의 조선인이다. 정체성의 혼란에 빠져 고통을 받는 주인공을 보면서 결국 그녀의 2세인 페이도 '순조선인이 되기가 쉽지 않음'을 깨닫게 된다. 주인공이 왜 한사코 곽산의 땅을 붙잡으려 했는지도 이해할 수 있게 된다. 주인공은 2세인 페이가 그 점을 비로소 이해해준 데 대해 대견함과 고마움을 느끼고, 거기서 어떤 희망을 볼 수 있었다. 페이가 그녀의 애인 댄으로부터 편지를 받는 장면은 고통을 벗어나 이민사회의 희망적인 미래가 도래하고 있음을 암시한다고 할 수 있다.[36]

『토담』의 작가는 스스로를 신세계 미국에 잠시 머무는 체류자로 생각하는 주인공을 등장시켜 그들이 겪을 수밖에 없는 이민생활의 고통을 형상화, 당대는 어쩔 수 없다 해도 2세, 3세에 이르면 그 사회의 일원으로 정착하리라는 희망을 그려내는 데 성공했다고 할 수 있다. 출발은 다르지만, 작가의 위기와 갈등을 통한 '자아 찾기'의 노정이 희망으로 종결되었다는 점에서 강용흘과 김난영의 의도는 같았다는 점을 확인할 수 있다.

## 4. 결어

초창기 미국 이민 1세대인 강용흘은 『초당』과 『동양선비 서양에 가시

---

[36] 『토담』, 426쪽.

다』에서 주인공을 통해 아메리칸 드림과 자아 정체성의 추구를 시도하고, 그로부터 50여 년 후인 1986년 김난영은 『토담』에서 이민 1세대의 고통을 통한 자아 정체성의 혼란과 위기를 그려낸다. 강용흘의 작품들에는 식민 조국을 탈피하여 신세계에 뿌리를 내리고자 하나 결국 주류사회의 굳게 잠긴 빗장을 여는 데 실패하는 주인공의 처절한 모습이 사실적으로 형상화되어 있다. 그 반대로, 김난영의 작품에는 잠시 머물고 있던 신세계를 탈출하여 구세계로 복귀하고자 하나 그 또한 실패함으로써 좌절의 늪에 함몰하는 자아가 형상화되어 있다. 물론 두 작가의 경우 모두 결말에서 미래의 희망을 암시하고 있긴 하지만, 누구나 인지할 정도로 분명한 것은 아니다.

강용흘의 주인공과 김난영의 주인공이 보여주는 탈조국의 염원이나 조국에 대한 집착은 서로 상반되는 지향성을 보여준다. 그러면서도 경계인이나 주변인이라는 점에서 양자는 동질적이다. 한국인도 아니고 미국인도 아닌 어정쩡한 존재로서의 경계인적 자아는 이민 초기부터 오늘날까지 이어지고 있는 재미한인들의 집단무의식 속에 자리 잡고 있는데, 두 사람은 교묘한 필치로 그 핵심을 건드린 셈이다.

강용흘의 『초당』에서 박사나 시인의 꿈을 지니고 있던 주인공이 미국으로 건너간 것은 자유정신의 추구에 그 목적이 있었다. 그러나 미국에서 인종차별과 궁핍의 고통을 겪으면서 그가 그리던 신세계의 꿈은 고통과 좌절로 바뀐다. 고통과 좌절은 열등의식을 불러일으켰고, 그 열등의식을 해소하기 위해 문화사절을 자처하려 했던 듯하다. 그가 비록 현실적으로 주변인의 위치에 머물고 있지만, 구세계에서 얻은 전통문화의 소양은 지적·문화적 자존심으로 그를 지탱하는 버팀목이 되고 있다. 구세계의 문화적 전통이나 풍습의 소개, 서양 문학이나 문화에 대한 비평적 소견을 장황하게 펼치는 이면에는 현실적으로 피할 수 없었던 열등감의 보상 욕구가 잠재되어 있었다. 특히 『동양선비 서양에 가시다』에는 주인공의 신세계 편력이라는 한 축과 구세계의 전통문화 소개와 서양문화에 대한 비평이라는 또 한 축이 병렬적으로 제시되고 있는데, 이 점은 작가가 인식하고 있던 자아의 분명한 한 측면이라고 할 수 있다.

『토담』의 주인공도 결국 좌절한다는 점에서는 강용흘 작품들의 주인공과 같으나, 그 지향성이 정반대라는 점에서 작가를 포함한 한인 이민자들의 또 다른 자아를 대변하는 셈이다. 꿈에 그리던 조국에 돌아갔다가 다시 미국으로 쫓겨 들어올 수밖에 없고, (남북 분단으로 인해) 앞으로도 어쩔 수 없이 조국을 포기해야만 하는 혜수는 1세대 이주 한인들의 현실적 한계와 보편 정서를 극명하게 드러낸다. 구세계의 양반 출신으로서 신세계에서도 그런 사회적·정신적 자존심을 유지해야 한다고 믿고 있던 주인공으로서는 이민지의 현실이 고통스러웠다. 조국의 식민 상황이 해결되면 돌아갈 수 있으리라 생각하며 열심히 노력하지만, 이민지에서 겪는 인종차별이나 경제적 궁핍은 그러한 노력 자체가 무력한 꿈에 불과함을 보여준다. 결국 '순조선인'이 되기 어렵다는 현실인식에 도달하고, 2세에나 희망을 걸어볼 수 있음을 암시하는 것으로 작품은 종결된다. 처음부터 구세계로 귀환하려고 애쓰는 모습을 통해 미국은 잠시 체류하는 장소임을 강조했다는 점에서 『토담』의 주인공은 강용흘 작품들의 주인공과는 다르다. 그러나 살아가는 동안 겪는 인종차별이나 경제적 궁핍 등의 고통을 통해 좌절과 체념으로 마무리되는 점은 서로 부합한다.

1세대 재미한인들 가운데 진정으로 탈조국의 꿈을 가졌던 부류는 강용흘과 같은 지식인 이민자들이고, 조국에 돌아갈 꿈으로 미국사회에 뿌리내리기를 거부했던 사람들은 신세계에서조차 사람대접을 받지 못하던 대부분의 노동이민자이다. 이처럼 정반대로 나타나는 자아의 양상은 미국 이민 1세기가 지난 지금이나 앞으로도 상당 기간 지속될 수밖에 없는 재미한인사회의 두 모습이다. 물론 이런 현상은 이 작품들뿐만 아니라 다른 작품, 다른 장르에도 같은 양상으로 나타날 것이다.

(조규익/숭실대 교수)

## □ 참고문헌

### 1. 기본자료

『미주문학』(미주한인문인협회, Korean Literary Society of America)
『신한민보』(1909-1961), 아세아문화사, 1981.
The Korean Student Bulletin, New York, 1922-1941, Microfilm(New York Public Library 소장)
강용흘, 장문평 역, 『초당』, 범우사, 1993.
_____, 유영 역, 『동양선비 서양에 가시다』, 범우사, 2002.
김난영, 김화자 역, 『토담』, 동문사, 1990.
Kang, Younghill, *The Grass Roof*, New York : Charles Scribner's Sons, 1931.
Kang, Younghill, *The Happy Grove*, New York : Charles Scribner's Sons, 1933.
Kang, YounghiU, *East Goes West : The Making of An Oriental Yankee*, New York : Charles Scribner's Sons, 1937.
Kim, Ronyoung, *Clay Walls*, Seattle and London : Univ. of Washington Press, 1987.
New, Il-Han, *When I was a boy in Korea*, Boston : Lothrop, Lee & Shepard Co., 1928.

### 2. 논저

구춘서, 「재미동포의 중간자적 위치에 대한 신학적 이해」, 『재외한인연구』 10, 재외한인학회, 2001.
김욱동, 『강용흘, 그의 삶과 문학』, 서울대 출판부, 2004.

민병용, 『미주이민 100年-초기인맥을 캔다』, 한국일보 출판국, 1986.
유선모, 『한국계 미국 작가론』, 신아사, 2004.
이광자·엄신자·전신현, 『현대사회심리학』, 아세아문화사, 2002.
이동하·정효구, 『재미한인문학연구』, 월인, 2003.
전병재, 『사회심리학-관점과 이론』, 경문사, 1982.
조규익, 『해방 전 재미한인 이민문학』 1-6, 월인, 1999.
Choy, Bong Youn, *Koreas in America*, Chicago : Nelson-Hall, 1979.
Elaine Haikyung Kim, "A Survey of Literature : Social Perspectives", Ph.D. diss., Univ, of California, Berkeley, 1976.
Elaine Haikyung Kim, *Asian American Literature ―An Introduction to the Writings and Their Social Contex*t ―, Philadelphia : Temple Univ. Press, 1982.
Everett V. Stonequist, *The Marginal Man*, New York : Russell & Russell, 1961.
Lady Hosie, "A voice from Korea", *Saturday Review of Literature*, Apr. 4, 1931.
Peter Hyun, *Mansei! The Making of a Korean American*, Honolulu : Univ, of Hawai'i Press, 1986.
Supattra Suttilagsana, Recurrent Themes in Asian American Autobiographical Lterature, Diss. Bowling Green State Univ., 1986.
Takaki, Ronald, *Strangers from a Different Shore : A History of Asian Americans*, Boston : Little, Brown & Company, 1989.
Wayne Patterson, *The Korean Frontier in America : Immigration to Hawaii, 1896-1910*, Honolulu : Univ, of Hawai'i Press, 1988.

# 혼종(混種)의 서사, 재미한인 1세대 소설

## 1. 서언

19세기 후반에 접어들어 당대의 수많은 한국인은 급변하는 국내외 정세에 떠밀려 '저마다의 상처'를 안고 고향을 떠나 러시아와 중국·일본, 그리고 미주(美洲) 지역 등 낯선 타국으로의 이주 또는 망명의 길에 오른다. 이후 150여 년의 세월이 흐른 오늘, 세계 각지에 이주·정착한 재외 한인은 173개국에 걸쳐 743만여 명에 이르고 있다. 이 중 2021년 현재 미국에 거주하는 재미한인은 263만여 명에 이르고 있다(재외동포재단 통계).

재미한인의 이주 역사는 조선 말기의 정치적 망명과 하와이 노동이민으로 시작된다. 이후 멕시코·쿠바 등지로 타율적인 노동 이주를 하게 되는데, 이 점에서 중국·CIS·일본 등지로의 이주 형태와 일정 정도 유사성을 띤다. 알려진 바대로, 1895~1905년 7천여 명의 한인들이 상인·노동자 등의 신분으로 하와이로 이주한다. 1895년 11월 대한제국의 수민원(綏民院; 지금의 이민국 같은 기관)에서 추진한 최초의 공식 이민선이 하와이 호놀룰루에 도착한 때는 1903년 1월 13일. 이때 93명의 노동자가 도착하고, 그 뒤 1905

년까지 모두 65척의 선편으로 7,226명의 노동자가 하와이에 입국하여 그곳 사탕수수밭에서 일한다.[1] 또한, 1921~1940년 약 250명의 지식인 망명객과 유학생이 미국 본토로 이주한다.[2] 그곳에서 그들은 자신들을 일시적 '체류자' '망명자'로 간주하고, 상황만 호전되면 언제든지 고국으로 돌아오려고 하지만, 귀환은 쉽지 않았다. 이 점에서 이들을 '유·이민'[3]이라고 부를 수도 있다. 그러나 흔히 '하트-셀러법'(Hart-Celler Act)으로 불이는 미국의 개정 이민법이 발효된 1965년 이후 대규모의 이민이 이루어지고 있으며, 경제·문화적 상승 욕구를 가진 자율적 이민이 주류를 이루고 있다는 점은 다른 지역의 이주 형태와 큰 차별성을 갖는 부분이다.

이광규는 1945년 광복을 기점으로 그 이전을 전기 이민사로, 그 이후를 후기 이민사로 구분한 바 있는데,[4] 전기 이민과 후기 이민은 그 목적과 성격이 상당히 다르다. 우선 유입된 이민 동포의 직업과 교양 정도에서 확연히 구분된다. 1903년 하와이 사탕수수 농장의 노동자 이주로 시작된 전기 이민에는 유길준·박영효 등을 비롯한 재미 유학생 등 소수의 지식인도 있지만, 대부분 막일하는 잡역부들이나 농촌의 소작인과 머슴, 심지어 건달까지 포함된 하층민이었다. 이들 중 65% 정도가 문맹이었다는 것은 이 지역으로의 초기 이주의 성격을 짐작하게 해준다. 더욱이 일제가 한국인의 미국 이민을 통제했기 때문에 사실상 전기 이민사회의 구성원은 초창기 이민자들이 주축이 된다. 한편, 후기 이민은 특히 1965년에 개정된 이민법 이후

---

1 황경락, 「미주 한인 이민 1백 주년(1903-2003)」, 『미주이민문학』, 미주크리스찬문학가협회, 2003, 39-40쪽.
2 채근병, 「미주 한인문학 개관 1」, 김종회(편), 『한민족문화권의 문학』, 국학자료원, 2003, 21쪽.
3 조동일, 『한국문학통사 4』, 지식산업사, 1986, 233쪽.
4 이광규, 『재미 한국인』, 일조각, 1989, 21쪽.

미국으로 이주해온 사람들을 뜻한다. 이 무렵 미국으로의 이민이 폭발적으로 증가하면서 지식인계층이 대거 미국 본토로 이주하는데, 미국에서의 정착 생활이 어느 정도 안정되면서 문학을 통해 자신의 내면과 한인사회가 직면한 문제들을 다양한 방식으로 표출하기 시작한다.

광복 전 재미한인문학에 대한 기존의 연구는 이 지역 한인문학이 이루어 온 문학적 성과를 온전히 보여줄 수 있는 대표적인 작가들, 그들이 발표한 작품의 성격과 가치를 탐구해 내는 것이 주를 이룬다.[5] 그런 점에서 조규익의 『해방 전 재미 한인 이민문학』은 이 시기 재미한인문학을 소개·정리하는 데서 한 걸음 더 나아가 개별 작가와 작품에 관한 관심을 표명하고 있다는 점에서 주목할 만하다.[6] 그러나 그동안 수집·정리된 자료들에 대한 체계적인 검토와 분석이 충분하지 않다는 점에서 일정 부분 한계를 지닐 수밖에 없고, 이 때문에 그 업적에도 불구하고 다소의 아쉬움을 남긴다.

이 글은 우선 광복 이전 초창기 재미한인문학의 중심적 역할을 한 『신한민보』에 발표된 작품을 중심으로 이들 작품의 미학적인 특질을 구체적으로 검토하고자 한다. 『신한민보』에 발표된 작품들은 단순히 민족 정체성을 확인하는 데서 머무르지 않고 '혼혈(인)'의 문제를 심도 있게 다루고 있으며, 나아가 서구 사회가 강요하는 인종 차별이 어떤 형태로 드러나는지에 대해 암시적으로 조명하고 있기 때문이다. 주로 제3세계 출신 이주민 혹은 혼혈

---

[5] 주요 연구성과로 조규익, 「제1세대 재미한인 작가들의 소설(1)」(『우리문학연구』 11집, 우리문학회, 1999), 「제1세대 재미한인 작가들의 소설(2)」(『숭실어문』 15집, 1999), 『해방 전 재미 한인 이민문학(1-6권)』(월인, 1999)/ 이동하, 「20세기 재미 한인 소설의 전개 양상」(『재미 한인문학 연구』, 월인, 2003)/ 채근병, 「미주 한인문학 개관 1」(김종회 편, 『한민족문화권의 문학』, 국학자료원, 2003)/ 유선모, 『한국계 미국 작가론』, 신아사, 2004 등이 있다.

[6] 재외동포문학사업추진회 편, 『해외동포문학 재미한인 소설 1, 2, 3』(해토, 2005) 도 자료로 활용할 수 있다.

인과 결혼하고, 심지어 서구 중심의 인종주의적 편견에 빠져들어 이제는 오히려 '아(亞)식민주의'의 형태를 보여주는 재미한인들을 통해 서구 중심의 인종주의를 비판하는 것이 그것이다.

## 2. 조국 독립, 애국·애족의 서사

재미한인 1세대 작가들의 작품 세계는 3.1운동을 변곡점으로 하여 상당한 변화를 드러낸다.[7] 조규익에 따르면,[8] 3.1운동 이전에 창작된 소설들은 주로 낭만적 애국주의에 경도된 모습을 보이는 데 반해, 3.1운동 이후에 발표된 소설은 계몽적 주제와 함께 애정과 자유연애 문제 같은 인간의 심리나 현실 문제를 주요 소재로 삼는 등 구체적인 변화를 보인다. 다시 말해 3.1운동 이전에 창작된 소설은 경술국치(庚戌國恥)에 의해 손상된 민족의 자존심을 관념적으로나마 보상받으려는 지사적 지식인의 욕망을 구체화하고 있다면, 3.1운동 이후에 발표된 소설은 민족의 현실을 직시하고 그에 대한 합리적인 대안을 제시하거나 좀 더 본질적인 인간의 내면을 미학적으로 형상화하는 것이다. 특히 애정 문제는 3.1운동 이후의 소설에 가장 빈번하게 다뤄지고 있는 소재이다. 전통적인 윤리의식에서 완전히 벗어나지 못한 상황에서 그들이 직면하게 된 미국이라는 세계는 '경이' 그 자체였으며, 이국인과의 애정 문제는 가장 큰 관심 사항이 아닐 수 없다. 새로운 세계에 적응하기 위해 이국인과의 애정 문제는 윤리적으로든 감정적으로든 반드

---

[7] 채근병, 앞의 글, 22쪽. 채근병은 광복 전 미국 본토 한인사회의 형성 시기를 ①한미 수교 이후 경술국치, ②경술국치 이후 1919년 3.1운동 이전, ③1919년 3.1운동 이후 광복으로 나누고 있다.
[8] 조규익, 『해방 전 재미 한인 이민문학 1』, 월인, 1999, 107-159쪽 참조.

시 정리하고 넘어가야 할 문제인 것이다.

하지만, 이러한 적지 않은 차별성에도 불구하고, 『신한민보』를 중심으로 한 광복 이전의 소설은 미국 사회에의 적응 문제보다는 백척간두에 놓인 고국의 운명과 국민의 의식계몽 문제를 주로 다루고 있다는 점에서 일정한 동질성을 가진다.

3.1운동 이전 시기의 민중 계몽과 독립에 대한 열망을 그려낸 작품으로는 「참장부전」[9]을 비롯하여 「애국자성공」(리대위, 1910.7.6~12.21), 「남강의 가을」(엣스생, 1917.5.3~7.26), 「철혈원앙」(동해수부, 1916.5.4~1917.4.19) 등이 있다. 그리고 3.1운동 이후 애정과 계몽 또는 이념을 결합하여 재미한인의 삶을 다룬 작품으로는 「고향의 꿈」(흰돌, 1921.2.10~6.9), 「원정대」(작가 미상, 1928.7.12~9.6), 「돌먹는 사람들」(구름, 1930.7.17~8.14), 「동지」(와룡산인, 1929.3.21), 「무덤에 정을 붙여」(운국, 1932.9.22.~1.17), 「새벽길」(미쉬칸 구름, 1934.1.11~6.21) 등이 있으며, 이민지 미국에서 새로 접하게 된 사랑의 방식을 다루고 있는 작품으로는 「사랑하는 S누님께」(작가 미상 1924.7.24.), 「자유혼인」(오정수, 1924.9.4.), 「현미경」(최희송, 1935.4.11~6.20), 「해당화」(작자 미상, 1940.9.26~1941.12.11) 등이 있다.

광복 이전 재미한인 소설에서 무엇보다 강렬하게 읽히는 것은 뜨거운 애국의 열정과 독립에 대한 의지이다. 소설을 통해 민중의 독립에 대한 의지를 계몽하고자 하는 작의가 그것으로, 이는 '독립'이라는 이름의 당위적 명제가 워낙 압도적이기 때문에 개인적 삶이나 이주 과정에서의 문제 등이 형상화되기 어려웠던 사정에 기인한다고 볼 수 있다. 이런 점은 강제 이주나 망명으로 유랑한 다른 지역의 재외 한인문학과 비슷한 경향으로,

---

[9] 검영생, 「참장부전」, 『신한민보』, 1911.1.11~1911.1.25. 이하 게재지 『신한민보』는 생략하고 게재일만 밝힘.

이들 이주 1세대의 의식이 여전히 현재 자신이 머무는 곳이 아니라 자신이 떠나온 시기의 고국 현실에 머물고 있음을 의미하며, 광복 이전 재미한인문학에 주로 나타나는 자서전적 경향과 무관하지 않다. 이것은 작가들이 아직도 두고 온 고국의 관습과 전통에서 완전히 벗어나지 못하고 있음을 반증한다.[10]

조규익은 3.1운동 이후 발표된 재미한인 한글 소설의 경향이 일방적인 애국주의에서 현실 문제로 변화된다고 지적한다. 한국에서의 문제들, 예를 들면 풍속 개량·자유연애 등의 사회적 문제들이 여기에서는 이국땅이기에 상당 부분 괴리를 띠고 접근된다는 것이다. 한국의 이미지만이라도 차용하여 민족 정체성을 지켜나가려는 작의의 흔적을 확인할 수 있는 부분이다. 하지만 실제 그 현실은 이민자로서 이국에서의 삶을 그린 것이 아니라, 유학생 혹은 노동자로 미국 생활을 마치고 돌아온 이가 한국에서 부딪히게 되는 문제 등에 집중되어 있다. 그래서 미국이라는 공간은 그가 이미 과거에 다녀왔거나, 아니면 앞으로 다녀와야 할 작품 외부의 공간으로서 단지 인물들의 대화 속에서만 존재할 뿐이다.

「참장부전」은 구국의 영웅에 의하여 고국의 독립이 성취되기를 간절하게 소망하고 있던 당대 한국인의 꿈을 그리고 있다. 주인공 '참장부'는 하와이 사탕수수 농장에서 일하던 소년 시절에 우연히 일본이 한국 백성을 학대한다는 사실을 알게 되는데, 이때 크게 각성하여 이제까지의 게으른 생활을 청산하고 미국 교회에서 한인 교육을 위해 세운 학교에 입학하여 일심으로 학업에 진력한다. 이후 정치전문학교와 독일 육군학교를 졸업한 후 귀국하여 일본군 장교가 된 '참장부'는 조선인 병사들을 상대로 은밀하

---

[10] 조규익, 「한인 이민문학과 한국문학」, 『해방 전 재미한인 이민문학 1』, 월인, 1999, 31쪽.

게 독립정신을 고취하다가 쫓겨나자, 해삼위(海蔘威)로 가서 독립군을 일으킨다. 일본 정부는 '참쟝부'의 군대에 연전연패하자, 어쩔 수 없이 한국의 독립을 승인하게 된다는 내용이다. 작품이 발표된 시기가 경술국치 후 4개월여가 지난 시점이라는 것을 감안하면, 고국의 독립을 소설 속에서나마 실현해 보려 한 작가의 열망과 공상적인 영웅의 성공담에 기탁하는 것 외에 별다른 방도를 찾을 수 없었던 작가의 고심을 읽을 수 있다. 이 작품에 나타난 작가의식은 애국계몽기 단재 신채호의 『을지문덕』(1908),[11] 『이순신전』(1908)[12]과 같은 역사전기소설에 담겨 있던 영웅 대망(待望) 사상과 궤를 같이하고 있다.

「애국자성공」 또한 국가의 위기에 직면하여 자신을 희생함으로써 민족을 구해야 한다고 강력히 설파한다. 이 작품은 포에니 전쟁을 소재로 하고 있는데, 병선을 제조하기 위해 로마 국민이 자발적으로 돈을 모았다거나 의용병으로 참전한 사실을 구체적인 방안으로 제시, 민족을 구하기 위해 떨쳐 일어설 것을 주문하고 있다. 다시 말하여, 역사상 일어났던 실제 사건과 인물들에 빗대어, 우리 민족에게도 포에니 전쟁의 영웅과 같은 구국 영웅이 등장하기를 갈망하는 작의를 드러내는데, 이 점에서 「참장부전」과 주제의식이 같다.

「남강의 가을」과 「철혈원앙」은 전쟁과 애정이라는 두 가지 소재를 중심으로, 주인공 남녀의 결연과 이합에 따른 고통의 과정을 식민지적 현실과 병행시켜 그리고 있다. 두 작품 모두 서술자의 무리한 해설적 개입과 함께

---

[11] 광학서포(廣學書舖)에서 출간한 소설로, 원제목은 '대동사천재 제일대위인 을지문덕(大東四千載第一大偉人乙支文德)'. 국한문본(1908.5)과 국문본(1908.7)이 있다.
[12] 『대한매일신보』에 연재(1908.5.2~8.18)한 한문소설로, 원제는 '수군제일위인 이순신전(水軍第一偉人李舜臣傳)'. 순국문 『리슌신젼』도 같은 신문에 연재(1908.6.11~10.24)됨.

우연성이나 운명론적인 요소가 지나치게 많다는 점을 그 한계로 지적할 수 있다. 특히 「남강의 가을」은 당대 한국인의 삶을 강압적으로 통제하던 일제의 식민통치를 비판하면서, 다른 한편으로는 그러한 사회에서 겪을 수밖에 없었던 두 남녀의 왜곡된 삶을 그대로 드러내고 있는데, 여기서 일제의 식민통치가 개인의 삶에 얼마나 철저하게 통제하고 심각한 폐해를 끼치고 있는지를 보여주고자 한 주제의식을 엿볼 수 있다.

### 3. 혼종(混種), 민족 차별에 대한 비판

재외 한인문학의 공통적 주제는 이주 한인들이 겪어야 했던 '경계인' 의식과 정체성의 상실이다. 이주 초기는 말할 것도 없고 그 이후의 자율적인 이민이라 하더라도, 이주 한인들은 '이주'라는 탈공간의 박탈적인 경험은 물론 낯선 나라에서 소수민족으로 살아남기 위해 민족적 차별, 문화적 충격, 이중언어의 어려움, 세대 간의 갈등 같은 안팎의 시련과 정체성의 위기를 경험한다. 그에 따라 한인 작가의 작품 대부분은 냉혹한 현실에 직면한 이주 한인의 다양한 삶의 양태와 전망, 그리고 정체성 회복을 향한 갈망 등을 담아내고 있다. 이주 1세대의 작품이 특히 그러하다. 바꿔 말하여, 재외 한인문학에는 이산(離散; diaspora)의 생생한 흔적과 함께, 현대 한국문학에서도 흔히 찾아볼 수 있는 혼종(混種; fusion)의 특성이 혼재되어 나타나 있는 것이다.[13] 광복 전 재미한인 소설 또한 예외는 아니다.

20세기 전반기 재미한인 1세대 작가들이 이민 초기부터 창작한 한글 소

---

[13] 디아스포라, 혼종 등에 대해서는 호미 바바, 나병철 역, 『문화의 위치』, 소명출판, 2002, 225-229쪽 참조.

설은 어느 작품에서도 미국 현지에서의 삶에 어떻게 적응해 나갈 것이냐의 문제에 대해 고민한 흔적이 별로 나타나지 않는다. 이것은 이 시기 한인들이 "조국이 없으면서도 한국이 해방되면 조국으로 돌아간다는 생각만 있어 이민이면서도 미국에는 체류자로만 생각하였던 것"[14]에서 연유하는 현상일 것이다. 그러나 현실적으로는 이민으로서의 삶을 영위하고 있으면서도 의식의 차원에서는 자신을 이민이 아닌 '일시적 체류자'로만 규정하는 현상은 그 '일시 체류'의 기간이 점점 장기화하면서 조금씩 약화되기 시작한다. 2세대 소설에 이르러 '이민'의 형상과 정착 과정의 갈등이 온전히 드러나는 양상을 보이는 것도 이 때문이다. 따라서 광복 전 재미한인 1세대의 소설은 재미한인이 아직 미국이라는 나라의 제도적 본질이나 문화적 심층에 도달하기 어려웠고, 현지에서는 열등하고도 완벽한 타자의 형상으로 인지되고 있었다는 사실을 확인시켜 주는 것이라고 바꿔 말할 수 있다. 이것은 제국주의적 시선을 헤쳐나가기 힘겨운 우리의 내면화된 '타자성'(他者性) 때문에 현지 사회에서 필연적으로 접할 수밖에 없는 충격과 갈등을 적극적으로 인식하고 타파하려는 주체적 개척 의지조차도 드러낼 수 없었던 현실의 반증이기도 하다.

그러나 광복 전 재미한인 소설은 재미 한인이 이국땅 미국에서 경험할 수밖에 없는 인종 또는 민족 간의 차별, 동양인이 미국인을 바라보는 인식의 문제, 소수민족들이 서로를 바라보는 시각의 문제, 그리고 이국인들이 서로 결합함으로써 나타나는 '혼혈'의 문제들을 매우 심도 있게 그려내고 있다.[15] 「사천삼백년」(마팅씨, 1910.5.18.), 「탈선의 최후」(만수산인, 1927.

---

14 조규익, 『해방 전 재미한인 이민문학 1』, 월인, 1999, 13-14쪽.
15 이동하는 "냉정하게 말해서, 해방 전 재미한인 소설의 세계는 처음부터 끝까지 소박한 아마추어리즘으로 일관되었다"(이동하, 앞의 글, 344쪽)라고 평가, 특히 '일시적 체류자' 의식에 사로잡혀 국문소설이 영문소설에 비해 수준이 떨어진다

9.8~9.15), 「특이」(산꿀, 1928.12.27~1929.5.23) 등이 그것이다.

「사천삼백년」과 「탈선의 최후」는 순혈주의적 의식을 강하게 보여주고 있다. 그러나 「사천삼백년」이 혼혈인이 민족에 복귀함으로써 자신의 정체성을 다시 확인받고자 하는 데 반해, 「탈선의 최후」는 미국 남성과 애정행각을 벌이다가 죽게 되는 한인 여성의 사연을 '탈선'이라고 명명함으로써 기독교적 시각으로 순혈주의를 강조하는데, 두 작품은 이 점에서 미세한 차이를 내보인다.

「사천삼백년」에서, '나'의 아버지는 하와이에 이민하는데, "어쩌다가" 다시 미국 본토로 건너가 그곳에서 많은 돈을 벌고, 애국지사라는 말까지 듣는다. '나'의 아버지가 어떻게 해서 하와이에서 미국 본토로 건너갔는지, 또 어떻게 해서 많은 돈을 벌게 되었는지, 그리고 민족을 위해 어떤 일을 해서 그가 애국지사라는 말까지 듣게 되었는지 등에 대해서는 구체적인 언급이 없어 전혀 알 수 없다.[16] 그런데 '나'의 아버지는 '합방'만 되면 한인과 일인(日人)이 동등해질 것이라고 믿고, 나랏일에 대해서는 멀찍이 서서 구경만 하는 태도를 보인다. 그러나 경술국치 후 사정은 오히려 더 악화하고, 그래서 "돈만 있으면 어데 가서 살지 못하겠는가?" 생각하고 법국(프랑스)으로 떠나고, 거기서 아내를 맞이한다. 말하자면 '나'는 한국인 아버지와 법국 어머니 사이에서 태어난 혼혈인 것이다.

'나'의 아내 내력도 비슷하다. '나'의 아내 어머니는 함경도에서 살다가

---

고 보고, 미국 현지와 국내 문단에서 동시에 활동하는 작가들, 예를 들어 박시정·김지원·송상옥 등을 주목한다. 하지만 이러한 견해는 광복 이전 재미한인문학이 보여주는 치열한 문제의식과는 다소 거리가 있는 지적이라 할 수 있다.

[16] 1904(5)~1907년, 하와이에 이주해갔던 1천여 명의 노동자들이 다시 미국 본토로 2차 이주, 재미 한인사회는 급속히 확장된다. 이에 대해서는 채근병, 앞의 글, 22쪽 참조.

흉년이 들어 간도로 건너가고, 다시 부모를 따라 러시아 첼랴빈스크 지방까지 간다. 아내의 어머니는 거기서 어떤 아라사(러시아) 사람과의 사이에서 지금의 '나'의 아내를 낳았다. 말하자면 '나'의 아내 또한 한국인 어머니와 러시아인 아버지를 둔 혼혈인으로, 공부하러 모스크바로 갔다가 거기서 다시 파리로 가서 학교에 다닐 때 '나'를 만나게 되었다. '나'는 자신이나 아내나 모두 그들의 부모가 그들에게 '한국 정신'[17]을 넣어주지 못했다고 생각한다. 그래서 '나'는 이제 다만 양심에 따라, 그리고 부모의 죄를 씻기 위해 '한국 사람'이 되고자 한다. 그가 이렇게 생각하게 된 데는 계기가 있다. 그는 대첩관(일본 고베)의 어느 공원에서 69살의 어떤 백발노인을 만났는데, 그때 이 노인은 자기 아버지가 '나'의 아버지처럼 그 노인이 16세 때 하와이에 이민했다가 또 거기서 미국 본토로 건너갔지만, 어려운 여건에도 불구하고 힘써 나랏일을 보았다고 말했다. 그리고 이 노인은 자기 아버지에게서 들은 말 가운데 나라를 배반한 '가짜 지사'가 있다고 말하는데, '나'는 이 노인이 말하는 '가짜 지사'가 바로 자신의 아버지라는 사실을 알게 된다.

> 자 그러한즉 내가 지금이라도 한국 백성이 되어서 내 힘의 닿는 대로 하다가 죽은 후에 나의 자손도 또한 저의 직분 외에 박쥐 같은 저의 조상의 죄를 씻도록 하겠소. 그러므로 나는 오늘부터 법국사람 마틩이 아니오. 나는 한국 사람 킴부양퐁 김환본이라 하겠소. 나는 우리나라로 돌아가오. 한번 그리 오시기를 바라오.[18]

'나'의 아버지는 나랏일은 고사하고 자신의 이익만 추구함으로써 민족을

---

[17] 「사천삼백년」, 조규익, 『해방 전 재미한인 이민문학 1』, 월인, 1999, 10쪽. 이하 인용에서는 쪽수만 밝힘.
[18] 「사천삼백년」, 11쪽.

배반하고, 프랑스 여성과 혼인하여 '나'를 낳는다. 이런 상황에서 '나'는 어떻게 해야 할 것인가. '나'는 민족을 배반한 아버지의 죄를 씻고, 또 혼혈인이라는 자신의 처지를 극복하기 위해 이제 '한국 사람'이 되고자 한다. '법국사람' '마팅'이 아니라, '한국 사람' '김환본'이 되겠다는 것이다. 이 점에서 이 작품은 민족의 정체성이란 순혈주의에서 확보될 수 있다는 사실을 강하게 주장한다고 볼 수 있다.

「탈선의 최후」는 「사천삼백년」처럼 순혈주의적 사고에 사로잡혀 있지만, 그것을 기독교 정신으로 극복하고 있다는 점이 다르다. 이 작품은 첫 장면부터 인상적이다.

> 세계 각국 각색 인종이 공동 서식하는 별유천지 하와이 호노롤루 시내 벽공에는 관람객을 실은 영업용 민간 비행기가 높이 떠서 시내 시외를 굽어보며 요란한 소리를 발한다.[19]

「탈선의 최후」는 작품 서두에서, 하와이에는 각국 각색 인종이 함께 모여 살고 있다고 말하는데, 이는 한국인은 어디에서 살든 한국인의 정체성을 유지해야 한다는 작의를 은연중에 드러낸 것이라 할 수 있다. 청년 문사로 이름을 날리고 있는 '양운'은 최근 고국에 있는 어떤 사(社)의 촉탁을 받고 <하와이 한인 이십오년사> 편찬을 위한 자료 조사를 모두 마치고 집필하고 있다. 그는 기독교 신자인데, 그가 존경하는 '현 목사'는 어떤 글에서 다음과 같이 주장한다. "우리 조선 민족은 물질계로 죽었다. 그리고 정신계로도 죽은 듯하다. 이 두 방면이 다 죽었을 것 같으면 오직 하나님의 입으로 나오는 말씀으로 살아야 한다"는 것이다. '양운'은 이를 받아들이면서도

---

[19] 「탈선의 최후」, 조규익, 『해방 전 재미한인 이민문학 1』, 월인, 1999, 540쪽. 이하 인용에서는 쪽수만 밝힘.

그러나 조선 민족이 물질계로는 죽었더라도 정신계만이라도 살아야 한다고 주장, 그것을 이루기 위해 노력하고 있다. 그러나 '양운'이 물질계와 정신계를 나누는 것도 문제지만, 그가 자신을 "무슨 좋은 기회를 기대하고 있는 한사"로 평가하듯이, 그는 전혀 현실적이지 않은 사람이다.

이 작품의 여주인공 '휠련'은 18살의 아름다운 처녀로, 어릴 때부터 아주 총명한 데다 자라면서 지혜가 더욱 뛰어나 내외국인들에게 많은 칭찬을 받는다. 영어학교에 다닐 때부터 한글학교에도 다녔기 때문에 영어는 물론 한국어도 잘한다. 그러나 그녀는 자라면서 차츰 한인사회가 경영하는 모든 일을 무시하기 시작한다. 그 가장 큰 원인은 다음에서 잘 드러나 있다.

> 소위 국어학교라 하여도 교원의 자격 유무는 막론하고 위선 교과서의 불만족한 것이었다. 그리하여 휠련은 코리안을 능멸히 여기며 항상 생각하기를 '내가 나이 어려서 철모르고 저런 학교 -아니- 저런 데를 다녔구나!' 이같이 탄식하며 한갓 통분히 여기게 되었다. 어떤 때 누가 휠련이 국어학교에 다니던 말을 하면 휠련은 듣기 싫어하며 부끄러워하는 듯한 기색으로 도리를 흔들고 진저릴 내였다.[20]

'휠련'은 국어학교가 교원도 훌륭하지 않고 무엇보다 교과서가 만족스럽지 않았다. 그래서 '코리안'을 무시하고, 국어학교에 다닌 것을 통분히 여기며 부끄럽게 생각한다. 이런 상황이 계속되면서 그녀는 점점 성격이 나빠지고, 고등학교를 마칠 때쯤에는 그 정도가 더욱 심해진다. 그녀가 이렇게 변하자, 한인사회에서는 예쁘고 공부를 잘한다고 칭찬해준 것이 오히려 해를 끼쳤다고 생각한다. 그녀는 교만과 허영심에 사로잡혀 '코리안'들은 물론 동양 사람들과는 섞이기도 싫어하고, 마치 백인이나 된 듯이 될수록 백인의 모양대로 해보려고 애쓴다. 한인사회에서 그녀를 비난하고, 부모도

---

[20] 「탈선의 최후」, 541쪽.

타일렀지만 그때뿐이다.

그러나 '휠련'은 아버지의 유언을 읽고 잠시 마음을 돌린다. 황해도에서 태어난 그녀의 아버지는 삼십여 년 전에 서울에 가서 살다가 생활의 안정을 얻지 못하자, 이십여 년 전에 인천개발회사의 도움으로 하와이로 건너온다. 그녀의 아버지는 부모와 아내 그리고 자식까지 고국에 두고 혼자 떠나온 뒤, 사탕수수 농장 노동자로 고생하면서도 고국을 위하여 많은 일을 한다. 물론 후자에 대해서는 자세한 기록은 없다. 그리고 죽으면서 딸에게 "나의 뜻을 본받아서 나라일을 정성껏 돌아보아라."라는 유언장을 남긴다.

아버지가 죽은 뒤, '휠련'은 평소에 다니기 싫어하던 한인 예배당에도 다시 나가고, 한인사회에서 개최하는 여러 모임에도 가끔 참석하고, 친구들에게 열정적으로 한인사회를 소개하면서 한인사회를 위해 노력해야 한다고 주장하고, 한인교회 주일학교 선생과 청년회 서기를 맡기도 하고, 외국인과는 잘 만나지도 않는다. 하지만 그것도 잠시, 어느 날 그녀는 쾌활하고도 다정한 어떤 백인 남자의 태도, 그리고 호활(豪活)한 풍채에 매혹되어 마음을 빼앗긴다.

휠련은 그 후부터 다시 그 백인 애의 생각과 인상이 그 가슴에서 떠나지 않게 되었다.
처음에 생각하기를 이것이 죄가 아닌가? 우리 아버지 나라의 자손으로 하물며 외국 남자 아니-양인! 이것은 꼭 죄이다! 이와 같은 시험을 이기여야 하겠다 하고는 며칠 동안을 아무데도 나가지 않고 근신하였다. 그러나 그의 가슴에 인친 그 생각은 항상 사라지지 않고 피가 도는 날까지는 잊지 못할 것이었다. 휠련은 오, 나는 괴로운 여자로다. 아니 누가 나를 이 자리에서 구원하여 주며 동정하여 주려나! 이같이 수없이 부르짖었다. 그리고 휠련은 이 큰 시험을 자기 혼자서는 판단치 못할 줄을 알고 그의 가장 친한 동모를 찾아가서 그 시험 당한 말을 실토하였다. 그 친한 동무는 무엇을 한참이나 생각하는 듯하더니 하는 말이다.

(동무) 휠련! 그런 문제로 그와 같이 고통할 것 무엇 있나? 오늘날 문명한 시대에 나라와 인종을 차별할 것 무엇인가?
(휠련) ‥‥‥
(동무) 그런고로 남자 역시 일반이다. 우리 한인사회에서 소위 명사 지사라고는 채 못할지라도 배웠다는 자들이 외국 여자와 혼인하고 잘만 살지 않나!
(휠련) 그야 그렇지.
(동무) 그러면 무슨 상관이 있담. 남국 사람이고 북국 사람이고 참사랑만 있으면 그만이지. 한번 돌이켜 생각을 해보라.[21]

'휠련'은 아버지 나라의 자손으로 태어나 외국 남자 그것도 '양인'을 좋아하는 자신을 '죄인'이라고 생각하고 며칠 동안 두문불출하고 근신하지만, '양인'을 좋아하는 마음은 여전하다. 그러나 그녀의 친구는 그런 문제로 고민할 필요가 없다, 오늘날처럼 문명한 시대에 나라와 인종을 차별할 이유가 전혀 없다, 한인사회에서 소위 배웠다는 남자들은 외국 여자와 혼인하고 잘만 살고 있다면서, 양인을 좋아하는 것은 전혀 잘못이 아니라고 말한다. "남국 사람이고 북국 사람이고 참사랑만 있으면 그만"이라는 것이다. 다시 말해 '휠련'이 순혈주의 때문에 고민하는 반면, 그녀의 친구는 순혈주의적 사고를 뛰어넘는 진취적인 사고를 보여 준다.[22]

이 작품에서, 현 목사의 말은 이 작품의 주제의식을 보여주는 복선 역할을 하고 있다. '휠련'이 죽어가면서 자신의 애정행각을 '탈선'이라고 외친 것은 이 때문이다. 비록 '휠련' 스스로 '탈선'이라고 말하지만, 그녀의 행동과 그녀 친구의 말에서 이미 이후 세대가 겪게 되는 변화를 짐작할 수 있다. 특히 한인 여자와 달리, 한인 남자들은 백인 여자와 결혼하여 잘만 살고

---

[21] 「탈선의 최후」, 546-547쪽.
[22] 「탈선의 최후」는 여성의 진취적인 사고를 보여주는데, 이에 대해서는 전쟁에서 승리하는 데 결정적인 역할을 한 여성을 부각시키는 「철혈원앙」 등과 함께 또 다른 주제로 살펴볼 필요가 있다.

있다는 진술은 인종 차별과 성차별은 서로 교묘하게 결합되어 있다는 사실을 날카롭게 지적한다. 여성은 우리 사회의 또 다른 내부 차별자이며, 따라서 인종 차별을 극복하기 위해서는 먼저 여성이 겪고 있는 내부 차별을 극복해야 한다는 것이다.

「특이」는 혼혈인만으로 구성된 한 가족이 겪는 문제를 다루고 있다. 이 작품은 소설의 형식을 취하고 있지만, 희곡적인 요소를 가미하고 있다. 서두에서 무대를 소개하고 등장인물들을 나열하거나, 본문에서도 등장인물별로 대화를 배정하여 이야기를 이끌어가는 것들이 그러하다. '특이'는 말 그대로 '트기' 즉 혼혈인을 가리킨다. '특이' '황일남' 집안은 혼혈인 가족이다. 갑오년 난리 때 청국 군사가 '특이'의 할아버지를 죽이고 할머니를 겁탈, 1년 후 '황일남'의 아버지가 태어난다. 말하자면 '황일남'의 아버지는 한국인 어머니와 누군지도 모르는 '되놈' 아버지 사이에서 난 혼혈인 즉 '청특이'인 셈인데, '황일남'의 의붓어머니 또한 한국인과 일본인 사이에서 태어난 혼혈인 즉 '왜특이'이다. '황일남'은 '되특이'(청특이) 아버지와 '왜특이' 어머니를 둔 '특이'인 것이다. 그런데도 이 작품은 특히 '왜특이'를 '망특이'라고 지칭하며 의도적으로 비하한다. "대한 사람하고 왜놈 종자하고 그 사이에 난 새끼"(609쪽)라는 것인데, 이는 일본에 대한 적개심을 드러내면서 심리적으로라도 일본을 이겼다고 생각함으로써 독립에 대한 의지를 간접적으로 내보인 것으로 보인다.

'황일남' 집안은 서울에까지 그 이름이 알려진 순안(順安) 갑부이다. 그러나 순안 사람들은 모두 손가락질하며 욕한다. 순안 사람들이 '황일남'의 여동생 '순이'를 거론하며 비난하는 장면은 대표적인 예이다.

  림 : 무엇 자미! 우리나라에는 옛적부터 특이는 진 쌍놈 대우인대.
  학 : 그것 참말 왜 그렇습니까?

림 : 너희들 순이의 집 보지 않느냐? 돈이 많아도 그 집 자손과는 뉘가 혼인
도 아니하고 심지어 그 집에 이웃 가는 사람까지도 천대하는 것! 그리하여야
할 이유가 첫째 특이는 선천적으로 대한말을 서툴게 하며 힘써 가르쳐도 외국
말을 쓰기 좋아하며, 둘째 근본적으로 피가 순전히 대한인의 피가 아니오, 셋
째 애국성이 박약한 까닭이다. 그러니까 이 나라뿐 아니라 어디든지 다 그럴
것이지! 유대족은 외족 혼인은 아니 하기 때문에 택한 백성이라고 하고 구라파
각국의 특이들은 모두 다 아메리카로 정배 보내고 멕시코는 흑, 백, 홍 혼합종
이라고 해서 멕시칸이라고 하는데 그 뜻은 잡종이라는 말이다. 인종지말이나
외국인과 혼인하지 양심이 바로 박힌 사람치고는 생명과 다투어 이방인 혼인
을 아니 하여야 한다.[23]

옛적부터 혼혈인 집안과는 혼인도 하지 않고, 그 집에 드나드는 사람까
지도 천대하는 것이 우리 관습인데, '순이' 집이 그러하다는 것이다. '황일
남' 집안은 근본적으로 순전히 대한인의 피가 아닌 혼혈인이고, 더욱이 '대
한 말'이 서툴며, 애국성이 박약하기 때문에 이런 집안과의 혼인은 '인종지
말'이나 하는 짓이라는 비난이다.

'황일남'의 아버지 '황사복'도 그 내력이 기구하다. 17세 때 부모를 여읜
그는 금광에서 일하다가 사탕 농장 인부로 뽑혀 하와이로 간다. 그곳에서
17년간 농장에서 일하다가 다시 미국 본토로 건너가 콜로라도주에서 농사
를 짓는다. 이곳에서 농장 주인집 흑인 요리사와 눈이 맞아 '황일남'을 낳
는다. '황일남'은 아버지 '되특이'와 흑인 사이에서 태어난 특이인 것이다.
'황사복'은 시카고로 가서 샌드위치 장사를 시작하고, 돈을 모아 카페테리
아를 열고, 도시가 번창하면서 많은 돈을 벌게 된다. 그러나 흑인 부인이
과로사하자, 잠시 방황한다. 바로 이 해에 3.1운동이 일어나 수많은 '충남의
녀'가 생명을 바쳐 나라를 구하려 하고, 애국지사들은 상해에 임시정부를

---

[23] 「특이」, 조규익, 『해방 전 재미한인 이민문학 5』, 월인, 1999, 609쪽. 이하 인용은
쪽수만 밝힘.

조직하여 밖으로는 외교에 힘쓰면서 재외동포 간의 연락을 공고케 하고, 안으로는 일본에 대항하고자 한다. 그런데 '황사복'은 독립자금을 모금할 때 한 푼도 내놓지 않고, 심지어 기금을 내지 않기 위해 '되놈' 행세를 하거나 파산하여 거지가 되었다고 거짓말을 하는데, 이때부터 사람들은 그를 '특이'라고 부르기 시작한다. '황사복'은 사람들 눈을 피해 유타주 광산에 가서 몇 년 일하다가 동료의 미망인을 유혹하여 아내로 삼는데, 이 여자가 '황일남'의 의붓어머니이다. '황사복'은 아들만 미국에 남겨두고 아내와 딸 '순이'를 데리고 순안에 돌아온다. 그는 순안에서 금광 개발을 위해 거금을 들여 땅을 사고, 군 소유지 불하 때 군청과 공자묘를 매입하고, 일본인으로부터 많은 토지를 사들인다. 그러나 그는 군내 교육 사업이나 구제 사업에는 단 한 푼도 내놓지 않는다. 때때로 '독립단'의 위협장을 받기도 하지만 마찬가지이고, 결국 '특이'라는 별명만 얻는다.

한편, 미국에 남아 있는 '황일남'도 '황사복'과 마찬가지로 나랏일에는 전혀 관심이 없다. 그 역시 혼혈인과 결혼한다.

> 일남은 그 동안에 중학을 마친 후 가주대학 문과에 입학하여 공부하였는데 당시 만주전쟁에 미 묵포에 있는 한인이 오천 명의 정군을 뽑아 출병할 즈음에 일남은 가주대학에서 네부라스가 대학으로 전학하여 문과에서 법과로 옮기고 어머니가 검덩임으로 나쉰나리티를 숨기여 니그로 행세를 하였다. 이로써 일반에게 제2세 특이임을 발로시키고 결국 숨어서 공부하여 소위 법학박사까지 얻었다.
> 
> 그 동안에 하와이에서 방정애(부 방모, 모 포추기)라는 여자가 역시 동 대학에 와서 공부케 되었는데 내력이 거진 비슷하며 뜻이 부합되어 약혼한 후 일남은 박사위 얻기까지 피차에 학업을 마친 후 하와이로 와서 결혼한 후 순안에 돌아오니 집안 사정이 요 모양이다.[24]

---

[24] 「특이」, 617쪽.

'황일남'은 만주에서 전쟁이 일어나고 고국이 어려움에 처해 있을 때 오히려 흑인 행세를 하고, 자신의 영달을 위해 숨어서 공부하며 법학박사 학위까지 받는다. 그의 아버지가 독립자금을 내지 않기 위해 '되놈' 행세한 것처럼, 그는 만주전쟁에 불참하기 위해 "어머니가 검덩임으로 나쉰나리티를 숨기여 니그로 행세"를 한 것이다. 그 후 그는 '방정애'와 결혼하는데, 그녀 또한 한국인 아버지와 포르투갈 어머니 사이에서 태어난 혼혈인이다.

'황일남'은 결혼 후 순안에 돌아온다. 하지만 이미 오래전 아버지는 마을 사람들 비난 때문에 울화증이 생겨 자살하고, 어머니 또한 울화증을 앓고 있으며, 여동생 '순이'는 마음 놓고 학교도 다니지 못하는 형편이다. 그래서 그는 고국에 돌아온 것을 후회한다. '황일남'은 어떻게 하면 '특이'에서 탈출할까 궁리한다. 마을 사람들 비난도 문제지만, 소작인들과 지주회원들의 행패도 골칫거리다. 그는 우선 가산을 정리하여 신분을 바로 세우겠다고 생각한다. 그의 집안이 '특이'가 된 것은 '황사복'이 3.1운동이나 만주전쟁 때 수백만의 재산을 가지고도 한 푼도 내놓지 않았고, 또 마을 사람들에게 인색했기 때문이라고 판단한 것이다.[25] 친구 또한 이것을 바르게 지적한다. "한낮 아이들의 농담 비슷한 (특이)라는 데 있지 않고 자네 선조 때부터 국가에 대한 애착심이 되놈보다도 차고 쭈보다도 인색하고 네그로보다도 몰두한 그것에서 비로소 특이의 명칭도 두드러진 줄 아네."(636쪽) 그래서 그는 마을 사람들을 위해 돈을 사용하려고 하고, 흉년에 소작료 등을 올리려 하던 지주회의 방침에도 불구하고 자기 소작인들에게 소작료를 전액 면제해준다. 그러나 소작료를 면제받은 소작인들은 크게 고마워하지 않는다. 이는 '황일남'이 '특이'인 까닭인데, 이런 소재는 당시 한국의 프로문학

---

[25] 황사복이 인색한 것은 그가 당한 인종적 편견에 대한 앙심일 수도 있다. 조규익, 위의 책, 205쪽 참조.

에서는 찾아볼 수 없었던, 재미한인문학만이 드러낼 수 있는 서사라 하겠다.

이 작품은 '황일남'이 지역 발전을 위해 재산을 헌납하겠다고 발표하고, 마을 사람들은 '평양일보' 기자와 기생까지 동원하여 '활일남 박사 축하 환영회'를 개최하는 것으로 끝나는데, 작가의 주제의식은 이 결말 부분에 담겨 있다. '황일남'의 재산 헌납을 통해 순수한 혈통을 가진 조선인이나 위선적인 종교인들도 감히 하지 못했던 일을 혼혈인이 해냈다는 점을 강조, 인종적 편견이 극심한 우리 사회의 순혈주의를 비판한 것이다. 혼혈인이라는 '특이'의 존재를 '소작인'과 오버랩함으로써 소작인들 또한 '특이' 못지않게 부당한 대우를 받고 있다는 것을 은연중에 드러낸 것 또한 그러하다. 아울러 이 작품은 재미한인 스스로 식민주의 아류의 행태를 보이고 있다는 사실 또한 날카롭게 지적하고 있다.[26]

> 그뿐 아니라 특이 명부록을 꾸미자면 퍽 많을세. 개화 이후로 외국놈에게 폭행을 당한 일도 적지 않지만 우리 사람이 외국에 가서 특이를 빚어내인 일도 부지기수일 것일세.[27]

위에 보인 대로, 이제는 오히려 재미한인 스스로 서구인의 입장이 되어 흑인이나 약소민족 사람들에게 '특이'를 낳게 했다는 자각이다. 광복 전 재미한인 소설에서 한인은 주로 일본인이나 흑인 아니면 혼혈인과 결혼을 하는데, 이 또한 백인으로 구성된 서구 중심의 폐쇄된 사고를 간접적으로 겨냥하고 있다. 이런 시각은 재미한인문학만이 포착할 수 있었던 성과라

---

[26] 피식민지의 이러한 반응에 대해서는 고모리 요이치, 송태욱 역, 『포스트콜로니얼』, 삼인, 2002, 73-76쪽 참조.
[27] 「특이」, 635쪽.

할 수 있다.

## 4. 결어

'이산(離散)'은 구한말 이후 세계질서의 급격한 변동에 따라 한반도 주변에서 빈번하고 광범위하게 일어난 역사적 현상으로서, 한반도의 식민지화와 자본주의화 과정을 핵심적으로 드러내는 현상이라고 할 수 있다. 그 중심에 서 있는 당사자들이 곧 재외 한인, 이른바 재외동포이다. 이들은 이주·정착의 과정에서 끊임없이 주변화를 강요받으며 정체성의 혼란을 겪게 된다. 경계인 의식이 그것이다. 재외 한인문학 연구에서 재외 한인의 이주 또는 이민의 굴절 과정들을 주목해야 하는 까닭이 여기에 있다.

이 글은 이런 관점에서 광복 이전 재미한인문학 작품을 통해 초기 이주민들이 겪었던 삶의 고뇌와 문제의식을 추출하고, 그것을 어떻게 극복해 나가는가를 살펴보았다. 광복 이전에 미국에 이주한 사람들은 초기 이주민에 해당하는데, 그러므로 이들이 생산한 문학작품은 미국에 정착한 이주 한인의 정체성과 문제의식의 원형을 구체적으로 보여준다고 할 것이다.

광복 이전 재미한인문학은 단순히 민족의 정체성만을 강조하는 것이 아니라, '순혈주의/혼혈(인)'의 갈등을 심도 있게 그려 보인다는 데 그 특성이 있다. '순혈주의'를 성(性) 문제와 관련하여 남성 중심적 시각이라고 비판하거나, 이주민들끼리의 혼인이나 혼혈인과 혼인하는 이민사회의 현실을 제시함으로써 서구 중심의 인종주의적 편견이 얼마나 뿌리 깊은지를 잘 보여주는 것이다. 아울러 재미한인문학은 이주 한인들이 이제는 스스로 서구 중심의 인종주의에 사로잡혀 흑인이나 혼혈인을 무시하는 이른바 '아

(亞)식민주의'적인 사고도 드러낸다는 점 또한 그 특성으로 지적할 수 있다.


□ 참고문헌

1. 기본 자료

『기독문학』『뉴욕문학』『미주기독문학』『미주문학』『미주시세계』『미주펜문학』
『샌프란시스코펜문학』『외지(外地)』『한미문학』
미주문학단체연합회 편,『미주 이민 100주년 기념 한인문학대사전』. 월간문학 출판
　　부, 2003.
재외동포문학사업추진회(편),『해외동포문학 재미 한인소설 1, 2, 3』, 해토, 2005
조규익,『해방 전 재미한인 이민문학 1-6』, 월인, 1999

2. 논저

김종회 편,『한민족 문화권의 문학 1,2』, 국학자료원/새미, 2003/2006.
박진영,「이산적 정체성과 한국계 미국 작가의 문학 읽기」, 김종회(편),『한민족문화
　　권의 문학 2』, 새미, 2006
김현택 외,『재외 한인작가 연구』, 고려대 한국학연구소, 2001.
오창은,「이주문학에 나타난 정체성 변화에 대한 고찰」,『국제한민문학연구』, 2004.
유선모,『미국 소수민족문학의 이해―한국계 편』, 신아사, 2001.
　　　　,『한국계 미국 작가론』, 신아사, 2004.
이동하,「20세기 재미 한인소설의 전개 양상」,『재미한인문학연구』, 월인, 2003.
이동하·정효구,『재미한인문학연구』, 월인, 2003.
임진희,『한국계 미국 여성문학』, 태학사, 2005.
조규익,「한인 이민문학과 한국문학」,『해방 전 재미한인 이민문학 1』, 월인, 1999.
　　　　,「제1세대 재미한인 작가들의 소설(1)」,『우리문학연구』11집, 우리문학회,
　　1999.
　　　　,「제1세대 재미한인 작가들의 소설(2)」,『숭실어문』15집, 1999.

조동일, 『한국문학통사 4』, 지식산업사, 1986.

채근병, 「미주 한인문학 개관 1」, 김종회(편), 『한민족문화권의 문학』, 국학자료원, 2003.

황경락, 「미주 한인 이민 1백주년(1903-2003)」, 『미주이민문학』, 미주 크리스찬문학가협회, 2003.

고모리 요이치, 송태욱 역, 『포스트콜로니얼』, 삼인, 2002.

호미 바바, 나병철 역, 『문화의 위치』, 소명출판, 2002.

# 해원과 치유, 재미한인 소설의 서사적 특성

## 1. 서언

　재미 한인사회는 이주의 역사가 길고, 비슷한 시기에 이주가 시작된 동북아 지역과는 달리 광복 이후에도 자발적인 이주와 유학이 계속된 만큼 그 규모도 크고 안정된 모습을 보이고 있다.[1] 이에 따라 재미한인의 문학 활동도 다양하게 이루어지고 있으며, 질적·양적 측면에서 주목할 만한 성과를 거두고 있다. 이들에 관한 연구 또한 상당한 진척을 보이고 있다.
　그러나 지금까지의 재미한인문학 연구는 몇몇 평판작을 중심으로 이루어져 왔다고 해도 과언이 아니다. 해방 전 재미한인문학의 경우 전체적인 정리도 있지만,[2] 대부분 강용흘·김용익·김은국 등이 이룬 성과를 대상으로

---

[1] 재미 한인사회의 이주·이민 상황에 대해서는 윤인진, 『코리안 디아스포라』, 고려대 출판부, 2004, 199-214쪽 참조.

[2] 조규익, 「제1세대 재미 한인작가들의 소설(1)」(우리문학연구 11집, 우리문학회, 1999)/ 조규익, 「제1세대 재미 한인 작가들의 소설(2)」(『숭실어문』 15집, 1999)/

한다.³ 그런가 하면, 근래에는 이주 2/3세대 작가 중 미국 주류문단에서 호평을 받은 이창래·차학경·수잔 최 등에 관심이 집중되고 있다.⁴ 그러나 이렇게 일부 작가나 작품에 연구가 집중되는 것은 바람직하지 않다. 최근 들어 연구 대상과 범위가 점차 확대되고 있는데,⁵ 더 많은 작가와 작품으로 확대되어야 할 것이다.

특히 80년대 이후 급격히 확대된 이민세대의 문학 활동에 대한 검토는 충분하지 않은 듯하다. 이들은 대부분 1965년 미국의 새 이민법이 발효된 이후 이민의 길에 오른 사람들로, 미국에서의 오랜 정착 과정을 지난 후 뒤늦게 문학 활동을 시작한다. 당연히 작품의 수준이나 활동 양상이 기대에 미치지 못할 수 있으며, 이런 이유로 본격적인 연구 대상에서 제외된 감이 있다. 그러나 그 문학적 수준을 떠나 이민 1세대는 이주민의 삶과 애환을

---

이동하, 「20세기 재미한인 소설의 전개 양상」(『재미한인문학연구』, 월인, 2003)/ 유선모, 『한국계 미국 작가론』(신아사, 2004) 등이 있음.

3 송창섭, 「김은국의 '진리'와 한국 현대사-『순교자』, 『심판자』, 잃어버린 이름」 (『재외한인작가연구』, 고려대 한국학연구소, 2002)/ 김욱동, 『강용흘의 삶과 문학』 (서울대 출판부, 2004)/ 조규익, 「재미 한인 작가들의 자아찾기」(『현대문학의 연구』 29집, 한국문학연구회, 2006)/ 최윤영 『한국문화를 쓴다』(서울대 출판부, 2006)/ 이상갑, 「재미 한인소설의 변방의식과 탈식민성」(『어문논집』 60호, 민족어문학회, 2009.10) 등이 있음.

4 이일환, 「재미 한국계 작가 연구」(『어문학논총』 21/22집, 2003/2005)/ 홍경표, 「차학경의 『딕테』에 나타난 정체성에 대하여」(『어문학』 86호, 한국어문학회, 2002)/ 조규익, 「바벨탑에서의 자아찾기」(『어문연구』 34권2호, 한국어문교육연구회, 2006)/ 유희석, 「한국계 미국작가들의 현주소」(『창작과비평』, 2002, 여름) 등이 있음.

5 김윤규, 「재미 한인 이민 소재 소설의 갈등구조」(『문학과 언어』 24집, 문학과언어연구회, 2002)/ 송명희, 「미 서부지역의 재미작가 연구」(『비평문학』 16호, 2002.7)/ 유선모, 앞의 책/ 이동하, 「20세기 초와 20세기 말의 재미한인 소설」(『재미한인문학연구』, 월인, 2003) 등이 있음.

온전히 그려낼 수 있다는 점에서 독특한 문학적 의의를 갖는다. 그들은 한국에서 성장하여 성인이 된 후에 미국으로 이주한 사람들로, 그들이 직접 겪고 느낀 체험의 영역이야말로 이민문학의 본령이 되기 때문이다. 이런 의미에서 한국의 전통문화나 역사를 다룬 초기 작품들은 진정한 의미에서 이민자의 삶을 그린 것으로 보기는 어렵다.[6] 또한, 이민 1.5세대 이후의 작가들이 영어로 표현해낸[7] 이민 가정과 미국 사회 사이의 문화적 충격 문제도 궁극적으로는 한국인의 삶이라기보다 미국 내 소수민족의 삶에 가까운 것이다.

이 글은 재미한인 이민 1세대 작품에 내재해 있는 갈등의 원천을 검토하여 그들의 문학적 관심과 특성을 밝히고자 하였다. 이런 유형의 선행연구가 없지는 않지만, 상식적인 수준에서 정리된 것이거나 한정된 작품을 대상으로 했다는 점에서 충분하지 않다.

이 연구의 검토는 『한인문학대사전』[8]에 실린 작품을 대상으로 한다. 이 작품집은 미주 이민 100주년을 기념하기 위하여 2002년 3월에 6개의 재미문학 단체[9]들이 모여 '미주문학단체연합회'를 결성하고, 200명이 넘는 시인·소설가·수필가들의 작품을 모아 편찬한 것이다. 소설가로는 31명의 프

---

[6] '한국적인 소재를 통해 세계적인 작품을 만들자'는 주장(명계웅, 「미주 한인문학의 개관, 민족 정체성」, 『한인문학대사전』, 1127쪽)은 본질적으로 이민문학과는 다른 차원의 문제라 할 것이다.

[7] 유선모는 한국계 미국인 작가와 재미 작가를 구별하고, 궁극적으로 독자를 의식해야 한다는 점을 강조하고 있다(유선모, 『한국계 미국 작가론』, 신아사, 2004. 17-19쪽). 반면, 이동하는 이민문학은 한국어로 창작된 작품이 큰 비중을 갖는다고 주장한다(이동하·정효구, 『재미한인문학연구』, 월인, 2003. 296-297쪽).

[8] 미주문학단체연합회 편, 『한인문학대사전』, 월간문학 출판부, 2003. 이하 『대사전』으로 약칭함.

[9] 크리스찬문인협회, 기독교문인협회, 수필문학가협회, 펜클럽한국본부 미주지역위원회, 한국문인협회 미주지회, 재미시인협회(『대사전』, 1168쪽)

로필이 소개되고, 그들의 대표작 27편이 수록되어 있다.[10] 이들은 모두 1965년 새 이민법 이후 이주하여 90년대 후반부터 문학 활동을 시작했다는 점에서 본격적인 이민 1세대 문학의 첫 세대인 셈이다. 또한, 이들이 이미 상당 기간 문학 활동을 해 왔으며 재미 한인문단에서 주요한 역할을 하고 있는 작가들이란 점에서, 그리고 그들의 대표작을 선정했다는 점에서 이민 1세대 문학의 특징을 다루려는 본고의 목적에 부합한다.

## 2. 해원(解冤), 창작의 원천

이민 1세대의 문학은 미국 사회에서의 삶보다 한국과 관련된 내용을 다룬다. 상당수의 작품은 한국에서의 사건을 중심 서사로 하거나 아예 한국을 배경으로 하고 있다. 미국에서의 삶을 다룬 경우에도 갈등 양상이 한국적이거나(고부간의 갈등 등), 한국인들 사이의 문제인 경우가 대부분이다. 당연한 현상이겠지만, 이민 1세대의 문학적 상상력 혹은 창작의 원천이 한국에서의 체험에 뿌리를 두고 있음을 보여주는 것이다.[11]

이들 작품에 나타난 한국 체험은 대개 비극적이거나 부정적인 것들이다. 수십 년간 살아온 한국을 떠나야 했던 이민자 개개인의 자전적 체험에 바탕을 두고 있기 때문이다. 개개인의 사연은 한국을 떠나 별개의 세계에 옮겨 오는 순간의 상태로 정지된다. 응어리진 감정도, 복잡하게 얽힌 관계도 고스란히 가슴에 묻어둘 수밖에 없는 것이다. 그때의 절박한 심정은

---

[10] 27편의 작품 중, 작고한 김용익의 「꽃신」은 발표 시기가 다르다는 점에서, 그리고 한영국의 작품은 미완이란 점에서 제외하였다.
[11] 홍경표, 「미주 한인 이민소설 연구」, 『어문학』 78호, 한국어문학회, 2002 참조.

소멸되지 않고 남아 그들의 작품에 재현된다. 그 감정이 밝고 행복한 것이 아니라는 것은 쉽게 예상할 수 있다. 그것은 세상이나 주변에 대한 적의와 분노, 원망·슬픔·절망 같은 것들이다.

> "정말 한국에는 위선자들 천지예요. 겉으로 안 그런 척하면서 돈에 환장한 사람들이 얼마나 많은지 몰라요. 어딜 가나 편 가르고 인간 차별하고… 나는 한국이 아주 망해 버렸으면 좋겠어요. 확 전쟁이 나버리던가… 나는 IMF 사태라는 것이 정말 고소해. 그렇죠? 민도 억울하죠?"
> 민은 한숨을 쉰다. 그리고 말을 받는다.
> "그럽시다. 한국이 망해 버리라고 우리 고사라도 지냅시다."
> ― 백훈[12], 「화려한 감옥」, 『대사전』, 543쪽[13]

이 작품은 서로 다른 삶을 살아온 택시기사 민과 마사지 팔러 윤이 서로에게 호감을 느끼고 새로운 삶을 꿈꾸는 내용을 다루고 있다. 한국에서의 좌절을 경험한 민과 입양 고아인 윤은 한국에 대해 나쁜 감정을 가질 만하다. 그러나 이 거칠고 생경한 적의는 서사의 진행과 긴밀한 관련이 없다. 두 사람의 호감이나 새로운 삶이 한국에 대한 증오와 관련이 있는 것도 아니다. 작품의 형상화와 무관한 이런 감정의 노출은 작가의 내면에 쌓여 있던 응어리의 분출로 보인다. 이민 1세대의 작품에는 이처럼 한국에 대한 부정적 언급이 자주 보인다. 이는 이민자들이 한국에서 겪었던 경험의 편린(片鱗)일 것이다. 그 내용은 주로 자신을 버린 부모에 대한 원망이나 사회제

---

[12] 1956년생. 1997년 도미(渡美). 『시와 시론』으로 등단. 9회 재외동포재단 '해외문학상' 대상 수상. 작품집 『브람스의 추억』(문화산책, 1995), 『아름다운 흔들림』(박우사, 1997), 『블루 애비뉴』(세상속으로, 2001), 『손님 어디로 모실까요?』(연인M&B, 2007) 등이 있음.
[13] 이하 작품 예문은 인용문 끝에 작가, 작품, 쪽수를 밝히고, 본문에서의 인용은 작품명만 밝힘.

도, 독재 권력에 대한 비판 등인데, 대개 서사 진행과 무관하고 단편적으로 표현된다.

이와 달리, 몇몇 작품은 처음부터 작가의 가슴에 담아 두었던 감정의 표출을 위한 것으로 보인다. 이들은 주로 한국전쟁이나 이산가족, 부모와의 이별, 사랑의 좌절과 같은 비극적인 소재를 다룬다. 예컨대, 인민군의 눈을 피해 월남하다 아내를 잃어버린 사연을 그린 「황노인 이야기」(전명세), 전쟁 때문에 헤어진 첫사랑을 몇십 년 후 머나먼 미국에서 우연히 만났으나 회포도 풀지 못한 채 지병으로 사별하는 내용을 다룬 「그해 겨울」(김명선), 평생을 기다리던 애인을 여동생에 양보해야 하는 아픔을 그려낸 「망해루」(강현우), 젊은 시절 유부남과의 금지된 사랑 때문에 미국으로 떠나 20년을 외롭게 살아야 했던 「광화문 이야기」(신예선), 무당의 손녀라는 굴레를 벗지 못하고 끝내 비극적인 삶을 살았던 혜주의 아이를 맡아 기르는 「인연」(박경숙), 정치인 아버지의 떳떳하지 못한 딸로 태어나 미국으로 쫓겨나 살 수밖에 없었던 「노란 꽃」(송성호) 등 대체로 불행한 인물을 내세워 그들의 한스러운 감정을 드러내는 데 주력한다.

이들 작품은 대개 1인칭 시점으로 서술되거나 1인칭 화자와 구별되지 않을 만큼 서술자와 주인물의 거리가 가깝다. 또 회상을 통해 과거의 사건을 재구성하는 서술 방법이 주로 사용되는데, 화자의 심경을 직접 토로하는 회상의 수법은 일인칭 화자와 어울려 자전적 성격을 한층 두드러지게 만든다. 이로 인해 작품의 내용이 마치 작가의 과거인 것처럼 느껴진다. 적어도 작중인물이 느끼는 슬픔과 절망, 안타까움 등의 감정은 작가 자신의 것인 양 노골적으로 드러난다.

말하자면, 이 작품들은 대부분 작가와 작중인물 사이에 객관적 거리가 유지되지 않는다. 어디까지가 작중인물의 사연인지, 어디서부터 작가의 감정인지 분명치 않은 것이다. 이렇게 절제되지 못한 감정은 작가 자신의 감정에 가깝다. 비극적 소재에 덧씌워진 감정은 작가 자신의 응어리진 상처의 해원(解冤)으로 보아야 할 것이다. 즉, 이민자 개개인이 품고 있던 절박한 사연들, 이민과 동시에 박제되었던 개인적 아픔을 정서적 공감대가 큰 소재에 의탁하여 표출함으로써 감정의 해소를 꾀한 것으로 보인다. 오랜 세월 가슴 속에 응어리진 채 억제되었던 감정은 미처 서사구조에 용해되지 못하여 거칠고 생경하다.

한국에 대한 이민자들의 기억은 대부분 원망과 좌절의 감정으로 남아있을 뿐이지만, 그들의 작품 활동의 주요한 원천이다. 비록 문학적 완성도가 떨어지긴 하지만, 그들에게는 절실하고 중요한 문제인 것이다. 한편, 실제의 기억이 부정적인 것과 달리 상상 혹은 막연한 기대 속에 나타나는 한국의 모습은 긍정적이다.

김순희의 「하얀 해바라기」는 알래스카 오지에서 만난 한국인 남녀 사이의 열병 같은 사랑을 그린 작품이다. 프리랜서 리포터인 채연은 에스키모 원주민의 고래잡이 축제를 취재하기 위해 세상에 거의 알려지지 않은 알래스카 카크토빅(Kaktovik)이라는 섬을 찾아간다. 거기에서 우연히 이윤우를 만나 사랑의 감정을 느낀다. 작품의 서사구조는 단순하다. 이윤우와의 사랑이 깊어지는 과정과 채연의 갈등, 고래잡이 축제에 대한 묘사가 병치되어 있다.

이윤우는 단지 한국 이름만 보고 생면부지의 채연에게 온갖 친절을 베푼다. 그리고는 바로 목숨을 걸 듯한 사랑에 빠진다. 맹목적인 이윤우의 사랑에 유부녀인 채연은 갈등을 겪으면서도 조금씩 끌려 들어간다. 이윤우의 사랑에는 아무런 계기도 과정도 없다. 있다면 오직 채연이 한국인이라는 점뿐이다. 이 서사는 최소한의 개연성도 갖지 못한 것이지만, 그 근저에는 한국인에 대한 작가의 무의식적 기대가 작용하고 있다.

모국어와 같은 유창한 영어로 그들과 함께 생활하고, 집에서는 한국인으로 돌아와 그녀와 한국어로 전혀 불편함이 없이 대화를 나누는 것이 참으로 신기했다.
 삼십여 년을 한국 사람들과 거의 교제가 없이 미국 현지인들과 생활하다보면 대부분의 사람들이 한국어를 다 잊어버리는 것이 통례인데 그는 전혀 아니다. 그가 혼자서 외톨이로 이 낯선 곳에 살고 있으면서 말과 글을 잊지 않으려고 얼마나 많은 노력을 하였을 것인가 짐작이 갔다.
— 김순희[14], 「하얀 해바라기」, 491쪽.

이윤우는 한국과는 완전히 단절된 북극의 섬에서 에스키모인들과 어울려 산다. 여행 도중 살기 좋아 보인다는 이유만으로 그 마을에 뿌리를 내리고 노후를 준비하는 것이다. 그 자유분방한 행동에서 한국에 대한 미련은 찾아볼 수 없다. 그럼에도 그는 언제 써먹을지 모르는 한국어를 잊지 않기 위해 노력한다.

두 사람의 사랑과 한국어는 아무 관련이 없다. 서사 구조상 한국어와 관련된 삽화는 필수적인 구성요소는 아니다. 그러나 이런 묘사를 통해 이윤우는 한국인으로, 그것도 한국인임을 잊지 않으려는 인물로 부각된다. 채연이 가슴 벅차게 사랑하는 이윤우는 어느새 한국인으로서의 모습으로 다가온다.

 나는 어느새 미국 시민이 되어 은지라는 이름 대신 제니퍼라는 새로운 이름으로 살아가기 시작하고 … (중략) … 김영우만은 유독 언제나 나를 은지로 부르고 있었다. 어쩌면 그런 그의 집착은 여섯 살에 미국으로 입양되어야 했던 자신의 혼란스런 정체성을 끝내 찾아내고만, 그래서 대학을 졸업하고 배운 완벽한 한국말을 자랑스러워하는 그의 정체성을 그 스스로 확인하는 일인지도 몰랐다.
— 송성호[15], 「노란 꽃」, 615쪽.

---

14 1952년생. 1999년 『심상』으로 등단. 작품집 『마음에 그리는 사랑』(진우, 1998), 장편 『나르시스의 슬픔』(푸른세상, 2000) 등이 있음.
15 1955년생. 2002년 『문예운동』으로 등단. '워싱톤문학상' 수상(1999).

김영우는 항상 은지의 주변에 머물며 돌봐주는 믿음직한 인물이다. 그는 입양 고아로서 명문대를 나온 유능한 인물로 설정되어 있지만, 그보다는 끊임없는 노력으로 한국어와 한국인으로서의 정체성을 회복했다는 점이 강조된다. 물론 이 작품에서 김영우의 역할은 극히 사소하다. 따라서 김영우도 한국어도 한국적 정체성도 서사의 중심에서 벗어나 있다. 그렇지만 그는 화자가 전적으로 믿고 의지하는 유일한 인물이란 점에서 서사적 기능 이상의 중요한 상징적 의미를 갖는다. 즉, 화자의 삶에서 정신적 의지가 되는 것은 한국인으로서의 김영우인 것이다.

사실 이윤우도 김영우도 현실성이 부족한 인물 설정이다. 이들은 현실의 인물이라기보다 상상 속의 이상형에 가깝다. 즉, 실제 한국에 대한 기억은 부정적이지만, 그 내면에는 이런 이상적인 한국에 대한 기대감이 숨겨져 있는 것이다.

이렇듯 이민 1세대의 작품에 나타난 한국은 이원적 측면을 가지고 있다. 그것은 근본적으로 이민자들이 간직하고 있는 한국에서의 체험과 관련되어 있다. 좌절과 절망, 부당한 억압 등의 체험은 그들로 하여금 한국을 떠나도록 만들고, 한국에 대해 응어리진 슬픔과 원망의 감정을 키웠을 것이다. 이러한 감정은 오랜 시간 후에도 해소되지 않고 그대로 작품에 드러난다. 한편, 그 반작용으로 긍정적인 한국에 대한 기대가 있으며 이상적인 한국인의 모습 속에 반영되어 있다. 그러나 이러한 감정들은 아직 순화되지 못한 상태로 드러난다. '한국'과 관련된 소재들은 절제되지 못한 상태로 표현되며, 성공적인 문학적 형상화를 얻지 못하고 있다.

## 3. 도피적 삶 – 미국에서 살아가기

이민 1세대에게는 새로운 사회에 적응하는 일이 무엇보다 중요하다. 언어와 인종차별의 장벽을 넘어 정착하기까지의 숱한 사연과 어려움은 훌륭한 문학적 소재들이다. 이민 생활 중에서도 미국 사회나 미국인과 관련된 갈등은 이들의 현지 적응 과정에서 필연적으로 부딪치는 문제들이다. 그럼에도 이민 1세대의 작품에서는 이런 문제가 별로 다루어지지 않는다. 미국 사회에서의 적응과 관련된 작품으로는 「나뭇잎은 흔들리는 나무 곁에」「살비에게」「손」 정도가 있을 뿐이다.

이언호[16]의 「손」은 가난하고 거친 흑인과의 사건을 다룬 작품이다. 흑인 거주지역에서 마켓을 운영하던 매부는 흑인 강도의 총에 맞는다. 남은 가족들은 범인을 잡기 위해 노력하지만, 전혀 희망이 없어 보인다. 그런데 몇 년 후에 범인은 자수하고 그가 속해있던 갱단 조직원들이 사죄의 뜻을 표시하는 일이 일어난다. 이 의외의 해결은 평소에 흑인들의 신망을 얻었던 매부의 생활 태도 때문이다. 매주 흑인 무숙자들을 위해 샌드위치를 나눠주고, 어려운 그들의 처지를 생각해 회수할 가능성이 희박한 외상 거래도 마다하지 않는다. 그 결과 한국인 상점이 모두 불타버렸던 LA폭동 때도 매부의 가게는 흑인들이 지켜주어 무사할 수 있었다. 얼떨결에 총을 쏘았던 범인도 죄책감에 시달리다 주변의 권유로 자수하게 되는 것이다.

이 작품의 메시지는 너무나 분명하다. 진심으로 선한 삶을 살고 있는 매부의 삶이 가난하고 거친 흑인들을 감화시켰다는 것이다. 베푸는 삶은 어느 누구도 부정할 수 없는 올바른 삶이다. 그러나 이 작품은 도식적이고 공허하다. 매부의 삶도 흑인들의 심리도 너무 단순화되어 실제의 현실이란 느낌을 주지 않는다. 가난한 흑인들에게 신뢰를 얻기까지의 과정에 공감할

---

16 1940년생. 1972년 『동아일보』 신춘문예 희곡 당선. 1981년 도미. 희곡집 『사진 신부의 사랑』(지성의샘, 2006)이 있음.

수 없다면, 이 작품의 결말은 도덕책 수준의 구호일 수밖에 없다. 적어도 이민자들이 새로운 사회에 적응하는 현실 문제와는 거리가 있는 작품이다.

이에 비해 신상태의 「살비에게」는 인종차별이라는 미국 사회의 고질적인 문제를 다뤘다는 점에서 의의가 있다. 주안의 아내 순이(수니)는 우연히 테러범 살비의 총기 난사에 희생된다. 자메이카 출신의 흑인 살비는 평범한 유학생이었으나, 몇 차례 인종차별에 항의하다 징계를 받으면서 과격한 투사로 변한다. 그는 직장도 그만두고 LA폭동에 참여할 만큼 백인에 대해 강한 증오심을 지니고 있다. 아이러니하게도 순이 역시 인종차별의 피해자로서 그에 맞서왔다는 점이다.

> 수니가 찍는 영화에는 그런 이민자의 삶이 들어 있었다. 유리벽처럼 백인 주류사회 주위에 둘러쳐져 있는 장벽을 드러내 보이기도 하고 …(중략)… 나는 주류사회에 동화하라고 외치는 건 아니에요. 그건 불가능하고 그럴 필요도 없어요. 늘 그들 쪽만 건너다볼 것 없이 우리끼리 사는 것도 가볼만한 길이거든요. 서로 다름을 인정하고 필요한 만큼만 나누면서 각기 살아가면 갈등할 것도 없잖아요. 그걸 인정하지 않으려니까 갈등이 생기죠. 그것이 수니가 필름에 담으려던 관점이었다.
> 
> — 신상태[17], 「살비에게」, 626쪽.

인종차별에 맞서는 순이의 방법은 살비와 다르다. 순이는 소수민족의 삶이나 인종차별의 현장을 필름에 담는다. 이를 통해 그녀는 경쟁보다 공존, 주류사회로의 진입보다 소수민족만의 독자적인 생활을 주장하고자 한다. 그러나 다름을 인정함으로써 평화롭게 공존할 수 있다는 그녀의 생각 역시 너무나 당연한 것이지만, 실제로는 공허한 이념일 뿐이다. 순이가 살비의

---

[17] 1949년생. 1988년 『뉴욕 한국일보』로 등단. 『중앙일보』 신춘문예 당선(단편 「떠 있는 섬」, 1994).

총격에 쓰러지는 것은 그 이념이 현실에서 이루어질 수 없음을 암시하는 것이다.

작가는 법정 진술을 준비하는 주안의 시선을 빌어 인종차별에 항의하는 살비의 폭력적 방법에 비판의 화살을 보낸다. 그러나 그보다 더 인종차별이 공공연하게 자행되는 미국의 현실에 대해 분노한다. LA폭동 때 백인 거주지역은 경찰을 동원하여 보호하고, 한인타운을 습격한 흑인들의 모습을 반복해서 보도함으로써 한흑 대결로 오도하는 미국의 현실, 언론의 자유라는 이름으로 라디오 방송 진행자들이 인종차별을 조장하는 발언을 서슴지 않는 행태를 직설적으로 비판한다. 이런 미국의 현실을 배경으로 살비의 테러는 "용서는 할 수 없어도 왜 그랬는지 이해는 되는" 행위가 된다.

이 작품은 인종차별이 자행되는 미국의 현실과 그에 맞서는 폭력의 부당성을 폭로하고 소수민족으로 차별의 장벽을 넘어서는 일의 어려움을 잘 표현하고 있다. 죽은 아내에 대한 애틋한 연민과 화자인 주안의 막막한 심정이 이 인종차별의 비극적 상황을 훨씬 효과적으로 부각시킨다는 점에서 수작으로 평가될 만하다.

그런데 자세히 보면 순이의 태도에는 일종의 체념, 혹은 회피의 심리가 깔려 있다. 그녀는 단호하고 열정적이며 자기 일에 온몸을 던지는 강인한 여성이다. 그리하여 인종의 장벽이 높은, 완고한 영화계에서 자신의 위상을 확보할 만큼 성공을 거둔다. 그럼에도 인종차별과 관련된 그녀의 행동은 적극적이지 않다.

> 학교를 다니는 한편으로 미국 회사에서 시간제로 일했는데 두 번이나 이유 없이 쫓겨났다. 처음에는 친절하던 사람들이 열심히 일할 만하니까 따돌리기 시작해서 별 미련 없이 새 일터를 구했다. 인종차별로 제소하고 싶지만 누가 증언을 해주거나 하겠어요?
> — 신상태, 「살비에게」, 625쪽.

살비라면 제소했거나 폭력을 휘둘렀을 만한 문제를 순이는 그대로 감수한다. 익숙해진 직장을 떠나 새 일터를 구하는 것은 힘겨운 일이다. 그럼에도 "별 미련 없이" 새 일터를 구한다는 순이의 발언에는 이 번거로움을 어쩔 수 없는 일로 받아들이는 체념의 태도가 깃들어 있다. 이 차이는 어디서 오는가? 단지 제소해도 증언해 줄 사람이 없을 것이란 현실적 판단 때문일지 모른다. 그러나 차이는 여기서 그치지 않고 삶의 자세로 확대된다. 사소한 손해도 그냥 넘기지 않고 투쟁하는 살비와 달리, 순이는 주류사회에의 동화를 단념하고 "우리끼리" 살고자 한다.

'우리끼리'라는 의식은 치열한 경쟁에서 비켜선 소극적인 태도다. 이 글에서 대상으로 한 이민 1세대의 작품에 나타난 두드러진 특징 중의 하나가 미국 사회에의 적응 과정에서 보이는 이 소극성이다. 무엇보다 직업과 관련된 갈등이 없으며, 서사의 중심에 미국을 대표할 만한 미국인이 등장하지 않는다는 점이 그 단적인 예가 된다.

직업은 사회 적응의 지표라 할 수 있다. 그러나 이들의 작품은 대부분 직업과 무관하다. 작중인물들은 대부분 은퇴한 노인이나 주부학생 등으로 직업이 없으며,[18] 간혹 있더라도 시간제로 일하며 영화를 찍는 「살비에게」의 순이나 흑인 지역에서 마켓을 경영하는 「손」의 매부처럼 단편적인 묘사에 그치고 있다. 직업과 관련된 갈등이 포함된 작품은 「화려한 감옥」「콘돔」「병두네 식구들」세 편이다.

백훈의 「화려한 감옥」은 택시기사와 마사지 팔러의 사랑을 그린 작품이다. 실력만으로 대학교수가 될 수 없는 한국에 환멸을 느끼고 도미한 민은

---

[18] 미국 사회에서 한인들의 노동시장 참여율은 상당히 높은 편이고, 직업분포에서도 관리직과 전문직의 비율이 상대적으로 높았다(윤인진, 앞의 책, 248-249쪽). 그러나 작품에는 이와 다르게 나타나는데, 이는 작가의 관심사가 다른 곳에 있음을 반영하는 것이다.

끊임없이 내면의 가치를 생각하는 인물이다. 돈벌이가 되지 않는 어린 학생이나 아주머니들을 예약 손님으로 받으며, 조금이라도 돈을 더 받기 위해 여성 손님의 기쁨조 노릇을 서슴지 않는 동료들을 보면 모욕감까지 느낀다. 당연히 돈에 얽매여 마사지 팔러가 된 윤을 못마땅하게 여긴다. 그러나 윤이 입양 고아, 양부모의 이혼 등으로 고달픈 삶을 살면서도 그 어려운 현실을 자신의 운명으로 받아들이는 당당한 태도에 깊은 인상은 받는다. 윤도 민이 택시기사를 하면서도 돈에 집착하지 않는 태도를 보면서 마사지 팔러인 자신의 직업에 부끄러움을 느낀다.

이 작품에서 민과 윤의 관심은 미국 사회에의 적응이 아니다. 자신의 운명을 인정하고 당당하게 살 수 있는 마음의 자세, 돈에 집착하지 않는 도덕적으로 부끄럽지 않은 삶 등, '어떻게 살아야 하는가'라는 문제를 고민하고 있는 것이다. 택시기사나 마사지 팔러는 경쟁에서 뒤처진 직업이다. 윤과 민은 치열한 경쟁의 대열에 합류하는 것이 아니라, 이 뒤처진 삶을 자신의 운명으로 받아들임으로써 마음의 평안을 얻고자 한다.

전상미의 「병두네 식구들」도 같은 맥락의 작품이다. 세탁소에 고용되어 근근이 생활하던 병두는 아내의 푸념에 장사라도 해 볼 마음을 먹는다. 그러나 재산도 없고 배우지도 못한 병두는 도저히 새로운 일을 벌일 엄두를 내지 못한다.

> "사람은 다 태어난 대로 사는 것이다. …(중략)… 장사… 아무나 하는 것이 아니지. 너에게 주어진 일에 충실하고 감사해야 하는 거여. …(중략)…"
> 아버지의 충고하는 말에 병두는 금방 자신을 잃고 말았다. 자신을 빼앗기고 나니까 마음이 아주 가벼워지면서 편하게 느껴지기도 했다.
> ― 전상미[19], 「병두네 식구들」, 817-818쪽.

---

[19] 1940년생. 1976년 도미. 1988년 『미주 한국일보』 신춘문예 당선. 작품집 『두 여

중학교밖에 못 나오고 얼굴도 못생기고 체격도 빈약한 병두는 언제나 주눅 든 모습을 하고 있다. 그와 반대로 한국에서 데려온 그의 아내는 욕심이 많고 적극적이다. 그녀는 병두에게 장사라도 해 보라며 충동이지만, 병두는 막막하기만 하다. 병두가 평소와 달리 아버지와 상의하는 것은 사실은 아버지의 만류를 기대한 것인지 모른다.

"자신을 잃자 마음이 편해지는" 병두는 이민 1세대의 자화상이다. 물질적으로 다소 부족하더라도 마음의 평안을 얻는 것이 현명한 삶의 자세일 수 있다. 그러나 이는 미국 사회 적응에 필요한 경쟁의 포기를 전제로 한다. 주류사회에 진입할 자신도 욕망도 없는 이민 1세대들에게 직업이란 굳이 번듯하고 그럴듯한 것이 아니어도 좋은 것이다. 비록 내세울 만하지 못하더라도 마음의 평온을 유지하며 살 수 있으면 되는 것이다.

백인이 등장하지 않는 것도 이 경쟁의 포기와 무관하지 않다. 이 글의 논의 작품에서 백인이 갈등의 주체로 서사의 중심에 등장하는 경우는 한 편도 없다. 주인물과 갈등을 일으키는 사람들은 모두 흑인이나 소수민족인 것이다. 반면 백인은 언제나 친절하고 선량한 모습으로만 나타난다. 한국인인 마트 주인도 잘 알지 못하는 주안의 불행에 위로를 보내는 백인 이웃들(「살비에게」), 비행기에서 처음 만난 화자에게 먼저 말을 걸고 사진도 찍어주는 백인 여자(「하얀 해바라기」), 친절하고 따뜻하게 환자를 대하는 의사(「콘돔」) 등 그들은 언제나 호의적이다.

> 주안은 어째서 청소부는 모두 백인일까, 하는 시답잖은 의문을 품는다. 흑인 청소부를 본 적이 없다. 노임이 높기 때문이라는 얘기도 있지만, 어쨌든 국외자들이 알 수 없는 까닭이 있다는 것이다. 정말 '유색인종'은 수십 년을 살아도 파악할 수 없는 또 한 겹의 사회가 존재하는 것이 미국이란 나라인지……

---

자 이야기』(한국소설가협회, 2004). 미주 크리스천 문인협회 회장 역임.

— 신상태, 「살비에게」, 623쪽.

그러나 미국 사회에 인종차별의 장벽은 엄연히 존재한다. 평소에는 친절한 사람들이지만, 유색인종이 접근할 수 없는 그들만의 세계가 존재하는 것이다. 당연히 그들과 갈등이 없을 수 없다. 순이는 살비처럼 그들과의 갈등을 드러내지 않고 견딜 뿐이다. 백인과의 갈등이 다뤄지지 않는다는 것, 그런 갈등이 서사의 중심에 놓이지 않는다는 것은 이민 1세대들이 아직 본격적으로 미국 사회에 진입하지 못했음을 의미한다. 미국 사회에서 겉도는 그들은 주류계층인 백인들에게 동정의 대상일 수밖에 없다. 그들이 친절하고 선량하게 묘사되는 것은 그들과 이해가 얽혀있지 않은 의례적 관계이기 때문이다.

재미 한인문단 이민 1세대 문학의 소극성은 미국이란 나라가 애초부터 도피의 장소로 선택되었다는 점에서 연유한다. 대체로 미국은 풍요로운 기회의 땅으로 여겨져 왔다. 아무나 갈 수 없지만, 가기만 하면 성공이 보장되는 곳이었다. 중학 출신에 가난하고 못생긴 병두는 미국이란 조건 하나로 대학 나온 여자를 데려올 수 있었고(「병두네 식구들」), 어떤 부모는 미국 박사란 타이틀만 보고 부랴부랴 딸을 결혼시켜 떠나보낸다(「목 타는 도시」). 미국행은 곧 욕망을 충족시켜 줄 새로운 출발이었다. 그러나 그 이면에는 한국의 현실로부터 떠나고 싶은 마음이 숨겨져 있다.

"…미국에 있는 총각한테 시집가라는 거예요. 그러면 내가 무당 손녀인 줄은 아무도 모를 거라고요. 할머니는 그 말에 홀딱 넘어가 혼사를 서둘렀지요. 그 산골에서 미국이 어떤 덴지 알기나 했겠어요. 미국 하면 다 좋은 줄 알았지요.…"

— 박경숙[20], 「인연」, 530쪽.

미국이란 나라는 막연히 '좋은 곳'이란 기대감보다는 '무당 손녀'임을 숨길 수 있다는 점에서 선호된다. 젊은 혜주가 할머니가 시키는 대로 얼굴도 모르는 미국 남자와 결혼하기 위해 떠나는 것은 무당이라는 자신의 운명에 맞서지 못하고 회피하는 것이다. 다른 작품들에서도 미국은 좌절한 사랑, 사업의 실패, 교수가 될 수 없는 현실, 70년대의 암울한 사회 등 그들이 처했던 역경에서 벗어나기 위한 도피처로 선택된다. 이들 작품에서 미국을 기회의 땅으로 생각했던 사람은 도구적 역할에 그치는 인물들이고, 서사의 중심에 놓인 인물들은 모두 도피성 이민자이다.

회피는 험난하고 고통스러운 과정을 겪었던 인물이 선택한 자기 보호의 방식이며, 또한 적극적인 투쟁을 포기하고 자신의 마음을 다스려 위안을 얻는 방식이다. 이미 한국 사회의 모순이나 질곡에서 탈출한 인물이 미국이란 새로운 세계에 맞서 자신의 운명을 개척하기는 어렵다. 따라서 이민 1세대 문학의 근저에 놓인 소극성은 한국을 떠나온 도피성 이민자들에게는 당연한 것이라 할 수 있다. 적극적으로 미국의 주류사회에 진입하려 하지 않는 이상 이민 1세대는 결국 미국 사회의 주변적 존재로 남을 수밖에 없는 것이다. 이들 작품에 나타난 특징들, 백인과의 갈등이 없다는 점, 미국 적응의 지표가 될 만한 직업과 관련된 문제가 다뤄지지 않는다는 점, 적극적 투쟁보다는 심리적 위안을 얻으려 한다는 점 등은 이런 소극적 태도로부터 비롯된 것이다.

### 4. 위안과 치유 - 노후 생활

---

[20] 1956년생. 1992년 도미. 1994년 「미주 한국일보」 신춘문예 당선. 장편 『구부러진 길』(푸른사상, 2003)이 있음.

재미 한인사회 이민 1세대가 얻고자 하는 것은, 위에서 살펴본 대로, 새로운 사회에의 적응이 아니다. 그보다는 과거 한국에서 겪었던 불행했던 사건들에 대한 감정의 해소나 그 상처의 치유 또는 위안인 듯하다. 미국에서의 삶을 다룬 이들의 작품은 적극적인 적응 과정이 아니라 위안의 모색으로 규정할 수 있다.

권소희의 「나뭇잎은 흔들리는 나무 곁에」는 문학적 성과나 내용 면에서 주목할 만한 작품이다. 특히 지금까지의 논의와 달리 작중인물이 비상한 용기를 발휘함으로써 현재 상황을 극복해내는 이야기라는 점에서 특이한 작품이다.

어느 날 들이닥친 빚쟁이들의 폭행에 그동안 온실 속 화초처럼 살아온 평화롭던 일상이 짓밟히고, 화자는 도망치듯 미국으로 떠나온다. 그녀는 남편에 대한 믿음을 잃고 혼자서는 아무것도 할 수 없다는 극심한 무력감에 시달린다. 하루종일 텅 빈 아파트에서 무료한 나날을 보내던 그녀는 우연히 아파트 관리인이 한국인 소녀를 성추행한 사실을 알게 된다. 그녀는 잊고 있었던 과거, 어렸을 적 극장에서 속수무책으로 추행을 당하고도 아무에게도 말하지 못했던 수치스러운 기억을 떠올린다.

> 설사 살인미수라는 혐의를 벗겨내지 못하고 감옥에 들어간다 해도 이제는 더 이상 내 안에 들어앉아 벗어나지 못하는 스스로의 창살을 만들지는 않을 테야.
> …(중략)…
> 얼마나 많은 시간을 주변인으로 기웃대었던가. 언제 고쳐질지도 모르는 엘리베이터에 대한 불편함도, 매니저의 부당함도 더 이상 이 아파트에서 볼 수 없을 테지.
> ─ 권소희,[21] 「나뭇잎은 흔들리는 나무 곁에」, 468쪽.

---

[21] 1961년생. 2002년 「미주 한국일보」 공모전 입상. 2004년 소설가협회 올해의 우

화자는 관리인을 칼로 위협하며 경찰을 부른다. 이는 심한 우울증으로 무기력한 나날을 보내는 화자에게는 비상한 용기가 필요한 일이다. 그리고 이 일을 실천에 옮김으로써 그녀는 심리적 장애를 극복하고 온전한 인간으로 회복된다. 무엇보다 무력하기만 했던 화자가 남편이나 이웃의 힘을 빌리지 않고 스스로의 힘으로 이 일을 감행하는 행위는 의미심장하다. 이는 그동안 남편에게 의존하기만 했던 수동적인 삶을 청산하고 독자적인 의지로 살아갈 수 있음을 보여주는 것이기 때문이다. 그녀는 이제 어릴 적의 괴로웠던 기억과 나약함을 벗어던지고 세상에 당당히 맞설 수 있게 된 것이다. 그뿐만 아니라, 부당한 횡포를 자행하는 아파트 관리인에 맞서는 행위는 자신에 국한된 문제가 아니라 타인(소녀)의 문제, 나아가 아파트 입주민의 문제로 확대된다. 이 사건을 계기로 그녀는 비로소 이웃 주민과 인사를 나눈다.

이 작품은 내면의 상처를 치유하고 미국에서의 삶에 적응해 가는 한 여성의 모습을 그려 보인다. 작중 화자는 스스로의 의지로 부당한 힘에 적극적으로 맞섬으로써 자신의 권리를 되찾고, 마침내 한 사람의 온전한 인격으로 인정받게 된 것이다.

그러나 이 글의 대상 작품 중에서 이처럼 적극적 실천으로 상처의 치유를 그려낸 경우는 드물다. 최유혜[22]의 「콘돔」과 안설희[23]의 「화폭」 정도가 새로운 삶의 모색과 관련되어 있지만, 작중인물의 의지나 노력보다는 그

---

수소설 선정. 작품집 『시타커스, 새장을 나서다』(한국소설가협회, 2006.)가 있음.
[22] 1956년생. 국전, 목우회 공모전 입선(1980). 2002년 단편 「등뒤의 그림자」(「미주 크리스찬문학」)로 등단. 작품집 『낯선 땅에서 만난 소나기』(계간문예, 2006.)가 있음.
[23] 1955년생. '워싱톤문학상'(1990), 『뉴욕 한국일보』 공모상(1991) 수상. 2000년 『자유문학』으로 등단. 작품집 『옥수수밭 이야기』(월간문학 출판부, 2003.)가 있음.

좌절에 초점을 맞추고 있다. 「콘돔」은 마사지 팔러인 이혼녀의 고민을 코믹하게 그리고 있는데, 아이가 성장했을 때를 생각하여 떳떳하지 못한 직업을 그만두겠다고 결심하지만, 불운하게도 바로 그날 단속요원에 검거된다는 내용이다. 이 작품은 새로운 삶에 대한 모색을 포함하고 있긴 하지만, 주로 마사지 팔러란 직업과 이혼녀의 고달픈 삶을 그리고 있다. 「화폭」도 좋은 그림을 그리기 위해 가난과 싸우는 무명화가를 내세우고 있지만, 꿈을 이루지 못하고 죽어가는 화가와 그를 정성껏 간호하는 한국인 모델 사이의 애틋한 감정을 부각시킨 작품이다. 이들 이민 1세대의 작품에서 새로운 삶에의 모색이나 노력은 거의 다뤄지지 않는다. 대부분의 작품은 앞서 언급한 것처럼 현재의 피곤하고 지친 삶에 대한 위안을 그린다. 위안 역시 현재의 상처받은 삶을 견딜 수 있게 한다는 점에서 일종의 치유일 수 있다. 그러나 그것은 현 상태의 변화를 가져오는 것이 아니라는 점에서 치유보다 훨씬 소극적이다.

> 윤이 잠에서 깨어날 것 같아 그냥 갈증을 참고 있다. 민은 생각한다. 나는 윤의 편안한 잠자리를 위해 지금 갈증을 참고 있다. 지금까지 살아오면서 내가 누군가를 위해 갈증을 참아본 적이 있었던가. 민은 고개를 젓는다. 언제나 내 자신에 대한 갈증만으로도 나는 삶이 무거웠다.
> "이번에는 윤의 차례야. … 나는 지금 무척 목이 말라…"
> ―백훈, 「화려한 감옥」, 551쪽.

교수가 되겠다는 꿈이 좌절된 민과 입양 고아로 피곤한 삶을 살아온 윤은 서로에게서 위안을 얻고자 한다. 지금까지 자신의 문제만으로도 힘겨웠던 이들이 이제 상대를 위해 '갈증'을 참으며 이민 생활을 견디고자 한다. 물론 이들이 현재보다 더 나은 삶을 추구하거나 새로운 삶을 시작하려는 것은 아니다. 비슷한 처지에 있는 사람들끼리의 만남은 그 존재만으로 위안이 된다. 이 동병상련의 정서가 지치고 피로한 마음에 평온을 가져다준다. 민과 윤은 이렇게 서로의 상처를 보듬는다.

재미 한인사회 이민 1세대들은 너나없이 모두 불행하고 서글픈 사연을 간직하고 살아간다. 이미 오래전 한국을 떠나면서 가슴에 묻고 살아온 상처이기에 새삼스레 치유될 수 있는 것도 아니다. 게다가 미국 사회에 적응하는 일도 쉽지 않다. 적극적으로 나서기에는 이미 몸도 마음도 지쳐있는 것이다. 그래서 이들은 비슷한 처지의 한국 이민자들끼리 위로하며 마음의 평온을 얻고자 한다.

> 병두 처는 커다란 가방 몇 개에 그녀의 옷들을 챙겨넣고 큼직한 핸드백에 귀중한 영주권과 현찰 만 불을 넣은 것을 소중하게 껴안고 새장같던 시댁을 아무 거리낌 없이 영원이 나가 버렸다. …(중략)…
> 심한 갈증이 목구멍으로, 가슴 속으로 밀려오는 것이었다. 아주 심한 갈증이……
> 미스리가 차가운 얼음물 한 컵을 가지고 온 것은 병두가 물을 마시려고 막 돌아서는 순간이었다. 미스 리가 잔잔한 미소를 띤 채, 따듯한 눈으로 병두를 바라보았다.
> ─전상미, 「병두네 식구들」, 823쪽.

위안이란 욕망의 포기를 전제로 한다. 병두 모친은 억지를 부려 한국에서 대학 나온 며느리를 데려온다. 그러나 중졸에 직업도 변변치 않은 병두에게 대학 출신 아내란 허영에 불과하다. 병두 처는 오직 돈과 영주권이 중요할 뿐, 남편도 시부모도 관심 밖이다. 그녀는 병두네와 같은 처지의 이민자가 아니라, 미국이란 환상 혹은 욕망을 따라 건너온 존재다. 언제까지나 가난한 살림을 견디며 살 수 없는 그녀는 병두에게 장사라도 하라며 충동한다. 그녀의 욕망을 충족시킬 수 없는 병두는 그녀가 떠나자 후련함을 느낀다. 더 이상 그녀의 욕망을 충족시켜야 한다는 부담을 느끼지 않아도 좋은 것이다. 이제 병두는 비록 소아마비지만 마음 착한 미스 리와 편안한 인생을 맞을 것이다.

  욕망의 포기로부터 오는 편안함, 동병상련의 처지에서 느끼는 위안은 대체로 오랜 방황을 끝낸 노년의 삶에 속한다. 이민 길에 만나 수십 년을 형제처럼 지낸 노인들이 서로를 의지하며 이국에서의 외로움을 견디는 내용을 다룬 이종학[24]의「외로운 사람들」이나 최태응[25]의「샌프란시스코는 비」는 이런 면에서 이민 1세대의 작품의 전형적인 특징을 보인다. 오랜 방황 끝에 아내와 자식에게 측은함을 느끼게 되는 유학생을 그린 전지은[26]의「목 타는 도시」, 한국인의 피가 섞였다는 이유로 인디언 마을에서 추방되어 과거 어머니가 살던 집에서 조용한 여생을 보내는 인디언 이야기를 다룬 연규호[27]의「샤인엔강의 사랑」등도 모든 방황을 끝낸 자의 고요함이 주된 정조를 이룬다.

  이는 어쩌면 수십 년의 삶의 기반을 포기하고 새로운 세계로 떠난 뒤, 다시 상당한 기간을 지난 후에 문학 활동을 시작한 이민 1세대 작품의 피할 수 없는 특징일 것이다. 감정의 격랑은 오래전에 지났으며, 인생의 후반에서 새로 시작한 삶은 모험이기보다 정착의 과정일 수밖에 없는 것이다. 노년에 접어든 인물이나 세상에서 물러난 은퇴자의 삶을 즐겨 다루는 것은 이러한 내용이 재미 한인사회 이민 1세대의 정서에 가장 가까운 것이기

---

[24] 캐나다 거주.『검은 며느리』(백암, 2002)『눈 속으로 간 여자』(백암, 2004) 외 다수의 작품집이 있음.
[25] 1916년생. 단편「바보 웅칠이」(『문장』, 1939)로 등단. 1979년 도미.『최태응문학전집』(태학사, 1996)이 있음.
[26] 본명 최지은. 1956년생.『미주 한국일보』문예공모 단편 입상(1997), '재외동포문학상' 소설부문 입상(2002). 수필집『은자작나무가 서 있는 마을』(토우, 2001)이 있음.
[27] 1945년생. 2002년『문학과 문화』신인상 수상.『오하이오강의 저녁노을』(고글, 2002)『거문도에 핀 동백꽃은』(문예운동, 2006) 외 다수의 작품집이 있음.

때문이다.

## 5. 결어

지금까지 『대사전』에 수록된 작품을 대상으로 80년대에 도미한 재미 한인문단 이민 1세대 작가의 문학적 경향을 여러 측면에서 검토하였다. 특히 작품에 다뤄진 내용을 통해 그들의 문학적 관심이 어디에 있는가를 규명하고자 했으며, 한편으로 그 문학적 의의에 대한 근거를 찾아보고자 하였다.

이민 1세대 문학의 주요한 원천은 한국에서 겪었던 개인적인 체험이다. 이들은 이산가족이나 사랑의 좌절처럼 비극적 소재를 주로 다룬다. 정서적 공감대가 큰 소재를 통해 작가 자신의 억제되었던 감정을 표출하고 있는데, 이 경우 대부분의 작품이 작중인물과의 객관적 거리를 유지하지 못하고 문학적 형상화에 실패한다.

이민 1세대 소설은 미국을 배경으로 하면서도 미국 사회에의 적응 문제는 거의 다뤄지지 않는다. 무엇보다 서사의 중심에 백인이 등장하지 않으며, 사회 적응의 지표가 되는 직업과 관련한 갈등도 나타나지 않는다. 미국의 주류사회에 진입하려는 의지나 시도는 보이지 않으며, 현재 상태에서 마음의 평안을 얻고자 한다. 이 회피 또는 소극적인 태도는 이민 1세대 문학 전반에 나타나는 주요한 특징이다. 이민이라는 일종의 도피를 선택했던 이들이 새로운 세계에서 뒤늦게 적극적인 의지를 보일 수는 없는 것이다. 이런 점에서 미국 사회에 적응하지 못하고 겉도는 이민 1세대의 문학이 한국인끼리의 위안을 주요한 관심사로 다루는 것은 어쩌면 당연한 귀결로 보인다.

『대사전』은 현재 재미 한인작가로서 활발히 활동하고 있는 작가들의 대표작을 모은 것으로, 이민 1세대의 문학적 특성을 잘 보여주고 있다. 다만 이 글은 이민문학 일반이란 차원에서 논의를 전개했을 뿐, 개별 작가의 특성에 대한 고려는 하지 않았다. 이런 점에서 이 글에서 밝힌 내용은 개별 작가에 관한 구체적인 연구로 심화 확대되어야 할 것이다.

□ 참고문헌

1. 기본 자료

미주문학단체연합회 편, 『미주 이민 100주년 기념 한인문학 대사전』, 월간문학 출판부, 2003.

2. 논저

김윤규, 「재미 한인 이민소재 소설의 갈등구조」, 『문학과언어』 24집, 문학과언어연구회, 2004
_____, 「재미 한인 입양소재 소설의 문제인식」, 『어문학』 78집, 2002, 한국어문학회, 2002.
김종회, 『한민족 문화권의 문학』, 국학자료원, 2003.
박진영, 이산적 정체성과 한국계 미국작가의 문학, 『창작과비평』 123호, 2004년 봄.
김현택 외, 『재외한인작가연구』, 고려대 한국학연구소, 2000.
송명희, 「미 서부지역의 재미작가 연구」, 『비평문학』, 16호, 2002.
유선모, 『미국 소수민족 문학의 이해』 (한국계 편), 신아사, 2001.
유희석, 「한국계 미국작가들의 현주소」, 『창작과비평』, 2002년 여름.
윤인진, 『코리안 디아스포라』, 고려대 출판부, 2005.
이동하, 정효구, 『재미한인문학연구』, 월인, 2003.
이일환, 「재미 한국계 작가 연구」(2)/(3), 『어문학논총』 22/24집, 국민대 어문학연구소, 2003, 2005.
조규익, 「해방전 미주지역 한인 이민문학의 국문학적 의미」, 『국어국문학』 122호, 1998.
_____, 「제1세대 재미 한인 작가들의 소설(1)」, 『우리문학연구』 11집, 우리문학회, 1999.
_____, 「재미 한인 작가들의 자아 찾기」, 『현대문학연구』 29집, 한국문학연구회, 2006.
최윤영, 『한국문화를 쓴다』, 서울대 출판부, 2006
홍경표, 「미주 한인 이민소설 연구」, 『어문학』 78호, 한국어문학회, 2002.
_____, 「차학경의 「딕테」에 나타난 정체성에 대하여」, 『어문학』 86호, 한국어문학회, 2004.
홍기삼, 「한국문학과 재외한국인 문학」, 『작가연구』 3집, 새미, 1997.

# 미주(美洲) 한인 이민 1세대 소설의 서사

## 1. 서언

재미한인문학에 대한 연구가 상당한 성과를 보이고 있다. 최근에는 캐나다와 남미지역으로 연구가 확대되고 있으며,[1] 그간의 연구성과나 방법에 관한 재검토 작업[2]도 지속적으로 이루어지고 있다. 이 글도 이러한 작업의 하나이

---

[1] 이를 보이면, 이동하·정효구, 「재캐나다 한인 문학의 몇 가지 특징」(『재미 한인문학 연구』, 월인, 2003)/ 이상갑, 「역/재이민의 세계와 코레안 아르헨티노—맹하린의 소설집 『세탁부』를 중심으로」(『어문연구』 61집, 어문연구학회, 2009.9)/ 김정훈, 「재아 한인 시문학의 특성 연구」(『한민족문화연구』 32집, 한민족문화학회, 2010)/이영미, 「미주지역 한인문학 고찰-캐나다와 아르헨티나의 한인소설에 대하여」(『내러티브』 13호, 한국서사학회, 2009.5)/ 김정훈, 「캐나다 한인 시문학 연구」(『우리어문연구』 34집, 2009.5), 이상갑, 「경계와 탈경계의 긴장 관계」(『우리어문연구』 34집, 2009.5)/ 김남석, 「캐나다 한인 문학비평의 전개 양상 연구」(『우리어문연구』 34집, 2009.5) 등이 있다.

[2] 주요 논의로 이명재, 「미주 한인문학의 현황과 특성」(『국제한인문학연구』 3집, 2005)/ 박연옥, 「재미 한인문학 연구의 현단계」(『국제한인문학연구』 3집, 2005)/ 장영우, 「해방후 재미 동포소설 연구」(『상허학보』 18호, 2006)/ 김종회, 「시·공간의 변화와 민족적 정체성에 대한 탐색」(『국제한인문학연구』 2집, 2004) 등이 있

며, 미주지역 이민 1세대 소설을 연구 대상으로 한다.

미주지역의 이민 1세대 문학은 한 시대를 구획할 시기가 된 듯하다. 근래에 활발히 활동하는 이민 1세대 작가는 대부분 70/80년대 정치·경제적 혼란기에 한국을 떠난다. 이후의 이민이 국력의 신장과 교포사회의 안정이란 후광 속에서 이루어지는 것과는 큰 차이가 있다. 당연히 같은 이민 1세대라 해도 이민 환경과 체험에 따라 서로 다른 문학적 성향을 보일 것이다. 이런 관점에서 이 글은 1965년 미국의 이민법 개정 이후 이루어진 본격적 이민의 첫 세대에 해당하는 일군의 작가들을 묶어 그 성격을 규명해 보고자 한다.[3]

미주지역 이민 1세대 소설에 대한 이제까지의 연구는 대개 문학적 수준이 뛰어난 작품이나 개별 작가를 대상으로 이루어져 왔다.[4] 연구자들은 우수한 작품이나 작가를 발굴하고 이민문학의 새로운 경지나 의의를 밝혀냄으로써 앞으로의 방향 제시까지 의도하고 있는 듯하다. 이는 대단히 의미 있는 연구지만, 이민 1세대 소설의 일반적 양상을 밝히는 것과는 성격이 다른 작업이다. 따라서 이 글은 그들의 작품에 일관된 주요 관심사에 주목한다. 비록 질적 수준이 미흡하고 식상한 소재라 하더라도 그들이 즐겨 다루고 표현한 것들을 통해 이민 1세대의 문학적 성향을 확인하고자 하는 것이다.

---

다.
[3] 그동안 국내 연구자의 관심은 미국 주류문단에서 주목받는 영어로 창작한 작품에 집중되었고, 상대적으로 한국어로 창작된 이민 1세대 문학은 소외되어왔다(장영우, 앞의 글, 309-312쪽). 해방 전 문학작품에 관한 연구를 제외하면, 해방 후 이민 1세대 작가나 작품에 대한 연구는 이제 시작 단계라 하겠다.
[4] 주요 논의로는 이동하, 「20세기 초와 20세기 말의 재미 한인소설」/「김혜령의 소설세계」(이동하·정효구, 앞의 책)/ 송명희, 「미서부지역의 재미 작가 연구」(『비평문학』16호, 2002.7)/ 이기인, 「재미 한인소설 연구」(『현대문학이론연구』 37집, 2009.6)/ 이상갑, 「재미 한인소설의 변방의식과 탈식민성」(『어문논집』 60호, 민족어문학회, 2009.10) 등이 있다.

물론 이민문학의 특성에 대한 개괄적인 언급이 이미 있고[5] 그 내용 또한 어느 정도 예상할 수 있는 것들이다. 하지만 예상은 종종 사실과 다르다. 대상 작품의 선정에 따른 차이일 수 있겠지만, 이민 생활의 가장 심각한 문제인 인종차별이나 자녀 교육, 세대 간 갈등이 의외로 거의 다뤄지지 않는 것이다. 따라서 이민 1세대 소설의 객관적 조명을 위해서는 더 많은 작품을 대상으로 다양한 검토가 축적되어야 할 것으로 보인다.

이 연구를 수행하는 데 있어 작품의 평가를 선행하지 않도록 주의하였다. 작품의 질적 수준이 탁월하다거나 의미심장한 내용을 담고 있다고 하더라도 다른 작품과 같은 비중으로 다루었다. 따라서 이 글의 논의는 다수의 작품에 나타나는 현상을 토대로 진행된다. 소수이면서 중대한 의미를 지니는 특징들도 있겠으나, 이에 대한 논의는 차후로 미루기로 한다. 특히 이 글은 재미한인문학과 캐나다·아르헨티나 한인문학을 비교, 지역에 따른 차이도 살펴보았다. 캐나다와 아르헨티나의 경우 대상 작품과 작가가 많지 않아 검토 결과를 일반화하기에는 무리가 있겠지만, 이민 1세대 소설의 특징을 밝히는 데 의미 있는 참고자료가 될 것이다.

이 글은 2000년 이후 국내에서 출간된 이민 1세대 한인 작가의 작품집을 대상으로 삼았다.[6] 이민 이후에 등단한 작가의 작품집이 이 시기에 집중적으로 상재되기 때문이다. 2000년 이전에 발간된 작품집의 경우 이민 이전부터

---

[5] 김윤규, 「재미 한인 이민 소재 소설의 갈등구조」, 『문학과언어』 24권, 문학과언어연구회, 2002. 이 글은 『뉴욕문학』을 대상으로 고찰하는데, 대상 작품이 다른 때문인지 필자의 검토 내용과 몇 가지 점에서 상당한 차이를 보인다.
[6] 재외 한인 작가의 모국 지향적 태도를 부정적으로 보는 시각이 많지만(이명재, 앞의 글, 38-39), 그러나 이민 1세대의 작품은 어차피 미국 문학으로 편입될 수 없으며(장영우, 앞의 글, 318-321), 모국의 독자들과 만날 때라야 소중한 문학적 자산으로 평가될 수 있을 것이다.

작품 활동을 한 작가들의 것이 많아 이 글이 의도하는 '이민 1세대 문학'의 성격에 적합하지 않다고 판단하여 제외하였다.[7] 작품집은 한 작가의 지속적인 작품 활동의 산물로, 그의 일관된 문학적 성향을 파악할 수 있다는 점에서 검토 대상으로 적합하다고 판단하였다. 같은 맥락에서 우수작을 중심으로 한 선집들을 제외했는데, 작품 선정과정에서 문학적 성과를 중시함으로써 혹시 이민문학의 일반적 특성들이 식상한 소재란 이유로 배제되었을 수도 있다는 점을 감안한 것이다.

## 2. 상실과 보상, 중년의 사랑

재미 한인사회 이민 1세대의 작품에서 두드러진 현상은 중년의 사랑을 다룬 작품이 많다는 것이다. 사랑은 물론 아주 흔하고 오래된 소재다. 그러나 청춘남녀가 아닌 중년의 사랑이, 그것도 상당한 빈도로 반복되는 것은[8] 주목할 만한 특징이다. 게다가 이 사랑의 서사는 필요 이상으로 진지하여 감상의 과잉이란 우스꽝스러운 모양이 되고 만다. 노년에 접어든 작중인물이 남편과의 사랑을 문제 삼거나, 불륜에 가까운 애정행각에 노심초사하는 모습은 결코 평범하지 않다.

이 사랑은 행복하지 못한 가정에서의 탈출, 첫사랑과의 재회, 솔로들의 때늦은 연애, 성적 욕망과 외도 등 다양한 양상으로 나타나지만, 대부분이

---

[7] 이 글의 의도에 적합하지 않은 몇몇 장편들과 이민 생활과 무관한 상상력을 보여준 작가들, 예컨대, 박요한·연규호·임혜기·정정희·최정열 등의 작품도 검토에서 제외하였다.

[8] 이언호·이영묵을 제외한 작가들이 최소 두세 편 이상 이런 소재를 다루고 있다. 특히 전상미·조정희·박경숙 등이 많이 다룬다.

온전치 못한 가정을 배경으로 한다는 공통점을 갖는다.

> 헤어지자고 남편이 말을 꺼냈을 때 나는 솔직히 놀라거나 비통해 하는 감정은 추호도 없었다. 정리할 시간이 되었구나 하고 생각했을 뿐이다. 타인처럼 살아온 지난 날을 후회하지도 않았고 ……
> ― 전상미, 「잃어버린 세월」, 139쪽.[9]

이들 작품에서 부부는 대개 파경에 처해 있다. 이미 오랫동안 남남처럼 지내온 부부, 상대에 대한 배려나 대화가 없는 모습은 물론, 의처증이나 아이가 없다는 이유로 이혼했거나 불륜으로 인해 파탄에 이른 가정도 적지 않다. 게다가 자녀들 대부분은 성장해 집을 떠났거나 죽은 것으로 설정되어 있다. 최소한의 가정적인 분위기조차 의도적으로 배제되는 것이다. 가정은 휴식과 위안의 장소여야 마땅하지만, 작중인물들은 오히려 외로움을 느낀다. 중년의 사랑은 이렇게 피폐하고 삭막한 가정을 배경으로 이루어진다.

> 은재는 조금이라도 더 벌려고 매 순간을 아끼고 마음을 졸였다. 쉬는 날도 별로 없이 새벽에 일어나고 밤 늦게까지 일을 하느라 피곤하고 …(중략)… 영진을 대학에 보내고 나서 은재는 꽤 여러 달 동안 허탈감에서 헤어나지를 못했다. …(중략)… 은재는 갑자기 아이가 없는 집에서는 어떻게 웃어야 할지, 악착을 떨지 않아도 되기에 남아도는 시간에는 어떤 표정을 지으며 무슨 생각을 해야 할지 난감해져 버렸다.
> ― 김혜령, 「두 개의 현을 위한 협주곡」, 148쪽.

중년은 위험한 나이다. 문득 지나간 세월이 무의미하게 다가오고 삶의 허망함에 눈을 뜨는 시기인 것이다. 더욱이 이민 1세대에게는 갱년기 증후

---

[9] 이하 작품 인용은 인용 끝부분에 작가, 「작품명」, 쪽수를 밝히고, 본문에서의 인용은 작가·작품명만 밝힘.

군뿐만 아니라 힘겨운 이민 생활을 겪고 난 다음의 허탈함이 더해진다. 은재의 남편은 둘째 아이를 잃은 충격과 죄책감에서 헤어나지 못하고 술로 세월을 보낸다. 그녀는 남편을 대신해 억척스럽게 살림을 꾸려왔지만, 아들이 대학에 입학해 기숙사로 떠나버리자 삶의 목표를 상실해 버린다. 그녀는 더 이상 남편의 방황을 용납하고 싶지 않다. 남편과 이혼한 은재는 막막하다. 오로지 아들의 성장을 기다리며 모든 것을 견뎌온 그녀에게 남은 것은 아무것도 없다.

재미 한인사회 이민 1세대 소설은 대부분 이러한 상실감을 바탕으로 그 텅 빈 가슴을 채워줄 무언가에 관한 이야기다. 사랑은 바로 이 상실감과 관련되어 있다. 위안과 보상으로서 사랑보다 더 적절한 것은 없다. 사랑이란 누구에게나 가능한, 흔하고 손쉬운 소재인 것이다. 이민자에게 있어서 중년의 나이에 인생의 보람을 추구하거나 사회적 성취를 얻는 것은 쉬운 일이 아니다. 이미 무언가를 이룰 수 있는 시절은 지나가 버렸으며 꿈과 욕망은 접어야 할 때이기 때문이다. 그렇지만 사랑의 감정은 아직 남아서 새로운 활력을 느끼게 한다. 중년의 사랑은 헛되이 지나버린 인생과 그 보상을 표현하기 위해 선택된 소재다.

은재가 남편과 이혼하고 결혼 전부터 마음에 품고 있었던 서교수의 화실을 찾는 것은 잃어버린 세월에 대한 일종의 보상이다. 서교수는 이미 죽었지만, 그녀는 그의 기억을 되살리며 그림에 몰두함으로써 평안을 얻는다.

> "그 사람 옆에 있으면 숨이 막혀서 못 살 것 같았어. …(중략)… 외관으로 드러나는 모습은 언제나 완벽해야 되기 때문에 가정에 충실하고 가장으로서의 임무를 조금도 소홀히 하지 않지. 헤어 스타일, 옷 스타일은 물론이고 나중엔 내 사상이나 사고까지 자기가 원하는 대로 뜯어고치려 들었어…"
> 
> 조정희, 「꿈꾸는 티아레」, 95쪽.

의사인 최승규와 화랑을 관리하는 최혜리는 누구나 부러워하는 완벽한 부부다. 그러나 실제로 그녀는 행복하지 않다. 옷차림에서부터 만나는 사람, 화랑의 운영방식까지 철저히 간섭하는 남편 때문에 숨 막힐 듯한 답답함을 느낀다. 그녀는 결국 그림을 그린다는 핑계로 남편에게서 벗어나 남태평양의 작은 섬으로 떠나고, 그곳에서 프랑스인 의사 마이클을 만난다. 멋진 자연을 배경으로 한 마이클과의 만남은 낭만적이고 아름답다. 마치 소녀의 꿈같은 이 사랑은 중년의 나이와는 어울리지 않는다. 그러나 이 사랑은 남편의 간섭·의처증·폭력과 대조되면서 그녀의 질식할 것 같은 삶에 한 줄기 숨통을 틔워주는 작용을 한다.

하지만 마이클의 아내가 여행에서 돌아오자, 그녀도 조만간 집으로 돌아가기로 마음을 굳힌다. 마이클과의 자유로운 한때를 즐기지만, 파국으로 나아가지는 않는 것이다. 그녀의 일탈은 가정이란 굴레를 깨뜨릴 만큼 강렬하지 않다.

"선생님, 우리 저 회전목마 한 번 타요."
지숙은 어린아이처럼 박 선생을 쳐다보면서 말했다.
"좋지. 나도 실은 타고 싶었어."
…(중략)…
박진우는 제일 큰 백말을 짚었다. 지숙은 그 옆에 좀 작은 갈색 말을 택했다. 두 사람이 말에 오르자 다시 음악이 흘렀다. 하얀 말과 갈색 말은 원심 대를 향해 돌아갈 뿐 서로 만날 수 없었다. 하얀 말이 오르면 갈색 말이 내리고, 갈색 말이 올라갈 때는 하얀 말이 내려갔다. 그러한 엇갈림이 계속되었다.
— 조정희, 「바다와 목마」, 27쪽.

지숙은 흑인폭동 뉴스를 보다가 우연히 여고 시절의 영어 선생 박진우를 발견한다. 당시 그들은 선생과 학생이란 신분을 떠나 애틋한 사랑을 느끼지만, 몇 번의 만남에 그칠 수밖에 없었다. 지숙은 수소문 끝에 박진우를 만나고, 두 사람은 30년 전의 과거를 반추한다. 그러나 이들의 관계는 더 이상 발전하지 않는다. 서로 만나지 못하는 회전목마처럼 그저 스쳐 지나가면서 웃어주는 것으로 만족하는 것이다. 지숙과 박진우의 가정은 별로 불행해 보이지 않는다. 그러나 흑인폭동으로 잿더미가 된 가게를 배경으로 한 이들의 삶은 고달프고 외로워 보인다. 그저 잠깐의 만남을 통해 지난날을 기억해 보는 것만으로 상당한 위안을 느낄 만큼 그들은 삭막한 삶을 살고 있었던 것이다. 이런 이유로 각자 가정이 있는 이들의 만남은 도덕과 부도덕의 위험한 경계에 놓여 있음에도 윤리문제가 부각되지 않는다.[10]

몇몇 예외적인 작품이 있지만,[11] 이 중년의 사랑은 대부분 일시적인 만남으로 끝난다. 첫사랑을 다시 만난다는 설렘, 멋지고 이상적인 상대에게서 느끼는 황홀함은 잠시일 뿐이다. 그들은 다시 만난 상대에게 실망을 느끼거나, 어차피 이루어질 수 없는 신기루에 불과한 사랑임을 깨닫고 원래의 자리로 돌아가는 것이다.

이 상실감과 관련된 또 다른 소재로 작중인물의 예술적 취향을 들 수 있다.

> 지금 민이 말하는 동료의식이란 말하자면 …(중략)… 5%의 적은 무리에 함께 속한다는 반가움을 말하는 것이다. 그리고 그들이 천박해 보이지 않는다는 것도 자신이 수준 높은 문화를 즐기고 있다는 턱없는 은밀한 자긍심의 다른 표현인 셈이다. 물론 그것이 편견에 불과함을 알고 있으면서도 말이다.

---

[10] 현길언은 이를 나그네의 삶을 다루는 이민소설의 양식적 특징으로 설명한다(현길언, 「나그네 삶의 진실과 그 양식」, 조정희소설집 『그네타기』, 한국소설가협회, 2003, 252-254쪽). 그러나 필자는 이들의 사랑이 이민 생활의 상실감을 드러내기 위한 도구적 성격에 지나지 않으며, 윤리문제가 부각되지 않는 것으로 보았다.
[11] 새로운 만남이 성공적 결과로 이어지는 경우는 백훈의 작품들과 전상미의 「가을 여자」가 있다. 백훈은 상대적으로 젊고 독신인 인물의 결혼을 다루지만, 이민 생활의 상실감을 드러낸다는 점에서는 같다.

― 백훈, 「화려한 감옥」, 19쪽.

클래식 음악을 선호하는 사람이 5%라는 통계 하나로, 화자는 자신이 수준 높은 문화를 즐기고 있다는 자긍심을 느낀다. 그것이 편견임을 알면서도 그렇게 자신을 위로하는 화자의 모습은 서글프다. 그는 박사를 마치고도 교수가 될 수 없는 현실에 환멸을 느끼고 미국으로 건너와 코리아타운의 무허가 택시기사가 된다. 클래식이나 "수준 높은 문화"라는 생각의 바탕에는 이런 처지에 대한 자조와 열패감이 깔려 있다.

그림이나 음악은 미국에서 사회적 성취를 기대할 수 없는 이민 1세대들의 자아실현에 대한 욕구를 풀어주는 통로가 된다. 적어도 표면적으로는 언어의 장벽이나 사회적 관습에서 자유롭기 때문이다. 물론 이민 생활의 고달픈 여건 속에서 예술적 성취를 이룬다는 것 또한 현실적으로 어려운 일이다. 그럼에도 작중인물들은 여전히 그림이나 음악에 집착한다. 비록 실질적인 성취를 이루지는 못한다고 하더라도, 고상하고 의미 있는 삶을 살고 싶다는 꿈만은 버리지 못하는 것이다.

> 몇 번째인가 남편이 자다가 깨어보면 없어진 나를 그림방에서 찾아내고는 했었다. …(중략)… 남편은 걱정 끝에 친구인 정신과 의사와 상담을 했다. 그리곤 신경쇠약증세로 오는 몽유병이라는 진단으로 받아온 약이 발륨이었다. 언제나 이런 식으로 들키고 나면 아무 말 없이 남편의 손에서 입으로 들어오는 그 약을 받아먹는다. …(중략)…
> 삼켜버린 약들이 나의 불씨를 소멸시키지 못하리라고. 그 언젠가, 억제해 온 불꽃을 위한 휴식에 도움이 될 뿐이라고 나는 미소와 생각을 숨긴다.
> ― 최유혜, 「몽유병」, 93쪽.

예주는 재능있는 미술학도였지만, 지금은 평범한 주부가 되어 있다. 남편이 가정의 평화를 위해 그림을 포기하도록 했기 때문이다. 삶의 터전을 바꾼 이민자에게 있어 가정은 무엇보다 중요하다. 이를 위해 자신의 성취는 유보될 수밖에 없다. 이렇게 포기할 수밖에 없었던 꿈은 중년의 고비에 들어서면 심각한 상실감으로 돌아온다. 예주는 남편이 잠든 밤에 몰래 그림방에 와서 예전에 그렸던 그림들을 들여다보며 감상에 젖는다. 남편은 이런 그녀를 이해하지 못하고 몽유병 약을 먹인다. 그림에 대한 꿈을 버리지 못한 그녀는 언젠가는 다시 그림을 그리리라고 마음을 다진다. 그때를 위해 지금은 몽유병 약을 순순히 받아먹는다. 그러나 그것은 단지 꿈일 뿐, 실제로는 지나가 버린 날들에 대한 자기 위안에 불과하다.

중년의 사랑과 마찬가지로 음악이나 그림에 대한 애착도 작중인물의 상실감을 충족시키지 못한다. 그러나 그들은 그림을 그리거나 음악을 듣는 행위를 계속한다. 아직은 고상하고 의미 있는 삶을 살고 있다는 자기 최면인 것이다. 이를 통해 그들은 현실을 잊고 위안을 받는다.

재미 한인문단 이민 1세대 소설의 바탕에 흐르는 주된 정서는 상실감이다. 작중인물들은 힘겨운 이민 생활에 지쳐 몸도 마음도 피폐해졌지만, 어디에서도 위로받지 못한다. 이 상실감으로 뒤늦게 사랑에 빠지기도 하고 예술에 매달려 보기도 하지만, 여전히 미진하다. 이들 소설이 그려보이는 결핍된 삶과 상실감, 그리고 그 보상을 찾아 방황하는 모습, 이는 재미 한인사회 이민 1세대의 우울한 초상에 다름 아니다.

### 3. 상처와 자존, 사회적 관계 회피

재미한인의 상실감은 사회와 고립된 이민 생활에서 비롯한다. 이 글에서 이민 1세대들이 미국 정착 과정에서 겪은 어려움을 거론한다는 것은 새삼스러운 일일 것이다. 언어의 장벽과 문화적 차이, 인종차별, 그리고 한국에서의 신분에 걸맞지 않은 단순 노동과 경제적 어려움 등등. 그뿐 아니라, 믿고 의지했던 친지나 한인들과의 반목과 다툼도 이민 1세대의 이민 생활에 커다란 난관으로 작용했을 것이다. 이 과정에서 이민자들은 자존심에 상처를 입거나 심각한 무력감에 빠지는 등 심리적인 충격이 클 수밖에 없다. 이들 작품에 폐쇄적이고 고립된 모습의 작중인물이 많은 것은 이 때문이다.

미국이라는 이민 사회에 성공적으로 정착하기 위해서는 무엇보다 미국 사회 구성원과의 정상적인 관계가 이루어져야 한다. 그러나 이민 1세대 소설의 작중인물들은 이런 정상적인 관계를 형성하지 못한다. 미국 사회의 주류계층인 백인들의 모습은 아예 찾아볼 수 없으며, 소수민족인 흑인이나 히스패닉과의 관계도 상당히 부정적이다. 심지어는 같은 한국 교민들과의 관계도 극히 제한되어 있다. 이는 이들 작품이 작중인물의 사회적 활동이 아니라, 내면이나 심리를 그리는 데 주력하기 때문이다.

이들 작품에서 주류계층인 백인은 거의 찾아볼 수 없다. 논의 대상 작품 중에서 백인이 등장하는 작품은 한 편의 장편[12]과 네 편의 단편뿐이다. 조정희의 「꿈꾸는 티아레」, 전상미의 「하얀 겨울」, 박경숙의 「방 한 칸」 등 세 편의 단편에 등장하는 백인 남자는 공교롭게도 유사한 역할로 설정된다. 그들은 멋진 외모와 예의 바른 태도로 작중인물의 마음을 사로잡는다. 그러나 이들은 작중인물이 처한 불행한 가정을 드러내기 위한 도구적 인물일 뿐이다. 즉, 굳이 백인이 아니어도 무방한 역할인 것이다. 이언호의 「비둘기와 금발미녀」는 의붓아버지의 성폭행으로 인해 정신이상이 된 이웃집

---

[12] 최유혜, 『천사들의 도시』, (주)다트앤, 2009. 이 작품은 노숙자 생활을 그린 작품인데, 두 명의 백인은 삽화적 인물이며, 사회적 역할이 없는 노숙자란 점에서 백인으로서의 의미를 띠지 못한다.

딸과 노파를 다룬 작품인데, 이들은 사회적 약자의 모습으로 등장한다는 점에서 주류계층인 백인으로서의 면모를 갖지 않는다.

백인과의 인간관계가 없다는 것은 이민 1세대가 미국 주류사회에 진입하지 못했음을 뜻한다. 그 일차적인 원인은 언어의 장벽이나 미국의 사회적 관습 등의 현실적 조건 때문이겠지만, 이민자들의 심리적 요인도 중요하게 작용한다. 작품에 나타난 백인 또는 미국 사회에 대한 작중인물의 태도는 상당히 부정적이다. 애초에 백인의 등장이 없다는 점 자체가 그들에 대한 부정적 심리의 반영이기도 하지만, 적대감이 직설적으로 드러나는 경우도 많다. 단편적으로 보이는 반미국적 표현들도 백인 사회를 향한 것이다.

> 미국인은 평소엔 신사 같아 보여도 이해관계에 있어서만은 천만의 말씀이다. 또 십 달러 주고 산 옷을 망쳐놨으면 백 달러 주고 샀다 하는 사람이 미국인이다. 다 떨어진 옷도 새 옷이었다고 우겨대는 사람이 또 이들이다.
> — 이언호, 「길가는 사람들」, 16쪽.

> 보통 때는 미소도 잘 흘리던 그였는데 나를 한 번 흘낏 바라볼 뿐 …(중략)… 이웃의 홀로 사는 동양여자가 문제되지 않는다는 듯 냉랭함이 감돌았다.
> — 박경숙, 『구부러진 길』, 49쪽.

백인들의 사회는 비정하고 무자비하다.[13] 미국 생활에 서툴고 의사 표현도 부족한 이민자에게 백인들의 철저한 개인주의는 낯설고 두려운 것이다. 그들은 평상시에는 한없이 친절하고 예의 바른 모습이지만, 조금이라도 급하거나 곤란한 상황이 되면 어김없이 이민족의 냉랭함을 드러낸다. 때문에, 백인의 여유와 친절은 그들의 부와 풍요로움에서 비롯된 우월의식으로 비

---

[13] 임헌영, 「온몸으로 그리워하기」, 권소희소설집 『시타커스, 새장을 나서다』, 한국소설가협회, 2006. 309쪽

치기도 한다.[14]

> 녀석이 제 조상을 잘 만나 허여멀건 피부에 늘씬한 체구에다 푸른 눈을 빛내며 작은 키의 나를 내려다보고 얘기할 때면 어느 땐 그녀석이 주인이고 내가 종업원인 것 같은 착각에 빠지곤 했다.
> ― 박경숙, 「동굴을 떠난 동굴나라 사람 하나」, 123쪽.

> 찬욱이가 좋아하던 아이는 금발의 백인 아이였어요. 동양인이라는 이유로 그 집 부모가 반대를 했어요. …(중략)… 그 백인 애도 찬욱이를 몹시 사랑했어요. 그러나 사람은 서로 맞는 환경끼리 만나야 하지 않겠어요? 더군다나 인종까지 다르니 …(중략)…
> 번뜻하게 서 있는 도시 건물은 부러움이었고 동시에 그 안에서 쏟아져 나오는 말쑥하고 허여멀건한 얼굴들은 증오의 대상이었다. 반질반질한 건물은 가진 자와 못 가진 자를 구분하는 굳게 닫힌 성벽이었다.
> ― 권소희, 『시타커스, 새장을 나서다』, 263-264쪽.

멋진 외모나 당당한 태도, 여유 있는 행동의 백인 앞에서 어눌하고 조그만 이민자들은 주눅이 들고 위축되게 마련이다. 이러한 열등의식은 때로는 백인에 대한 막연한 반감으로 이어진다. 찬욱은 미국 명문대를 졸업한 수재지만, 인종차별의 벽을 넘지 못하고 자살을 선택한다. 그의 죽음을 보면서 화자는 인종과 빈부의 차이에 분노를 느낀다. 그러나 이 적대감은 사회적 정의감에서 나오는 것이 아니다. 배우지도 못하고 영어도 못해서 허드렛일을 전전할 수밖에 없는, 못가진 자의 열등의식이다.

---

14 "그것(인종차별)은 매우 은밀한 것이며 실물로 체감되기 어려운 것이어서 쉽사리 소설의 내용으로 채택되지 않는다"(김윤규, 앞의 글)에서처럼, 은밀하게 이루어지는 인종차별로 보기도 한다. 그러나 이들 작품의 작중인물들은 인종차별을 받을 만큼 백인과의 관계가 이루어진 적이 없다. 그것은 대부분 작중인물 혼자서 일방적으로 느끼는 인상이나 선입견의 형태로 드러나 있는 것이다.

개인으로 묘사되는 백인은 여유 있고 당당하며, 멋지고 친절하여 작중인물의 마음을 사로잡는 선망의 대상이다. 그러나 백인 사회는 이민자의 진입을 허용하지 않는 냉정함을 가지고 있다. 그 앞에서 이민자들은 위축될 수밖에 없다. 이민자의 열등의식은 점차 반감과 적대감으로 바뀌고, 스스로 그들에게서 멀어지는 것이다.

흑인이나 히스패닉은 백인보다는 자주 등장하는 편이다. 실제 이민 1세대들의 삶이 이들과 근접해 있다는 점에서 당연한 일이다. 그렇지만 이들 이민족과의 교류가 본격적으로 다뤄지고 있는 것은 아니다. 이는 무엇보다 작품 속 흑인의 역할이 작중인물과의 인간관계를 위한 것이 아니라는 점으로 확인할 수 있다. 흑인은 주로 강도나 살인으로 작중인물의 삶에 중대한 영향을 미친다. 하지만, 이러한 사건들은 작중인물이 겪는 험난한 이민 생활을 드러내는 방편일 뿐, 흑인과의 인간적 갈등이나 화해의 문제로 확대되지 않는다. 간혹 흑인이나 히스패닉의 선량하고 낙천적인 성격이 강조되기도 하지만, 대부분 등장인물도 없이 작중 화자의 간단한 언급으로 제시될 뿐이다.[15]

안설희의 「섬」은 흑인 사회에서 살아가는 이민자들의 태도를 다룬 몇 안 되는 작품 중 하나다.[16] 은혜 부부는 흑인 거주지역에서 작은 상점을 운영한다. 흑인 동네에서 돈을 벌면서도 백인 동네에 거주하는 한인들의

---

[15] 예컨대, "그래도 그들은 겉모습만 공포스럽지 사실 인정 많기는 냉정한 백인보다 낫다고 찬욱이는 종종 말했다"(권소희, 『시타커스, 새장을 나서다』, 251쪽)처럼 짧고 간단하게 언급된다. 흑인, 히스패닉이 조금이나마 의미 있게 등장하는 작품은 조정희의 「그 후에 내린 비」 「마리아의 꿈」, 이영묵 『워싱턴 달동네』 정도이다.

[16] 이밖에, 가장을 잃은 가족의 고통, 흑인 강도와의 화해 과정을 그린 이언호의 「손」이 있다.

행태를 옳지 못하다고 생각하여 가게 이층에 살림집을 차리고 흑인들 틈에 섞여 함께 생활한다. 물론 부족한 영어로 의사소통이 어렵고 강도를 당하기도 하는 등 많은 어려움을 겪는다. 그러나 가게의 단골인 흑인 이웃들과 친해지려는 노력의 결과로 이제는 인사와 농담을 주고받을 만큼 가깝게 지낸다.

> 일요일에 온 가족이 한인교회에 가는 것을 제외하고는 매일 가게 윗층에 갇혀 지내다시피 하는 아이들을 위해서도 하루바삐 이곳을 벗어나고 싶은 생각이 굴뚝 같았지만 아직은 그럴 형편이 못 되었다.
> ― 안설희, 「섬」, 166쪽;

은혜 가족은 이중 삼중의 잠금장치를 해 놓고, 도심 속에서 고립된 섬처럼 살고 있다. 강력 사건이 빈발하는 지역이기 때문에 늘 불안하고 조심스러운 것이다. 예의를 지키고 성실하게 사는 흑인 이웃들을 보면서 그들과 어울려 사는 것도 나쁘지는 않다고 위안해보지만, 아무래도 빨리 이 지역을 벗어나고 싶다는 마음은 변하지 않는다. 이처럼 은혜의 태도는 이중적이다. 흑인에 대한 인종적 편견을 버리고 진심으로 그들을 대해야 한다는 이성적 태도와 감옥처럼 갇혀 지내야 하는 흑인 동네를 떠나고 싶은 솔직한 감정이 상충되고 있는 것이다.

인종차별이 옳지 않다는 당위는 현실의 생활 감정 앞에서 무력하다. 이민자들에게 흑인과 히스패닉은 기피의 대상이다. 작중인물들은 외견상 타 인종을 차별 없이 대하는 듯하지만, 은연중에 배타적인 태도가 드러난다. 이는 타 인종에 대한 차별이나 멸시라기보다 한국인끼리만 모여 살고 싶다는 소극적 성격에 가깝다.[17]

---

17 이와 관련하여 흑인에 대한 인종차별로 보는 관점은 재고가 필요하다. 예컨대,

안설희의 「숲속의 쉼터」는 노인 요양기관에서 일하는 간호사 최정인의 성실한 자세와 꿈을 그린 작품이다. 이 작품에는 불우한 한국 노인이 두 명이나 등장하는데, 이들을 돌보는 정인의 친절은 간호사로서의 사명감을 넘어서 한국인에 대한 끈끈한 정을 드러낸다. 특히 "이 땅의 한국 노인들을 위해서 양로원을 설립"하겠다는 결심이나, "양로원이 아니라 경로당이라고 부르겠다"는 대목에서는 배타적인 민족의식이 감지된다.

> "진돗개는 한눈에 봐도 코리안 도그인 줄 아는 외국인들이 많을 텐데요. 저렇게 무책임하게 버리면 안 되는 거 아니에요. 거기다 저 진돗개들이 저렇게 굴러다니다가 똥개나 퍼트리면…" ― 최유혜, 「황구」, 200쪽.

이 작품은 진돗개에 빗대어 인종 간의 혼혈이 어쩔 수 없는 일임을 암시한다. 아무리 묶어놓고 조심시켰어도 화자의 황구는 색색의 새끼를 출산하는 것이다. 그러나 이 중심 사상과 별개로 무심중에 한민족과 이민족을 구분하려는 작중인물의 태도가 드러난다. 진돗개를 아무데나 버리는 일과 같은 사소한 행동조차도 외국인의 눈에 어떻게 비칠 것인지 신경을 곤두세우는 것이 그러하다. 이런 의식은 자연스럽게 한국인과 외국인을 구별하고 편 가르는 행동으로 이어진다. 공원에서 헛되이 시간을 보내는 학생들을 보며 화자는 그들이 한국 학생이었다면 학교에 가라고 독촉했을 것이라고 생각하는 것이다.

---

흑인을 긍정적으로 서술한 작품(권소희 「시타커스, 새장을 나서다」, 이영묵의 『워싱턴 달동네』)의 경우 작중인물은 배운 것도 없고 막노동으로 살아간다는 점에서 흑인들과 비슷한 처지에 있다. 반면 흑인에 대한 차별의식을 보이는 인물은 흑인보다 상대적으로 수준이 높거나 흑인의 폭력을 겪어본 경우로 설정된다. 흑인에 대한 기피에는 인종적 차별과 빈부, 지적 수준의 차이가 섞여 있다. 인종차별에 관한 연구로 이상갑, 「재미 한인소설의 변방의식과 탈식민성」(『어문논집』 60호, 민족어문학회, 2009.10)이 있다.

한인들끼리 큰 소리로 떠들어대는 모습이나 그걸 보고 외국인에게 불쾌감을 줄까 노심초사하는 태도(백훈, 「블루 애비뉴」), 한국에서 전해지는 부끄러운 소식들로 멸시당하지 않을까 두려워하는 마음(박경숙, 「동굴을 떠난 동굴나라 사람 하나」)에서도 민족에 대한 과잉의식이 드러난다. 특히 이민족과의 결혼에 대해서는 강한 거부감[18]을 보인다. 민족적 동질감은 당연한 것이지만, 이는 쉽게 타민족에 대한 배타적 태도로 이어진다. 흑인이나 히스패닉에 대한 기피에는 이런 배타적 민족의식이 작용하는 것이다.

재미 한인사회 이민 1세대의 작품에서 한인 또는 한인사회도 찾아보기 어렵다. 그나마 이영묵과 백훈의 작품에 한인들의 생활상이 반영되지만, 정작 중요하게 다루는 내용은 한인사회와 무관한 것들이다. 이영묵은 속고 속이는 한인들의 이권 다툼을 통해 사기와 폭력·매춘·마약 등 부정적 사회상을 폭로하는 데 주력한다. 백훈은 한인타운의 사설 택시회사나 상인들, 교회 등 꽤 많은 한인사회를 다루는데, 작품의 초점은 개인의 내면 의식에 맞춰져 있다. 이들 작품 이외에는 피상적으로라도 한인교회나 한인 단체가 등장하는 작품은 극소수에 불과하다.[19] 이는 한인사회에 대한 작가의 의도적인 회피로 보인다.

> 집을 소개해 준 복덕방 레이디는 특종 뉴스 감이라도 발견한 듯이 인혜가 이사 들어오는 날 와서 너의 집에서 안쪽으로 두 번째 집이 한국인이 살고 있는 집이라며 떠들었다. 미국인들이 생각하는 것처럼 한국인들은 자국민을 그리 좋아하지 않는데 하고, 그녀는 덤덤한 표정으로 고개만 끄덕였다.

---

[18] 이 문제를 본격적으로 다룬 작품은 없고, 무심코 언급된 부분들(전상미, 「잃어버린 시간」, 146쪽/ 안설희, 「아버지의 눈」, 193쪽)이 있다.
[19] '인간성 회복 봉사회'라는 단체를 설정한 박경숙의 「안개의 칼날」은 회장의 불륜을 다룬 작품이고, 조정희의 「그네타기」 「겨울비」, 박경숙의 『구부러진 길』 등의 한인교회는 사랑의 상대를 만나는 계기로만 작용한다.

— 조정희, 「겨울비」, 192쪽.

확실히 이민 1세대 소설의 작중인물들은 자국민을 멀리하려는 성향을 보인다. 대개의 작품에서 한인사회와 거리를 두려는 이유는 분명하게 드러나지 않는데, 다만 단편적인 부분들만으로도 한인사회 또는 한인과 접촉하는 것을 꺼리는 태도는 확인할 수 있다.[20] 따라서 작품의 배경도 대부분 한인사회를 벗어나는 경우가 많다. 주로 외국 여행지라든지, 바닷가나 계곡, 한인이 거의 살지 않는 도시, 한인타운에서 멀리 떨어진 백인 거주지역의 저택 등이 사건의 주요 무대가 되는 것이다.

> 한국에서 착실히 쌓아왔던 경력과 학력은 이 낯선 사회 안에서 철저히 무시되었고, …(중략)… 이미 녹이 슬어버린 자부심과 고급스런 취미는 오히려 없던 것만도 못한 흉한 몰골이 되어 우리를 초라하게 만들었다. 그와 나는 서서히 미국의 서민으로 추락한다는 사실을 참을 수 없어 하며……
> — 박경숙, 「죽음을 옆구리에 끼고」, 197쪽.

이것은 일종의 패배감이다. 재미 한인사회의 1세대 이민자 대부분은 중산층이나 지식계층이지만, 언어 장벽으로 인해 단순 노동밖에는 할 수 없다. 이들은 과거와 비교해 현저히 낮아진 자신의 처지를 감수하지 못하는 것이다.[21] 뿐만 아니라, 한국에서의 부정이나 부끄러운 전력이 드러나는 것도 두렵고(전상미의 「A시의 가족」, 이영묵의 「정글에 뛰어들어」), 초라한 자신의 처지를 내보이기도 싫은 것이다(최유혜의 「등 뒤의 그림자」, 권소

---

[20] 예컨대, "그럼 한인타운에서 만나지?" "거긴 무서워서 잘 안 나가요."(전상미, 「오후의 외출」, 166) 등과 같은 간단한 대화나 묘사 속에 한인사회에 대한 회피의 모습을 엿볼 수 있다.
[21] 백훈의 작품은 대부분 이런 내용을 포함하고 있다.

희의 「시타커스, 새장을 나서다」). 이들은 모두 어떤 면에서 "내 땅에서 살 수 없는 사람들"[22]이지만, 외국인보다도 오히려 한인들을 피하고 싶은 것이다.

    재미 한인사회 이민 1세대 작품의 작중인물들은 이처럼 철저히 고립되어 있다. 모든 면에서 열등의식을 느끼게 하는 백인, 두려움이나 기피의 대상인 흑인, 부끄러운 모습을 숨기고 싶은 한국인. 모두가 이민자에게는 마음이 편치 않은 상대들이다. 이들과 거리를 두다 보면 자연히 타인과 고립된 외톨이로 남게 된다.

## 4. 감상과 체념, 작중인물의 내면세계

    사회적 인간관계가 배제된 재미 한인사회 이민 1세대 소설은 작중인물 개인의 문제에 집중한다. 부부나 가족, 애인·친구 등, 극히 제한된 몇몇 인물과의 관계를 통해 드러나는 것은 작중인물의 내면세계다. 그것은 대개 부모로부터 버림받은 아픈 과거사나 불행한 사랑의 기억과 관련되어 있다.[23] 어려서 부모에게 버림을 받았거나 입양 고아로 거친 세상에 내던져진 불우한 인생, 아무 잘못도 없이 시집에서 쫓겨나거나 결혼을 거부당한 채 머나먼 이국에서 혼자 살아가는 여성 등 이들 작중인물은 대개 서글프고 외롭다. 작가는 작위적으로 보일 만큼 불행한 상황에 작중인물을 몰아넣고, 신파적 감상을 극대화한다. 이민 1세대 소설의 가장 두드러진 특징의 하나가 바로 이 감상의 토로

---

[22] 박경숙, 「동굴을 떠난 동굴나라 사람 하나」, 136쪽.
[23] 김혜령·백훈·최유혜 등은 부모와 관련된 소재를, 전상미·박경숙·조정희 등은 불행한 사랑을 다루고 있는데, 두 가지 소재를 모두 다룬 작가는 없다. 불행한 사랑은 대개 중년의 사랑과 연관되어 있다.

다.

> 어머니, 아버지라고 부르고 싶은 충동을 억누르기 위해 달리는 아스팔트를 바라보면서 지그시 자제하고 있었다. …(중략)…
> 차에서 내려 트렁크에 있는 짐을 챙기려는데 아버지가 만류한다.
> "그냥 두어라, 이모하고 먼저 집안으로 들어가거라." 친근한 말투였다.
> "그래 이모부 하시게 두고 들어가자."
> …(중략)…
> 응접실에 들어서자 벽에 걸린 커다란 가족사진이 제일 먼저 눈에 박힌다. 세 가족의 사진을 보면서 이 아이가 내 동생이다 싶으니까 가슴이 뭉클했다.
> ― 최유혜, 「낯선 땅에서 만난 소나기」, 227-229쪽.

은하는 부모가 있지만 고아원에서 자란다. 시부모의 반대로 결혼이 좌절된 그의 어머니가 몰래 은하를 낳았지만, 혼자서 기를 수 없었기 때문이다. 어머니는 우여곡절 끝에 다시 아버지와 맺어졌으나, 딸을 고아원에 버린 모진 어미란 말을 들을까 봐 사실을 밝히지 못한다. 결국 은하는 난생처음 부모를 만나면서도 이모, 이모부라고 불러야 하는 어처구니없는 상황에 놓인다. 이 작품은 부모에게 버림받은 은하의 감정을 최대한 부각한다. 풍족하고 단란한 부모의 가정과 미혼인 그녀가 두 아이를 입양하는 대조적인 설정, 작품 전체를 뒤덮은 감상적인 표현으로 눈물과 한숨을 만들어낸다. 이렇게 슬픔과 회한, 원망 등이 복합된 은하의 감정이 절제되지 않고 작품 전체를 가득 채운다.

이 작품은 모성애나 입양 문제를 깊이 있게 다루지 않는다. 다만 극적인 상황을 설정하고 그로부터 파생되는 격렬한 감정들을 여과 없이 쏟아내는 데 주력한다. 이는 이민자들 누구나 가지고 있지만, 평소에는 드러낼 수 없었던 억눌린 감정의 대리 분출에 가깝다. 은하처럼 부모에게 버림받은 것은 아니지만, 이민자들은 유사한 경험이나 같은 성질의 감상을 지니고 있고, 그래서 의지할 곳 없는 이민 생활의 막막함을 이런 극단적 설정에 의탁하여 표출하는 것이다.

> 아버지가 살아 있었던 어린 시절은 어머니도 살림 잘하는 평범한 주부였다. 그렇게 젊고 아름답던 어머니가 거짓말처럼 육남매를 버렸던 것이다.
> …(중략)…
> 어려서 어머니로부터 버림받은 사람은 세상에 살면서 그 누구도 믿지 않는다고 했던가. 그래서 나는 독신주의였지만 결국 뒤늦게 지금의 아내와 결혼한 후 무사히 이십여 년을 넘겼다. 지금 내 가슴은 태양열에 태워도 남아있을 것 같은 한이 서리서리 또아리를 틀고 있다.
> ─ 최유혜, 「그 남자 이름도 모르면서」, 154쪽.

육남매를 버리고 남자에 눈이 멀어 떠난 버린 어머니는 원망의 대상이다. 이 원망은 어머니의 사랑을 받고 싶은 마음의 반작용이다. '어미가 있는 아들은 죽지 않는다'는 칭기스칸 어머니의 말이 그토록 가슴에 사무치는 까닭은 월남전에 자원할 때나 결혼식 때도 어머니에게 연락조차 할 수 없었던 아픔 때문이다. 그래서 화자는 그렇게 미워하던 어머니를 모든 사람의 반대에도 불구하고 미국으로 모셔온다. 병든 어머니나마 자신의 차지가 되었다는 것이 기뻤기 때문이다. 그렇다고 그의 가슴에 맺힌 한이 풀린 것은 아니다. 이제 어머니는 늙고 병들어 요양원에 입원해 있다. 치매에 걸려 사리를 분간하지 못하는 모습에서 연민을 느끼지만, 어머니로부터 버림받았던 상처는 문득문득 되살아나곤 한다.

남몰래 아이를 낳고 키우던 어머니의 괴로움과 다락에 숨어 살아야 했던 어린 시절의 고통스러운 기억(김혜령, 「엄마의 다락」), 어머니에게서 버림받은 상처로 인해 아이를 키울 자신을 잃고 낙태 수술을 받는 여자(김혜령, 「인비트로」), 자신밖에 모르는 인색한 아버지로 인해 차례로 집을 떠나 흩어져 사는 어머니와 형제들(백훈, 「그림 속의 도시」) 등 과거의 상처와 관련된 소재는 이민 1세대 소설이 내보이는 가장 두드러진 특징이다. 중요한 것은 이 작품들이 사건의 진상이나 갈등의 해소보다 그 아픔을 드러내는 데 초점을 맞춘다는 점이다. 간혹 오해가 풀리거나 화해로 귀결되는 작품이 있지만, 새로운 삶으로 이어지는 것은 아니다. 이미 오랜 세월 아픔을 겪고 난 다음에 오는 화해는 오히려 원망의 감정을 부각시킬 뿐이다.

이민 1세대 소설에서 과거의 상처는 극복하거나 초월하기 위한 대상이 아니다. 그것은 외롭고 고단한 이민 생활의 응어리진 감상에 의탁해 표현하기 위한 매개물일 뿐이다. 더 이상 새로운 삶을 기대하지 않는다는 점에서 이 감상의 토로는 일종의 체념이다.[24]

> 바라는 등급과 보수를 낮추어 지원하는 수밖에 없었다. 능력이 넘친다는 말을 듣지 않으려고 이력서에 적어 넣었던 경력을 하나씩 지워나갔다.…(중략)…
> 마침내 그의 이력서가 대학을 졸업한 직후와 엇비슷하게 되었을 때에야 그에게 임시직이 걸려들었다. …(중략)… 원점으로 돌아온 셈이었다. 어차피 모든게 임시지. 사실 영구직이란 게 있나. 그는 그렇게 자신을 위로하며 임시직에서 임시직으로 떠돌았다.
> ― 김혜령, 「반달」, 170-171쪽.

이 작품은 임시직 기간이 만료된 어느 날, 거리를 배회하며 온갖 상상에 빠져드는 초라한 중년의 내면 풍경을 그린다. 화자는 가족의 생계를 책임지다가 뒤늦게 학업을 시작해 대학원까지 다녔으나, 적당한 직장을 얻지 못한다. 임시직을 전전하며 마흔 중턱을 넘기는 동안 그는 자신이 조금씩 지워지는 것처럼 느낀다. 이와 동시에 가정에서 그가 차지하는 위치도 점차 축소되고, 이제는

---

24 앞에서 검토한 중년의 사랑도 새로운 사랑을 포기한다는 점에서 체념의 한 형태라 할 수 있다.

그가 사라지더라도 누구 하나 불편해하지 않을 정도가 되어 버린다. 문득 그는 자신이 사라져도 좋을 것이란 생각에 빠져든다. 어차피 영구적인 것은 없다며 스스로를 위안하는 모습이나 보험금과 자살을 몽상하는 그에게서 삶을 체념한 자의 짙은 허무를 느낄 수 있다. 물론 견인되어 가는 자신의 차를 목격하고 허겁지겁 뒤따라가는 모습에서 그가 어떻게든 현실에 맞춰 살아갈 것임을 짐작할 수는 있다. 그러나 그 삶에는 아무런 희망도 남아 있지 않다.

> 이제 김주혜를 이야기하자. 내게 그린카드를 줄 수 있는 여자. 나는 그녀를 사랑하지 않는다. 앞으로 사랑할 수 있을 것 같지도 않다. 하지만 나는 그녀와 결혼을 하려고 한다······. 왜 그렇게 하면서까지 미국에 있으려 하느냐고? 대답은 간단하다. 미국이 좋아서가 아니라 한국에 돌아간다 해도 내가 할 수 있는 일이 없기 때문이다.
> ― 백훈, 「사막과 장미」, 136쪽.

어느 나라 어느 민족도 그러하겠지만, 재미 한인이 불법체류자로 미국에서 사는 일은 쉬운 일이 아니다. 마땅한 일거리를 찾을 수 없는 것이다. 현우는 수고비의 삼분의 일을 교회에 헌금하기로 약속하고, 겨우 자서전을 대필하는 일을 맡는다. 그리고 애인인 신애를 포기하고 영주권을 가진 이혼녀와 결혼하겠다고 마음먹는다. 미국에서의 생활을 위해 마음에도 없는 일을 하겠다고 결심하는 것이다. 이 결정의 밑바탕에는 자존심을 버린 직업, 사랑의 포기 같은 체념이 깔려 있다. 이 작품은 닷새의 금식을 끝내고 나온 화자 앞에 신애가 나타나는 장면으로 끝난다. 그러나 이 사랑의 회복이란 암시에도 불구하고 체념의 느낌이 여전히 남아있는 것은 현우를 둘러싼 삶의 조건이 조금도 변하지 않았기 때문이다.

상이군인 아버지의 비참한 삶에 대한 기억으로 이라크전쟁에서 불구가 되어 돌아온 애인을 외면했으나 결국 운명처럼 받아들이는 지인(권소희,

「모래폭풍으로 머물다」), 대학 나온 아내에게 버림받고 소아마비 처녀와 맺어지는 가난하고 무력한 병두(전상미, 「병두네 식구들」) 등은 표면적으로는 불운이나 허욕을 벗어나 자신의 삶을 찾아가는 긍정적인 내용으로 보인다. 그러나 이 결말은 작중인물의 의지에 따른 것이 아니다. 또한, 어떤 새로운 희망도 암시되지 않는다. 그들에게는 애초부터 다른 길이 없었다는 점에서 그 선택에는 체념의 그림자가 깃들어 있다.

그렇다고 이런 작품이 절망의 느낌으로 다가오지도 않는다. 그것은 그 체념에 내포되어 있는 자기 위안의 모습 때문이다.

> "안돼, 이젠 널 보낼 수 없어!"
> 민희는 어깨를 다잡는 기준의 손을 뿌리치고 벌떡 일어섰다.
> "산다는 건 어차피 상실되어 가는 것이야. 나처럼, 언니처럼……. 너는 아직 온전해. 그리고 네 아내도…… 상실된 사람은 우리로 족해. 나는 네 삶을 망가뜨리고 싶지 않아."
>
> ― 박경숙, 「털실 침대보」, 172-173쪽.

이 작품은 사랑에 실패한 민희 자매의 불행한 삶을 다루고 있다. 민희는 기준의 가난과 소극적인 태도에 실망하여 미국으로 떠난다. 하지만 그곳의 생활도 여전히 궁핍하다. 더욱이 남편이 교통사고로 죽는 불행을 겪고 여러 직장을 전전하며 지낸다. 그녀는 흔들리는 감정을 억제하고 다시 시작하자는 기준의 제안을 거부한다. 그런데 화자의 체념에는 상대에 대한 배려가 포함되어 있다. 아직도 극기하듯이 자신의 불행을 견뎌야 하는 상황에서도 상대의 삶을 걱정하는 것이다.

이 태도는 어디서 오는가? 이는 자신을 향한 기준의 마음이 변하지 않았음을 확인했기 때문이다. 이미 체념한 삶이지만, 아직 자신을 사랑하는 첫사랑의 존재는 상당한 위안이 된다. 민희는 겉으로는 매정하게 기준을 밀어

내고 있으나, 한편으로는 "그의 품 안에 안주해 버리고 싶은 마음"이 있는 것이다. 이 작품의 결말은 그의 사랑을 간직하는 한편, 사랑하는 사람의 행복을 지켜줄 수 있다는 점에서 한결 따뜻하다. 이러한 위안의 요소 때문에 그녀의 체념은 절망적이지 않다.

이 위안은 외부에서 오는 것이 아니라 작중인물의 내면 의식과 관련되어 있다. 아직도 사랑받고 있다는 심리적 위안, 그를 위해 무언가를 참고 견딘다는 의식은 자신만의 위안이다. 마약과 방탕한 생활에서 벗어나게 해준 첫사랑의 헌신적 노력을 고마워하면서도 그의 행복을 위해 떠나는 나영(전상미,「고백」), 멋지고 친절한 백인 애인을 두고 의처증을 보이는 남편에게로 돌아가는 여인들(전상미의「하얀 겨울」, 조정희의「꿈꾸는 티아레」), 서로의 과거를 이해하고 용납하는 택시기사와 마사지사 여인의 만남(백훈,「화려한 감옥」) 등에서 이런 위안의 요소를 발견할 수 있다.

이 위안은 종종 삶에 대한 각성으로 나타나기도 한다. 인물의 내면세계를 다루는 작업은 결국 삶을 성찰하는 일로 이어지기 때문이다.

> 사람들은 여전히 내 얼굴을 쳐다본다. 문신으로 새겨놓은 꽃을 바라보는 것이 아니고 꽃에 깔려 있는 붉은 점을 본다. 하지만 당당하다. …(중략)… 지난 날 거울을 마주할 때마다 선명하게 솟아오르던 슬픔은 더 이상은 없다.
> ― 권소희,「동물원에 가다보면」, 160쪽;

얼굴에 난 붉은 반점 때문에 서른여덟의 노처녀로 지내던 화자의 결혼은 애초부터 행복할 수 없었다. 남편이 점박이라고 부를 때마다 화자는 남편에게 다른 여자가 있음을, 버림받았음을 느낀다. 그래도 그녀는 식탁을 꾸미고 와인을 준비하며 행복을 가장한다. 이미 떠나버린 사랑에 집착하는 한, 얼굴의 붉은 점은 언제까지나 그녀를 슬픔에 몰아넣을 것이다. 어느 날 화자는 사진관에 들렸다가 기괴한 모습의 선인장 사진을 본다. 그리고 척박한 사막에서 생존해야 하는 선인장에게 아름다움이란 포장은 필요하지 않다는 것을 깨닫는다. 그녀는 "긴 것은 그냥 그대로 족한 거예요. 당신의 붉은 점도 그대로 완벽해요"(158)라는 사진사의 말에 자신감을 얻는다. 사진사는 그녀의 존재를 있는 그대로 인정해 줌으로써 그녀를 자유롭게 만든 것이다. 이제 그녀는 더 이상 남편을 기다리지 않는다.

다음에 찾아갔을 때 사진사는 사라지고 없지만, 그녀는 여전히 자유롭고 편안하다. 즉, 사진사는 남편의 자리를 대신하는 사랑의 상대가 아니라, 깨달음으로 인도하는 계기인 것이다. 이렇게 체념은 종종 삶에 대한 여러 형태의 깨달음으로 이어진다. 누구나 오랜 세월의 방황 끝에 자기 자신의 길을 찾아가게 된다는 생각(김혜령, 「두 개의 현을 위한 협주곡」), 죽음과 같은 극단적 상황 속에서도 밝고 여유 있게 살아가는 태도(조정희의 「그 후에 내린 비」, 이영묵의 『워싱턴 달동네』), 각박한 생활 때문에 친구의 사소한 잘못도 너그럽게 대하지 못한 지난날에 대한 후회(최유혜, 「등 뒤의 그림자」), 집을 나간 가족을 기다리며 한평생 살아온 할머니의 삶을 통해 알게 되는 기다림의 의미(박경숙, 「방 한 칸」) 등등. 작중인물의 삶에 대한 깨달음은 각양각색이다. 비록 결말 부분에 와서야 단편적이고 암시적인 형태로 나타날 뿐이지만, 이 작은 자기 위안을 통해 작중인물들은 희망 없는 나머지 인생을 편안한 마음으로 받아들일 수 있는 것이다.

재미 이민 1세대 소설은 외부 사회와 고립된 개인의 내면을 주로 다룬다. 가장 두드러진 것은 과거의 불행했던 기억이나 실연 같은 소재를 매개로 하여 그동안 억눌렸던 외로움과 슬픔, 원망의 감정을 여과 없이 쏟아내는 작품이다. 이러한 감정은 이민 생활의 상실감에서 오는 것으로 미래에 대한 체념과 짝을 이루는 것이다. 이 체념은 종종 절망적 현실을 견디는 깨달음으로 이어진다. 이들의 작품이 희망이 없는 삶을 그리면서도 완전한 절망으로 떨어지지 않는 이유는 이러한 자기위안 때문이다.

## 5. 분노와 여유, 이종학과 장명길, 맹하린

이 장에서는 캐나다의 이종학과 장명길, 아르헨티나의 맹하린의 작품을 검토한다. 재미 이민 1세대 작가들이 보여준 문학적 특징을 사회문화적 배경이 다른 작가들과 비교하기 위한 것이다. 확실히 이들 세 작가는 재미 작가와 다른 면모를 보인다. 물론 그 원인이 이민지의 사회적 특성 때문인지 작가의 개성 때문인지 확실히 단정 짓기는 어렵다. 좀 더 많은 작가와 작품을 통해 검증되어야 할 문제다.

캐나다의 이종학과 장명길에게서는 재미 작가와 유사한 면모를 볼 수 있다. 과거의 사랑과 그 상처, 어린 시절의 어두운 기억 같은 소재를 매개로 한 감상적 표현이 그것인데, 장명길의「몽유도」「그림자 밟기」「풀의 기원」「물구나무서기」, 이종학의「빨간 생철집」「돌을 던진 우정」「고향을 잃은 사람들」들이 이에 속한다. 그러나 재미 이민 1세대 작가와 분명하게 구분되는 점들도 적지 않다. 무엇보다 재미 작가들에게서 볼 수 없던 백인과의 충돌, 2세 교육과 세대 간의 갈등, 교민단체나 교회와 같은 교민사회 등이 흔히 다루어지는 것이다. 이는 이민자들의 일상을 보여주는 것으로, 이민 생활의 실상과 애환을 담고 있다.

그런데 이 두 작가의 작품에 나타난 인간관계는 대부분 부정적인 양상을 보인다.

> 제임스가 애통한 빛까지 보이며 거짓말을 하자 옆에서 두어 사람이 그의 거짓말을 거들었다. 모두 같은 이웃들이라 안면이 있는 백인들이다.

"제임스의 말이 맞아요. 그는 가만히 서 있다가 헤딩 공격을 당한 것을 우리들이 똑똑히 봤어요."
"나도 같은 사실을 증언할 수 있습니다."
박갑수는 하도 어이가 없어서 멍청히 그들을 건너다 볼 뿐이었다. 한 경찰관이 허리에서 수갑을 풀어 들고는…
— 이종학, 「검은 며느리」, 16-17쪽.

최권사의 남편 박갑수는 영국계 백인과 사소한 시비를 벌이게 된다. 그는 이웃 백인들이 모두 자신에게 불리한 거짓 증언을 하고 경찰에 끌려가게 되자, 울화를 참지 못하고 급기야 고혈압으로 쓰러진다. 그의 죽음은 흑인 여자와 큰아들의 결혼을 용납하지 못하는 최권사의 또 다른 인종주의와 짝을 이루는 것으로, 인종차별 문제를 부각하기 위한 삽화로 작용한다. 그러나 작품 속의 기능과 무관하게 백인에 대한 분노의 감정은 강한 여운을 남긴다. 개 짖는 소리가 시끄럽다며 고발하는 이웃집 백인 여자를 칼로 찔러 죽이는 꿈을 꾼다거나(장명길, 「이랑타기」), 백인 소년들에게 집단 괴롭힘을 당하는 아이(장명길, 「도망」)의 묘사에도 백인 또는 백인 사회에 대한 분노가 깃들어 있음을 볼 수 있다.[25]

한편, 재미 이민 1세대 작가의 작품에서 거의 볼 수 없었던 자녀 세대의 모습이 이들에게서는 빈번하게 다루어지는데, 역시 부정적인 작품이 주류를 이룬다.

문현의 아내는 정말 어려운 말을 했다. …(중략)… 그러나 수잔의 대답은 조금도 지체하지 않았다.

---

25 이종학의 「깡통도 무거웠다」에는 백인의 긍정적 모습도 보인다. 그러나 깡통을 주워 파는 노인이 큰 부자였다거나 화자에게 유산을 남긴다는 내용은 이민자의 일상을 보여주는 현실적 인간관계로 보기 어렵다.

"쏘리 마암, 마이 하우스가 아니니까 몰기지에 관계할 수 없어. 그건 어디까지나 마암하고 대대의 책임이잖아."
"그래 그건 네 말이 맞아. 그러니까 엄마가 다시 수입이 생길 때까지 몇 개월만 도와 달라는 부탁이다."
"거절하겠어. 역시 나하고는 관계가 없으니까. ……"
— 이종학, 「집과 하우스」, 163쪽.

문현의 아내는 과거 집 문제로 불행해진 언니에 관한 기억을 가지고 있다. 평생에 걸쳐 번듯한 집을 마련하려는 이유는 딸들에게 그런 불행을 겪지 않게 하기 위한 것이다. 그러나 손목을 다친 그녀가 어렵게 도움을 요청하지만, 딸은 냉정하게 거절한다. 문현의 아내는 섭섭함을 느끼지만, 그래도 딸을 위한 노력을 포기하지 않는다. 딸은 개인주의적 사고방식을 가진 전형적인 캐나디언이고, 부모는 한국적 가족주의에 젖어 있는 구세대인 것이다. 이들 사이의 갈등은 필연적이다.

세대 간 갈등의 양상은 다양하다. 인종주의나 족외혼 문제(이종학, 「검은 며느리」「피가 부르는 소리」), 한국어 또는 한국인으로서의 정체성 문제(이종학, 「피의 충동」), 고부간의 갈등(이종학, 「남편의 마더」) 등이 주로 다루어지지만, 혼자된 어머니를 정신병원에 보내고 재산을 차지하는 딸(장명길, 「드림 하우스」)이나, 부모의 이혼조차 남의 일처럼 무관심한 아이들(이종학, 「빨간 생철집」)처럼 삭막해진 가족 관계를 드러내기도 한다. 이외에 교민단체(이종학, 「얼룩진 표창」)나 한인교회(이종학, 「형제의 의미」「외로운 사람들」), 또는 교포들 사이의 갈등(이종학, 「이전투구」「들리지 않게 된 물레질 소리」)들이 있지만, 대부분 편을 갈라 다투거나 속이고 싸우는 부정적 모습으로 그려진다.

이처럼 이들 작품에 나타난 현지인과 자녀, 교민사회와 관련된 대부분의 인간관계가 부정적이다. 이는 이들이 그리려는 이민 생활이 그만큼 각박하다는 것을 단적으로 보여주는 한 예이다. 그러나 이 각박함 속에서도 작중인물은 삶에 대한 의지를 보인다. 재미 이민 1세대 작가의 작중인물들이 무력한 체념으로 일관하고 있는 것과는 사뭇 다른 부분이다.

> 만약에 내가 이 수모를 고스란히 당하고 난다면, 자기 아들 학배가 내일 학교에 가서 저 놈들의 노리개감이 되어, 벌벌 떨던 지애비의 못난 모습을 흉내내며 놀려대는 꼴을 보게 될지도 몰랐다. 생각이 거기까지 이르자 저절로 어금니가 꽉 깨물어졌다. 이 자리에서 죽더라도 그렇게는 못한다.
> …(중략)…
> 김달평씨는 부서진 의자다리 하나를 냉큼 집어 들고는, 소리소리 지르며 녀석을 쫓아나갔다. 창밖에 있던 녀석들까지 대여섯 놈들이 후다닥, 꽁지가 빠지게 벌써 저만치 달아나고 있었다.
> ― 장명길, 「김달평씨의 하루」, 254쪽.

상점을 운영하는 김달평씨는 매사가 맘에 들지 않는다. 피곤하고 삭막한 일상, 입에 맞지 않는 음식, 도무지 대화가 통하지 않는 아이들. 그저 좋은 게 좋다는 식으로 살아왔지만, 저도 모르게 한숨만 나오는 생활인 것이다. 그렇지만 그는 아직 의욕을 가지고 있다. 비록 통하지는 않지만, 아내에게 반찬 투정도 하고 외박한 딸을 야단치기도 하는 것이다. 칼을 들이대며 담배를 요구하는 백인 소년들과 맞서는 행동은 무모해 보이지만, 아들이 겪을 수모를 생각하고 비장한 마음으로 용기를 낸다. 김달평씨는 비록 희망적인 내일을 기대하지는 않지만, 아직 삶에 대한 노력은 멈추지는 않고 있다. 냉담한 딸의 반응에도 불구하고 어떻게든 번듯한 집을 유지하겠다고 다짐하는 문현의 아내(이종학, 「집과 하우스」), 둘로 갈라져 싸우는 교민단체의 화합을 역설하는 박주석(이종학, 「얼룩진 표창」) 등, 많은 작품에서 작중인물의 다짐이나 의지를 확인할 수 있다.

이종학과 장명길의 작중인물이 겪는 인간관계는 대개 부정적이다. 백인과는 인종차별이란 문제로, 자녀와는 개인주의적 생활방식 때문에, 그리고 교포들끼리는 이권을 놓고 서로 모함하고 미워하는 모습으로 그려진다. 그러나 이 부정적인 모습 또한 삶의 현장이다. 그 속에 아직 삶에 대한 노력을 포기하지 않은 작중인물이 있다. 이는 삶의 현장과 괴리된 상태에서 과거를 반추하거나 체념 상태에 놓여 있는 재미 이민 1세대 작가의 작중인물과는 현저히 다르다.

아르헨티나의 맹하린의 작품에서는 과거의 어두운 기억이나 실패한 사랑 같은 이민 1세대 작가가 즐겨 다루는 소재를 찾아볼 수 없다. 그 대신 이민 1세대의 현지 적응 과정을 여러 측면에서 담아낸다. 현지인 종업원과의 갈등(「제2의 가족」), 이민 사회에서 느끼는 문화적·관습적 차이(「환우기」), 힘들었던 정착 과정과 자녀들이 겪는 정체성의 혼란(「살리다」「데아뜨로」), 교민들 사이의 관계(「세탁부」) 등, 이민자가 겪을 만한 일들이 차분하게 서술된다. 특히 맹하린은 아르헨티나의 민주화 과정과 관련된 현지인의 사연(「쌍둥이 형제의 행진」)을 다룰 만큼 이민 사회에 많은 관심을 보인다. 이런 소재들은 재미 이민 1세대 작가의 작품에서는 다뤄지지 않았던 것들이다.

> 어떤 이유에서든, 내 나라를 떠나와 외국에 얹혀 지내는 생활이라는 것은 끈기를 가지고 시도해야 하는 암벽 등반처럼 고난과 두려움의 반복일 수밖에 없다. …(중략)…그래서 속으로 다짐처럼 외칠 때가 있다. 융화, 공생, 공존, 가족, 제2의 가족.
> ― 맹하린, 「제2의 가족」, 98쪽.

의류 소매업을 하는 혜영은 현지인 종업원을 가족처럼 여기며 지낸다. 그러나 종업원들이 수시로 물건을 빼돌려 왔다는 것을 알고 충격을 받는다. 가능한 한 조용히, 종업원이 상처받지 않도록 마무리 짓는 혜영과는 달리,

그들의 태도는 오히려 당당하고 거침이 없다. 혜영은 그것을 뻔뻔함이 아니라 문화의 차이로 이해하려 한다. 잘 해줘도 소용없다는 주변의 충고를 무시하고, 현지인 종업원들과 가족처럼 지내려 노력하는 것이다. 이러한 작중인물의 긍정적인 자세는 맹하린 소설의 두드러진 특징이다.

자녀와의 관계는 훨씬 더 긍정적이고 건강하게 묘사된다. 친구처럼 농담과 충고를 주고받는 친밀한 모녀 관계(「세탁부」), 학교에 적응하지 못하고 가출한 교포 학생을 위해 헌신적으로 노력하는 대학생 동조(「살리다」) 등, 자녀라기보다 오히려 친근하고 믿음직스러운 존재로 설정된다. 뿐만 아니라, 교민들도 서로 위로하고 도움을 주는 관계로만 나타난다. 교민사회가 소규모이기 때문에 개인적인 친분 관계로 설정된 탓도 있겠지만, 미국이나 캐나다의 경우처럼 교민들끼리 서로 속이거나 다투는 모습은 보이지 않는다.

이 긍정적인 인간관계는 작중인물이 현지의 삶에 성공적으로 적응해 가고 있음을 보여준다.[26] 물론 맹하린의 작품에도 이민 생활의 힘들고 어두운 측면이 없지 않다. 무엇보다 이민 초기의 힘들고 고된 일과, 현지 사회의 불안과 경제난, 현지인의 느려터진 생활 태도와 관습 등. 그러나 어려움 속에서도 그들은 현지인 특유의 낙천성을 닮아간다. 작중인물들은 어느새 느긋하게 자신의 삶을 돌아보는 여유를 갖게 되는 것이다.

> 언제나 일하던 도중에 창밖을 바라보는 자세라고 여겼던 <세탁부>였는데, 을라처럼 하루를 잘 마쳤다는 뿌듯함과 휴식의 기쁨을 기대하고 있는 듯 여겨져 을라의 어깨조차 가뿐한 느낌이다.

---

[26] 이영미는 청소년의 방황, 이질적 민족성의 대립, 재이민이나 현지에서의 탈출 등을 들어 정착에 실패한 것으로 읽는다(이영미, 앞의 글, 189-201쪽). 그러나 필자는, 이런 문제는 모든 이민자가 봉착하는 문제들이며, 중요한 것은 이를 성공적으로 극복하는 과정이나 그러한 의지가 드러나는가 하는 점에 있다고 보았다.

― 맹하린, 「세탁부」, 67쪽.

「세탁부」는 빨래를 끝내고 창밖을 내다보는 여인을 그린 그림이다. 투박한 손과 검정 통치마 자락이 삶의 곤핍함을 드러내고 있다. 을라는 삶이 피곤하고 마음이 삭막해질 때마다 이 그림을 바라보며 삶의 고달픔을 되새기곤 한다. 힘든 이민 생활, 더욱이 아들을 교통사고로 잃고 자꾸 울먹이는 남편 때문에 그녀는 마음 놓고 슬퍼하지도 못했다. 그녀는 무엇을 해도 즐겁지 않고 기운이 나지 않는 세월을 묵묵히 견뎌낸다. 오랜 세월이 지나고 난 어느 날, 삶의 고단함으로만 느껴졌던 「세탁부」의 모습에서 힘든 일과를 마친 뿌듯함과 휴식을 기다리는 여유를 보게 된다.

이 평온함이 맹하린 작품의 주된 정서다. 이민자로서 느끼는 외로움과 고단함이 없지 않지만, 방황에서 돌아온 아이들과 서로를 위로하는 이웃, 그리고 현지인과 가족처럼 지내려 애쓰는 삶은 각박해 보이지 않는다. 이렇게 그녀의 작품은 이민 사회에 성공적으로 적응한 삶을 그려낸다. 혼자만의 내면으로 숨어들어야 할 이유나 사정은 없다. 힘든 이민 생활을 겪으며 쌓인 슬픔이나 원망 같은 감상의 발산도 찾아볼 수 없다. 이런 점에서 그녀는 재미 이민 1세대 작가와 전혀 다른 경향을 보인다.

## 6. 결어

근래 미주지역 이민 1세대 작가들이 다수의 작품집을 출간하였다. 이들은 정치·경제적 혼란기인 7,80년대 한국을 떠난 이주민들로, 이민사의 한 시대로 구분될 만하다. 본고는 이들의 작품집을 통해 미주지역 이민 1세대 소설의 일반적 양상을 밝혀보고자 하였다. 다수인 재미 한인 작가의 작품집을 중심으로 검토하였으며, 그 특징을 분명히 하기 위해 캐나다의 이종학, 장명길과 아르헨티나의 맹하린을 비교 대상으로 삼았다.

재미 한인 작가의 소설에는 이민 사회에 적응하는 과정이 형상화되지 않는다. 백인은 물론 흑인도 거의 등장하지 않으며, 교민사회의 모습도, 심지어 가정의 구성원인 자녀들의 모습도 찾아보기 어렵다. 이렇게 현실 사회의 인간관계가 배제되는 것은 이민 생활의 실상을 다루지 않기 때문이다. 반면, 이들 작품은 개인의 내면세계에 집중한다. 그 양상은 대체로 이민 생활의 상실감, 슬픔이나 원망 같은 감상의 토로, 그리고 삶에 대한 체념과 자기위안의 형태로 나타난다. 이에 따라 이들 작품에서 주로 다뤄지는 소재도 개인사에 국한되어 있다. 뒤늦은 사랑이나 그림·음악 같은 예술적 취향은 행복한 가정도 사회적 성취도 이루지 못한 상실감을 드러내는 소재들이며, 불행했던 어린 시절이나 첫사랑의 실패는 고단하고 외로운 이민 생활에서 쌓인 감정을 의탁하기 위한 것이다. 전반적으로 미국의 이민 1세대 소설은 희망 없는 이민 생활과 작중인물의 체념을 그린다. 그 체념 속에는 간혹 인생에 대한 깨달음이 섞여 있지만 일종의 자기위안일 뿐, 삶에 대한 의지나 노력과는 무관하다.

미국의 이민 1세대 작가들과 캐나다, 아르헨티나의 작가 사이에는 상당한 차이가 있다. 캐나다의 장명길·이종학의 경우 과거의 어두운 기억과 사랑의 좌절을 다룬다는 점에서 재미 작가들과 유사한 면모를 보인다. 그러나 이민 생활의 현장이라 할 수 있는 백인, 자녀들과의 갈등, 교민사회의 모습이 나타난다는 점에서 그들과 구별된다. 이들이 다룬 이민 생활의 현장은 대부분 부정적이지만, 작중인물은 삶에 대한 의지를 버리지 않고 노력하는 모습을 보여준다. 반면, 아르헨티나의 맹하린이 그린 이민자의 삶은 대체로 편안하다. 특히 현지인, 자녀 세대, 교민들과의 인간관계는 앞의 두 나라의 경우와 달리 긍정적인 모습으로만 나타난다. 작중인물은 현지 사회에 적응하려는 적극적인 자세를 보이며, 그 결과 이민 사회에 성공적으로 정착한 모습을 보여준다.

이러한 차이는 무엇보다 작가의 개성에 따른 것이겠지만, 이민사회의 경제적·문화적 차이와도 밀접하게 관련되어 있을 것으로 보인다. 그에 따라 이민자의 욕망과 적응 여부가 달라질 수 있기 때문이다. 그러나 이에 관한 연구는 개별 작가에 대한 연구와 이민 사회의 사회적 여건에 대한 검토가 선행되어야 할 것으로 보인다.

□ 참고문헌

1. 기본 자료

권소희, 『시타커스, 새장을 나서다』, 한국소설가협회, 2006.
김혜령, 『환기통 속의 비둘기』, 책읽는사람들, 2003.
박경숙, 『안개의 칼날』, 푸른사상사, 2003.
_____, 『구부러진 길』, 푸른사상사, 2003.
백  훈, 『불루 애비뉴』, 세상속으로, 2001.
_____, 『손님 어디로 모실까요』, 연인M&B, 2007.
안설희, 『옥수수밭 이야기』, 월간문학 출판부, 2003.
이언호, 『길 가는 사람들』, 책읽는사람들, 2002.
이영묵, 『워싱턴의 도박꾼』, 동언미디어, 2003.
_____, 『워싱턴 달동네』, 청조사, 2009.
전상미, 『두 여자 이야기』, 한국소설가협회, 2004.
조정희, 『그네타기』, 한국소설가협회, 2003.
최유혜, 『낯선 땅에서 만난 소나기』, 계간문예, 2006.
_____, 『천사들의 도시』, (주)다트앤, 2009.

맹하린, 『세탁부』, 월간문학 출판부, 2006.
이종학, 『검은 며느리』, 백암, 2002.
_____, 『눈속으로 간 여자』, 백암, 2004.
장명길, 『풀의 기원』, 한국소설가협회, 2004.

## 2. 논저

김남석, 「캐나다 한인문학비평의 전개양상 연구」, 『우리어문연구』 34집, 2009.5.
김윤규, 「재미 한인 이민소재 소설의 갈등구조」, 『문학과언어』 24집, 2002.
_____, 「재미 한인 입양소재 소설의 문제인식」, 『어문학』 78집, 2002.
김정훈, 「캐나다 한인 시문학 연구」, 『우리어문연구』 34집, 우리어문학회, 2009.5.
김종회, 『한민족 문화권의 문학』, 국학자료원, 2003.
_____, 「시·공간의 변화와 민족적 정체성에 대한 탐색」, 『국제한인문학연구』 2집, 2005.
박연옥, 「재미 한인문학 연구의 현단계」, 『국제한인문학연구』 3집, 2005.
송명희, 「미 서부지역의 재미작가 연구」, 『비평문학』, 16호, 2002.7.
오양호, 「세계화 시대와 한민족문학 연구의 지평 확대」, 『한민족어문학』, 35집, 1999.12.
유선모, 『한국계 미국작가론』, 신아사, 2004.
윤인진, 『코리안 디아스포라』, 고려대 출판부, 2005.
이기인, 「재미 한인소설 연구」, 『현대문학이론연구』 37집, 현대문학이론학회, 2009.6.
이동하·정효구, 『재미한인문학연구』, 월인, 2003.
이명재, 「미주 한인문학의 현황과 특성」, 『국제한인문학연구』 3집, 2005.
이상갑, 「경계와 탈경계의 긴장관계」, 『우리어문연구』 34집, 2009.5.
_____, 「재미 한인소설의 변방의식과 탈식민성」, 『어문논집』 60호, 민족어문학회, 2009.10.
이영미, 「미주지역 한인문학 고찰-캐나다와 아르헨티나의 한인소설에 대하여」, 『내러티브』 13호, 한국서사학회, 2009.5.
장영우, 「해방 후 재미동포소설 연구」, 『상허학보』 18호, 상허학회, 2006.
홍경표, 「미주 이민문학의 현황과 전망」, 『국제한인문학연구』, 1집, 2004.
유금호, 「이민1세대, 그 외연적 허상 속 고독한 삶의 내면 풍경」, 전상미소설집 『두 여자 이야기』, 한국소설가협회, 2004.

_____, 「뿌리뽑힌 삶과 노스탤지어의 그늘」, 장명길소설집 『풀의 기원』, 한국소설가협회, 2004.

이동하, 「일상에의 얽매임과 초극을 향한 열망」, 김혜령소설집 『환기통 속의 비둘기』, 책읽는사람들, 2003.

임헌영, 「온몸으로 그리워하기-권소희 소설과 작가적 매력」, 권소희소설집 『시타커스, 새장을 나서다』, 한국소설가협회, 2006.

_____, 「뿌리 내리지 못한 황색인의 아픔」, 최유혜소설집 『낯선 땅에서 만난 소나기』, 계간문예, 2006.

현길언, 「대륙의 바다에 떠 있는 작은 섬사람들-파탄된 사랑과 가족」, 박경숙소설집 『안개의 칼날』, 푸른사상사, 2003.

_____, 「나그네 삶의 진실과 그 양식-이민소설의 양식을 위하여」, 조정희소설집 『그네타기』, 한국소설가협회, 2003.

# 이해, 차별을 넘어 - 재미한인 소설의 주제적 특성

## 1. 서언

    1903년 1월 13일 102명의 한인은 하와이 사탕수수 농장에서 일하기 위해 호놀룰루에 도착했다.[1] 이때부터 벌써 한 세기 이상의 시간이 지나갔다. 류일환이 『나의 한국 소년 시절』(When I Was A Boy In Korea, 1928)을 처음으로 영어로 발표한 이래, 강용흘의 최초의 영문 번역 시선집 『동양의 시』(Oriental Poetry, 1929)와 그의 자전적 장편소설 『초당』(The Grass Roo", 1931), 김용익의 「꽃신」(The Wedding Shoes, 1956), 김은국의 『순교자』(The Martyred, 1964) 『죄없는 사람들』(The Innocent, 1968) 『잃어버린 이름』(Lost Names, 1970) 등 이민 1세대 작가들의 작품이 미국 문단에도 소개되었다. 이후 박태영의 『죄의 대가』(Guilt Payment, 1983), 김란영의 『토담』(Clay Walls, 1990), 이창래의 『네이티브 스피커』(Native

---

[1]  이광규, 『재미 한국인』, 일조각, 1989, 22-25쪽 참조.

Speaker, 1995)『제스처 라이프』(*A Gesture Life,* 1999), 하인즈 인수 펭클의『나의 유령 형님의 기억』(*Memories of My Ghost Brother*, 1996), 이혜리의『쌀의 정물화』(*Still Life With Rice*, 1996), 차학경의『딕테』(*Dictee*, 1997), 노라 옥자 켈러의『종군위안부』(*Comfort Woman*, 1997), 수잔 최의『외국인 학생』(*Foreign Student*, 1998), 단 리의『황인종』(*Yellow*, 2000), 린다 수 박의『사금파리 한 조각』(*A Single Shard,* 2001)『뽕나무 프로젝트』(*Project Mulberry*, 2007) 등 이민 1.5세대와 2/3세대 작가들의 작품이 미국 문단에서 좋은 평가를 받으며 소수민족 문학으로서 그 기반을 다져가고 있다. 1990년대는 가히 '한국계 미국 작가 르네상스 시대'[2]라 말할 만했다.

 2003년 '미주문학단체연합회'에서는 미국 이민 100주년을 기념하여 '미주문학단체연합회'에서『한인문학대사전』(이하『대사전』)을 펴냈는데, 이는 상징적인 의미가 있다. 우선 여기에 참여한 편찬위원들의 소속 단체는 재미 한인문단을 총괄하고 있다. 서부의 문학단체로 '미주한국문인협회'(1982) '미주크리스찬문인협회'(1983) '재미시인협회'(1987) '미주기독교문인협회'(1991) '해외한민족작가협회'(해외문인협회, 1997) '재미수필문학가협회'(1999) '국제펜클럽 한국본부 미주지역위원회'(2001) 등이, 동부의 '미주한국수필가협회'(1999)가, 그리고 범(凡) 재미 문학단체로 결성된 '세계한민족작가연합'(1999) '미주문학단체연합회'(2002) 등이 참여하고 있다. 이들 가운데 '미주문학단체연합회'가 다른 단체를 총괄하고 있다.[3]

---

[2] 유선모,『미국 소수민족문학의 이해-한국계 편』, 신아사, 2001, 150쪽.
[3] 이들 단체 외에도 서부의 '미주한국소설가협회'(2001) '미주한국아동문학가협회'(2003) '샌프란시스코문인협회'(1995) '하와이 한인문학동인회' 등이, 그리고 동부의 '시카고문인회'(1983) '동부한국문인협회'(1985) '애틀란타문인협회'(1989) '워싱턴문인회'(1990) '미주크리스찬문학가협회'(1990) '워싱턴수필가

발간사에서 밝힌 대로, 『대사전』은 시인 125명, 소설가 30명, 수필가 36명, 희곡작가 1명, 평론가 3명 등 모두 200여 명 작가의 대표 작품을 싣고 있다. 소설의 경우, 이른 시기에 이주한 강용흘의『초당』, 김용익의「꽃신」, 김은국의『순교자』를 제외하면, 이주가 본격화되기 시작한 1970년대 이후에 등단한 작가들의 작품 27편을 소개하고 있다. 무엇보다『대사전』은 그동안 재미 한인작가의 문학세계를 총정리하고 있어서, 이를 통해 그들이 지금까지 지향해왔고 또 앞으로 지향해 나갈 방향과 특질을 뚜렷이 확인할 수 있다.

해방 이전 재미 한인작가들은 주로『신한민보』를 중심으로 활동했다.[4] 그러나 이들은 대부분 빼앗긴 조국을 하루빨리 다시 찾아 귀국하는 것이 목표였기 때문에 작품 배경이나 주제가 이주 현장과는 거리가 있다. 따라서 이들의 문학을 본격적인 이민문학으로 보기는 어려울 것이다.[5] 재미한인문학은 사실상 강용흘에서부터 시작되지만,[6] 이민이 본격화되기 시작한 1970년대까지는 소강상태에 놓여 있었다. 1980년대 이후 여러 한글 잡지가 발간되고, 또 영어로 창작하는 1.5세대 이후 작가들이 여럿 등장하면서 활발하게 전개된다.

재미 한인문학은 한인들이 많이 사는 LA 중심의 서부와 뉴욕 중심의 동부로 나눌 수 있다. 먼저 서부에서는 1973년 12월 시 동인지『지평선』창간을 기점으로,『미주문학』(미주한국문인협회, 계간, 1982)『크리스천문학』(미주크리스찬문인협회, 1983)『외지(外地)』(재미시인협회 엔솔로지,

---

협회'(1990)) 등이 활동하고 있다.
4  조규익,『해방 전 재미 한인 이민문학』(1), 월인, 1999, 45쪽.『신한민보』는 1909년 2월 미국 샌프란시스코에서 대한국민회의 기관지로 발행되었다.
5  광복 이전 재미 한인소설의 성격에 대해서는 이상갑,「계몽과 혼혈의 서사」,『한국문학이론과 비평』제42집, 2009.3, 329-354쪽 참조.
6  명계웅,「미주 한인문학의 개관, 민족정체성」, 미주문학단체연합회 편,『한인문학대사전』, 2003, 1121-1131쪽 참조. 이하『대사전』으로 약칭.

연간, 1987)『미주시세계』(재미시인협회, 연간, 1987)『해외문학』(해외한민족작가협회, 연간, 1997)『재미수필』(재미수필문학가협회, 연간, 1999)『울림』(2000)『문학아메리카』(종합문예지, 2002)『미주아동문학』(미주한국아동문학가협회, 2003) 등이 발간된다. 동부에서는『뉴욕문학』(동부한국문인협회, 1991)를 비롯하여『한돌문학』(애틀란타문인협회, 1989)『워싱턴문학』(워싱턴문인회, 1990)『미주이민문학』(미주크리스찬문학가협회, 1990)『워싱턴뜨기』(워싱턴수필가협회, 1990)『시카코문학』(시카고문인회, 1996)『미주 에세이』(미주한국수필가협회, 2001) 등이 발간된다. 그리고 서부와 동부를 아우르는『미주펜문학』(국제펜클럽 한국본부 미주지역위원회, 연간, 2003)과『문학세계』(종합문예지, 1988)『샌프란시스코펜문학』(2004) 등 다양한 잡지들을 발간되는데, 이들 문예지는 자체의 등단 절차와 문학상 제도를 통해 작가를 배출하여 현지 한인문단을 형성하고 있다.

그런데『대사전』을 펴낸 단체와 그 외의 단체 대부분이 '미주'나 '재미'를 강조하지만, 그들의 단체가 한국문단의 '미주지회'임을 밝히기도 한다. 또한, '미주'나 '재미'를 강조하는 단체들도 그들의 문학이 '한국'문학인지 아니면 현지 '한인'문학인지 분명하지 않은 경우가 많다. 다시 말해 재미한인문학은 한국문학의 연장선에 서서 한국문학의 변방에 머무르고자 한다는 것이다. 수많은 잡지와 작가들이 나오고 있지만, 그들의 작품집과 문예지를 대부분 한국에서 출판하고 있고,[7] 무엇보다 한글 독자층이 적어 그들 안에서만 소통되는 한계가 있다.

『대사전』에는 영어로 창작하는 1.5세나 2/3세대 작가들의 작품은 전혀

---

[7] 이명재는 이를 재미 한인문학의 '아마츄어성'이라고 비판한다(이명재,「미주 한인문단의 위상과 과제」,『미주 펜문학』, 2008년 겨울호, 305쪽). 그러나 한글 서적을 출판하는 일이 매우 어려운 현지 사정에 비추어볼 때 쉽게 동의할 수 없는 지적이라 하겠다.

소개되지 않고 있다. 이주 시기에 상관없이 대부분 이민 1세대 작가의 작품만 소개하고, 1.5세나 2/3세대 작가는 「부록」에 있는 재미 한인문단 약사에 그 이름과 작품 제목만 간단하게 소개하고 있다.[8] 다만, 영어로 창작하는 이민 1세대 작가로 강용흘의 『초당』, 김용익의 「꽃신」, 김은국의 『순교자』는 작품의 경개가 간략히 소개되고 있는데, 『대사전』이 '미주' 이민 100주년의 문학 성과를 총정리하는 것이었다면, 당연히 영어로 창작하는 이민 1.5세 이후 작가들의 작품도 그 경개라도 소개했더라면 하는 아쉬움이 있다. 이들은 '한국계 미국 작가'로 불리며 미국 주류문단에서도 활발하게 활동하고 있기 때문이다.

이 글은 『대사전』이 지금까지 특히 한글로 창작 발표된 재미 한인문학의 총결산이라고 보고, 그것의 문학적 성과를 검토해 보고자 한다. 앞에서 지적했듯이, 한글로 창작한 소설은 배경과 소재 그리고 주제 면에서 한국문학의 영향권에서 크게 벗어나지 못한다고 말할 수 있는데, 이러한 '변방의식'은 그들이 발을 딛고 사는 이주 현장의 문제를 직시하고 그 대안을 마련하는 데는 한계가 있다.[9] 다만, 그런 가운데서도 몇몇 작품은 인종차별 문제를

---

[8] 영어로 창작하는 1.5세대 이후의 작가로 소개된 작품은 1.5세대 작가 이창래의 『네이티브 스피커』, 이혜리의 『쌀의 정물화』 『할머니가 있는 풍경』, 2세대 작가 수잔 최의 『외국인 학생』, 3세대 작가 단 리의 『황인종』, 린다 수 박의 『사금파리 한 조각』, 하와이 이민 3세 캐시 송의 『사진 신부』 등이 있다(『대사전』, 1161-1169쪽 참조).

[9] 명계웅은 『미주문학』 창간(1982) 이후 이창래의 데뷔작 『네이티브 스피커』 출간(1995)까지를 재미 한인문학의 정착기로 보는데, 이 시기의 문학을 한국문학의 '방계적 연장'(Branching Extention)이라고 말한다. 작품 내용 대부분이 고달픈 이민 생활과 문화충격에 따른 신변잡기적 애환의 넋두리에 가깝고. 이 때문에 한국문단에서도 백안시한다는 지적이다. 그는 또한 1990년대 이후 영어로 창작하는 젊은 작가들의 활약에 기대어, 한글로 창작하는 작가들도 이제는 유능한 미국인 한국문학 번역자의 도움을 받을 수 있다면서 분발할 것을 당부한다(명계웅, 「미주 한인문학의 형성과정」, 『대사전』, 1156-1159쪽).

집중적으로 조명하고 있는바, 이는 이주 한인들이 현지 사회에 적응하는 문제와 관련하여 주목해야 할 지점으로 보인다.[10] 그들의 문학이 주변부에 놓여 있다는 바로 그 위치 때문에 미국 주류사회가 가진 모순을 비판적으로 성찰할 수 있기 때문이다. 다시 말해 '주변성'이란 단순히 주변부에 놓여 있다는 것이 아니라, 오히려 주변부가 갖는 그 위치 때문에 중심부가 가진 모순을 성찰하고 전복할 가능성까지 가질 수 있는 것이다. 여기까지 나갈 때 재미 한인문학은 한국문학의 변방이 아니라 오히려 서구문학의 중심에 설 수 있을 것이다. 그 하나의 단서로 인종차별 문제를 생각할 수 있는데, 다만 그들이 그 문제를 어떠한 시각에서 접근하고, 또 어떻게 대안을 제시하는지, 그리고 그 성과는 무엇인지 등은 섬세하게 검토되어야 할 것이다.

## 2. 변방의식, 한국문학에의 지향

고국을 떠나 타문화의 충격 속에서 살아가는 이주 한인들에게는 쓰지 않고서는 견딜 수 없는 문학적 표현의 욕구가 있다. 그 가운데서도 이주 한인의 정체성의 문제가 문학적 중심 테마가 되고 있다.[11] 그런데 이러한 일반적인 인식과 달리, 1세대 재미한인문학에서는 이민자의 정체성 문제가 심각하게 제기되지 않는다. 그 가장 큰 이유는, 앞에서 지적한 것처럼, 그들의 문학을 재미 '한인'문학이 아니라 '한국'문학의 연장선에 서서 바라보려

---

10 이에 대해서는 이기인, 「재미 한인소설 연구」, 『현대문학이론연구』 37집, 2009.6, 참조.
11 최원식, 「민족문학과 디아스포라」, 『창작과비평』, 2003년 봄호, 16-39쪽.

고 하기 때문이다. 배경이나 소재 그리고 주제는 한국문학과 거의 구별되지 않는 것도 이 때문이다. 미국이 배경인 경우에도 작중의 주된 현실은 떠나온 고국 땅과 관련되어 있어 이민자의 삶과는 아무런 관련이 없다.

강현우의 「망해루」에서 민구는 미국에 가서 변호사가 되었다는 사실만 언급될 뿐이고, 주된 이야기는 한국에 있는 '나'를 중심으로 전개된다. 신예선의 「광화문 이야기」에서 화가인 '나'도 소설가 김진우의 아이를 가졌다는 사실이 구설수에 올라 어쩔 수 없이 미국으로 떠났다가, 김진우의 소설 표지화를 그리게 되어 다시 한국으로 돌아와 그와 상봉하는 내용으로 되어 있다. 이 작품 또한 이야기는 대부분 광화문을 배경으로 전개된다. 그리고 최정열의 「자줏빛 하늘에 남긴 편지」는 인간성 교육을 무시하고 오직 성적 위주로 이루어지는 우리나라 교육현장의 살풍경을 비판하고 있고, 「은빛 무지개」 또한 서울 모 병원의 김 간호사가 그녀가 돌보던 노인의 거짓말에 속아 강간당하고 자살한다는 내용으로, 미국과는 아무런 관련이 없다. 이 밖에도 양동일의 「열아홉 살의 징검다리」, 이규태의 「오로라」, 주세중의 「은빛 무지개」도 모두 한국을 배경으로 이야기를 엮어가고 있다.

미국을 배경으로 하는 작품도 대부분 예전에 한국에서 있었던 일을 회상하는 형식으로 되어 있다. 김명선의 「그해 겨울」의 주된 배경은 한국전쟁을 전후하여 한국에서 이택성과 '나' 사이에 일어났던 일이다. '나'는 결혼을 약속한 이택성이 전쟁터에서 돌아오지 않자 할 수 없이 다른 남자와 결혼했는데, 사실 큰 부상을 입은 이택성은 그녀를 위해서 나타나지 않았다. 이후 '나'는 미국에 이민을 왔고, 그리고 그녀가 다니는 교회에서 어느 가정에 예배하려고 갔는데 거기서 이택성을 만나게 되고, 얼마 후 이택성은 죽게 된다는 내용이다. 박경숙의 「인연」 또한 한국에 있을 때 혜주와 '나'의 가정에 있었던 일을 자세하게 소개하고 있다.

이와는 달리, 백훈의 「화려한 감옥」, 변수섭의 「나비의 꿈」, 그리고 송성호의 「노란 꽃」 등은 앞에서 언급한 작품들처럼 한국에서 있었던 일들을 주로 소개하고는 있지만, 입양 문제를 다루고 있다는 점에서 주목된다. 「화려한 감옥」의 윤은 한국에서는 버려진 고아였는데, 미국으로 입양된 뒤에도 양부모가 이혼하여 가출한 후 지금은 마사지 팔러로 살아가고 있다. 그래서 그녀는 오로지 돈을 벌기 위해 살아가는 자신이 바로 '화려한 감옥'에 갇혀 있다고 생각한다. 「나비의 꿈」의 화진도 어머니의 불륜으로 사생아로 태어나 어릴 때 부모에게 버림받고 미국인 부모에게 입양되었다는 사실에 항상 열등감 속에서 살아가고 있으며, 카지노에서 도박하며 소일하고 있다. 「노란 꽃」의 김영우 또한 여섯 살 때 고아원에서 미국으로 입양되어 지워지지 않는 마음의 상처를 안고 있다. 그래서인지 그는 여자 친구 '나'를 항상 '은지'라고 한국말로 부른다.

> 그러나 그때 나타난 김영우만은 유독 언제나 나를 은지로 부르고 있었다. 어쩌면 그런 그의 집착은 여섯 살에 미국으로 입양되어야 했던 자신의 혼란스런 정체성을 끝내 찾아내고만 그래서 대학을 졸업하고 배운 완벽한 한국말을 자랑스러워하는 그의 정체성을 그 스스로 확인하는 일인지도 몰랐다.[12]

김영우는 한국어를 그의 정체성을 확인하는 유일한 수단으로 삼고 있는

---

[12] 『대사전』, 65쪽. 우리말에 대한 관심은 한글로 창작하는 1세대 재미한인 작가들에게는 시금석과도 같은 것임을 김순희의 「하얀 해바라기」는 상징적으로 보여준다. 작중인물 이윤우는 카크토빅(Kaktovik)에 사는 유일한 한국인으로, 영어와 한국어를 완벽하게 구사한다. 이를 보고 그곳을 방문한 한인 여기자 채연은 "삼십여 년을 한국 사람들과 거의 교제가 없이 미국 현지인들과 생활하다 보면 대부분의 사람들이 한국어를 다 잊어버리는 것이 통례인데 그는 전혀 아니다. 그가 혼자서 외톨이로 이 낯선 곳에 살고 있으면서 말과 글을 잊지 않으려고 얼마나 많은 노력을 하였을 것인가 짐작이 갔다."(491쪽)라고 말한다.

데, 여기서 입양아에게 가장 심각한 문제는 바로 자신의 정체성과 관련한 '언어' 문제임을 확인하게 된다.

한국을 주된 배경으로 하거나 미국을 배경으로 하더라도 대부분 예전에 한국에서 있었던 일을 회상하는 형식의 이런 작품과는 달리, 미국을 배경으로 이민현장의 고통을 적실하게 드러내는 작품도 적지 않다. 그런데 이들 작품에 드러난 이민자들은 대부분 한국에서 사업에 실패하거나, 잘못을 저질러 미국으로 도피해 왔다는 공통적인 특징을 보여준다. 이것은 출발부터 미국 현지에 적응하려는 의지와는 거리가 먼데, 이러한 서사는 한국문학의 변방의식의 한 소산이라고 바꿔 말할 수 있다.

앞에서 살펴본 「화려한 감옥」의 윤도 "한국에서의 삶이 막막해서 그냥 와 봤어"(546쪽)라고 말하며, 「노란 꽃」의 김영우도 "떠밀리듯 미국행 비행기를 탔다"(612쪽)라고 말한다. 그리고 권소희의 「나뭇잎은 흔들리는 나무 곁에」에서 '나'의 남편도 사업에 실패하여 거의 도피하다시피 "갑작스레"(461쪽) 미국에 이민을 왔고, 「목 타는 도시」(전지은)의 '나'도 훌쩍 어디론가 떠나버리듯이 미국 유학길을 떠났으며, 「화폭」(안설희)의 '나' 또한 여자 친구가 다른 남자와 결혼하자 "'선녀가 없는 이 땅에 나만 남을소냐, 나도야 간다' 식으로 때마침 내게 주어진 미국행의 기회를 두 번 다시 생각해보지도 않고 택해 버렸다."(682쪽)

이들처럼 아무 준비 없이 떠난 이민 생활이 순탄할 까닭이 없다. 그래서 『대사전』에 실린 작품에서는 불법체류자 신세가 된 작중인물들을 자주 발견하게 된다. 「나뭇잎은 흔들리는 나무 곁에」에서 한인 여자는 아이가 중동계 아파트 매니저에게 성추행을 당해도 불법체류자여서 혹시나 자신의 신분이 노출되어 추방될까 봐 경찰서에 고발도 하지 못한다. 불법체류자들은 주로 카지노를 떠돌거나 아니면 마사지 팔러로 살아간다. 「목 타는 도시」의

박민수는 유학을 왔으나 카지노에 중독되어 가출하고, 그의 아내는 생계를 위해 역시 카지노에서 아르바이트로 일한다. 「콘돔」에서는 마사지 팔러로 일하는 두 여성이 등장하는데, 한 여성은 IMF 때 학비가 끊겨 마사지 팔러가 되었으나 에이즈에 걸려 결국 자살하고, 또 한 여성은 이제 마사지 팔러 생활을 정리하고 새로운 삶을 살겠다고 다짐하며 마지막으로 찾아간 그 현장에서 FBI에 연행된다.

세대 차이와 여기서 빚어지는 갈등, 그리고 노인 문제도 자주 다루어진다. 노인은 자녀로부터 서운한 대우를 받기도 하고, '언어'와 문화면에서 갈수록 손주들과 거리를 느낀다. 그래서 그들은 그 외로움을 조금이라도 해소하기 위해 노인들끼리 서로 어울려 살고자 한다. 이종학의 「외로운 사람들」에서 '서 노인' 부부는 오히려 돈만 따지는 한국의 동생과 조카들의 청을 거절, 캐나다에서 같이 사는 친구 노인과 함께 장지를 마련하고 죽어서도 함께 지내겠다고 한다. 「샌프란시스코는 비」 또한 아들과 며느리에게 대접받지 못하는 노인들의 안타까운 처지, 언어나 의식면에서 갈수록 벌어지는 세대 간의 차이를 이렇게 지적한다.

> 이까짓 할애비야 없어도 그만인 것. 글쎄 어쩌자고 어린 것들 3남매가 하나같이 철저하게도 우리말을 못해요. 그래도 상관이 없을 수가 있다손 치더라도, 환하게 뵈는 문제가, 이미 첫째란 놈이 제 에미의 무식을 놓고 멸시를 보인다 그거요.[13]

사전 준비도 없이 도피하다시피 떠난 이민자들 대부분은 피해의식에 젖어 있고, 현지에 적응하고자 하는 적극적인 의지도 보이지 않는다. 그러기에 그들이 살아가는 곳은 미국이지만 대부분 예전에 한국에서 있었던 일을

---

[13] 『대사전』, 905-906쪽.

회상하거나, 그 연장선에서 일어나는 사건들을 기술하고 있다. 이러한 서사는 명계웅이 지적한 것처럼, 이 시기 1세대 재미 한인 소설이 한국문학의 '방계적 연장'(Branching Extention)[14]에 다름 아님을 반증하는 것이라 할 수 있다.

## 3. 인종차별, 이민 사회 적응의 한계

작가들이 이민 현실에 조금만 눈을 돌리면 인종차별 문제는 쉽게 확인할 수 있다. 특히 인종차별 문제는 재미 한인문학이 그들의 변방의식을 극복하고 이주 사회에 적응하며 거기서 그 대안까지 성찰하는 데 하나의 시금석으로 작용한다고 볼 수 있다. 그만큼 인종차별의 문제는 다민족다문화 사회인 미국에서 이민자들이 통과제의처럼 경험할 수밖에 없는 완고한 현실이다. 다만 그것을 어떠한 시각에서 바라보고 또 어떻게 대응하는지가 중요할 것이다.

이주 한인들은 백인 사회에서 인종차별적인 대우를 받고 있지만, 그들 또한 흑인을 인종차별적인 시선으로 바라보기도 한다. 전상미의 「병두네 식구들」에서, 딸이 흑인과의 사이에서 태어난 혼혈아를 데려오고, 또 손녀까지 흑인 남학생과의 사이에서 태어난 혼혈아를 데리고 오자, 그녀의 부모는 세를 얻어 함께 사는 김씨가 없는 게 다행이라고 말한다. 그리고 시누이는 이렇게 말한다.

---

[14] 이에 대해서는 명계웅, 「미주 한인문학의 형성과정」, 『대사전』, 1156-1159쪽 참조.

> 50대 50이라는데 어찌 그리도 제 아비 쪽만 닮아 나왔는지...... 머리카락은 너무나 곱슬거려 덜 타다 남은 돼지털 같으며 살결은 반들반들 빛나는 검은 차돌맹이 같았다. 더욱 영감 내외마저 놀라게 한 것은 껑충 커버린 손자 놈이 아니라 딸애가 안고 온 손자보다도 더 까만 갓난애기였다.[15]

재미 한인들이 흑인이나 흑인 혼혈아를 차별적 시각으로 대하는 것은 그들 또한 서구의 인종차별적 우월주의에 물들어가고 있음을 예증하는 것이라고 볼 수 있다. 이언호의 「손」도 '나'의 매부가 우발적으로 쏜 흑인 강도의 총탄에 맞아 죽자, 이후 갱단에 속한 흑인들이 찾아와 사과하고 서로 화해하면서 한흑 갈등을 넘어서려고는 하지만, 기본적으로 흑인을 무시하는 인종차별의식은 여전하다.

> 흑인 집결 도시여서 그런지 대부분이 흑인인 그들은 더럽기도 하지만 어디에서도 맡아보지 못한 독한 악취를 풍기며 쉴새없이 주변을 두리번거린다. 그런 모습엔 어떤 범죄의 냄새가 숨겨져 있는 것 같기도 하다.[16]

'나'는 흑인 집결 도시에 사는 흑인은 대부분 더럽고, 독한 악취를 풍기며, 어떤 범죄의 냄새가 숨겨져 있다고 느낀다. 그러나 사실 그렇다 하더라도, 나아가 그렇게 보일 뿐이라면 더욱 그들이 왜 그럴 수밖에 없는지, 왜 그렇게 보이는지에 대하여 한 번쯤은 성찰해봐야 마땅한데, 이미 서구 중심의 인종적 편견에 익숙해진 '나'는 아무 말도 하지 않는다.

이자경의 「할로윈 파티」는 일본인 스즈키가 종군위안부 출신 한인 할머니를 괴롭히자 옆방에 사는 흑인 노인이 스즈키를 죽이는 사건을 다루고 있는데, 이를 통해 작가는 식민주의적 사고가 연장되고 있는 파렴치한 현장

---

[15] 『대사전』, 814-815쪽.
[16] 『대사전』, 760쪽.

을 보여주면서 이를 극복하기 위한 하나의 대안을 암시하고 있다. 흑인 노인이 일본인 스즈키를 죽이는 서사는 아(亞)서구화한 일본과 서구에 지배당한 약자들의 외침에 다름 아닌 것이다.

'나'는 종군위안부 출신 할머니다. 그런데 어느 날 '나'가 살고 있는 아파트 단지에 스즈키라는 일본인이 매니저로 들어오게 된다. 그후 스즈키는 '나'를 휠체어에 태우고 다니며 아예 보호자로 나서는데, 다른 사람이 수상쩍게 생각할 틈마저 봉쇄해 버린다. '나'는 종군위안부 출신이라는 자의식 때문에 항상 검은 안경을 쓰고 다니며 같은 아파트에 사는 한인들과도 어울리지 않는다. 사실 '나'는 거의 반세기 동안 동족 기피증을 앓고 있다. '나'의 옆방에는 흑인 노인이 살고 있는데, '나'와 마찬가지로 외롭게 혼자 살면서 병으로 고생하고 있다. '나'와 노인은 비슷한 처지여서 서로 깊은 관심을 내보이며 지낸다.

어느 날 '나'는 무숙자들이 마지막 코스로 가는 LA 근교 스키드로우에 가는데, 그들에게서 독일군에게 학대당한 유대인을 떠올리게 되고, 자신의 처지와 닮았다고 생각한다.

> 그건 영화에서나 보았던 아우슈비츠 수용소의 유태인 공동목욕탕을 연상시키는 공포였다. 그리고 그 정적을 가득 채운 건 악취였다. (중략) 그 냄새는 바로 조오센삐들의 냄새와 닮았다.[17]

'나'는 여전히 종군위안부의 상처를 깊이 간직하고 있고, 그래서 '당꼬' 바지를 입은 사람만 보면 기겁하여 그 자리에 주저앉는다. 일제강점기 때 '나'는 친구 말분이와 함께 조선 순사 나카무라에게 속아 일본인 남녀 포주에게 넘겨졌고, 그들의 속임수로 아주 낯선 곳으로 끌려갔었다. 그리고 해

---

17 『대사전』, 780-781쪽.

밤이 되자 귀환선을 타고 그렇게나 목매어 그리던 조국 땅 부산항에 내렸지만, 그 조국은 차디찬 얼음처럼 '나'를 맞았다. 차라리 돌아오지 말았어야 했다고 후회가 되었다. "얼굴이 뜨거워 고향엔 제 발로 가지 못하고 사람을 보내 얻어들은 고향 소식은 청천벽력과 같은 배반의 세월이었다."(782쪽) 말분이 어머니는 딸이 돌아오지 않자 딸의 소식을 알려고 나카무라에게 갔다가 오히려 강간당하고, 그 때문에 우물에 빠져 죽었다. 하지만 나카무라는 해방된 조국에서 경찰국장 자리까지 승진하고, 해방 전과 달라진 것은 하나도 없었다. 그래서 '나'는 더러운 이 땅에 다시는 돌아오지 않겠다고 생각하고 조국 땅을 떠나지만, 결국 오키나와 미군 기지에 빌붙어 사는 '빵빵 걸'이 되고 만다. 그곳에서 만난 미국 남자 브라운은 사랑한다고 고백하지만, '나'는 그럴 자격이 없다고 거절한다. 그러나 나카무라 아들까지 국회의원에 당선되고, 또 "하늘을 우러러 한 줌의 부끄러움도 없는 정치인"(782쪽) 운운하는 한국의 신문 기사를 보고 나서 더 멀리 떠나기 위해 브라운을 따라 미국에 온다. 미국에 온 지 일 년만에 브라운과 헤어지고, 지금은 병까지 앓으며 외롭게 살고 있다.

스즈키는 매니저로 들어온 뒤 아파트 정원을 일본식으로 꾸며놓고 정성을 기울여 가꾸는 한편, 아파트 노인들과 야유회를 다녀온 후에는 '엔카(演歌) 교실'이니 '꽃꽂이 교실'까지 만들어 "아파트에 일본을 계획적으로 차근차근 심어나갔다."(785쪽) 그리고 어느 날 저녁 아파트 구내 휴게소에서 핼러윈 파티를 열었다. '나'는 가지 않았는데, 파티가 한창 무르익을 때쯤 스즈키가 '나'를 찾아왔다. 스즈키는 군에 입대하기 전 동남아에서 여자 장사를 하던 아버지를 도왔다고 하는데, 그를 처음 만났을 때 '나'는 자신을 "바루마 땅에 버리고 도망친 그 뚜쟁이 놈"(774쪽) 스즈키를 떠올린다. 핼러윈 파티에 입고 갔던 일본 군복 차림으로 스즈키가 방에 들어섰는데,

'나'는 옛날 위안소에서 일본군을 받아들였던 것처럼 자연스럽게 그를 받아들인다.

> 아! 방안의 달빛 속에 정강이 아래로 각반 맨 두 다리가 정면으로 서 있는 것이었다. 나는 반사적으로 침대에서 뛰어 내려가 무릎을 꿇고 각반을 풀기 시작했다. 두 개의 각반 맨 다리 사이로 비루마의 달빛이 스며들었다. (중략) 스즈키였다. 순간적으로, 아주 순간적으로 그 일은 그렇게 일어났다. 비루마 때 장교들을 맞듯이 나는 성군(聖軍)이며 성군(性軍)인 일본군 군복을 입고 한밤중에 찾아온 그를 장교 수준으로 모셨다. 스즈키는 그날 금줄 세 개에 별 하나를 단 일본군 소위 복장을 하고 할로윈 파티에 나갔던 것이다.[18]

이날 밤 이후 스즈키는 거의 매일 밤 자정에 '나'를 찾아와 전쟁터에서처럼 전표를 내어놓았고, 일주일에 한 번 정도는 관계를 요구했다. 그의 나이는 68세, '나'는 64세인데, 그는 가능한 한 옛날 위안소에서 하던 짓을 재현하고 싶어 했다. 그는 무엇보다 철저한 군국주의자였다. 그는 '나'의 방 벽장의 반을 차지할 정도로 아예 신궁을 차려놓고, 군국주의의 부활을 염원하는 신사참배를 게을리하지 않았다. 아마테라스 오미가미(天照大神)와 메이지 덴노(明治天皇)의 신상(神像)도 두었고, 그들의 빨간 태양인 일장기도 꽂혀 있었다. 그리고 '나'는 그의 옆에 무릎을 꿇고 앉아 함께 황국신민서사를 낭독하곤 했다. 스즈키는 이렇게 완벽한 이중생활을 지속해 나갔다. 밖에 나가면 '나'의 보호자로서 조금의 손색도 없어 보였다.

스즈키는 일본인 아버지와 아버지가 조선에서 유괴해 온 조선인 어머니 사이에서 태어난 혼혈아다. 그의 아버지는 싱가폴에서 유곽을 운영하던 일본인 포주였고, 일본과 조선을 돌아다니며 여자들을 유괴, 랭군·마닐라·싱가폴·자바·산다칸 등 동남아 여러 지역의 유곽에 팔아넘기는 전문적인 유괴업자였다.

---

18 『대사전』, 786-787쪽.

그의 아버지는 자신이 유괴해 온 조선 여자들 가운데 예쁜 어머니를 아내로 맞이했지만, 스즈키가 열 살이 될 때까지 어머니도 밤늦게까지 손님을 받게 한 지독한 남자였다. 스즈키는 이런 아버지를 죽이고 싶을 정도로 증오했다. 아버지의 폭력에 시달리던 어머니는 북보르네오에서 마닐라 삼을 재배하던 중국 남자와 눈이 맞아 함께 산다칸으로 도망쳤는데, 이 중국 남자 또한 어머니를 그곳의 중국관 포주로 들어 앉혔다. 어머니는 그곳에서 얼마 있다 병으로 사망한다.

스즈키는 실은 어머니를 빼닮은, '나'의 고향 친구 말분이를 만나 같이 지냈고, 해방되면 그녀와 결혼하려고 약속한 사이였다. 그는 말분이의 이름을 어머니의 이름과 같은 '마사꼬'라고 지어 불렀는데, 그를 버리고 도망간 어머니에게 복수하듯이 말분이의 몸을 마구 짓밟았다. 그리고 이제 '나'를 또한 '마사꼬'라고 부르며 마구 짓밟았다.

> 마사꼬, 마사꼬! 어머니의 이름을 미친 놈처럼 불러대며 그녀를 밤마다 겁탈했지. 그리고 아버지가 그랬던 것처럼 마사꼬에게 각목을 마구 휘둘렀다.
> "마사꼬, 어머니를 겁탈하는 쾌감, 어떤지 아냐?"
> "??????"
> "일본이란 나라는 그렇게 어머니를 겁탈하는 나라다! 알겠냐!"
> "하이!"
> 그날 밤, 스즈키는 '마사꼬'란 이름을 수도 없이 불러대면서 한층 더 강포하게 날 대했다.[19]

스즈키의 행위는 과거에로의 편집 증세였다. '나'의 방은 이제 남방군 위안소로 변해버렸다. '나'는 스즈키의 스케줄에 따라 움직이는 인형이 되어 낮 12시에는 반드시 황국신민서사를 읊어야 했다. '나'는 스즈키의 소지

---

[19] 『대사전』, 789-790쪽.

품에서 그가 해방되면 결혼하겠다고 말한 마사꼬가 바로 친구 말분이인 것을 확인하고, 혹시 그의 어머니 '마사꼬'와 친구 말분이 '마사꼬'가 남긴 또 하나의 '마사꼬'가 아닌지, 그 두 '마사꼬'들의 살아 있는 유령 또는 그림자가 아닌지 의아해한다. 식민주의가 가한 폭력은 옛날로 끝나지 않고 여전히 계속되고 있다는 인식이다.[20]

어느 날 스즈키가 각목을 들고 들어와 '나'를 때리는데, 그는 옆방 흑인 노인이 쏜 세 발의 총탄에 죽는다. 작가는 이를 "이제 할로윈 파티가 끝나고 벽이 드디어 말을 하기 시작했군"(791쪽)이라고 서술하는데, 여기서 단단한 '벽'처럼 오랜 세월 동안 역사의 베일에 철저하게 가려져 있던 종군위안부 문제를 다룬 작의를 엿볼 수 있다. 종군위안부 문제는 전후 일본에서도 '가장 차별받은 자'(Subaltern)의 목소리에 귀를 기울이게 하는 계기가 되었다.[21] 식민지 남성과 달리 식민지 여성은 이중의 차별을 당했기 때문이다. 그리고 무엇보다 종군위안부 여성은 인격을 가진 개별적 주체였다기보다 하나의 '기호'에 지나지 않았는데, 스즈키의 어머니 '마사꼬'와 말분이 '마사꼬', 그리고 '나'는 서로 다른 존재가 아니라 모두 하나의 '마사꼬'일 뿐이다. 종군위안부 '마사꼬'는 식민지배국 일본이 식민지 조선에 가한 폭력의 상징이었다.[22]

특히 이 작품은 가해자 속의 또 다른 피해자를 소개하고 있는데, 일본이 미국 하와이를 공격할 때 그곳에 살고 있던 일본인들이 미국인에게 당했던 차별 대우가 그것이다. 이처럼 식민주의는 식민지 백성들뿐만 아니라 식민지배국 속의 또 다른 피해자를 생산할 정도로 그 성격이 단순하지 않다.

---

[20] 이 소설은 노라 옥자 켈러의 『종군위안부』와 함께 중요하게 논의되어야 할 작품이다.
[21] 고모리 요이치, 송태욱 역, 『포스트콜로니얼』, 삼인, 2002, 154-167쪽 참조.
[22] 박종성, 『탈식민주의에 대한 성찰』, 살림, 2006, 5쪽.

'식민주의'를 대하는 우리의 사고가 보다 예민해져야 할 필요가 여기에 있다. LA의 무숙자 거리인 스키드로우에 사는 일본인 노파가 그것을 실증하고 있다.

> "당신 일본계 맞죠?"
> 나는 그만 무례한 질문을 하고 말았다. 그렇게 묻는 건 인종적 편견을 깔고 있는 까닭이었다.
> "노! 난 미국 시민, 미국 시민이란 말이야!"
> 노파는 안색을 확 바꾸더니 비장한 어투로 말을 내쏘곤 얼굴을 돌렸다. 경계하는 빛이 역력한 옆 얼굴이 파르르 떨렸다. 난 그래 맞다, 일본계가 틀림없다, 라고 속으로 중얼거렸다. 어린 시절을 강제수용소에서 보낸 상처가 깊이 남아있는 니세이(일본계 2세)일 것이었다. 본국 군대가 하와이의 진주만을 폭격했을 때 서부 해안에 몰려 살던 일본계 12만 명이 당했던 또 하나의 비극이었다. 그때 그들 2세들의 외침이 '나는 미국 시민이다'였던 것이다. 가해자는 없고 피해자만이 남은 참으로 오묘한 만남이었다.[23]

식민지배국에 사는 모두가 식민주의자는 아니다. 거기에도 고통받는 피해자가 있다. 일본인 노파도 '나'도 모두 식민지배국 일본 때문에 상처를 입고 있다. 그리고 일본인 노파가 일본으로부터 공격을 당한 미국에서 살고 있다는 그 이유 하나 때문에 다시 미국에 피해를 입고 있다는 것은, 식민주의가 인종차별주의와 공모하고 있다는 또 다른 증거다.[24] 또한, 스즈키의 어머니, 말분이, '나', 그리고 일본인 노파 등 피해자들이 모두 여성이라는 사실은 식민주의가 특히 여성에게 차별적으로 폭력을 행사했다는 사실도 확인하게 한다.

---

[23] 『대사전』, 783쪽.
[24] 존 맥클라우드, 박종성 역, 『탈식민주의 길잡이』, 한울, 2003, 118-122쪽.

## 4. 이해와 존중, 차별을 넘어 공존하기

식민주의가 피식민지에 폭력을 행사하고, 식민지배국 내에서도 또 다른 피해자를 생산하며, 또 식민지배국이든 피식민지든 특히 여성에게 차별적으로 폭력을 행사한다면, 이에 어떻게 대응해야 할까. 「샤이엔강의 사랑」과 「살비에게」는 조금이나마 그 실마리를 제공하고 있다.

「샤이엔강의 사랑」에서는 인종차별적인 시선이 두 겹으로 겹치고 있다. 먼저 백인은 수(Sioux)족 인디언을 몰아냈고, 주인공 '나'는 순수한 수족 인디언이 아니라는 이유로 그들에게서 추방당한다. '나'는 수족 인디언 아버지와 한국인 어머니 사이에서 태어난 혼혈아인데, 이 작품은 수족 인디언 아버지와 한국인 어머니의 순수한 사랑을 확인하면서 '나'가 자신의 정체성을 찾아가는 과정을 보여준다. 특히 순수한 피를 가진 수족 인디언이 모든 것에 우월한 지위를 가지고 있지 않다는 것을 보여줌으로써 백인 주류사회와 그에 못지않게 차별적인 수족 인디언의 인종적 편견과 차별주의를 동시에 비판하고 있다.

'나'는 아버지가 일도 하지 않고 술이나 마시며 거의 폐인이 되자 그를 증오한다. 그런데 아버지와 한국인 어머니의 순수한 사랑을 확인한 뒤에는 아버지를 이해하고 오히려 존경하게 된다. 아버지는 한국전쟁 때 부상으로 거의 죽게 되었을 때 마침 어머니가 살고 있는 집으로 피신하여 목숨을 구했고, 두 사람은 서로 혼인을 약속할 정도로 사랑하게 되었다. 아버지가 한국인 여자와 혼인하겠다고 하자 '나'의 할아버지는 정통 인디언끼리 혼인해야 한다며 완강하게 거부하는데, 아버지는 반대를 뿌리치고 혼인한다. 아버지는 어머니와 혼인한 뒤에 와이오밍주 샤이엔에서 행복하게 살았으나, '나'가 네 살 되던 해 어머니가 교통사고로 죽게 된다. 그후 할아버지는 강요하다시피 하여 아버지를 지금의 인디언 어머니와 재혼하게 하는데, 그때부터 아버지는 몬태나주에 숨어 폐인으로 살고 있다.

할아버지는 아버지에게 '나'가 한국인 여자에게서 태어난 혼혈아라는 사실을 철저히 비밀에 부치게 했다. 그러나 '나'는 인디언 부족으로 봉사활동을 하러 온 한국인으로부터 자신이 한국인 어머니에게서 태어난 혼혈아라는 사실을 알게 된다. '나'는 수족 인디언 여자 실비아를 대학에서 만나 사귀는 중인데, '나'의 출생 비밀을 듣게 된 실비아는 오히려 당신이야말로 "순수하고 자랑스러운 수 인디언"(723쪽)이며, 따라서 혼혈이기 때문에 '나'를 버리는 일은 절대 없을 것이라고 말한다. 이와 같은 실비아의 발언은 백인 주류사회의 인종차별은 물론 백인으로부터 인종적 차별을 받아온 수족 인디언 사회의 인종차별을 아울러 비판하고자 하는 작의를 엿보게 하는 대목이다.

인종차별에 대한 비판적 시각은 신상태의 「살비에게」[25]에서 보다 구체적으로 드러난다. 주안의 아내 수니는 미국 회사에서 시간제로 일하면서 두 번이나 이유 없이 쫓겨난다. 처음에는 친절하던 사람들도 열심히 일할 만하면 따돌리기 시작하지만, 속수무책 당할 수밖에 없다. "인종차별로 제소하고 싶지만 누가 증언을 해주기나 하겠어요?"(625쪽)라는 그녀의 말에서 미국 사회에 깊이 뿌리내리고 있는 인종적 차별의 벽이 얼마나 완강한 것인지 확인할 수 있다. 다민족국가라는 미국에는 국외자들인 '유색인종'은 수십 년을 살아도 파악할 수 없는 또 한 겹의 다른 사회가 엄존해 있는 것이다.

수니는 LA폭동에 대한 영화를 준비하던 중 흑인 청년 살비가 벌인 총기난사사고로 죽게 된다. 그녀는 6개월짜리 관광비자로 미국에 입국하여 식당에서 일하다가 기간이 되면 출국하고 몇 달 후 다시 들어와 일하다가 출국하기를

---

[25] 이 작품은 『현대문학』 1996년 11월호에 실렸다.

되풀이하는 터키 여자 등, 불법체류 이민자들의 삶을 다룬 그 영화에서 백인 주류사회에 유리벽처럼 둘러쳐져 있는 장벽을 드러내 보이고, 억척스럽게 꿈의 사다리를 올라가는 이민자의 모습도 보여주고자 했다. 이민자들이 백인 주류사회에 동화하는 것은 불가능하고 또 그럴 필요도 없다는 것, 따라서 서로 다름을 인정하고 갈등 없이 살아가자는 생각을 그 영화를 통해 드러내고자 한 것이다.

> 나는 주류사회에 동화하라고 외치는 건 아니에요. 그건 불가능하고 그럴 필요도 없어요. 늘 그들 쪽만 건너다볼 것 없이 우리끼리 사는 것도 가볼 만한 길이거든요. 서로 다름을 인정하고 필요한 만큼만 나누면서 각기 살아가면 갈등할 것도 없잖아요..... 그걸 인정하지 않으려니까 갈등이 생기죠. 그것이 수니가 필름에 담으려던 관점이었다.[26]

이 작품은 또한 미국 사회든 이민자 사회든 어느 하나로 획일화할 수 없는 내부의 차이가 있을 수 있다는 사실도 지적한다. 수니 외에 여러 명이 죽은 살비의 총기 사건에 대해 재미 한인 한씨는 물론 수니의 남편 주안도 그 사건에 관해 아무 관심도 보이지 않는데, 정작 미국인들은 법정으로 가는 주안에게 만나는 사람마다 말을 걸고 안부를 묻는다. 주안은 이를 두고 "동네에서 만나는 백인들은 집합적인 '미국인'과는 다른 모습을 하고 있는 것 같다"(627쪽)고 생각한다. 미국 사회 내부에도 다양한 차이가 있을 수 있다는 것을 느낀 것이다.

「살비에게」는 주안이 살비를 주인공으로 하여 소설을 써나가는 형식을 취하고 있다. 살비는 다른 흑인들처럼 불우하게 자라지는 않았다. 그의 아버지는 자메이카에서 약사였다. 살비는 킹스턴의 부촌에 속하는 해븐데일에서 부족한 것 없이 자랐고, 공부와 운동도 다 잘했다. 그런데 그가 명문

---

26 『대사전』, 626쪽.

사립학교를 거쳐 엘리트 코스를 밟고 있을 때 아버지가 교통사고로 죽고, 스무 살 때는 어머니마저 시름시름 앓다가 죽었다. 형제들은 친척 집으로 흩어지고, 그는 관광비자를 들고 미국으로 건너왔다. 살비는 학업도 계속하고 아버지처럼 좋은 직장을 얻어 단란한 가정을 이루겠다는 소박한 '아메리카의 꿈'을 품고 있었다. 시민권자인 여성과 사귄 끝에 결혼까지 하게 되고, 영주권 문제도 자동으로 해결되지만, 그들은 잦은 싸움 끝에 헤어진다. 살비는 무엇보다 미국 사회의 인종차별적인 벽을 처절히 실감한다. 그의 지나친 인종적 대립의식은 그를 총기 난사 사건으로까지 몰고 가고, 결국 그를 파탄케 한 것이다.

　실비는 인종적 편견에 대해 병적으로 민감했다. 도서관에서 백인 여학생이 그에게 인종차별적인 말을 했다고 해서 캠퍼스 소수민족위원회에 제소하고, 조사 결과 근거가 희박하다는 결론이 나오자 그것은 제소자가 흑인이기 때문이라며 위원장을 공격한다. 그런가 하면 아프리카를 다녀온 교수가 남아공화국에 관해 여담을 하는 중에 벌떡 일어서서, "그따위 얘기는 집어치우세요. 차라리 그곳에서 어떻게 백인 우월주의자들을 몰아낼 수 있는가에 대해서 의견을 나눕시다!"라며 소란을 피우기도 한다. 이 일로 그는 징계위원회에서 퇴교 처분을 받게 된다. 1993년 LA사태 때는 '백인 타도'를 위해 모든 흑인이 일어나서야 한다며 아예 직장을 그만두고 그곳에 가기도 한다. 학업은 뒷전이고, 다시 편입한 사립대학에서도 졸업까지 버티지 못한다. 성적도 바닥이고, 툭하면 교수들에게 대든 것이 화근이었다. 이 때문에 그를 가까이하기가 겁이 난다는 사람들이 많았다.

　작가는 이 작품에서, LA사태 때 경찰이 현장보다 멀리 떨어진 백인촌에 투입된 것, 그리고 지나치게 한흑 갈등을 부각시키는 언론 보도를 지적하면서 어떠한 인종차별주의도 바람직하지 않다고 밝힌다. "백인놈들은 모두

죽여야 한다"(632쪽)는 살비의 자세 또한 또 다른 인종차별주의를 조장할 뿐, 거기서는 어떠한 대안도 나올 수 없다는 것이다. "당신이 쓰러뜨린 사람들이 누구로 보이는가? 당신이 그토록 미움의 대상으로 삼았던 백인들인가? 설사 그들이 모두 백인이라고 하더라도 피부가 희다는 이유만으로 그들이 증오의 대상이라면 당신은 과연 무슨 주의자인가."(635쪽) 살비는 그 자신을 스스로 죽였을 뿐이다.

이 소설의 작의는 주안이 법정에서 피해자로서 마지막으로 진술할 기회를 얻어 살비에게 하는 다음 말에서 잘 드러난다. "범인을 용서하는가?"라는 재판장의 질문에 주안은 이렇게 답한다.

> 용서하느냐고? 그런 표현보다는 '이해한다'는 말을 쓰고 싶다. 그런 일이 일어날 수도 있다거나 범인을 이해한다는 말은 물론 아니다. 어떻게, 왜 그런 일이 일어났는지 상황을 알겠다는 말이다. 피해자 진술을 하겠다는 것은 그걸로 내 슬픔이 줄어들거나 죽은 아내가 위안을 받으리라 기대해서가 아니다. 우리가 이 어처구니없는 사건에 휘말린 것은 우리 뜻과도 상관이 없지만 범인의 뜻은 더욱 아닐 것이다. 다만 나는 그가 마구 쏘아댄 총탄이 과연 누굴 파괴했으며 그것이 존 살비 자신에게는 어떤 의미를 갖는지는 분명히 알려주고 싶다.[27]

'용서'가 아니라 '이해한다'는 말, 이것이 갖는 의미가 무엇일까. 주안이 '용서'가 아닌 '이해한다'라는 말을 쓰고 싶다는 것은 인종차별에 근거한 식민주의적 사고를 겨냥하고 있다. 대부분의 경우 '용서한다'는 지배자의 우월한 입장이 전제되어 있지만, '이해한다'는 가해한 자에게 아무것도 할 수 없는 약자, 피해자의 입장일 때 쓸 수 있다. 하여, 피해자인 주안은 "어떻게, 왜 그런 일이 일어났는지 상황을 알겠다는 말"을 할 수밖에 없다. "우리

---

[27] 『대사전』, 637쪽.

가 이 어처구니없는 사건에 휘말린 것은 우리 뜻과도 상관이 없지만 범인의 뜻은 더욱 아닐 것이다"라는 주안의 말은, 인종차별과 공모하는 백인 주류사회의 식민주의적 사고가 이 사건의 근본 원인임을 날카롭게 지적하고 있다. 이런 점에서 백인을 향한 살비의 증오는 곧 다른 인종을 차별적으로 대하는 백인 주류사회의 증오에 다름 아니며, 살비의 증오든 백인 주류사회의 그것이든 인종에 대한 차별적 증오는 대상인 타자는 물론 자신도 파괴할 수밖에 없다는 것을 경고한 것이라고 할 수 있다. 예컨대, 살비에게 딸과 아내를 모두 잃은 서유럽계 백인 애드워드가 "범인을 용서하는가?"라는 재판장의 질문에 끝까지 고함치며 살비를 저주하는데, 주안의 발언은 애드워드의 그러한 저주 또한 또 다른 폭력에 불과하며, 나아가 스스로를 파괴할 수밖에 없다는 사실을 지적하고 있다.

## 5. 결어

재미 한인문학은 100년이 넘는 이주 역사만큼의 연륜을 지니고 있다. 그에 걸맞게 영어로 창작하는 1.5세나 2/3세대 작가들이 미국 주류문단에서 활발하게 활동하고 있다. 따라서 '한국어'만을 고집하거나 한국문학의 변방에 서서 항상 한국문학의 '아류' 또는 '방계 문학'으로 만족한다면 더 이상의 발전은 기대하기 어려울 것이다. 그들의 문학은 재미 '한국'문학이 아니라 '한인'문학이며, 따라서 그들이 사는 그곳 이주 사회에서 우리가 느끼지 못하는, 그들만이 느끼는 삶의 고뇌와 갈등을 치열하게 고민해야 할 것이다.

『대사전』은 재미 한인문학 100년의 역사를 총정리하고 있다. 그런데 일부 작품은 배경이나 소재 그리고 주제 면에서 여전히 한국문학의 변방에 머물고 있다. 이민 사회에서 그들만이 그려낼 수 있는 독창성을 보여주지 못하는 것이다. 한국을 배경으로 하거나 미국을 배경으로 하는 작품들도 대부분 과거 한국에서 겪었던 일을 회상하는 형식으로 되어 있다. 입양이나 노인 문제, 그리고 세대 간의 갈등도 자주 다루어지나, 작중인물들은 뚜렷한 이유 없이 이민을 떠나고 있다. 이러한 상황에서는 적극적으로 현지 사회에 적응하려는 의지가 약화될 수밖에 없다. 많은 작품에서 카지노를 떠돌거나 불법체류자 또는 마사지 팔러 등으로 전전하는 인물들이 자주 등장하는 것도 이 때문이다.

그러나 다민족 사회인 미국에서 이민자들이 통과제의처럼 보고 듣고 겪을 수밖에 없는 인종차별의 문제에 주목하고 이를 형상화한 작품도 적지 않다. 인종차별에 대한 인식은 이민자가 이주 사회현실에 적응하는 하나의 시금석과도 같은 것이라 할 수 있다. 그만큼 인종차별 문제는 이민자들의 삶의 현실인 것이다. 따라서 작품에서 단순히 인종차별주의를 상식적으로 언급하는 데 그치는 것이 아니라, 그것을 어떠한 시각에서 바라보고 또 어떠한 대안을 만들어내느냐 등의 문제를 서사화하는 것이 중요하다.

「샤이엔강의 사랑」과 「살비에게」는 타자에게 차별적인 인종주의가 얼마나 폭력적인지 잘 보여준다. 인종차별주의는 식민주의와 공모하고 있다는 것, 그리고 식민주의는 내부의 차이까지 무시하고 획일적으로 폭력을 행사하여 결국 타자와 자기 스스로를 파괴할 수밖에 없다는 지적이 그것이다. 식민지배국이든 피식민지든 그 내부에는 전일적으로 규정할 수 없는 다양한 차이가 있을 수 있다는 것에 좀더 유의, 작가의 사회현실을 바라보는 시각은 보다 더 예민해질 필요가 있다. 이런 점에서 식민주의는 피식민지 여성에게 특히 폭력적이었다는 사실을 문제 삼은 「할로윈 파티」는 주목된다. 다만, '인종차별주의'가 소재의 하나로 전락하지 않으려면 그것을 생성케 하는 서구 사회의 본질을 성찰하고 거기서 대안을 마련하는 성숙한 자세가 필요할 것이다. 그러할 때 재미 한인 소설은 한 단계 더 성숙된 모습을 보일 것이고, 이에 힘입어 한국문학의 자장은 풍요롭게 확장될 수 있을 것이다.

□ 참고문헌

1. 기본 자료

『뉴욕문학』『미주 펜문학』『미주문학』『미주이민문학』『샌프란시스코 펜문학』『시카고문학』『워싱턴문학』『크리스천문학』『한돌문학』『해외문학』
미주문학단체연합회 편, 『한인문학대사전』, 월간문학 출판부, 2003.

2. 논저

명계웅, 「미주 한인문학의 형성과정」, 『한인문학대사전』, 월간문학 출판부, 2003.
_____, 「미주 한인문학의 개관, 민족 정체성」, 『한인문학대사전』, 2003.
박종성, 『탈식민주의에 대한 성찰』, 살림, 2006.
유선모, 『미국 소수민족문학의 이해-한국계 편』, 신아사, 2001.
이광규, 『재미 한국인』, 일조각, 1989.
이기인, 「재미 한인소설 연구」, 『현대문학이론연구』, 37집, 2009.6.
이명재, 「미주 한인문단의 위상과 과제」, 『미주 펜문학』, 2008년 겨울호.
이상갑, 「계몽과 혼혈의 서사」, 『한국문학이론과비평』 42집, 2009.3.
조규익, 『해방 전 재미한인 이민문학』(1), 월인, 1999.
최원식, 「민족문학과 디아스포라」, 『창작과비평』, 2003년 봄호.
최혜실, 「식민자/피식민자, 남성/여성, 부자/빈자-노라 옥자 켈러의 『종군위안부』를 중심으로」, 『여성문학연구』 7권, 한국여성문학학회, 2002.6.

고모리 요이치, 송태욱 역, 『포스트콜로니얼』, 삼인, 2002.
존 맥클라우드, 박종성 역, 『탈식민주의 길잡이』, 한울, 2003.

# 『딕테』- 한국계 미국 이민 여성으로서 '말하는 여자' 되기

## 1. 서언: 한국계 미국 이민의 역사와 문학

한국인들의 미국 이민의 역사는 19세기 말 하와이 사탕수수 농장으로 노동자들이 이민 가기 시작한 것이 그 시초였다. 당시는 서구 열강이 아시아 식민지 확대에 힘을 쏟고 있었고 한국은 서구 열강과 서구화를 먼저 시작한 일본 제국주의 세력을 막아보려고 애쓰던 시기였으며 동시에 서구화 혹은 근대화가 시작되던 시기이기도 했다. 한국 노동자들이 하와이로 떠났던 것은 대내외의 어려운 상황과 맞물려 억지로 이민을 떠날 수밖에 없었던 사정도 있었지만, 경제적 사회적 계급적으로 어려웠던 사람들이 대물림되는 어려운 환경을 벗어나 보고자 자발적으로 떠난 경우도 많았다.

이처럼 한국인들의 미국 이민은 세기말에 시작되었지만, 미국의 이민법은 20세기 중반까지 아시아인들의 이민에 대하여 매우 제한적이었다.

---

\*이 글은 『여성학논집』 제23집 1호(2006)에 게재된 논문임.

1965년 이민법 개정으로 아시아 국가로부터 미국에 오는 이민자의 숫자를 대폭 허용하면서 미국계 아시아인들의 숫자가 증가하기 시작하였다. 20세기 전반기 이민자들이 이민과 조국 상실에서 오는 이중의 고통을 당해야 했다면 20세기 후반기 미국으로 밀려든 한국계 이민자들 역시 남북이 대치하고 있는 조국을 떠나 겪는 고통 특히 새로운 환경에 적응하고 삶을 영위하기 위하여 의식주 해결에 급급한 힘겨운 삶을 사는 경우가 대부분이었다.

미국이라는 사회는 한국 이민자들에게 커다란 충격이었으며 미국과 한국이라는 두 사회의 커다란 차이 즉 문화적 차이 언어의 차이 음식의 차이 등 일상생활의 모든 면에서의 차이로 인해 이민자들은 고통을 겪을 수밖에 없었고 이것은 초기 한국계 미국 이민자들의 문학작품에서 가장 중요한 주제를 형성하고 있다 첫 한국계 미국 소설가로 꼽히는 강용흘(Younghill Kang)은 1931년에 『초당』(The Grass Roof)을 통해 이민 오기 전 일본에 점령당한 한국에서의 경험을 다루었고, 1937년에는 『동양인 서양에 가다』(East Goes West: The Making of an Oriental Yankee)를 통해 한국계 미국 이민자가 경험해야 했던 동양과 서양의 차이와 이에 대한 이민자의 당혹스러운 경험을 풍자적으로 다루었다.

1965년 이민법 개정 이후 미국에 온 많은 한국계 이민자들은 1980년대, 1990년대가 되었을 즈음에는 미국사회에 적응하고 소위 성공도 거두게 되는데, 이를 반영하듯 이즈음부터는 한국계 미국 이민자 중에 문학·예술·연극·영화 등에서 활약하는 문학가와 예술가들이 배출되기 시작하였다. 1987년에 『토담』(Clay Walls)을 발표한 김란영(Kim Ronyoung[Gloria Hahn], 1926-1989)이 한국 여인으로서 캘리포니아에서 가난과 인종차별 속에서 살아낼 수 있었던 한국인의 혼을 다루고 있다면, 시집 『사진 신부』(Picture Bride, 1986)를 발표한 캐시 송(Cathy Song, 1955-)의 경우는 초기 하와이 이민자의 손녀로서 자신의 중국인과 한국인으로서의 유산을 소중히 하면서도 인종적 시각으로 읽히기를 원하지 않는 태도를 취하는 것을 볼 수 있다. 『원어민』(Native Speaker, 1995)을 발표한 이창래 (Chang-Rae Lee), 『유령 형의 추억』(Memories of My Ghost Brother, 1996)을 발표한 하인즈 인수 펜클(Heinz Insu Fenkl), 『종군위안부』(Comfort Women, 1997)를 발표한 노라 옥자 켈러(Nora Okja Keller) 등은 1990년대 이후 한국계 미국문학을 이끌어가고 있는 대표적 작가들이지만, 이들 외에도 1990년대 후반부터 많은 한국계 미국 작가들이 좋은 작품을 발표하면서 미국 문학계에서 중요한 역할을 하고 있다. 특히 1980년대까지만 해도 남성 작가들이 주류였으나, 1990년대에는 한국계 미국 여성 작가들의 활동이 눈에 띄고 있다.

미국 문학계에서 아시아계 이민자의 문학이 인지되기 시작한 것은 1970년대에 접어들어서이다. 1972년에 출판된 『아시아계 미국 작가』(Asian American Authors), 1974년에 출판된 『아시아계 미국인 유산: 산문과 시선집』(Asian-American Heritage: An Anthology of Prose and Poetry)과 『아아아!: 아시아계 미국 작가 선집』(Aiiieeeee!: An Anthology of Asian-American Writers)은 미국에서 아시아계 문학의 존재를 알리는 최초의 작품집들이다. 비평서로는 일레인 김(Elaine H. Kim)의 『아시아계 미국 문학: 작품과 사회적 맥락 소개』(Asian American Literature: An Introduction to the Writings and Their Social Context, 1982)와 킹콕 정(King-kok Cheung)과 스탄 요기(Stan Yogi)의 『아시아계 미국 문학: 주석을 단 저서 목록』(Asian American Literature: An Annotated Bibliograph, 1988)이 처음으로 아시아계 미국문학에 대한 비평을 시작하였다(Lim, 1997:809). 그런데 이러한 작품집과 비평서에 여성작가는 소수만이 포함되

었고, 여성적인 관점은 거의 무시되었다. 여성적인 관점은 1989년이 되어서야 『금지된 바늘땀: 아시아계 미국 여성작가 선집』(*The Forbidden Stitch: An Asian American Women's Anthology*)과 『물결을 일으키기: 아시아계 미국 여성의 글과 그들에 관한 글 모음집』(*Making Waves: An Anthology of Writings by and about Asian American Women*)에서 나타나기 시작하였다(Lim, 1997:812).

아시아계 미국문학은 일반적으로 "미국에 사는 아시아계 후손, 미국에서 살고 미국과 관계를 맺으면서 독특하게 형성된 역사를 가진 개인과 민족집단이 쓴 문학"이라고 정의되지만, 정치적·분석적인 범주라기보다는 혼성적인 정체성을 지칭한다. 그러나 많은 아시아계 미국문학은 아시아계 미국인을 미국에서 제외시키거나 이방인화하는 개념에 도전하면서, 그러한 정의를 미국 내 모든 민족과 문화를 설명할 수 있는 범주로 바꾸고자 하는 의지를 보여주고 있다. 또한, 아시아계 미국 여성작가들은 미국인도 아시아인도 아니면서 동시에 미국인이며 아시아인으로서 미국과 아시아, 남성과 여성, 중심과 주변이라는 이분법을 넘어서서 그들의 정체성을 구축하려고 노력하는 모습들을 보여주고 있다.

역사를 발전해가는 것으로 보는 근대적·계몽주의적 사고는 '근대화' 혹은 '서구화'하지 못한 아시아의 전통사회·전통문화를 미개한 것으로 본다. 이러한 서구인의 관점 앞에서 아시아인들은 아쉬스 난디(Ashis Nandy)가 "친밀한 적"이라고 정의한 것, 즉 탈식민 사회를 호명(interpellate)하는 내재화된 문화적 식민에 종속되게 되므로 눈앞에 보이는 적이 아니라 자신 내부에 깊숙이 스며들어 자신을 조정하는 적과 힘든 싸움을 벌이게 된다. 아시아인들이 경험하는 이러한 힘겨운 싸움을 현장에서 경험하는 사람 중에 아시아계 미국인들이 있다.

아시아계 미국문학이나 한국계 미국문학에 대한 연구는 우리나라 학계에서 많이 이루어지지 않았다. 우리나라 영문학계는 그동안 주로 정전에 속한 문학에 집중해 왔고, 아시아계 미국문학이나 한국계 미국문학이라는 '주변'에 속한 문학은 경시 또는 무시하는 경향이 많았기 때문이다. 최근에 와서 한국인으로서의 자각이 탈식민 사조와 맞물리면서 한국적 관점, 아시아적 관점에 대한 중요성을 깨닫기 시작한 것은 중요한 변화로서 높이 평가할 만하지만, 이 분야의 연구는 그 중요성에 비하여 아직도 많은 연구가 이루어지지 않은 상태이다. 한편, 우리나라 국문학계 역시 미국에서 활동하는 한국인들의 작품에 많은 관심을 갖지 않아 왔다. 최근에 재미 한인문학, 즉 미국으로 건너가 생활하면서 한글로 꾸준히 창작활동을 하고 있는 작가들의 작품에 대한 관심을 출발점으로 하여 한국 이민자들의 문학에 대한 연구가 시작되고 있는 단계이다.[1] 그러나 이제 한국계 미국문학이라고 범주화하든 재미 한인문학이라고 범주화하든지 간에 한국계 이민자들이 미국에서 이루어내고 있는 중요한 문학적 업적들을 중요하게 다루어야 할 시기가 되었다고 생각한다.

---

[1] 이동하·정효구는 『재미한인문학연구』에서 실제 "재미 한인 수가 약 200만 명에 달하고 미국으로의 이민사가 올해로 100년이 됨에도 불구하고 재중 조선족 문학이나 재일 한인문학 등의 연구에 비하면 재미 한인문학의 연구는 크게 진척된 바가 없다. 그런 점에서 해방 전까지의 재미 한인문학만을 연구한 조규익 교수의 작업과 최근의 재미 한인문학까지를 함께 연구한 우리의 이번 작업은 재미 한인문학 연구의 초기업적으로 그 의미가 있을 것이다"(이동하·정효구, 2003:4)라고 지적하고 있는데, 이는 국문학계에서 한국계 미국 이민자의 문학에 대한 연구가 제대로 이루어지고 있지 않음을 잘 보여주는 지적이라고 할 수 있다.

## 2. 차학경의 『딕테』

본 논문에서 다루고자 하는 테레사 학경 차(Theresa Hak Kyung Cha, 한국명 차학경)는 1951년에 부산에서 태어나 만 11살에 미국에 이민해간 소위 1.5세대이다. 『딕테』에서 어머니의 이야기를 다루는 부분에서 나타나듯이 그녀의 부모는 만주에서 자랐고, 어머니는 교사를 하기도 하였지만, 해방 후인 1946년에 남하하였으며 한국전쟁 때는 부산으로 피난하였다. 1962년에 하와이로 온 가족이 이민하였고, 2년 후 샌프란시스코로 이주하였다. 거기에서 차학경은 성심 수녀원을 다니며 불어와 고전을 배웠고, 그 후 버클리 소재 캘리포니아 대학(University of California, Berkeley)을 다녔다. 1973년 버클리에서 비교문학으로 학사학위(B.A.)를 받고, 그 후에는 미술 분야에서 1975년에 학사학위(B.A.)를 받았으며, 1977년 석사학위(M.A.)를, 그리고 1978년에는 예술 석사학위(M.F.A.)를 받았다. 또한, 행위예술가, 사진작가, 비디오와 영화제작자로 미국과 캐나다, 유럽 등지에서 활발히 활동하면서 다수의 상을 수상하였다. 1977년에는 미국 시민이 되었으며, 1979년에 이민 간 후 처음으로 한국에 돌아왔다. 1982년은 차학경에게 커다란 일들이 일어난 해이다. 리처드 반즈(Richard Barnes)와 결혼을 하였고, 첫 소설이라고 할 수 있는 『딕테』를 출판하였으며, 소설 출판 후 얼마 되지 않아 뉴욕에서 살해당하면서 31살의 짧은 인생을 마감하였다.

차학경의 생애에서 미국으로의 이민이 주었을 충격은 11살에 이민 간 그녀가 영어를 모르는 것 때문에 한동안 유아학교(pre-school)를 다녀야 했다는 것에서 미루어 짐작할 수 있다. 막 사춘기가 시작되었을 그 나이에 명민한 차학경이 3~4세 정도의 어린아이들과 함께 공부해야 했을 때 느꼈을 고통과 충격은 어렵지 않게 추측할 수 있다. 사실 미국으로 이민 간

많은 한국인이 겪는 가장 큰 고통은 언어에서 온다고 해도 과언이 아니다. 1세대 이민자뿐만 아니라, 1.5세대 2세대들도 언어와 복잡한 관계들을 경험하게 된다. 한국계 이민자로서 아시아계 미국 문학 전공 학자인 현이강(L. Hyun Yi Kang)은 한국어와 영어 모두에 능통한 이중언어 사용자(bilingual)로서 자신이 언어와 혹은 영어와 가지는 관계를 얼마나 자주 고통스럽게 인식해야 했던가를 묘사한 바 있다. 그녀는 "어떻게 생겼는지, 어떤 언어로 말하는지 침묵하는지, 아니면 놀랍게도 말을 잘하는지, 어떻게 말하는지(외국 말투가 있는지 없는지), 누구와 이야기하는지" 등이 모순적으로 뒤범벅이된 것에 따라 "평가받고, 오해받고, 인정받고, 무시받고, 칭찬받고, 멸시" 받았었다고 기록하고 있다(Kang, 1994:73). 즉 이민자들은 피부색 못지않게 그들이 사용하는 언어에 의해 평가되므로, 언어는 그들에게 단순한 의사소통의 도구가 아니라 그들의 정체성을 구성하는 가장 중요한 요소가 되는 것이다.

차학경의 『딕테』에는 언어, 혹은 말하기 내지 글쓰기에 관한 다양한 고찰이 나타나 있다. 본 논문은 한국에서 이민 온 여성작가로서 차학경이 이러한 말하기의 문제와 언어의 문제에 대하여 어떠한 치열한 성찰을 하고 있으며, 이와 관련된 문제점들을 어떻게 짚어내고 있는지 살펴보고자 한다.

### 1) 말하기의 어려움에 대한 성찰

『딕테』의 본문은 9개의 장으로 구성되어 있는데, 작가는 각 장을 목차로 제시한 다음에 제1장인 "클리오(Clio)/역사" 장으로 들어가기 전에 마치 서론인 듯 "*Diseuse*"라는 제목하에 이야기를 시작한다. "diseuse"라는 단어는 불어 단어로서 "diseur"의 여성형인데, "diseur"는 높은 수준의 전문적인 낭송자, 서사시 구송자(口誦者), 미래를 예언하고 앞으로 올 일을 말하는 사람을 의미하는 단어이다. 그러므로 "diseuse"는 여성으로서 전문적으로 말을 하는 사람을 의미하는 것이며, 현대적 맥락에서 해석해 본다면 여성 작가를 의미한다고 볼 수도 있다. 그러나 이러한 의미를 다 표현할 수 있는 적합한 우리말 단어가 없으므로, 여기서는 가장 간단하게 '말하는 여자'로 번역하기로 한다.

'말하는 여자'는 처음에 어린아이로 설정되어 있다. 『딕테』는 "멀리서 온" 학생이 학교에 간 첫날 집에 와서 가족들이 어땠느냐고 묻자, 멀리서 온 한 사람이 있었다는 한 가지 사실 밖에 없다고 대답하는 내용을 받아쓰기 형식으로 기록한 후 '말하는 여자' 장으로 연결하고 있다. 그러므로 '말하는 여자'는 곧 그 어린 학생을 연상시키고, 그녀가 겪는 고통과 마지막의 성취—"발설, 이제 그녀의 것이다. 적나라한 그녀의 것. 그 발설"—는 '말하는 여자'로 세움 받는 순간, 그 성취의 어려움과 그 성취의 극적임, 그 성취의 의미를 보여 주고 있는 것이다. '말하는 여자'를 어린아이로 설정하고 있는 것은, 차학경의 생애와 연결하자면, 위에서 언급하였듯이 11살에 하와이에 이민 간 그녀가 겪었던 정신적 충격과 연결된다고 할 수 있다. 그러나 차학경은 그것을 어린아이가 겪었던 문화적·언어적 충격을 묘사하는 것으로 사용하는 데서 한 걸음 나아가 힘없는 나라의 여성이 세계 제1의 대국에 와서 겪어야 했던 억압으로 연결 짓고 있다.

무엇보다도 서장(序章)인 '말하는 여자'에 관한 이야기는 말하기가 얼마나 어려운지를 묘사하고 있다. 말하기의 어려움은 먼저 말을 만드는 신체 기관들의 어려움을 통해 설명되고 있다. 아랫입술 전체를 올렸다 다시 내리고, 두 입술을 모아 뾰족이 내밀고 무엇인가를 말하려고, 단 한 마디라도 말하려고 숨을 들이쉬지만, 그러나 숨이 떨어지고 만다. 머리를 약간 뒤로

젖혀서 어깨에 힘을 모았다가, 어깨에서 힘을 빼고, 다시 한번 더 숨을 삼키는 모습이 세세히 묘사되고 있다. 그것은 마치 아이가 처음 말을 배울 때처럼, 혹은 외국인이 말을 배울 때처럼 힘들게 묘사되어 있다. (3)

"우라니아(Urania)/천문학" 장은 인체의 발성기관에 대한 자세한 그림을 싣고, 소리가, 말이, 언어가 만들어지는 과정을 자세히 묘사한다. 소리 하나 하나가 만들어지고 멈추어지고 다시 시작하고 하는 모든 과정이 기술된다.

> 수축들, 소리, 소리 비슷한 것들.
> 깨어진 말들. 하나씩 하나씩. 한 번에 하나씩.
> 깨진 혀. 부서진 언어.
> 혼합어. 말 비슷한 것.
> 삼킨다. 숨을 들이쉰다. 더듬거린다. 시작한다. 시작하기 전에
> 멈춘다. (75)

이처럼 이 책의 여러 곳에서 강조되고 있는 말하기의 어려움은 문자적으로 말소리를 만들어내는 어려움만을 의미하지 않는다. 더 중요한 것은 이러한 묘사가 한국계 미국 이민 여성으로서 세 겹, 네 겹 주변화된 상태에서 자신의 목소리를 낸다는 것이 얼마나 어려운지를 비유적으로 보여준다는 점이다. 행위예술가로서 이미 활발한 활동을 하고 있던 그녀가 처음 써낸 소설의 제목을 "딕테" 즉 "받아쓰기"라고 붙이고 첫 장을 '말하는 여자'로 설정한 것은 말에 대한 그녀의 치열함이 나타나 있는 것이다.

인간의 주체성은 언어를 통해 형성되고, 인간은 언어를 통해 세상을 인식하고 세상과 교통한다. 뿐만 아니라 언어는 곧 권력이기도 하다. 제국의 언어는 피식민자에게 강요되고 피식민자의 역사와 문화는 제국의 담론에 의해 왜곡되고 변형된다. "칼리오페(Calliope)/서사시"에서 차학경은 어머니 허형순이 언어를 빼앗겼던 경험을 통해 민족을 이야기하고 있다. 허형순

의 부모는 일본 제국주의자들이 한국 땅과 한국 사람들에게 하는 짓을 "더 이상 볼 수 없어서" 만주 용정으로 갔고 허형순은 거기에서 태어났다. 그러나 그들이 비록 모국 땅을 떠났을지라도 그들의 정신은 떠나지 않았음을 차학경은 다음과 같이 표현하고 있다.

> 당신은 떠나야만 했음을 알고 고통스럽습니다. 떠났음을 알고. 그러나 당신의 영혼, 마음(MAH-UHM)은 떠나지 않았습니다. 절대로 떠나지 않았으며 절대로 떠나지 않을 것입니다. 지금도 떠나지 않았습니다. 지금까지도 아닙니다. 그것은 당신의 항상 살아 있는 기억 속에 새겨져 있습니다. 기억이 아닙니다. 왜냐하면, 그것은 과거의 것이 아니기 때문입니다. 그것은 과거의 것이 될 수 없습니다. 절대 과거의 것이 아닙니다. 그것은 불타고 있습니다. 활활 불꽃을 불태웁니다. (45)

여기서 주목해야 할 점은 모국을 떠나야 했으나 마음은 떠나지 않았음을 강조하기 위하여 작가가 영어로 된 텍스트 안에 한글 발음으로 "MAH-UHM"(마음)이라고 쓰고 있는 점이다. 조국에 대한 마음은 작가의 가슴 속에 지금도 타고 있는 불꽃이며, 결코 "기억이 아니다"(Memory less).

기억이 아니라 현재 타고 있는 불꽃으로서의 모국(母國)에 대한 사랑은 모국어(母國語)에 대한 사랑으로 나타나고 있다. 허형순은 한국어와 중국어와 일본어를 하는 3개 언어 사용자(tri-lingual)이다. 모국어는 금지되어 있어서 "어둠" 속에서 "몰래" 사용하는 언어이다. 모국어를 하는 것은 "죽음을 무릅쓰는 특권"이지만 그래도 그것은 "피난처"이며 "집"이며 "존재 그 자체"이다. 그들은 허형순에게서 "혀(언어)"를 빼앗아 갔지만, 그녀의 "마음속에는 불꽃이 활활 불타오르고 있다". 18세가 되어 한 시골마을에 교사 발령을 받고 근무하던 그녀는 1학년 학생들을 가르치게 되었는데 그 아이들이 너무 어리므로 한국어로 이야기한다. 낯선 마을에서 어린 나이에 힘들게 생활하던 그녀는 병약한 가운데 소환을 받아 거의 죽음에 이르는데, 거의 의식을 잃은 상태에서 식민자들에게 당하는 고통은 예수가 사탄에게 당하는 세 가지 유혹으로 묘사되고 있다. 먹을 것과 명예와 부로 유혹하는 사탄처럼 세 여인은 그들의 영혼에 굴복하라고 그녀를 유혹하지만, 그녀는 그 유혹을 이겨내고 부모님에게로(to your one mother to your one father) 돌아온다. 여기에서 차학경은 모국어가 조국이며 민족이며 영혼임을 그리고 죽음을 무릅쓰고 지켜야 할 가치가 있는 것으로 보여주고 있다.

그런데 11살 때 이민 간 그녀가 지금 사용하는 언어는 제2의 언어이다. 모국어(mother tongue)에 대한 그리움은 표지 안쪽 면에 있는 사진에서부터 암시되고 있다. 돌에 새겨진 것을 탁본한 듯이 희끗희끗한 흰 점들이 있는 검은 바탕에 하얗게 새겨져 있는 세 문장—"어머니 보고 싶어. 배가 고파요. 가고 싶다 고향에"—은 서툰 글씨와 나란하지 않은 줄들로 인해 더 아픈 외침으로 가슴에 와 닿는다. 일제강점기에 끌려간 광부들이 갱도의 벽에 새겨놓은 것으로 추측되는[2] 이 탁본은 상실의 아픔에 대한 외마디소리처럼 혹은 깊은 탄식처럼 전달된다. 영어로 쓴 이 소설에 유일하게 한글로 인쇄되어 있는 탁본에 나타나 있는 어머니에 대한 그

---

[2] 이 탁본의 원본에 대해서는 여러 가지 추측들이 있다. 보통 일제강점기에 끌려간 광부들이 쓴 것으로 추측하지만, 일본이 전쟁 중 도쿄에서 떨어진 곳에 일종의 피난처로 새 궁궐을 지었는데 이 일을 하던 노동자들이 쓴 것이라는 설도 있고(Naoki Mizuno의 주장, Kang, 1994:99 참조), 일본 감옥의 벽에 새겨진 글로서 제2차 세계대전이 끝나고 몇 년 후 발견된 것이라는 주장도 있다(Oh, 2002:17). 이러한 다양한 추측은 차학경이 이 사진에 아무런 설명을 붙이지 않고 단지 그 사진을 보여주고만 있을 뿐이어서 발생하고 있다. 그러나 그 추측들이 어떠하든 간에 그 사진이 전달하는 상징적 의미는 다양한 추측에 의하여 훼손되지 않는다.

리움, 배고픔, 그리고 고향에 대한 그리움은 모국과 모국어에 대한 그리움과 배고픔으로 아프게 전달되어 온다 이 책의 맨 처음 쪽이 한글로 되어 있으며 이 세 마디로 되어 있다는 것은 식민주의, 가부장제, 국가에 의해 억압되고 상실된 한국계 미국 여성의 자아를 되살리고 싶다는 강한 소망, 이에 대해 자신의 목소리를 새기고 싶다는 강렬한 열망을 표현하고 있는 것이라고 하겠다. 영어로 된 책에, 아니 영어로 된 책이라고는 하지만 사실은 불어·라틴어·한문 등 다양한 언어들을 사용하고 있는 이 책에서 맨 첫 쪽을 한글로 쓰인 사진을 싣는 것으로 시작하는 것은 이 책 전체에 하나의 틀을 제공하고 있다고 하겠다.

"말하는 여자" 장(章)은 말하기의 어려움에 대해서 말하고 있을 뿐 아니라 말하지 않는 것이 얼마나 어려운 것인지도 보여주고 있다.

> *속에서 웅얼거린다. 웅얼거린다. 속에는 말하기의 고통, 말하려는 고통이 있다. 그보다 더한 것. 더 큰 고통은 말하지 않는 고통이다. 말하지 않는 것. 말하기의 고통에 대해 아무것도 말하지 않는다. 그것은 속에서 들끓는다. 상처, 액체, 먼지. 부수어야 한다. 방출해야 한다.* (3)

사실 말하기의 어려움은 말하지 못하는 것이 초래하는 고통과 다른 것이 아니다. 말하지 못하는 자의 고통은 여성의 침묵과도 연결되어 있다. "에라토(Erato)/사랑의 시" 장은 마치 독자가 영화를 보고 있는 듯이 묘사되고 있는데, 남자는 아내의 이름을 부르고(calling) 비난하는 (taunting and humiliating) 목소리로 등장하고 있는 반면에, 여자는 말없이 남편 옆에 무릎을 꿇거나 그에게 옷을 입혀주는 모습, "주어진 위치"에 앉는 모습 등으로 보여지고 있을 뿐이다. (102)

> *그녀는 천천히 움직인다. 그녀의 움직임은 점진적이고, 굼뜨고, 그녀의 내면*

으로부터 퍼져나간다, 그 여자, 그녀 아내, 그녀의 걸음은 땅에 육중하게 떨어진다. 그녀가 문을 닫자 정적이 뒤따른다. 그녀는 그 분위기를 깰 수 없다. 그녀가 앉을 공간. 그녀가 앉게 된다면. 그녀는 중단된 사이에 움직인다. 그녀는 공간을 양보하고, 말에서도 마찬가지이다. 거의 말하지 않는다. 거의 전혀. 그녀가 말을 할 때에라도 그 말의 느림. 그녀의 눈물 그녀의 말. (104)

"에라토/사랑의 시" 장은 이처럼 여성이 가부장적 문화에 의해 어떻게 침묵당하고 있는지를 보여줌으로써 말하기의 어려움, 말하지 못하는 고통을 젠더와 연결 짓고 있다. 그것을 작가는 "Speech less ness"(106)라고 표현하고 있다.

말하지 못함 혹은 침묵은 이 책의 제목 "딕테"와도 연결되어 있다. "딕테"는 불어 교육에서 많이 사용하는 "받아쓰기"를 의미한다. 받아쓰기는 쓰기의 일종이기는 하지만, 그것은 쓰는 사람의 생각과는 아무 관련이 없다. 받아쓰기를 하는 사람은 받아쓰기를 시키는 사람의 말을 그대로 똑같이 받아 적어야만 하고 자신의 생각을 조금도 반영하여서는 안 되는 것이다. 작가는 이러한 받아쓰기의 속성을 이 책의 첫 장면을 통하여 적나라하게 보여주고 있다. 멀리에서 온 한 어린 학생이 학교를 처음 간 날의 경험을 묘사하고 있는 첫 장면은 "딕테"의 형식으로 묘사되고 있다. 따라서 이 장면은 전달하고자 하는 내용보다 이러한 내용을 받아쓰게 하고 있는 상황, 즉 구두점까지를 모두 명령하는 불어 받아쓰기의 교육 현장을 상세히 보여줌으로써, 딕테를 통해 식민화되어가는 받아쓰는 사람의 상황을 아프게 지적하고 있다.

받아쓰기는 학생들로 하여금 일점일획도 틀림없이 명령대로 받아쓰기를 강요한다. 이것을 통하여 학생들은 정확한 언어를 배워간다. 그러나 어떤 언어를 배운다는 것은 그 언어의 어휘와 문법을 배운다는 것 이상을 의미한다. 그것은 그 나라의 사회 문화 정치를 익히고 체화해 가는 것을 의미한다. 이 과정에 대해 스웨너(Swaner)는 루이 알튀세(Louis Althusser)의 "호명"(interpellation) 개념을 도입하여 설명한 바 있다(Swaner, 1997: 138-9). 알튀세는 개인들이 "이념적 국가 기구"(Ideological State Apparatus)들을 통해 모범적인 시민, 즉 사회적 정치적 현상 유지의 지지자들로 호명된다고 하는데, 차학경은 딕테라는 교육제도가 어린 학생들을 어떻게 호명하는지 그 이념적이고 억압적인 성격을 드러내 보여주고 있는 것이다. 그러나 딕테를 통해 호명되는 주체가 "원어민"(native speaker)이 아니라 외국인이거나 피식민자일 경우 호명되는 주체(subject)에게 그 언어교육은 식민주의적이고 제국주의적인 과제로 작동한다. 그러므로 받아쓰기는 피식민자나 이민자에게 주체를 식민화시키는 호명을 은유한다.

따라서 위의 장면에 나타난 먼 나라에 떨어진 한 어린 학생의 고통은 나라 잃은 백성들의 고통과 연결되고 있다. "클리오/역사" 장에서 작가는 5000년 역사를 가진 우리나라가 일본에 주권을 잃던 때에 일어난 일들에 대한 보고의 글을 다음과 같이 직접 인용함으로써, 받아쓰기를 남의 나라를 차지하고 자기가 원하는 대로 그 나라 사람들을 마구 움직이는 식민주의와 바로 연결시키고 있다.

> "일본은 '그 영역 안에서 일어나는 크고 작은 모든 것을 논의하기' 위해, 왕의 이름으로, 즉시 의회를 만들었다 … 그들은 끝없이 법령을 만들었고, 많은 새 법규들이 제정되지 않고 지나가는 날은 거의 하루도 없었다. 어떤 것들은 사소한 것들이었으나, 어떤 것들은 그 나라에서 가장 오래되고 가장 소중하게 여겨져 온 제도들을 깨뜨리는 것이었다 … 일개 법령이 헌법이 되었고, 다른 법령은 후궁들의 지위를 다루었다." (28-29)

이 글에는 다른 나라를 차지하여 무뢰하고 무차별·무분별하게 법령을 만들어대고 그에 따라 지배하고 통치하는 식민통치의 적나라한 모습이 묘사되어 있다. 식민주의의 이러한 모습은 딕테와 연결되는데, 이런 점에서 딕테는 그것을 시키는 사람과 받아쓰는 사람 사이의 정치적인 권력 관계에 대한 은유이며, 받아쓰기는 다른 사람의 생각과 의지에 종속될 수밖에 없는 개인이나 국가 혹은 종속적인 위치에 있을 수밖에 없는 주변인들, 즉 이민자 계급적인 약자 여성들의 삶에 대한 은유이다. 그리고 딕테는 받아쓰는 사람의 절대적 침묵을 강요하는 점에서 주변인들로 하여금 말하기를 어렵게 하는 모든 상황에 대한 은유이다. 한국계 미국 이민 여성이었던 차학경에게 그것은 종족·국가·젠더·이민으로 인해 주변인으로서 겪어야 했던 말하기의 어려움에 대한 은유이다.

### (2) 목소리 내기의 중요성과 '말하는 여자'의 역할

딕테가 말하기의 어려움에 대한 은유라면 『딕테』는 그러한 어려움에도 불구하고 말하기를 통해 비판과 새로운 창조를 시도하는 한국계 미국 이민 여성의 목소리에 대한 기록이다. 작가가 말하기를 얼마나 중요한 것으로 보고 있는지는 다음에 잘 나타나 있다.

> *죽은 단어들. 죽은 언어. 사용하지 않음으로 인해. 시간의 기억 속에 묻혀 있다. 사용되지 않았다. 말해지지 않았다. 역사. 과거. 9일 낮과 9일 밤을 기다리는 어머니 말하는 여자를 찾아내도록 하라.*
> *기억을 회복시켜라. 딸인 말하는 여자로 하여금 땅 밑으로부터 나타날 때마다 샘을 회복시키도록 하라.*
> *잉크는 마르기 전에 쓰기를 다 마치기 전에 가장 진하게 흐른다.* (133)

"엘리테레(Elitere)/서정시" 장에서 작가는 '말하는 여자'의 중요성을 위와 같이 강변하고 있다. 사용하지 않아 죽어버린 언어를, 말할 수 없어 잊혀진 기억을, 산 채로 매장된 채 발견되기를 기다리는 역사를, 다시 살릴 수 있는, 기억나게 할 수 있는, 재생시킬 수 있는 '말하는 여자'. 침묵을 강요받고 9일 낮과 9일 밤을 발견되기를 기다리는 어머니를 찾아내어 기억을 회복시키게 하고, 딸을 찾아내어 샘을 회복시키게 하라고 작가는 노래하고 있다. 그리고 여기에서 어머니와 딸은 모두 "말하는 여자"로 불리고 있다. 그것은 침묵당한 어머니 말하는 여자를 회복시킬 딸인 말하는 여자의 부활을 꿈꾸는 노래이며 『딕테』 전체가 꿈꾸는 노래이다. 그리고 그 말하는 여자의 목소리는 잉크를 통해 표현된다. 비록 다 마르기 전에 가장 진하게 흐르는 잉크에 대한 언급은 말하기 혹은 글쓰기가 가지는 문제점에 대한 지적으로 연결되지만(이 문제는 다음 장에서 다룰 것이다), 침묵 속에 기다리는 어머니를 찾아내어 기억을 회복시키고 샘을 회복시키는 딸인 말하는 여자의 등장은 글쓰기의 문제와 연결되고 있는 것이다.

그런데 말하는 여자를 통하여 죽은 언어를 살려내고 잊힌 기억을 되돌리고 생명의 샘물을 다시 흐르게 하여 회복시키고자 하는 역사는 무엇인가? 사실 차학경은 한국계 미국 이민 여성 작가로서 주류 담론에서 소외되어 있을 뿐 아니라, 서구의 여성주의 담론과 한국의 민족주의 담론에서도 소외되어 있다. 이러한 차학경의 위치를 "중간자"(in-between)로 파악한 일레인 김은 그녀가 놓인 불리한 위치를 오히려 역이용하여 힘과 통찰력의 근원을 창조해 내었으며, 『딕테』를 통해 여성들이 힘 있고 통찰력 있는 말하는 여자들로 재탄생하는 이야기를 쓸 수 있었다고 지적하고 있다.[3] 사실

---

[3] 일레인 김이 편집하여 출판한 『자아 쓰기 국가 쓰기』(*Writing Self Writing Nation*)는 출판된 지 10년이 넘도록 독자들의 관심을 거의 받지 못한 채 사장되어 있던 『딕테』의 가치를 일깨우고 오늘날과 같이 중요한 소설로 인정받게 하는 데 크게 공헌한 책이다. 이 책에 실린 그녀의 논문은 어떻게 차학경의 『딕테』가 한국계 미국 이민 여성학자인 자신에게 목소리를 줄 수 있었는지를 언급하면서 『딕테』가 자신과 같은 많은 "중간자"들에게 목소리를 줄

차학경은 자신의 이야기를 "다른 역사"라고 묘사하고 있다.

> *다른 서사시에서 다른 역사가. 잃어버린 이야기로부터. 수많은 이야기로부터. 잃어버림. 역사책으로부터. 다른 낭송들을 위한 또 하나의 말하기를 위하여.* (81)

 다른 서사시를 통해 이제까지와는 다른 역사를 쓰는 것, 수많은 잃어버린 이야기를 되살려 새로운 역사를 쓰고자 하는 것이 차학경이 『딕테』를 통하여 하고자 하는 것이라면, 그녀는 미국 문학 속에 한국에 관한 이야기, 이민자의 이야기, 여성의 이야기를 들려주고자 하는 것이다. 한국에 관한 이야기는 여러 식민주의 세력 간의 복합적 관계로 인하여 일본의 식민지가 되었던 나라에 관한 이야기, 그리고 냉전의 두 주역인 초강대국 미국과 소련에 의하여 분단과 내전을 겪어야 했으며 냉전의 첨단에 아직도 서 있는 나라에 관한 이야기라고 할 수 있는데, 이를 통해 한국계 미국인 차학경은 미국에 대한 비판으로 나아가고 있다.

 '말하는 여자'에 관한 묘사로 시작한 서문이 끝난 후 시작되는 본문의 첫 장인 "클리오/역사" 장은 유관순의 사진으로 시작되고, "그녀는 한 어머니와 한 아버지에게서 태어나다"라고 설명되고 있다. 16세의 어린 나이에 3.1 독립만세에 가담하였고, 이후 지방에서 다시 독립만세 사건을 주도한 죄로 감옥에 갇혀 갖은 고문을 당하면서도 옥중항쟁을 계속하다 옥사한 유관순은 "나라 잃은" 한국 여성, 나라를 되찾고 싶은 강한 열망을 실천에 옮긴, 그리고 그것 때문에 희생당한 한국 여성을 대표한다. 그러나 "한 어머니와 한 아버지"에게서 태어났다는 묘사는 유관순의 "대표성"에 대한

---

수 있었던 것을 높이 평가하고 있다.

강조라기보다는 "나라 잃은" 한국 여성의 '하나'임에 대한 강조가 더 강하게 느껴진다.

유관순의 이야기는 잔 다르크(Jeanne d'Arc)의 이야기와 연결되고 있으며, 허형순의 이야기와 연결되고 있다. 차학경의 어머니 허형순이 경험했던 식민주의는 땅을 빼앗기고 언어를 빼앗기고 노래를 빼앗긴 것이었다. 그녀는 만주 땅에 가서 살 수밖에 없었지만 마음 속에 늘 태극 마크를 가지고 다녔다고 묘사되고 있다. 위는 붉고 아래는 파란 마크, 하늘과 땅, 태극·타이치, 그리고 그녀가 부르는 노래는 "봉선화"이다. 화자는 "봉선화"야말로 "국가"(國歌)였고, 금지된 국가였다고 말하고 있다. 말을 빼앗기고 언어를 빼앗기고, "태어남도 없고"(Birth less), 그리고 "고아"였던 피식민 한국인들이 가슴 한가운데에서 마음을 다해 부르던 노래 "봉선화". 유관순, 잔 다르크, 허형순은 모두 나라를 잃고 목소리를 잃었던 여성들이다. 일제에서 해방된 후에도 내전과 냉전을 계속하고 있는 한국을 떠나 미국으로 이민 간 많은 사람 중에 하나였던 부모를 따라 어린 나이에 이민 간 차학경은 이들 나라 잃고 목소리 잃은 여성들의 삶이 그녀 속에 함께 존재하고 있음을 『딕테』를 통해 표현하고 있다.

> 왜 지금 그 모든 것을 부활시키는가. 과거로부터. 역사, 오랜 상처를. 지나간 감정을 모두 다 시. 똑같은 어리석음을 다시 사는 것을 고백하기 위해서이다. 망각 속에 역사를 되풀이하지 않기 위하여 그것을 명명하는 것이다. 말과 이미지로부터 또 다른 말과 또 다른 이미지를 조각조각 끄집어내어 망각 속에 역사를 되풀이하지 않겠다는 대답을 끄집어내기 위해서이다. (33)

역사는 망각될 때 반복되기 때문에 그러한 역사가 반복되지 않기 바라는 화자는 과거의 상처와 감정과 어리석음을 다시 반복되지 않게 하기 위하여 되살리고 그것을 말로, 글로 표현하는 것이다. 잔 다르크, 유관순, 허형순,

차학경을 통해 반복되고 있는 아픈 역사가 더 이상 반복되지 않게 하기 위해 작가는 목소리를 내고 있다.

그런데 "클리오/역사" 장은 190년 7월 12일 이승만을 비롯한 하와이 한인들이 루스벨트 대통령에게 보냈던 탄원서를 원문 그대로 싣고 있다. 이 탄원서는 러·일전쟁에서 승리한 일본이 한국에 저지르고 있는 일들의 부당성을 지적하고, 미국이 한국의 독립을 계속 유지할 수 있도록 도와줄 것을 호소하고 있다. 그러나 3.1 독립만세 사건과 유관순의 활약과 죽음을 묘사하는 중에 삽입되어있는 이 탄원서는 그 탄원서의 간절함이 절절히 전달되는 동시에 그 탄원서의 무력함과 순진함을 드러내고 있다. 또한, 그 탄원서에 응답하기는커녕 오히려 필리핀에 대한 미국의 식민주의를 보장받는 대신 한국에 대한 일본의 식민주의를 보장하여 한국이 일본의 식민지가 되는 것을 도와주었던 미국의 태도에 대한 강한 비판의 효과를 내고 있다.

『딕테』는 또한 한국의 분단과 한국전쟁에 대하여 이야기하고 있다. "멜포메네(Melpomene)/비극" 장은 비무장지대(DMZ)를 사이에 두고 남북으로 갈라져 있는 한국 지도로 시작되고 있다. 그리고 비무장지대를 사이에 두고 남한에서 북한을 바라보고 있는 여자를 묘사하고 있다. 그런 후 18년 만에 한국에 돌아온 화자가 4.19 의거를 회상하며 현재 똑같은 시위가 진행 중인 1980년의 한국의 상황을 어머니에게 편지로 알리는 형태로 쓰여 있다. 회상 속에서 오빠는 데모에 참여하려 하고 어머니는 그것을 막으려고 갖은 방법을 써보지만, 결국 오빠는 모두를 뿌리치고 데모에 참여하였고, 그리고 죽었다. 그런데 18년 만에 돌아온 고국은 하나도 변하지 않았다. "그들은 나를 과거로 데리고 간다, 이제 정확히 바로 그 시간, 그날, 그 계절, 그 연기 안개 속으로, 이슬비 속으로 나를 데리고 가서, 나는 모퉁이를 돌고 거기에는 아무도 없다."(85) 똑같은 시위가 계속되고, 시위대를 향하여 군인들은 과거와 똑같이 총을 겨누고 있다. 군인들을 향하여 화자는 말한다. "당신은 당신의 초소 당신은 조국의 이름으로 한 맹세 당신은 초소 일을 하고 당신은 당신의 나라 전복적인 침투로부터 당신 자신의 동포로부터 당신의 국가를 지킵니다."(86) 18년 만에 돌아온 고국의 모습은 18년 전과 똑같이 반복되고, 그래서 현재는 과거가 되고 과거와 현재는 하나가 된다. 그때나 지금이나 한 백성이 나뉘어 남과 북에서 대치하고 있고, 남쪽 내에서도 서로 대치하고 있는 현장. 그 속에서 화자는 눈물을 흘린다. 시위대에 발사된 최루가스 때문인지 스스로 흐르는 눈물인지 알 수 없는 눈물을 줄줄 흘린다.

차학경이 들려주고 있는 또 하나의 이야기는 이민자로서의 이야기이다. 이민자의 이야기는 식민주의로 인해 조국을 떠나 살아야 했던 허형순의 이야기를 통해 무엇보다 간절히 전달되지만, 식민주의로 인해 망명자가 되었던 것과 순수한 이민자의 차이점은 그 사람의 의지라고 생각될 것이다. 그러나 차학경은 그녀가 미국 시민이 된 과정을 다음과 같이 묘사하고 있다.

"어느 날 당신은 오른손을 들고 당신은 미국인이 됩니다. 그들은 당신에게 미국 여권을 줍니다. 미합중국. 어디선가 누군가가 나의 신원을 가져가고 그것을 그들의 사진으로 대체합니다."(56) 여기에서 "나"는 자신의 의지와 아무 상관 없이 국적이 바뀐다. 누군가가 나의 정체성을 가져가서 대신 그들의 사진으로 그들의 서명으로 그들의 이미지로 나를 바꾸어 버린다. 미국인이 되고 나서 나에 속한 다른 부분은 이제 과거일 뿐이다. 한 이민자에게 있어서 국적이 바뀐다고 해서 그의 모든 것이 바뀌어 버리는 것이 아님에도 불구하고, 국적이 바뀌는 것은 그 사람의 모든 것을 임의로 바꾸어 버린다.

뿐만 아니라, 이민자의 조국도 그를 자신에게 속한 것으로 대하지 않는다.

망명자의 경우 어쩔 수 없이 조국을 떠났던 것으로 생각되는 것과 달리, 이민자는 선택에 의해 떠났던 것이라고 생각되기 때문이다. 그러므로 이민자가 조국으로 돌아올 때 그들은 심문받듯이 질문을 받고 의심을 받는다. 그들이 겪어야 하는 입국절차는 모욕적이고 굴욕적이다.

> 10피트마다. 그들은 당신의 신원을 묻습니다. 그들은 당신이 말을 못하는 것 혹은 말을 하는 것에 대해 언급합니다. 당신의 국적에 대하여 진실을 말하는지 아닌지에 대해. 그들은 당신이 말하는 것과 다르게 보인다고 합니다. 마치 당신이 자신이 누구인지를 모르거나 하는 듯이. 당신은 자신이 누구인지 말하지만 당신도 의심이 들기 시작합니다. 그들은 당신을 수색합니다. (56-57)

고국으로의 입국절차는 따뜻한 환영이 아니다. 오히려 그것은 이민자로 하여금 자신의 정체성을 의심하게 만들 정도로 의심에 가득 찬 질문들로 이루어져 있으며, 차별적이고 차갑고 비인간적인 것이다.

모욕적인 귀국 절차를 묘사한 후 차학경은 바로 장을 바꾸어 피를 뽑는 장면을 제시한다. 간호사가 나의 피를 뽑고 있다. 왼팔에서 피를 뽑으려다가 잘 안 되어 오른팔에 다시 고무줄을 묶고 바늘을 찔러 피를 뽑는다. 피를 다 뽑은 후에는 피를 뽑은 자리에 피가 더 이상 흐르지 않도록 솜을 대어 준다. 이 간단한 사건에 대한 상세한 묘사는 "우라니아(Urania)/천문학" 장에 한문으로 된 인체의 경혈도를 실은 후 바로 제시되고 있다. 이 장은 몸에 대한 그림과 피를 뽑는 장면이 언어, 말에 대한 이야기로 연결된 후 발성기관에 대한 해부도로 끝나고 있다. 사실 피를 뽑는 장면 자체에도 중간중간 화자의 환상처럼 피와 잉크가 연결되고 있다.

> 만일 거의 까만 액체 잉크가 자국난 점으로부터 선을 그으며 중력을 따라 (어쩔 수 없이, 갑자기) 한 줄로 팔 아래로 테이블 위로 하나의 긴 줄로 흘러내

> 린다면 흘러내림의 분출. (64-65)

한 피로 연결된 한 민족, 그래서 한국인으로서 한국으로 돌아왔으나 한국인으로서의 정체성은 처음부터 인정받지 못하는 이민자. 그녀에게 피의 의미는 무엇인가. 그 피의 의미를 전달할 수 있는 것은 잉크밖에 없는 것 같다. 그러므로 그녀는 잉크로 피 같은 이민자의 이야기를 쓰고 있다.

차학경이 소리내고 있는 또 하나의 이야기는 여성으로서의 이야기이다. "에라토/사랑의 시" 장은 마치 영화의 장면처럼 한 여자를 보여주고 있다. 정형화되어 있는 여성의 이미지를 상상하며 독자("you")는 그녀가 나타나기를 기대한다. 그리고 그녀를 관찰한다. 마치 영화 속의 그녀를 보듯이 객관적으로 거리를 두고, 그러나 우리 속에 깊이 뿌리박힌 여성에 대한 기대 내지 편견을 가지고. 그래서 내내 "그녀를 실제로 보지 않으면서, 본 적도 없으면서 그녀를 본다"(All along, you see her without actually seeing, actually having seen her)(100). 보여지는 그녀의 모습은 움직임이나 말이 없음으로 보여진다. 남편의 모습이 소리치고 움직이는 것과 대조적이다. 그는 남자이고 남자로서 행하고, 그녀는 여자이고 아내로서 행하며, 남편과 아내 사이의 거리는 천국과 지옥 사이의 거리라고 설명된다. 그녀는 아내이고 여자이기에, "질문을 제기하지 않는다. 주어진 것 외에는 절대 기대하지 않는다. 단지 주어진 것만. 그녀는 그의 아내이며 그의 소유이며 그녀는 그에게 남편에게 그녀를 소유하겠다고 주장한 남자, 그녀가 거절할 수 없었던 남자에게 속해 있다"(112).

> 만지는 사람은 남편이다. 남편으로서가 아니다. 그는 다른 모든 것을 만지듯이 그녀를 만진다. 그는 그의 지위로 그녀를 만진다. 그 자신의 지위에 대한 지식을 가지고. 그의 지위에서 오는 당연한 권리로. 그녀의 육체와 그녀의 정신은 보상이다. 그녀의 무육체와 무존재. 그의 특권 소유물 소유권. 그의 소유

권은 확고하다. 그녀가 그를 거부하는 것에 대해 조롱할지라도, 그녀의 존재 자체는 마치 자신이 의지를 소유하고 있기라도 한 듯이 과감히 자신을 명명한다. 자기 자신의 것이라고. (112)

남편은 아내를 자신의 소유물로, 아내의 몸과 영혼을 자기 지위에 따르는 보상 정도로만 여긴다. 그러나 아내의 마음이 여기에 살짝 묘사되고 있다. 그가 소유한 그녀의 육체는 무육체(non-body)이며, 그가 소유한 그녀의 정신은 무존재(non-entity)일 뿐이다. 그를 거부하는 것은 비웃음의 대상 밖에 되지 못할지라도 자신이 의지를 가진 존재라고, 자신만의 의지가 있는 존재라고 자신을 명명해 보는 여자의 내면을 슬쩍 보여주는 것이다.

그녀를 묘사하는 "에라토/사랑의 시" 장은 왼쪽 면과 오른쪽 면이 서로 다른 이야기를 하고 있다. 그녀에 관한 이야기는 왼쪽 면에 서술되고 있는 반면에, 오른쪽 면은 왼쪽 면에서 서술되고 있는 이야기에 대한 부연 설명을 하기도 하지만 아주 다른 이야기들이 배치되어 있기도 하다. 왜 이탈리아에서는 여자들이 그렇게 버림을 많이 받는지 모르겠다는 이야기, 아기에게 남편에게 젖을 먹이는 어머니 이야기 등과 종교적인 이야기 테레즈-수녀와 아기 예수의 영혼결혼식에의 초청장이라든가, 사랑의 희생양으로 자신을 예수에게 바치는 사람의 이야기, 예수처럼 성 요한처럼 잔 다르크처럼 순교 당하기를 희망하는 사람의 이야기- 등이 오른쪽 면에 배치되어 있다. 왼쪽 면에 배치되어 있는 여자의 이야기가 침묵과 희생의 이야기이듯이. 오른쪽 면에 배치되어 있는 이야기들도 대부분 침묵과 희생의 관계들을 이야기한다. 이 장에서 사랑의 시를 기대했던 독자들의 기대를 무산시키며, 사랑이 무엇인지 남녀의 관계가 무엇인지에 대해 근본적인 의문을 제기하고 있다. 그러므로 이제 이런 모든 이야기들, 즉 한국에 관한 이야기 이민자의 이야기 여성의 이야기를 하기 위하여 "에라토/사랑의 시"의 다음 장인

"엘리테레/서정시" 장은 '말하는 여자'를 불러내는 장이다.

> 말하는 여자(diseuse)로 하여금 하게 하라: 여성 점술가(Diseuse de bonne aventure). 그녀로 하여금 불러내도록 하라, 그녀로 하여금 오래오래 다시 또다시 씌워진 저주를 깨뜨리도록 하라: 그녀의 목소리로, 지구의 바닥을 뚫고 타르타우러스의 벽을 뚫고 오목한 그릇의 표면을 빙빙 돌며 긁도록 하라. 그 소리로 하여금 밖으로부터 들어가게 하라, 그릇의 텅 빔 그것의 잠 듦, 그때까지. (123)

말하는 여자로 하여금 긴 역사 속에 반복적으로 씌워진 저주를 부수도록 말하는 여자의 목소리로 지구의 바닥을 뚫고 들어가게 하라고, 그 잠을 깨우게 하라고 불러내고 있다. 말하는 여자가 깨부수어야 할 저주는 식민주의, 가부장주의, 국가 담론들에 의하여 자연스러운 것으로 선전되고 받아들여진 역사이다. '말하는 여자'는 이러한 것들에 억압된 개인을 노래하는 여자로서 제시되어 있다.

"엘리테레/서정시" 장에서 특히 말하는 여자의 등장이 강조되고 그녀의 역할이 기대되는 것에 대해 쉘리 왕(Shelley Wong)은 엘리테레(Elitere)가 차학경이 창조해낸 뮤즈의 이름임을 지적하고 있다. 즉 아홉 뮤즈의 이름 중 서정시에 관한 이 장은 에우테르페(Euterpe)의 장으로 하여야 하지만, 작가는 '엘리테레'라는 이름으로 대체시키고 이 장에서 말하는 여자에 관한 이야기를 집중적으로 다루고 있음을 지적하면서, 이는 말하는 여자를 일종의 뮤즈 여신화하는 것이라고 해석하고 있다(Wong, 1994:115). 사실 『딕테』의 본론은 9개의 장으로 구성되어 있으며, 각 장은 시신(詩神)의 이름으로 제목을 삼고 있다. 이들 뮤즈 여신은 제우스(Zeus)와 기억의 여신 므네모시네(Menmesyne)의 딸들인데, 『딕테』의 각 장은 뮤즈 여신에 대한 헌시(獻詩)의 형태로 쓰여 있다. 그런데 본론이 있기 전에 서론이 있는데 이것은 '말하는 여자'에 대한 이야기로 시작하고 있어, 이는 다른 장들의 구성을 미루어볼 때 "Diseuse"에 대한 헌시라고 볼 수 있는 것이다. 그러나 서론에서뿐만 아니라 본론의 한 장에서도 원래 음악과 서정시를 관장하는 여신인 '에우테르페' 대신 자신이 고안한 '엘리테레'를 서정시의 여신으로 내세움으로써 남성중심적이고 서구중심적인 기존의 뮤즈 대신 그러한 시신들의 한계를 극복할 대안자를 창조하고, 그것을 '말하는 여자'와 연관시키고 있다. 엘리테레 여신의 창조, 말하는 여자를 여신화하는 작업들은 차학경이 '말하는 여자'의 중요성을 얼마나 강조하고 있는지를 잘 보여주고 있다.

### (3) 언어가 가진 문제점 드러내기

차학경은 아시아계 미국 이민 여성으로서 말을 한다는 것이 얼마나 어려운 것인지를 절감해야 했고, 그럼에도 불구하고 목소리를 내고 말을 해야 할 필요성을 더욱 크게 느꼈기 때문에 『딕테』라는 작품을 통해 한국인으로서의 목소리, 이민자로서의 목소리, 여성으로서의 목소리를 내었다. 그러나 차학경의 작품이 가지고 있는 탁월성은 말을 한다는 것, 글을 쓴다는 것이 가지는 의미를 맹신하지 않고, 오히려 그것이 가지고 있는 문제점들을 절실히 인식하고 있으며, 이를 작품을 통하여 표현하고 있다는 점이다. 그러므로 그녀의 작품은 실험적이다. 그러나 그 실험적인 면모는 단순히 실험으로 존재하는 것이 아니라 오히려 언어의 문제점에 대한 근본적인 비판으로 연결되어 있다.

언어의 문제점으로 가장 많이 지적하고 있는 것은 언어와 권력의 관계라고 할 수 있다. 허형순을 통하여 차학경은 나라 잃은 백성이 빼앗기는 가장 중요한 것이 언어임을 보여준다.

그러나, 당신은 다른 사람들과 마찬가지로 의무적으로 사용해야 하는 언어를 말합니다. 그것은 당신의 언어가 아닙니다. 그것이 당신의 언어가 아닐지라도 당신은 그것을 사용해야만 함을 압니다. 당신은 이중언어 사용자입니다. 당신은 삼중언어 사용자입니다. 금지된 언어는 당신 자신의 모국어입니다. 당신은 어둠 속에서 말합니다. 비밀리에 바로 당신의 언어를 당신 자신의 것을 …… 모국어는 당신의 피난처입니다. 그것은 집입니다. 당신 자신입니다. (45-46)

피식민인인 허형순에게 있어서 한국말은 그녀의 정체성 그 자체이지만 (Being who you are), 나라를 잃은 백성에게 그것은 철저히 금지되어 있음으로 인해 죽음의 고비를 당하게 된다. 즉 언어를 잃는 것은 목숨을 잃는 것과 동일시되고 있는 것이다.

차학경 자신은 이민자로서 모국어가 아닌 영어를 말하고 쓴다. 그러한 자신에 대하여 "나는 지금 다른 언어로 말한다, 제2의 언어 외국어"(I speak in another tongue now, a second tongue a foreign tongue)라고 표현함으로써 영어를 사용하고 있는 자신에 대해 스스로 거리를 두고 있다(80). 또한, 모국어가 아닌 다른 언어를 사용해서라도 말을 하려는 자신의 노력에 대해 그것을 "공모"라고 부르고 있다 (18). 나의 고백을 그들의 언어를 사용해서 하는 것, 자신의 말을 들리게 하기 위하여 그들의 언어를 쓰는 것, 이에 대해 그녀는 그것이 공모임을 인식하고 있지만, 그러나 저항적 담론을 만들어내기 위해서는 기존의 담론인 그들의 언어에 공모할 수밖에 없음을 지적하고 있는 것이다. 그들의 담론을 비판하기 위하여 그들의 언어를 사용할 수밖에 없는 것은 차학경을 불편하고 아프게 한다. 그러므로 그녀는 그들의 언어를 사용하고 그들의 담론을 차용하되 그것을 해체하고 실험적인 수법들을 사용하여 재구성함으로써 거기에 저항하고 새로운 담론을 창조해 내려고 한다.

차학경의 글은 실험성이 매우 강하여 때로 그녀의 글쓰기를 단순히 탈근대적 욕망의 산물로 해석하는 경우가 있다. 탈근대적 작품에 대한 비판에서 프레드릭 제임슨(Frederic Jameson)은 탈근대적 작품들이 독자의 정신적 활동을 "식민화"시키고, "거대한 현대 자동화 공장처럼 축소시키며, 특수화시키고, 재편성시킨다"고 비판하였다(Jameson, 1991:143). 그러나 차학경의 글은 탈근대적 글쓰기 수법이 오히려 탈식민의 한 방법이며 해방의 한 방법으로 사용될 수 있음을 보여준다.『딕테』는 실험적 글쓰기 수법으로 국가적·문화적·인종적·언어적 경계를 허물고 있기 때문이다.

먼저, 차학경이 사용한 수법 중에 흉내내기(mimicry)를 살펴보기로 한다. 위에서도 언급하였듯이 이 책의 제목 "딕테"는 받아쓰기를 시키는 사람이 받아쓰기의 내용뿐 아니라 구두점까지 지시하고, 받아쓰는 사람은 일점일획 틀림이 없이 받아써야 하는 불어 교육의 방식이다. 그 "딕테"의 현장은 이 책의 맨 첫 쪽에 다음과 같이 묘사되어 있다.

> 문단 시작해라 첫날이었다 마침표 그녀는 멀리서 왔다 마침표 오늘밤 저녁 식사에서 쉼표 가족들은 물을 것이다 쉼표 따옴표를 열어라 첫날이 어땠니 물음표 따옴표를 닫아라 적어도 가능한 한 최소한을 말하기 위해 쉼표 대답은 이럴 것이다 따옴표를 열어라 한 가지밖에 없어요 마침표 어떤 사람이 있어요 마침표 멀리서 온 마침표 따옴표를 닫아라. (1)

그런데 멀리서 온 한 어린 학생이 학교를 처음 간 날에 일어났던 일을 묘사하고 있는 이 장면은 딕테를 흉내내어 딕테의 형식을 통해 묘사함으로써 독자들의 이해를 방해하고 있다. 위의 내용을 딕테의 형식을 제거하고 내용만을 남겨 놓는다면, 다음과 같이 될 것이다.

첫날이었다. 그녀는 멀리서 왔다. 오늘 밤 저녁 식사에서, 가족들은 물을 것이다, "첫날이 어땠니?" 적어도 가능한 한 최소한을 말하기 위해, 대답은 이럴 것이다 "한 가지밖에 없어요. 어떤 사람이 있어요. 멀리에서 온."

여기에서 전달되고 있는 내용은 아주 단순한 것이지만, 작가는 이 내용을 딕테의 형식을 통하여 전달함으로써 딕테, 즉 받아쓰기 교육이 가지고 있는 문제점들을 독자들이 체험하게 만들고 있다. 이것은 루스 이리가레이(Luce Irigaray)가 주장한 "흉내 내기"(mimicry) 수법이 지닌 전복성을 그대로 보여주고 있다. 이리가레이는 『하나가 아닌 성』(*This Sex Which is Not One*)에서 "보이지 않은 채 남아있기로 되어 있는 것을 장난스러운 반복의 효과를 통해 '보이는 것'으로 만드는" 것이 흉내내기라고 정의한 바 있다(Irigaray, 1985:76). 이 장면은 구두점까지도 받아쓰게 하는 받아쓰기 교육의 현장을 있는 그대로 재현하는 수법을 통해 받아쓰게 하는 자와 받아쓰는 자 사이에 존재하는 권력 관계를 드러내고, 특히 언어교육 현장에서 재연되는 지식과 언어와 권력의 관계를 드러내서 우리 앞에 보이게 들고 있다. 받아쓰기라는 것 자체가 받아쓰게 하는 사람이 불러주는 내용을 그대로 흉내 내게 하는 교육 방법이라는 점에서 "흉내내기" 수법은 이중적인 효과를 발휘하고 있다.

이에 반하여 말하는 여자가 말을 하는 것은, 글을 쓰는 것은 딕테와는 반대의 것으로 제시된다. "그녀는 타인들을 허용한다. 그녀 대신으로 타인들로 하여금 가득하도록 용납한다 …… 타인들은 각기 그녀를 점령한다"(3). 타인을 허용하고 타인으로 하여금 자신을 가득 메우도록 점령하도록 하는 말하기는 딕테와는 정반대되는 삶의 글쓰기로 연결된다. "탈리아(Thalia)/희극" 장은 전화를 받는 여자의 모습을 자세히 묘사하고 있다. 그녀는 마치 평생 처음 수화기를 들어 올리듯이 전화를 받는다. "소리를 단어들로 바꾸는 이 낯선 기구" 앞에서 그녀의 목소리는 점점 커지다가, 멈추었다가, 거의 알아들을 수 없는 속삭임으로 다시 시작되는데 기침을 하거나 목에 걸린 듯해서 거의 알아들을 수 없다. "신음 소리, 콧소리, 스타카토식의 숨 들이쉼, 그리고 마침내 울부짖는 소리"로 축소될 뿐이다. 그녀는 자신의 감정을 표현할 수 있는 단어들을 찾기 시작한다. "동의어, 직유, 은유, 속담, 별명, 유령어, 유령국가"들을 찾아 헤맨다. 그리고 마침내 글쓰기는 죽음을 극복할 수 있는 것으로 제시된다.

> *그녀는 글을 쓸 수 있다면 계속 살 수 있다고 자신에게 말한다. 멈추지 않고 쓸 수만 있다면 이라고 자신에게 말한다. 글을 씀으로써 실제 시간을 폐기할 수 있다고 자신에게 말한다. 그녀는 살게 될 것이다. 여기에 그것을 전시해놓고 그것을 바라보는 자가 될 수 있다면.* (141)

"흉내내기" 수법은 다양하게 사용되고 있지만, 특히 신화의 사용을 통해 큰 효과를 발휘하고 있다. 차학경은 이 작품에서 여러 가지 신화를 효과적으로 사용 내지 차용하고 있는데, 이 책의 각 장을 아홉 뮤즈의 이름을 사용하여 짓고 있음은 앞에서 언급한 바 있다. 나아가 작가는 이 뮤즈들과 관련된 장르를 1대 1로 연결 지어 "클리오/역사", "칼리오페/서사시" 등으로 각 장의 제목을 삼고 있다. 이들 뮤즈는 남성 시인에게 영감을 주어 그들로 하여금 시를 지어 노래 부르게 하였으므로, 전통적인 시에서 남성 시인들은 무엇보다 먼저 뮤즈에게 영감을 달라고 기원하는 것이 관습이다. 특히 자신의 장르에 맞추어 그 장르와 연관된 뮤즈에게 기원하는 것이다. 차학경은 이 관습을 그대로 흉내 낸다. 그러나 자신의 장르와 관계된 한두 뮤즈만을 불러내는 것이 아니라, 아홉 뮤즈를 모두 불러낸다. 그리고는 그 중 한 뮤즈의 이름은 자신이 바꾸어 버린다. 에우테르페(Euterpe)를 엘리테레(Elitere)로. 그리고 그 모든 뮤즈보다 앞서서 "diseuse"를 불러낸다. 이것은 남성 시인에게 영감을 주는 아홉 뮤즈를 전복적으로 차용하는 흉내내기 수법을 통하여, 기존의 담론 안에 자신의 목소리 - 한국계 미국 이민 여성의 목소리를 신화화하여 들리게 하려는 수법이라고 할 수 있다.

차학경이 언어의 문제점을 드러내기 위하여 사용하는 또 하나의 수법은 "직선적이지 않고, 위계적이지 않으며, 중심에서 벗어나는" 글쓰기를 한 것이다. 걸트루드 스타인(Gertrude Stein)과 버지니아 울프(Virginia Woolf) 같은 20세기 실험적 글쓰기를 했던 여성작가들을 분석한 프리드먼(Friedman)과 퓨크스(Fuchs)는 이들 여성작가들의 글쓰기 방식은 "여성적인 것을 쓰는 한 방법"이라고 주장하였다(Friedman, Fuchs, 1989:3-4). 물론 여성작가들만이 이러한 실험적 글쓰기를 한 것은 아니었지만, 이들 여성작가들이 사실주의적 서술에 대해 저항한 기저에는 사실주의적 서술의 직선적 요소가 남성적인 것이라는 의식이 깔려 있다. 프랑스 페미니스트들이 언어는 남성이라고 주장한 것도 같은 맥락이라고 할 수 있는데, 그러한 언어에 반하여 여성의 말하기는 다음과 같이 엘렌느 식수(Hélène Cixous)에 의하여 묘사되고 있다.

> 여성이 대중 집회에서 말하는 것을 들어보라. 그녀는 "말하지" 않는다. 그녀는 떨리는 몸을 앞으로 던지고, 자신을 놓아주고, 날아다닌다. 그녀의 전부가 목소리 속으로 들어가고 말의 "논리"를 실제로 지탱하는 것은 그녀의 몸이다. 그녀의 육체가 진실을 말한다 …… 그녀의 말은 "이론적"이거나 정치적일 때조차도, 결코 단순하거나 단선적이거나 "객관화되어 있거나", 일반화되어 있지 않다 ……
> (Cixous, 1997:351)

바바라 페이지(Babara Page)는 실험적인 여성작가들이 목적하는 바는 "언어의 표면을 찢어" 그것을 "여성의 역사적인 삶에 더 호의적인 형태로 재구성"하려는 데 있다고 설명하고 있다. 또한, 이를 위한 새로운 글쓰기에 자주 등장하는 것이 침묵을 도입하는 것이라고 한다. 역사적으로 여성의 목소리가 침묵당한 것을 기념하기 위해서 뿐만 아니라, 독단적인 사람들의 닫힌 텍스트와 권력 관계에서 만성적으로 소외되어 왔던 "타자"들을 도입하기 위한 공간을 만들어내기 위하여 그렇게 하였다는 것이다(Page, 1996:2). 페이지가 지적한 침묵의 도입이 나타나는 것은 이 글에서 어머니이다. 어머니를 구해내려는 딸의 노래. 갇혀 있는 어머니 말하는 여자를 살려내려는 딸인 말하는 여자의 노래. 그런데 그 딸의 노래는 식수의 지적처럼 "날아다니고(fly)" 있다.

그러나 차학경의 언어는 여성의 언어적 특질을 가지고 있는 언어라는 단순한 차원의 것이 아니다. 왜냐하면 그녀는 여성으로서의 목소리를 내고 있지만, 제1세계 백인 중산층 여성과는 아주 다른 위치(location)에서 말하고 있기 때문이다. 그녀는 한국이라는 당시 미국에서 어떤 곳인지도 아는 사람이 드문 나라에서 이민 온 여성이었고, 또 그 한국은 일본 식민통치를 36년간 당했고, 그에서 해방되었으나 냉전으로 인해 민족상잔의 아픔을 겪고 둘로 갈라진 나라였으며, 민주주의를 향해 나아가는 진통을 겪고 있는 나라였기 때문이다. 그러므로 여자이고 아시아인이고 이민자이고 식민화된 그룹에 속하는 차학경의 언어에는 여성으로서의 문제가 인종과 계급의 문제와 복잡하게 얽혀 있는 것이다.

그러므로 그녀의 언어는 단순히 날아다니지만 않는다. 그녀는 올바른 영어 사용법에 의도적으로 도전함으로써 언어와 글쓰기에 내재된 이데올로기적 특성을 드러낸다. "테르프시코레(Terpsichore)/합창 무용" 장은 다음과 같이 지적하고 있다.

　　깨어진 것. 깨어진 말을 한다는 것. 완벽하지 못하게 말하는 것. 완벽하지 못하게 말하라. 완벽하지 못한 것을 말하라. 완벽하지 못한 말. 피진어. 깨어진

말. 말하기 전. 말해지는 대로. 말해진 대로. 말해지려던. 말하는 것. 그러면 말하라. (161)

"깨진 영어"(broken English)라고 하면 엉터리 영어, 제대로 되지 못한 영어를 의미한다. 그런데 작가는 『딕테』에서 끊임없이 "깨진 영어"를 사용하고 있다. 문법이 무시된 경우, 어휘를 틀리게 사용하는 경우, 구두점을 마음대로 사용하는 경우 등 표준영어는 무시되고 파괴되어 있다. 사실 언어에 관한 논쟁은 지배 계급이 자신의 이념적 영향력을 강화하려고 할 때 다른 사회적 문제들과 함께 떠오르곤 했다고 안토니오 그람시(Antonio Gramsci)가 지적하였듯이, 표준영어의 문제도 정치적·교육적·계급적 문제와 관련된 이데올로기들과 얽혀있다(Gramsci, 1985:185). 특히 미국이라는 나라는 많은 이민자들로 구성되어 있고, 이 이민자들은 자신들이 이민 온 나라의 언어적 특성을 가진 채 영어를 접하게 된다. 아프리카에서 미국으로 끌려 왔던 흑인들은 몇백 년이 지난 지금도 그들의 특성을 유지한 영어를 사용하고 있지만, 이 사실은 그들을 주류사회에 속하지 못한 인종들로 차별하는 근거로 암암리에 사용된다. 아시아에서 이민 온 사람들도 같은 어려움을 겪는다. "피진 영어(pidgin English)"는 원래 동아시아나 남태평양 사람들과 백인이 상거래 등 한정된 상황에서 의사전달을 하기 위해 생겨난 혼합어를 가리키지만, 이들 지역에서 이민 온 사람들이 제대로 된 영어를 사용하지 못하고 혼합적인 언어를 사용할 때 그것은 피진 영어로 취급된다. 그런데 차학경은 의도적으로 "깨진 영어"와 "피진 영어"를 사용한다. 그렇게 함으로써 표준영어(standard English)에 관한 이데올로기적 가정들을 드러내고 말하는 주체와 언어 사이에 존재하는 소외의 문제를 적나라하게 드러내는 것이다.

차학경이 언어가 지닌 문제점을 지적하는 또 하나의 방식은 작품 속에 여러 언어를 사용하는 것이다. 『딕테』에는 영어 외에도 불어·라틴어·한문·한글 등 여러 가지 언어가 사용되고 있다. 이 중에서도 특히 불어가 많이 사용되고 있는데, 딕테를 불어로 시키고 있으며, 영어를 불어로 번역시키기도 하고, 불어 연습문제를 시키기도 한다. 다음의 경우에서 보면, 영어를 불어로 번역하라는 지시는 불어로 쓰여 있으며, 번역하라는 내용은 말하기와 글쓰기의 문제에 관한 것이다.

    Traduire en francais( ): 불어로 번역하시오
    1. 나는 당신이 말하기를 원한다
    2. 나는 그가 말하기를 원한다
    3. 나는 당신이 말하기를 원할 것이다
    4. 당신은 그가 말할까봐 두렵습니까?
    .........
    9. 왜 당신은 내가 당신에게 쓸 수 있도록 기다리지 않았습니까? (8)

불어로 이것을 번역하라고 하고 번역할 내용이 이렇게 제시되고 있는 것은 말하기 혹은 글쓰기가 언어와 가지는 관계들에 대하여 다시 생각하게 하고, 그 관계에 대하여 의문을 제기하도록 하고 있다. 바로 이어지는 불어 연습문제는 불어를 모르고 영어만 아는 독자들에게 낯선 언어를 당면했을 때 느끼는 당혹감과 무력감을 체험하게 하는 효과를 동시에 가지고 오고 있다. 10개의 한문 단어들(太極, 兩儀, 三才, 四象, 五行, 六合, 七星 등)을 설명 없이 "테르프시코레/합창무용" 장에서 한자로 써놓고(154), 이에 대한 설명을 다음 장인 "폴림니아 (Polymnia)/성시" 장에서야 제시해주는 것도 (174) 같은 체험을 하게 하고 있다. 나아가 이 10개의 한문으로 된 단어들은 단순히 영어권 독자들이 알 수 없는 글자들일 뿐 아니라 각 단어가 가지고 있는 철학적 의미들이 그들로서는 이해하기 쉽지 않은 것이기 때문에

비록 10쪽 뒤에 그 단어들이 지닌 의미들이 설명되고 있지만, 여전히 그들에게는 낯설고 어려운 경험이 되며 이는 그들이 편안히 안주해 있는 위치에 대한 의문을 제기하게 되는 것이다. 이러한 체험들을 통해 차학경은 독자들에게 언어가 권력과 가지는 관계, 언어가 주류 계층과 가지는 이데올로기성 등에 의문을 제기하게 만들고 있는 것이며, 언어가 가진 문제점들을 직시하게 하는 것이다.

### 3. 결어: 『딕테』가 한국계 미국문학에 주는 시사점

『딕테』는 차학경의 자서전적인 작품이다. 그러나 차학경은 자신의 삶을 이야기하려고 할 때 자신의 삶보다 오히려 한국의 이야기, 한국 여인들의 이야기를 들려준다. 일제 식민지 하에서의 여성들의 삶, 남북이 갈려 전쟁을 해야 했고, 민주화를 위해 긴 투쟁을 해야 했던 한국 사람들의 삶을 들려준다. 한국계 미국 이민 여성의 정체성을 이야기하려고 할 때 그것은 한 개인의 정체성으로 이야기될 수 있는 것이 아니라 한국 여성의 삶을 이해할 때만 이야기될 수 있음을 강변하고 있는 것이다.

그러나 그 이야기를 미국 사회에 미국 문학을 통해 들려주려고 할 때 그것은 그 이야기를 들려주는 매체, 즉 언어의 문제와 부딪히게 된다. 이민자들이 경험하는 갖가지 어려움 중에 가장 어렵고 가장 끈질기게 부딪혀야 하는 문제가 언어의 문제이다. 차학경은 그것을 이민자이기에 겪는 언어의 문제로만 국한하여 보지 않았다. 오히려 언어 자체가 가지고 있는 문제점들과 연결함으로써 이민자의 "열등한" 언어 능력에 대한 자기방어적 변론에 머무르지 않고 언어가 가지는 본질적 문제점 안에서 아시아계 이민자가 겪는 언어의 문제를 아울렀다.

  나아가 차학경은 아시아계 이민 여성이 안고 있는 "약점"들을 오히려 강점으로 바꾸었다. 차학경은 아시아계 이민 여성이라는 두 겹 세 겹 주변화된 사람으로서 주류인들이 갖지 못한 예리한 시각을 가졌기에 언어가 가지고 있는 본질적 문제점을 인식하고 언어에 대한 갖가지 실험을 할 수 있었다. 주류 미국인들이 볼 수 없었던 것을 보고 비판하고, 시도하기 어려운 실험들을 시도할 수 있었던 것은 한국계 미국 이민 여성이라는 주변인으로서의 관점과 입장을 최대한 살린 것이었다. '말하는 여자'의 목소리는 차학경이 한국계 미국 이민 여성이었음에도 불구하고가 아니라, 한국계 미국 이민 여성이었기 때문에 낼 수 있는 목소리였던 것이다.

  이제 한국인의 미국 이민의 역사도 한 세기가 넘었다. 한국계 미국 이민 여성문학은 좋은 작품들을 생산해 내며 아시아계 미국 문학에 중요한 역할을 하고 있다. 오늘날 미국문학에서 아시아계 문학이 차지하고 있는 중요한 비중을 볼 때 한국계 미국문학의 발전은 매우 고무적인 일이다. 특히 차학경의 작품과 같이 한국계 미국문학이 이민자의 국외자적 관점을 오히려 강점으로 발전시켜 본질적인 문제점들을 드러내는 새로운 목소리를 형성할 때에 그것은 단순히 한국계 미국 이민자의 목소리를 넘어 한국인이 세계를 향하여 내는 목소리로 확장되어 나갈 수 있을 것이다.

(오정화/이화여대 명예교수)

## □ 참고문헌

이동하·정효구, 『재미한인문학연구』, 서울: 월인, (2003).
Amritjit, Singh and Schmidt, Peter(2000), *Postcolonial Theory and the United States: Race, Ethnicity and Literature*, Oxford: University Press of Mississippi.
Cha, Theresa Hak Kyung(1982), *Dictee*, Berkeley: University of California Press, 2001.
Cixous, Hélène(1997), "The Laugh of the Medusa," *Feminisms: An Anthology of Literary Theory and Criticism*, Robyn R. Warhol and Diane Price Herndl(ed.), Revised edition, New Brunswick, New Jersey: Rutgers University Press, pp. 347-362.
Friedman, Ellen G. and Miriam Fuchs(eds.)(1989), *Breaking the Sequence: Women's Experimental Fiction*, Princeton: Princeton University Press.
Gramsci, Antonio(1985), *Selections from Cultural Writings*, D. Forgacs and G. Nowell Smith(ed.), London: Lawrence & Wishart.
Holborow, Marnie(1999), *The Politics of English: A Marxist View of Language*, London: Sage.
Irigaray, Luce(1985), *This Sex Which Is Not One*, Trans. Catherine Porter and Carolyn Burke, Ithaca, New York: Cornell University Press.
Jameson, Frederic(1991), *Postmodernism: Or, The Cultural Logic of Late Capitalism*, Durham: Duke University Press.
Kang, L. Hyun Yi(1994), "The 'Liberatory Voice' of Theresa Hak Kyung Cha's *Dictée*," *Writing Self, Writing Nation*, Kim, Elane H. and Alarcón, Norma(ed.), Berkeley, California: Third Women Press, pp. 73-99.
Kim, Elaine H. and Alarcón, Norma(ed.)(1994), *Writing Self, Writing Nation: A Collection of Essays on Dictée by Theresa Hak Kyung Cha*, Berkeley, California: Third Women Press.
Kim, Elaine H.(1994), "Poised on the In-between: A Korean American's Reflections on Theresa Hak Kyung Cha's *Dictée*," *Writing Self, Writing Nation*, Berkeley, California: Third Women Press, pp. 3-30.
Lim, Shirley Geok-Lin(1997), "Feminist and Ethnic Theories in Asian American

Literature," *Feminisms: An Anthology of Literary Theory and Criticism*, Revised Edition, Robyn R. Warhol and Diane Price Herndl(ed.), New Brunswick, New Jersey: Rutgers University Press.

Nandy, Ashis(1983), *The Intimate Enemy: Loss and Recovery of Self under Colonialism*, Delhi: O.U.P.

Oh, Stella(2002), "The Enunciation of the Tenth Muse in Theresa Hak Kyung Cha's *Dictée*," *Literature Interpretation Theory*, 13, pp. 1-20.

Page, Barbara(1996), "Women Writers and the Restive Text: Feminism, Experimental Writing and Hypertext," *Postmodern Culture: An Electronic Journal of Interdiscipliuary Criticism*, 6(2), p. 1-21.

Swaner, Scott(1997), "Frustrating Colonial Narratives: Writing and the Body in *Dictée*," *Asian Journal for Women's Studies*, 3(2), pp. 130-152.

Wong, Shelley Sunn(1994), "Unnaming the Same: Theresa Hak Kyung Cha's *Dictée*," *Writing Self, Writing Nation*, Kim, Elaire H. and Alacón, Norma(ed.), Berkeley, California: Third Women Press, pp. 103-140.

# 차별을 넘어 차이,
# 린다 수 박 소설의 미학

## 1. 서언

    재미 한인사회의 이주 역사는 조선 말기 하와이 노동이민으로 시작된다. 1903년 1월 93명의 노동자가 하와이에 도착하고, 이후 1905년까지 65척의 선편으로 7,226명의 노동자가 입국하여 그곳 사탕수수밭에서 일하고,[1] 1910년 이후에는 1천여 명의 '사진 신부'가 혼인을 위해 하와이로 건너오면서 한인사회가 형성된다. 또한, 1902년 유학을 목적으로 미국에 온 안창호를 비롯하여 3.1운동 후 이주해온 2백여 명의 망명객과 유학생이 샌프란시스코를 중심으로 한인사회를 이룬다. 이들은 하와이 한인사회와 함께 '대한인국민회'(大韓人國民會, 이하 '국민회'로 약칭)를 결성, 재미 한인사회의 중추적 역할을 한다. 그러나 한국인의 미국 이주는 1965년 개정 이민

---

[1] 황경락, 「미주 한인 이민 1백주년(1903-2003)」, 『미주이민문학』, 미주 크리스찬 문학가협회, 2003, 39-40쪽.

법인 '하트-셀러법'(Hart-Celler Act) 공포 이후 본격화된다. 이때부터 지식인계층이 대거 미국 본토로 이주하는데, 이들은 광복 이후에 미국으로 이주한 후기 이민자라고 할 수 있다.[2] 일반적으로, 한국에서 태어나 청·장년기에 이주하여 모국어로 사고하며 의사소통이 가능한 세대, 이주 1세대의 의식은 현재 자신이 머무는 곳이 아니라 여전히 자신이 떠나온 시점의 고국의 현실에 머물러 있다. 이들 대부분은 여건이 되면 언제든지 고국으로 돌아가려 하고 있고, 그래서 미국에서 이주자로서 살아가고 있으면서도 의식의 차원에서는 자신을 '일시적 체류자' '망명자'로서 규정하고 있다.

광복 전 재미 한인 소설은 한인사회의 이러한 현실을 반영, 미국 사회에의 적응 문제보다는 누란의 위기에 놓인 고국의 운명과 조국 광복에의 염원, 그리고 국민의 의식계몽 문제를 주로 다루고 있다.[3] 그러나 한편, 광복 전 이주 1세대 소설은 그들이 이국땅 미국에서 경험할 수밖에 없었던 인종·민족 간의 차별 문제들, 동양인이 미국인을 바라보느니 시각, 소수민족들이 서로를 바라보는 의식의 문제, 그리고 '혼혈'의 문제 등을 심도 있게 그려내고 있다.[4] 만수산인의 「탈선의 최후」(『신한민보』 1927.9.8.-

---

[2] 이광규, 『재미한국인』, 일조각, 1989, 21쪽. 이광규는 이 글에서, 1945년 광복을 기점으로 하여 그 이전을 전기 이민사로, 그 이후를 후기 이민사로 구분한다.

[3] 이에 대해서는 이상갑, 「계몽과 혼혈의 서사」, 『한국문학이론과 비평』 42집, 한국문학이론과비평학회, 2009.3. 참조.

[4] 그러나 이동하는 "냉정하게 말해서, 해방 전 재미 한인소설의 세계는 처음부터 끝까지 소박한 아마추어리즘으로 일관되었다"(이동하, 「20세기 재미 한인소설의 전개 양상」, 『재미한인문학연구』, 월인, 2003, 344쪽)고 평가하는데, 특히 '일시적 체류자' 의식에 사로잡혀 이들의 국문소설은 영문소설에 비해 수준이 떨어진다고 보고 미국 현지와 국내 문단에서 동시에 활동하는 작가들, 예컨대 박시정·김지원·송상옥 등에 주목한다. 하지만 이는 광복 이전 재미 한인소설이 보여주는 치열한 문제의식과는 다소 거리가 있는 지적이라고 할 수 있다.

1927.9.15), 마팅씨의 「사천삼백년」(『신한민보』 1910.5.18), 산꿀의 「특이」 (『신한민보』 1928.12. 27-1929.5.23) 등이 그것이다. 이들 세 작품은 모두 순혈주의적 의식을 강하게 보여주는데, 「사천삼백년」은 혼혈인이 민족에 복귀함으로써 자신의 정체성을 다시 확인받고자 하는 이야기를, 「탈선의 최후」는 인종차별과 성차별이 서로 긴밀하게 연결되어 있음을 지적한다. 여성은 한인사회의 또 다른 내부 차별자라는 것, 따라서 인종차별을 극복하기 위해서는 우선 여성이 겪고 있는 내부 차별을 극복해야 한다는 것이다. 그리고 「특이」는 '트기' 즉 혼혈인만으로 구성된 한 가족이 받는 차별을 그리고 있는데, 이제는 이주 한인이 오히려 '아(亞)식민주의'의 행태를 드러내고 있다는 사실을 날카롭게 지적한다. 예를 들어, 이주 한인이 그들 스스로 서구인의 입장이 되어 흑인이나 소수민족 사람들에게 '트기'를 낳게 했다는 자각이다. 그리고 광복 이전 재미한인 1세대 소설에서 한인들은 주로 일본인이나 흑인 아니면 혼혈인과 결혼을 하는데, 이 또한 백인으로 구성된 서구 중심의 폐쇄된 사고를 간접적으로 겨냥하고 있다. 이런 시각은 재미한인 소설만이 포착할 수 있었던 성과라 할 수 있다.

한편, 영어로 작품 활동을 한 소수의 재미한인 1세대 작가들은 이주해온 이민지 사회현실보다 한국의 역사를 재현함으로써 미국 사회에 한국을 적극적으로 알리고자 한다.[5] 이는 한국의 국내 상황이 매우 불안정하여 아직 미국에서의 삶의 문제를 천착할 여유를 갖지 못한 데서 연유하는 것으로 볼 수도 있다. 하지만 2, 3세대 작가들은 '정체성'과 '동화'의 문제를 본격적으로 제기한다. 이창래의 *Native Speaker*(1995), *A Gesture Life*(1999),

---

[5] 강용흘의 자전적 장편소설 *The Grass Roof*(『草堂』, 1931), 김용익의 「꽃신」, 김은국의 *The Martyred*(『순교자』), *The Innocent*(『심판자』, 1968), *Lost Names*(『잃어버린 이름』, 1970) 등이 그 대표적인 작품이다.

그리고 노라 옥자 켈러의 *Comfort Woman*(『종군위안부』, 1997) 등에서 보듯이, 이들은 미국의 현실을 주체적으로 인식하면서 이민과 정착 과정에서 직면하게 되는 자신의 정체성에 대해 고민하게 된다. 그래서 이들의 소설에는 미국 문화에 동화하고자 하는 의지와 그것의 한계를 절감하는 '경계인' 의식이 잘 드러난다. 다시 말해 이들은 한국인으로서의 민족적 정체성을 확보하려는 수단으로 한국의 역사적 현실과 문화를 핍진하게 드러내는 한편, 이를 통해 미국 사회에 적응하려는 자신들의 의지를 동시에 보여준다. 이는 1990년대 이후 등장하여 미국 주류문단에서도 활발하게 활동하고 있는 3세대 작가들 또한 크게 다르지 않은데, 다만 이들 3세대 작가들은 민족적 정체성보다, 동양 문화나 가치를 전유하려는 미국 주류사회의 요구에 더 많은 관심을 보인다고 하겠다.[6] 이와는 달리 *A Single Shard*(『사금파리 한 조각』, 2001), *Project Mulberry*(『뽕나무 프로젝트』, 2007) 등을 발표한 린다 수 박(Linda Sue Park)은, 소수민족으로서의 자신의 정체성을 잃지 않으면서 동시에 거기에 얽매이지 않고 미국 사회를 비판적으로 성찰하고 있다는 점에서 특히 주목된다.

재미한인 작가에 대해서는 개별 작가론이나 작품론을 통해 다양한 시각으로 논의가 이루어져 왔는데, 최근 들어서는 탈식민주의 입장에서 '이산적 정체성' 또는 '변화하는 정체성' 개념을 통해 재미 한인 소설이 내포하고 있는 '반성적' 기제를 적극적으로 천착하고 있다.[7] 이들 논의는 모국과

---

[6] 대표적인 3세대 작가로 *The Watcher of Waipuna*(『와이푸나의 파수꾼』, 1992), *A Ricepaper Airplane*(『종이비행기』, 1997)의 Gary Yong Ki Pak, *Yellow*(2001)의 Don Lee, *Dancer Dawkins*(1985), *Dead Heat*(1988), *Gabriella*(1999)의 Willyce Kim 등이 있다.

[7] 주요 논의로는 박진영, 「이산적 정체성과 한국계 미국 작가의 문학 읽기」(김종회 편, 『한민족문화권의 문학 2』, 국학자료원, 2006)/ 오창은, 「이주문학에 나타난

거주국이라는 이분법에서 벗어나, '주변부' 혹은 '혼종'(성)이 가지고 있는 전복적인 가치를 확인하고자 한다. 다민족·다문화 사회에 접어든 오늘의 현실에서 소수민족 문화만이 가지고 있는 가치가 창작의 핵심 주제가 되고 있다고 하겠는데, 특히 린다 수 박은 재미 작가들 가운데 이런 관점에서 가장 폭넓은 문제의식을 내보이고 있다. 물론 그의 성공 또한 1980년대부터 미국에서 일기 시작한 소수민족들의 정체성 찾기와 무관하지는 않지만, 그럼에도 불구하고 그는 '민족 정체성' 문제와 함께 인종차별, 환경 문제 등 오늘날 인류가 직면하고 있는 가장 민감한 주제를 균형감 있게 형상화하고 있다는 점에서 앞으로 재외 한인문학이 나아갈 방향과 관련하여 시사하는 바가 크다.

이 글은 린다 수 박의 『뽕나무 프로젝트』를 중심으로 '김치'와 '누에 기르기'를 바라보는 미국인 패트릭과 한국계 미국인 줄리아의 시각을 비교 분석하고, 그러한 인종차별을 극복하고자 하는 작가의 시각을 밝혀보고자 한다. 나아가 이 작품이 거둔 문학적 성과와 한계를 살펴, 앞으로 재미 한인문학이 나아갈 방향을 가늠해보고자 한다.

## 2. 김치와 누에, '양가적 정체성'[8]의 준거

---

정체성 변화에 대한 고찰」(『국제한인문학연구』, 2004) 등이 있다.
[8] 이는 특히 '혼종' 개념과 함께 '차이'의 가치를 말해주는데, '혼종'이야말로 '배제와 포섭'이라는 식민지 담론의 양가적 성격이 한 인물에 복합적으로 작용하고 있음을 가장 분명하게 보여주기 때문이다. 이는 서양인 또는 동양인을 어느 하나의 단일한 기준으로 규정할 수 없을 정도로 복합적임을 가리키기도 한다. 이에 대해서는 호미 바바(나병철 역), 『문화의 위치』, 소명, 2002, 177-192쪽 참조.

린다 수 박은 『널뛰는 아가씨』(Seesaw Girl, 1999) 『연싸움』(The Kite Fighter, 2000) 『사금파리 한 조각』(A Single Shard, 2001) 『내 이름이 교코였을 때』(When My Name is Called Keoko, 2002) 『비빔밥』(Bibimbob, 2005) 『뽕나무 프로젝트』 등의 작품을 잇달아 발표했는데, 『사금파리 한 조각』으로 2002년 미국아동문학상 중에 가장 권위 있는 '뉴베리 메달상'을 수상하였다. 그의 작품은 대부분 한국의 전통문화나 역사에 관한 것이다. 이처럼 그가 계속해서 한국의 전통문화나 역사에 관심을 기울이게 된 것은 결혼 후 자신의 아이들을 갖게 되면서부터였다. 자신의 아이들에게 한국에 대해 가르쳐주기 위하여 한국문화와 역사를 공부하기 시작했고, 이것들에 대해 새로운 인식을 하게 되었다는 것이다. 그리하여 그는 한국에 대해 새로 알게 된 흥미로운 내용들을 다른 미국인들과 함께 나누기 위해 작품을 써왔다.

특히 그의 최근 소설 『뽕나무 프로젝트』는 한국의 전통과 문화를 단순히 소재 차원에서 접근하지 않고, 인종차별 문제와 환경 문제까지 다루며 폭넓은 문제의식을 확보하고 있다. 작가는 이 작품의 '머리말'에서, 어렸을 때 자기 가족은 마을 전체를 통틀어 유일한 한국인이었으며, 자신이 자기 반 아이들과 너무 다르다고 느껴져 힘든 적도 있었다고 말한 바 있다. 『뽕나무 프로젝트』는 이런 작가의 어린 시절의 경험을 담은 동화 형식을 취하고 있는데, 이러한 이야기 방식은 어린이 독자에게만 한정되지 않는 넓은 호소력을 갖고 있다. 작가 스스로 '머리말'에서 밝힌 대로, 이 작품은 "한국계 미국인에 대한 이야기이면서 누구라도 겪을 수 있는 성장통에 대한 이야기"라고 할 수 있다.

『뽕나무 프로젝트』는 미국에 사는 교포 2세 어린이인 줄리아 송이 과제로 누에를 기르게 되면서 겪게 되는 온갖 일들을 재미있게 그리고 있다.

줄리아는 부모가 모두 한국인이고 집에서는 날마다 김치를 먹는 생활을 하지만, 굳이 미국에서 자신이 한국인임을 내세울 필요는 없다고 생각한다. 그래서 어머니가 '동물 기르기' 과제로 누에를 길러 보라고 말했을 때, 몹시 못마땅하게 생각한다. 너무 미국스럽지 못하며, 너무 동양적인 냄새가 풍긴다는 이유 때문이다. 반면에 백인 미국인인 친구 패트릭은 오히려 누에 기르기가 멋진 아이디어라고 좋아하며 과제를 누에 기르기로 하자고 줄리아를 설득하여 합의한다. 그런데 누에 먹이인 뽕잎을 구하는 단계에서부터 난관에 부딪히게 되는데, 줄리아는 이 난관을 해결하기 위해 노력하는 가운데 미국 사회의 인종차별 문제와 직면하게 된다. 말하자면, 작가는 줄리아를 통해 한국인이면서 동시에 미국인으로 살아간다는 것에 대해 질문하고 있다고 하겠는데, 줄리아는 부모들의 낯선 과거와 문화를 이해하는 과정에서 흑인이라는 또 다른 문화적 배경을 지닌 사람들을 이해하는 법까지 터득하게 된다. 미국과 같이 여러 인종과 민족이 함께 사는 나라에서는 꼭 필요한 문화적 경험을 하게 된 것이다.

미국인 남자친구 패트릭과 한국계 미국인 줄리아는 한국식 절인 배추, 즉 김치 때문에 친구가 된다. 줄리아의 어머니는 김치를 먹어야 기운이 난다며 계속 김치를 먹으라고 잔소리를 하지만, 줄리아는 매운 게 끔찍하게 싫어 먹지 않는다. "입에 불을 지르면서까지 기운을 내야 할 일이 뭐가 있단 말인가?"(10쪽) 이것이 줄리아의 생각이다. 그리고 김치는 정말 지독한 냄새가 나서 싫은데, 가족들은 김치를 싫어하는 그를 놀려댄다. 아빠는 네가 진짜 한국인이라면 그럴 리가 없다고까지 말한다. 그런데 패트릭은 줄리아 집에 와서 식사할 때면 김치를 맛있게 먹는다. 그래서 줄리아의 어머니는 그가 혼자 먹을 수 있도록 김치 그릇을 따로 놓아 주기까지 한다. 패트릭은 입이 미어터지게 김치를 먹었고, 가끔은 밥도 떠 넣지도 않고 김치만 집어 먹기도 했다. 줄리아의 동생은 줄리아에게 김치를 못 먹는다는 이유로 DNA 검사를 받아봐야 한다고 말하는데, 줄리아는 이런 패트릭을 보면서 정작 검사를 받아야 할 사람은 패트릭이라고 생각한다.

> 엄마가 들고 있는 젓가락에는 밥과 김치 몇 점이 얹혀 있었다. 패트릭이 입을 크게 벌리자 엄마는 입안 가득 음식을 밀어 넣었다.
> "고맙습니다, 아주머니."
> 패트릭이 음식을 씹으면서 우물우물 말했다.
> "잘 있어, 줄리아."
> 이건 저녁 식사 무렵에 패트릭이 우리 집을 떠날 때면 늘 벌어지는 일이었다.[9]

줄리아의 어머니는 패트릭이 현관문을 나설 때면 언제나 밥과 김치를 한입 가득 먹여준다. 김치를 꺼리는 미국계 한국인 줄리아와 오히려 김치를 즐겨 먹는 미국인 패트릭, 이들을 통해 작가는 '차별'이 아닌 '차이'의 가치를 말하고 있다. 한국인이 다 김치를 즐겨 먹는 것은 아니듯 미국인이라고 해서 다 김치를 먹지 못하는 것은 아니라는 것, 따라서 서로 '차별'하기보다 '차이' 즉 다름을 인정하는 것이 중요하다는 것이다.

'김치'와 마찬가지로, '누에 기르기'도 같은 맥락에서 이해할 수 있다. 패트릭은 '위글 클럽'[10]이 주관하는 과제로 누에 기르기를 선택한다. 그런데 줄리아는 그 과제가 너무나 한국적이라며 망설인다. 굳이 한국적인 과제를 하며 자기가 한국 사람이라는 것을 드러낼 필요는 없다는 것인데, 왜냐

---

[9] 린다 수 박, 『뽕나무 프로젝트』, 서울문화사, 2007, 32쪽. 이하 인용에서는 쪽수만 밝힘.
[10] 이 클럽은 '일하자-키우자-베풀자-살리자'(Work-Grow-Give-Live)의 머리글자만 따서 만든 단체로, 어린이들에게 농장 일을 가르치는 것을 목적으로 하고 있다.

하면 그가 지금 사는 곳으로 전학하여 처음 등교하던 날 여자애들이 자기를 보고 "꼴라 꼴라 짱꼴라"라고 놀린 것을 잊을 수 없었기 때문이다.

> 이렇게 말해 놓고 보니, 마치 내가 한국 사람이란 사실이 나에게 아주 대단한 문제라도 되는 것처럼 들린다. 그러나 전혀 그렇지 않다. 수학 문제를 풀거나 텔레비전을 보거나, 뭘 하든지 간에 내가 한국 사람이 아니라면 얼마나 좋을까 하는 생각이 내 머리 속을 줄곧 맴돈다든가 하는 일은 절대로 없다. 그렇지만 내가 한국 사람이 아니라면 얼마나 좋을까라고 생각하게 되는 때는, 뭔가 나를 난처하게 만들 때였다. 나는 우리 집에서 김치 냄새가 나는 것이 싫었다. 또한 아이들이 나를 "꼴라 꼴라 짱꼴라"라고 놀리는 것도 싫었다. 그리고 위글 클럽에서 동양인 티가 팍팍 나는 괴상한 과제를 하기도 싫었다. 나는 뭔가 근사하고 평범한 것, 지극히 미국적인 과제를 선택하고 싶었던 것이다.[11]

줄리아는 자신이 한국 사람이라는 것을 싫어한 적은 결코 없다는 것, 단지 집에서 김치 냄새가 나는 것이 싫고, 또 미국 아이들이 자기를 두고 "꼴라 꼴라 짱꼴라"라고 놀리는 게 싫을 따름이다. 그래서 굳이 한국적인 과제를 할 필요는 없다는 것이다.

'김치'와 마찬가지로, '누에 기르기'도 미국인 친구 패트릭이 더 좋아하는데, 여기서도 '차별'이 아닌 '차이'를 존중해야 한다는 작가의 메시지를 읽을 수 있다. 반대로, 줄리아는 "뭔가 근사하고 평범한 것, 지극히 미국적인 과제"를 하고 싶어 하지만, 패트릭의 의견대로 '누에 기르기'를 하게 된다. 줄리아는 과제와 관련하여 누에에서 뽑은 비단실로 자수를 놓고자 하는데, 여러 가지 모양을 그려보다가 문득 별을 그리게 되고, "무언가가" 자기 마음을 끌어 마침내 성조기를 그리려고 생각하게 된다. 성조기야말로 "과

---

11 위의 작품, 50쪽.

제를 좀더 미국적으로 만들 수 있는 방법"(133쪽)이라고 생각했기 때문이다. 심지어 줄리아는 성조기 모양을 내기 위해 어머니에게 염색을 부탁하면서 자기 목소리가 무척 들떠 있다고 생각한다. 반면 패트릭은 성조기는 독창적인 아이디어가 아니라며 반대한다. 말하자면 줄리아는 자수라도 매우 미국적인 것으로 만들어 너무 한국적인 누에 기르기와 균형을 맞추려 했지만, 결국에는 패트릭의 말대로 성조기 대신에 누에의 생애를 그리게 된다.

요컨대, '김치'와 '누에 기르기'는 패트릭과 줄리아에게 단순한 기호(嗜好)의 문제가 아니다. 우선 줄리아에게는 '배제와 포섭'이라는 식민지 담론의 양가적 성격이 작용하고 있는데, 그것은 줄리아가 누에 기르기 과제는 너무 한국적이고 동양적이라 꺼리는 대신 지극히 미국적인 과제를 하고자 하는 데서도 확인할 수 있다. 사실 패트릭은 동양인 줄리아 가정을 그와 다르다는 이국적인 관점에서 바라보고 있는데,[12] 여기서도 동양적인 이국 취미를 전유하는 서구인의 시각을 확인할 수 있다. 특히 패트릭은 시종일관 인종차별적인 시선을 유지하고 있는데, 바로 이런 인종차별적인 시선 때문에 줄리아는 누에 기르기 과제 대신 미국적인 과제를 하고자 하고, 또한 스스로 서구인의 시각을 전유함으로써 인종차별적인 시선으로 흑인을 대하게 되는 것이다.

## 3. 인종차별적·아(亞)서구적 시각

---

[12] "솔직히 말하면, 줄스. 나는 언제나 너희 가족이 모두 한국인인 게 너무 근사하다고 생각해 왔어. 모든 일이 훨씬 더 흥미로울 거 아니야. 우리 가족하고는 다르게 말이야."(275쪽)

『뽕나무 프로젝트』는 인종차별적 시각을 가지고 있는 패트릭과 그에 견인되는 줄리아 모녀를 보여주는 한편, 주인공 줄리아가 과제를 수행하면서 만나는 사람들을 통해 인종차별 문제를 인식하고 나름대로 그것을 해결해 가는 과정을 보여주고 있다. 줄리아는 집 근처에서 뽕나무를 기르는 흑인 딕슨 아저씨를 알게 되고, 누에 먹이인 뽕잎을 구하기 위해 어머니와 함께 딕슨 아저씨 집을 방문하였을 때 줄리아는 어머니가 흑인을 싫어한다는 사실을 확인한다.

> 딕슨 씨는 흑인이었다.
> 엄마는 흑인을 좋아하지 않았다.
> 플레인필드 시민은 대부분 백인이었다. 우리 학교에 흑인 애들이 몇 명 다니기는 했지만, 숫자는 많지 않았다. 나는 가깝게 지내는 흑인 친구가 없었다. 그건 무슨 큰 문제가 있어서가 아니었다. 아이들이란 교실에서나 학교가 파한 후나 같은 운동 팀에서거나 한데 어울리기만 하면 친해지는 법이다. 그런데 흑인 애들은 거의 언제나 자기들끼리 무리를 지어서 몰려다녔다.
> 하지만 내가 진짜진짜 좋아했던 선생님은 바로 흑인이었다.[13]

흑인을 싫어하는 어머니와 달리, 줄리아는 흑인을 싫어하지 않는다. 오히려 자기가 진짜 좋아했던 선생님은 바로 흑인이었다며, "엄마가 흑인에 대한 편견을 가진 사람이라고 생각하기가 정말 싫었다"(103쪽)라고 말한다. 어머니는 자신이 왜 흑인 선생님을 싫어하는지를 말하는데, 대부분 흑인에게는 백인과 똑같은 기회가 주어지지 않는다는 것, 그래서 많은 기회와 풍부한 경험을 가진 좋은 선생님에게 자기 자녀가 배웠으면 좋겠다는 것이다. 줄리아의 어머니는 미국 사회에서 흑인이 받는 차별적인 대우를 인식하기는 하지만, 흑인 또는 흑인 선생님은 다 '열등'하다는 편견도 갖고 있다.

---

[13] 위의 작품, 99쪽.

한편, 패트릭은 미국 사회의 뿌리 깊은 흑인차별에 대해서도 언급하는데, 흑인 병사들이 한국전쟁 때 처음으로 군대가 통합되어 백인 병사들과 함께 전투했다는 것이다. 다만, 패트릭은 그 사실을 지적하고 있을 뿐 흑인차별에 대한 비판적인 인식은 보여주지 않는다.

이 작품은 또한 줄리아의 어머니가 보여주듯 소수인종이 가지고 있는 '아(亞)서구적인 시각'을 문제 삼고 있다. 이는 비(非)서구인이 서구인의 시각을 전유하여 서구인의 입장에서 다른 소수인종을 차별하는 것을 가리킨다.[14] 다시 말해 소수인종이 소수인종에 대해 보여주는 차별적인 시각은 흑인 딕슨 씨에게서도 찾아볼 수 있다. 줄리아가 어머니와 패트릭과 함께 찾아갔을 때, 딕슨 씨는 줄리아가 전화했을 때는 백인인 줄 알았다며 막상 줄리아의 어머니가 동양인임을 확인하고 당황해한다. 이런 딕슨 씨를 보고 줄리아의 어머니 또한 당황해했다. 줄리아는 당황해하는 어머니를 보고 웃을 뻔했다고 말하고 있는데, 그 이유는 흑인을 싫어하던 어머니가 정작 자신이 백인이 아니라는 이유로 흑인 딕슨 씨가 당황해하기 때문이기도 하지만, 줄리아 또한 딕슨 씨와 통화할 때 그가 당연히 백인이라고 생각했기 때문이다.

> "미안합니다. 저희가 올 줄 모르셨나요? 저는 줄리아가 오늘……"
> "아니오, 아니오. 제 말은 그게 아닙니다."
> 딕슨 씨는 미소를 지으며 고개를 흔들었다.
> "죄송합니다. 단지 제가 이 어린 숙녀와 통화를 했을 때에는……"
> 딕슨 씨는 나를 보며 고개를 끄덕거렸다.
> "백인인 줄 알았거든요."
> 엄마의 입이 딱 벌어졌다. 나는 소리를 내어 웃을 뻔했다. 딕슨 씨의 이야기

---

14 이에 대해서는 고모리 요이치(송태욱 역), 『포스트콜로니얼』, 삼인, 2002, 73-76쪽 참조.

에 진짜로 우스운 건 하나도 없는데도 웃고 싶었다. 나는 딕슨 씨가 백인 남자라고 생각했다. 그리고 엄마에게 아무 말도 하지 않았지만, 분명히 엄마도 딕슨 씨를 백인으로 생각했다는 것을 알고 있었다. 그 후 딕슨 씨는 흑인으로 밝혀졌는데, 이번에는 딕슨 씨가 우리를 백인일 거라고 생각했다는 거다. 하지만 우리는 동양인이었다. 물론 패트릭은 아니지만…….
 이거야말로 우스운 상황이 아닌가?[15]

　위의 인용에서는 서로 백인이라고 추측한 흑인 딕슨 씨와 줄리아 모녀가 대조되고 있고, 또 동양인 줄리아 모녀와 백인 패트릭, 그리고 흑인 딕슨 씨와 백인 패트릭이 각각 대조되고 있다. 그런데 여기서 후자는 크게 문제가 되지 않는다. 왜냐하면 "하지만 우리는 동양인이었다. 물론 패트릭은 아니지만……"에서도 알 수 있듯, 백인인 패트릭은 이미 동양인 줄리아 모녀와 흑인 딕슨 씨와는 달리, 우월적인 위치를 점하고 있기 때문이다. 따라서 작가는 오히려 흑인 딕슨 씨와 동양인 줄리아 모녀가 서로 상대가 당연히 백인일 것이라고 짐작하는 사유구조 그 자체를 지적함으로써 흑인이나 동양인은 백인이 주도하는 미국 사회에서 변방에 놓여 있는 존재라는 것, 나아가 흑인이나 동양인 등의 소수인종이 이미 미국 사회가 요구하는 인종차별적 시각에 물들어있다는 사실을 말하고자 한다. 줄리아는 흑인 딕슨 씨 집에 갔다가 늦게 왔다는 이유로 어머니에게 심하게 꾸중을 듣는데, 이때 줄리아는 '어머니는 인종차별주의자예요?'라고 물으려다 망설인다. 어머니에게 솔직하게 물었다가 어머니가 진짜 인종차별주의자라는 사실을 알게 될까 봐 두려웠기 때문이다.
　이 작품은 특히 '동양인'이라는 말 또한 이미 식민담론에 젖어 있다는 사실을 지적한다. 흑인 딕슨 씨는 황색 인종은 대부분 중국인이라고 생각하

---

[15] 위의 작품, 108쪽.

고 줄리아의 어머니를 중국인으로 알고 있는데, 그에게는 일본인·한국인·중국인의 차이는 아무런 의미도 없다. 이들 모두가 황색 인종 즉 동양인일 뿐이다. 이를 통해 작가는 서구인이 동양인 내부의 다양한 '차이'를 인정하지 않고 전체적으로 '동양인'으로 규정하는, 그들 나름의 지배적인 시선을 은연중에 환기하고 있다. 이는 패트릭의 다음 말에서도 분명하게 확인할 수 있다.

> "줄스, 아저씨는 별 뜻 없이 말씀을 하신 거야. 아저씨가 '중국인'이라고 말씀한 건 동양인이라는 뜻인 거 알지? 그냥 동양사람 말이야."
> 나는 고개를 끄덕였다.
> "알아, 패트릭. 괜찮아."
> 그러나 괜찮지 않았다.[16]

한국인과 중국인이 다르다는 사실은 패트릭에게도 중요하지 않다. 그들은 모두 틀림없는 동양인이기 때문이다. 이와 관련하여 줄리아는 이렇게 말한다. "한동안 어떤 사람은 나를 일본인으로 생각했다. 중국인 아니면 일본인, 둘 중 하나였다. 여기 사람들이 들어본 적이 있는 동양의 국가라고는 오직 중국과 일본뿐인 것 같았다."(197쪽)

린다 수 박은 이 작품에서, 인종차별의 문제는 '서로의 차이를 아는 지식'이 무엇보다 우선해야 할 중요한 문제인데도 사람들은 이에 대해 별다른 관심이 없다고 말한다. 사람들은 실은 모르면서도 다 안다고 생각하게 마련이고, 아예 물어보지도 않고 다른 사람을 판단하고 평가한다는 것이다. 사람들이 다른 사람들에 대해, 예를 들어 백인이 흑인에 대해, 흑인이 황인종에 대해, 황인종이 흑인에 대해 서로 알려고 하지 않는 것, 나아가 모르고

---

[16] 위의 작품, 197쪽.

있다는 사실을 모르거나 관심을 가지지 않는 것, 모른다는 것을 인식하지 않기 때문에 알아볼 노력조차 하지 않는 것, 바로 이것이 문제라는 지적이다. 그리하여 작가는, 다소 지엽적이기는 하지만, 패트릭과 줄리아가 서로를 잘 이해하지 못해 여러 가지 갈등을 빚고 있는 모습을 세세히 기록하고 있다. 패트릭이 줄리아의 생각을 깊이 고려하지 않고 누에 기르기 과제를 결정한 것은 그가 가지고 있는 벌레 공포증을 극복하기 위해서였는데, 줄리아는 이 사실을 모르고 그를 오해한다. 마찬가지로, 줄리아는 누에 기르기 과제가 너무나 한국적이어서 싫어했는데, 패트릭은 자기와 마찬가지로 줄리아가 당연히 누에 기르기 과제를 하고 싶어 한다고 단정했다는 것이다. 요컨대, 패트릭과 줄리아는 모두 상대에 대한 이해가 부족했던 것인데, 그럼에도 그들은 상대의 입장을 헤아리기보다는 자기중심으로 예단해버린 데서 차별적 '오해'가 빚어지고, 이러한 오해가 인종차별적 시각을 더욱 완고하게 만든다는 지적이다.

### 4. '차이'를 아는 지혜, 하나됨을 향하여

『뽕나무 프로젝트』는 12장에서 자기와 다른 것에 대해서도 잘 알아야 한다는 구체적인 몸짓을 보여 준다.[17] 그리고 이러한 몸짓에는 인종차별

---

17  이것은 <작가 후기>에서도 확인할 수 있다. "저는 다행스럽게도 모든 인종이 똑같이 평등하다고 굳게 믿는 가정에서 성장했습니다. 하지만 어른이나 아이들이나 할 것 없이, 동양인들과 흑인들 사이에 수많은 인종차별이 자행되는 것을 직접 목격해 왔습니다. 그중에서도 가장 제 마음을 아프게 했던 것은 1990년대 로스앤젤레스에서 벌어진 두 인종 사이의 폭력사태에 대한 뉴스였습니다. 어떤 문제이든, 대화와 인식은 치유를 위한 첫 번째 단계입니다. 부디 이 책이 치유를

문제와 함께 환경과 생태계 문제 등의 민감한 주제가 잘 어우러져 형상화되고 있다. 패트릭과 줄리아는 누에 기르기 과제 외에 또 다른 과제를 하나 더 하기로 하는데, 그것은 "행복한 닭"(202쪽)이 낳은 달걀 두 알과 일반 달걀 두 개를 차례로 먹어보고 맛에 어떤 차이가 있는지 알아보는 것이었다. 관찰 결과는 이러하다. "첫째 행복한 달걀은 갈색, 배터리 달걀은 흰색" "갈색 달걀은 두 번 쳐서 깨뜨림. 하얀색 달걀은 한 번 만에 깨뜨림" "배터리 달걀들은 프라이팬에서 넓게 퍼졌지만, 흰자위가 행복한 달걀의 흰자위보다 더 흐물흐물해 보였다." 그리하여 패트릭이 얻은 관찰 결과는 "행복한 달걀, 노란빛을 띤 주홍색 노른자위. 배터리 달걀, 엷은 노란색 노른자위."였다. 이로써 두 사람은 갈색 달걀이 확실히 품질이 좋고 신선하다는 사실을 알게 된다.

  서로를 잘 알기 위한 이러한 몸짓과 관련하여, 이 작품은 '생명'에 대한 사랑을 강조한다. 줄리아는 고치에서 나오는 비단실을 이용하여 나방 그림을 자수로 놓으려고 하는데, 패트릭은 실을 얻기 위해서는 고치 안에 들어 있는 생명체를 그것이 나방으로 변태하기 전에 죽여야 하므로 그것은 불가능하다고 말한다. 줄리아는 이 말을 듣고 "나는 알지 말아야 할 것을 알아 버렸다"라고 생각한다. 줄리아와 패트릭이 과제를 계속 진행하느냐 여부를 놓고 갈등을 벌이게 되자, 패트릭은 농장을 경영하는 맥스웰 씨의 경우를 들어 줄리아를 설득하려 한다. 즉 맥스웰 씨는 농부이고 계속 뭔가를 죽이지만, 그렇다고 그가 나쁜 사람이 되는 건 아니라는 것이다. 패트릭의 설득과 맥스웰 씨의 도움으로 줄리아는 과제를 계속하게 되지만, 맥스웰 씨는 두 사람을 만나 이렇게 말한다. 요즘은 사람들 대부분이 이미 조각을 내서 비닐로 잘 포장한 고기를 사 먹지만 자신이 산 고깃덩어리가 살아서 숨을

  향한 아주 작은 첫걸음이 되기를 희망합니다."(306쪽)

쉬는 동물이었다는 사실을 떠올리고 싶어 하지 않는데, 그러나 우리는 자신이 먹는 것에 대해서 책임을 느끼고 적어도 가축이 살아 있는 동안만이라도 존중하며 키워주어야 한다는 것, 그래서 그는 친환경적인 방법으로 농장을 운영하고 있으며, 최소한 몇 명의 어린이만이라도 그러한 사실을 알고 기억해서 좀 더 가축에게 고마운 마음을 갖기를 바란다는 것이었다. 여기에 이르면 사람의 생명에 대한 가치는 자명하게 드러난다. 다시 말해 이 작품은 인종차별 문제를 환경 문제와 연결하여 서사화함으로써 '생명 그 자체에 대한 존중과 사랑'을 강조한다. 다소 소박한 바가 없지 않지만, 작가는 이를 통해 바로 이런 대안이 아니고서는 오늘날 우리 사회가 인종차별 문제와 환경 문제를 해결할 수 없다는 사실을 말하고 있다.

이 작품은 서로 '섞여 있는' 것의 가치, 즉 '혼종'(성)의 가치가 얼마나 소중한 것인가를 풀어 보인다. 줄리아는 누에 기르기가 너무나 한국적인 과제로 보여 싫어하고 그리하여 지극히 미국적인 과제를 생각하지만, 결국에는 패트릭의 말대로 누에 기르기 과제를 선택한다. 그리고 무엇을 수놓을까 고민하다가 성조기를 떠올리다가 패트릭의 말처럼 너무 평범해 보여 '알-애벌레-고치-나방'으로 변태하며 자라는 누에의 성장 과정을 수 놓기로 정한다. 그리고 "나는 그것이 완벽한 계획임을 즉시 깨달았다. 너무나 딱 들어맞았다. 그것은 성조기처럼 미국적이지 않았고, 그렇다고 한국적이지도 않았다, 아니, 둘 다를 포함하고 있다고 해야 하나."(239쪽)라고 생각한다. 작가는 이 작품에서, 줄리아를 통해 혼종(성)이 가져오는 '차이의 가치'가 인종차별을 비롯한 각양의 '차별적 시각'을 불식시킬 수 있는 해법의 하나라고 말하고 있는 것이다.

나아가, 작가는 이 차이의 가치를 아는 사람은 '이것은 순수하게 내 것이다'라고 주장할 수 있는 것은 없다는 사실 또한 알게 된다고 말한다. 사람들이 자기 것이라고 주장하는 것도 사실은 서로 영향을 주고받으면서 자기 나름의 독창적인 것을 만들어낼 따름이라는 것이다. 패트릭은 피자의 고향은 이탈리아지만 이제는 모두 다 피자를 완전히 미국적인 것으로 생각하는 것처럼, 언젠가 사람들이 자기 손으로 직접 비단실 짜는 일을 지극히 미국적인 것으로 생각하게 될지도 모른다고 말한다. 그는 또한 줄리아에게 너희 가족은 미국에 사는 한국인이라서 무슨 일이든 더 신이 나고 재미있을 거라고 말하는데, 백인이 주류인 미국 사회에서 줄리아 가족은 오히려 한국인으로서의 '차이'를 드러내며 다르게 살아가는 것이 부럽다는 발언이다. 그런데 더 중요한 것은 이 차이가 하나됨을 무시하지 않는다는 점이다. 패트릭의 이 말에, 줄리아는 미국인은 물론 심지어 미국의 원주민조차도 모두 이 땅에 건너온 사람들이기 때문에 '차별'이 아닌 서로의 '차이'를 인정하며 함께 더불어 살아야 한다는 데까지 생각이 미친다.

> "솔직히 말하면, 줄스. 나는 언제나 너희 가족이 모두 한국인인 게 너무 근사하다고 생각해 왔어. 모든 일이 훨씬 더 흥미로울 거 아니야. 우리 가족하고는 다르게 말이야. 우리는 그냥 평범하고 원래부터 있어 온 별 볼 일 없는 미국인이거든."
> 나는 잠깐 동안 곰곰이 생각을 했다.
> "패트릭. 그건 맞는 말이라고 할 수가 없어. 몇백 년 전인지는 모르지만, 너의 가족도 분명히 어디 다른 곳에서 왔다는 뜻이야. 아메리카 원주민들도 심지어 동양에서 건너온 거라고 했잖아, 기억나지?"[18]

줄리아의 이 말을 듣고 패트릭 또한 화를 내기는커녕 오히려 "우리 할머니의 할머니는 아일랜드 출신이셨던 것 같아. 하지만 영국이랑 프랑스랑 독일 혈통도 많이 섞여 있는 것 같아."(276쪽)라고 말한다. 할머니의 할머

---

[18] 위의 작품, 275쪽.

니는 아일랜드 출신이지만, 할머니는 영국·프랑스·독일 혈통도 섞여 있다는 것이다. 패트릭과 줄리아는 '그렇다면 나의 족보 찾기 과제를 할까'라며 농담 섞인 이야기를 주고받기도 하는데,[19] 작가는 이를 통해 '혼종'이 가져오는 '차이'의 가치와 함께, 그 '차이'가 '하나됨'을 무시하지 않는다는 사실을 말하고 있다. 요컨대, 패트릭과 줄리아가 주고받는 대화 속에서 순수하게 자기 것이라고 주장할 수 있는 것은 없으며, 그래서 서로의 차이를 알고 인정해야 한다는 것, 무엇보다 '섞여 있는' 것들이 빚어내는 '차이'의 가치를 인정해야 하며, 그 '차이'는 결코 '하나됨'을 무시하지 않는다는 작가의 메시지를 확인할 수 있다.

누에의 생애를 수놓은 줄리아와 패트릭은 집에서 직접 뽑은 비단실로 수를 놓았다는 점이 높이 평가되어 독창적인 작품에 주는 특별상을 받는데, 이때 줄리아는 '우리 증조할머니가 이미 수십 년 전에 했던 일을 가지고 독창적이라고 하다니'라며 좀 우습다고 생각한다. 마음을 열고 서로의 차이를 알려고 노력한다면, '이것은 순수하게 내 것'이라거나 내 것만이 독창적이라고 주장할 수는 없다는 것이다. 그리하여 줄리아는 딕슨 씨에게 한국 음식을 만드는 법을 알려주면서 "결국 딕슨 씨는 한국 음식이 중국 음식과는 전혀 다르다는 걸 깨닫게 될 것"(297쪽)이라고 말한다. 딕슨 씨는 그가 모르던 것을 알려고 할 때 비로소 한국 음식과 중국 음식은 서로 다르다는 사실을 알게 될 것이며, 그 차이를 알게 될 때 하나됨의 가치도 비로소 올바르게 알게 될 것이라는 지적이다. 바로 이것이 차이가 빚어내는 하나됨의 아름다움이다.

---

[19] 1등상을 받은 여자아이는 옛날 아프리카 노예선에서부터 시작해서 지금까지 자기 집안의 내력을 담은 그림으로 누비이불을 만들었는데, 여기에도 인종차별에 대한 작가의 비판적인 시각이 드러나 있다.

『뽕나무 프로젝트』는, 작가의 말대로, 서로의 차이를 인정하고 또 거기서 하나됨을 추구하는 이야기로, 서로 다른 각각의 특수성과 개성을 인정하고 존중한다는 인식을 드러낸 작품이다. 린다 수 박은 이 작품에서, 동양적인 소재나 한국의 전통적인 소재를 단순히 소재로 차용하지 않고, 이러한 소재들에서 서구와 다른 차이를 읽어내고 있다. 나아가, 그 차이에 대한 인식을 인종차별 등 미국 주류사회의 문제를 비판하는 기제로 활용하고 있다. 그러나 이 작품은 미국 사회의 자본주의적 속성에 대한 명확한 인식이 미흡하다는 점을 그 한계로 지적할 수 있다.

## 5. 결어

린다 수 박은 재미한인 소설가 중에서 줄곧 한국의 전통문화나 역사를 탐색하고 있는 대표적인 작가다. 특히 『뽕나무 프로젝트』는 '민족의 정체성' 문제와 함께 인종차별과 환경 문제 등 오늘날 인류가 직면하고 있는 가장 민감한 주제를 균형감 있게 형상화하여 폭넓은 문제의식을 확보하고 있을 뿐 아니라, 앞으로 재외 한인문학이 나아갈 방향과 관련하여 시사하는 바 많다.

『뽕나무 프로젝트』는 김치와 누에 기르기 등 한국의 전통적인 소재를 사용하여 서구와 동양이 각각 서로의 다름을 인정해야 한다는. 소위 '차이'의 가치를 길어 올리고 있다. 이러한 방법은 이미 오래전 이주 1세대 소설가 강용흘이 『초당』에서 부분적으로 시도한 바 있다. 『초당』은 한시나 시조를 읊는 전통적인 한국의 시골과 3.1운동을 전후한 서울 등 한국 내의 다양한 공간이 주요한 배경으로 나오지만, 작가는 거기다 영미 시에서 따온 무려 23개의 인용구를 연이어 배치함으로써, 한편으로는 그 둘의 차이를 두드러지게 하고 있다. 그러나 『초당』이 서구의 시각에서 동양의 풍물을 전유하려는 오리엔탈리즘에서 완전히 자유롭지 못한 데 반해, 『뽕나무 프로젝트』는 거기에 거리를 두고 있다는 점에서 다르며, 이는 『뽕나무 프로젝트』의 미덕이라 할 수 있다.

이 작품에서 작가는 한국계 미국인 줄리아가 '김치'와 '누에 기르기'를 꺼리는 것과는 달리 미국인 패트릭은 오히려 그것을 즐겨 한다는 서사를 통해 '차별'이 아닌 '차이'의 가치를 인식할 것을 말한다. 작가는 인종차별 문제 또한 바로 이런 차이를 인정하지 않기 때문에 나타나는 현상이라고 지적하고, 미국에 사는 흑인과 동양인이 인종차별적 시각에 물들어 있는 것과 함께, 서구인이 부르는 '동양인'이라는 호칭에는 한국인·중국인·일본인의 차이가 무화(無化)되는 것도 마찬가지 현상이라고 말한다. 작가는 무엇보다 우리가 서로의 차이를 알고 인정할 때, 나아가 '섞여 있는' 것들이 빚어내는 차이의 가치를 인정할 때 비로소 '하나됨'을 이룰 수 있다고 강조한다.

요컨대, 린다 수 박은 전통적인 소재에 매몰되지도 않고 또 그것을 무시하지도 않는다. 오히려 우리의 전통적인 소재를 사용하여 거기서 서구와 다른 차이를 읽어내고, 나아가 각자가 그 차이를 알고 서로를 인정할 때 그 차이는 하나됨을 이룰 수 있다고 강조한다. 그리하여 인종차별 문제와 환경 문제 등으로 고통을 겪고 있는 우리 사회가 과연 무엇을 소중하게 여겨야 할지 생각하게 한다.

린다 수 박은 이 작품에서, 동양적인 소재 또는 한국의 전통적인 소재를 통해 서구와 다른 차이를 읽어내고, 또 그 차이에 대한 인식을 인종차별

등 미국 주류사회의 문제를 비판하는 기제로 활용하고 있다. 그러나 서로의 차이를 인정하고 또 거기서 하나됨을 추구하는 것 자체는 분명 의미 있는 일이지만, 그러나 근대적 자본주의 사회에 대한 분명한 인식이 선행되지 않는 한 그것은 곧 한계에 직면할 것이다. 인종차별 문제는 이민자들 혹은 소수인종의 노동력을 집단화하는 근대적 자본주의의 모순이 그 직접적인 원인이라고 볼 수 있고, 따라서 미국 사회의 자본주의적 속성에 대한 냉철한 인식이 미흡하게 되면 인종차별 문제조차 단순한 하나의 소재로 전락할 수 있는 것이다.

□ 참고문헌

1. 기본 자료

린다 수 박, 최인자 역, 『뽕나무 프로젝트』, 서울문화사, 2007.
_____, 이상희 역, 『사금파리 한 조각』, 서울문화사, 2005.

2. 논저

김종회 편, 『한민족 문화권의 문학 1, 2』, 국학자료원, 2003/2006.
김현택 외, 『재외한인작가연구』, 고려대 한국학연구소, 2001.
박진영, 「이산적 정체성과 한국계 미국 작가의 문학 읽기」, 김종회 편, 『한민족문화권의 문학 2』, 국학자료원, 2006.
오창은, 「이주문학에 나타난 정체성 변화에 대한 고찰」, 『국제한민문학연구』, 2004.
유선모, 『미국 소수민족문학의 이해—한국계 편』, 신아사, 2001.
_____, 『한국계 미국 작가론』, 신아사, 2004.
이기인, 「재미 한인소설 연구」, 『현대문학이론연구』, 37집, 현대문학이론학회, 2009.6.

이동하, 「20세기 재미 한인소설의 전개 양상」, 『재미한인문학연구』, 월인, 2003.
이동하·정효구, 『재미한인문학연구』, 월인, 2003.
이상갑, 「계몽과 혼혈의 서사」, 『한국문학이론과비평』 42집, 한국문학이론과비평학회, 2009.3.
임진희, 『한국계 미국 여성문학』, 태학사, 2005.
고모리 요이치, 송태욱 역, 『포스트콜로니얼』, 삼인, 2002.
존 맥클라우드, 『탈식민주의 길잡이』, 한울, 2003.
호미 바바, 나병철 역, 『문화의 위치』, 소명출판, 2002.

# 『네이티브 스피커』의 내연과 외포

### - 바벨탑에서 자아 찾기

## 1. 서언: 네이티브 스피커와 바벨탑

1967년 서울에서 태어나 세 살 때 부모를 따라 미국으로 들어간 이창래는 한국계 미국인 1.5세대로서 지금까지 성공적인 삶을 살아왔다.[1] 그의 첫 작품이자 출세작이 바로 『네이티브 스피커』(*Native Speaker*)[2]이다. 이 작품의 주인공 '나'(헨리 박, 한국명 박병호)는 한국계 미국인 2세로 미국에서 자랐고, 영국 여자 릴리아와 결혼했으며, 미국인 데니스 호글랜드의 사

---

[1] 그는 예일대학(학사)과 오레곤대학(석사)을 나왔고, 오레곤대학 문창과의 조교수를 거쳐 현재 프린스턴대 인문학 및 창작과정 교수로 재직하고 있다. 첫 소설 『네이티브 스피커』로 '반스 앤드 노블 신인 작가상' '헤밍웨이 재단상'을 수상했고, 두 번째 장편 『제스쳐 라이프』로 '아니스펠트 울프상' '아시아 아메리카 문학상'을 받았으며, 1999년 『뉴요커』지는 그를 '40세 미만의 대표적인 미국 작가 20인 중의 하나'로 꼽았다. 2004년에는 『알로프트(Aloft)』를 발표하여 문단의 주목을 받기도 했다. 말하자면 현재 그는 미국 주류문단의 주목받는 위치에 올라 있다고 할 만큼 미국 사회에 성공적으로 정착한 인물이다.

[2] Lee, Chang-rae, *Native Speaker*, New York: Riverhead Books, 1995/ 현준만 역, 『네이티브 스피커 1, 2』,미래사, 1995.

설 탐정소에서 일하는 사람이다. 유망한 재미한인 정치가 존 쾅의 뒷조사를 통해 그의 배경을 탐색하는 과정에서 주인공 자신의 정체성을 깨달아간다는 것이 이 작품의 중심 내용이다. 그 과정에서 아들 미트가 죽었고, 그 사건을 통해서 주인공은 아시아계 유색인으로서 자신의 열등감이 미트에게 투사된 사실을 깨닫게 된다. 탐정 일에 종사하면서 존 쾅의 몰락을 공작하거나 정신과 의사 루 잔을 감시하는 등의 역할은 자기 자신의 정체성 확인을 위해 끊임없는 '엿보기'[3]를 합리화하려는 배경적 사건들일 뿐이다. 그런 것들은 실상 이야기 전개에서 그리 큰 의미를 내포하는 것은 아니다.

작가는 탐정 소설적 구조와 기법을 동원하여[4] 주인공이 걸어간 깨달음의 과정을 섬세하게 그려내는 데 성공하고 있다. 작품에서 '나로 등장하는 헨리 박이 작가와 동일한 존재는 아닐지라도 그의 면모들 가운데 상당 부분은 이민자들이 갖고 있던 집단적 자아로서 작가 또한 그 부분을 공유한다고 할 수 있을 것이다. 이 작품의 주인공은 작가 자신이며, 스토리는 자신의 실제 삶일 수 있다.[5] 영감을 만들어낸다는 점에서 인생과 문학이 동일할 수 있다는 점을 작가 스스로 말한다는 것은 그 작품이 자신의 이야기라는 점을 강하게 시사한다.

그렇다면 주인공 '나'는 누구인가. 주인공으로 등장하는 나는 사설탐정,

---

[3] 왕철, 「『네이티브 스피커』에서의 엿보기의 의미」, 『현대영미소설』 3호, 현대영미소설학회, 1996. 왕철은 이 글에서, 이 작품을 주인공 '나'의 삶을 '엿보기'로 설명하고 있다.

[4] 유선모, 「1990년대의 한국계 미국인 작가들의 경향」, 『한국계 미국작가론』, 신아사, 2004, 163쪽.

[5] 이창래, 현준만 역, 『네이티브 스피커 1』, 미래사, 1995, 5쪽. 이하『네이티브 스피커 1』로 약함. "이 책을 쓰는 동안 줄곧 나를 이끌었던 영감들에 대해서 언급을 하고 싶다. 영감이란 문학과 인생 둘 다에서 나올 수 있다. 특히 작가에게는 문학과 삶이 동일한 것인 경우가 다반사이기에 특히 더 그러하다고 할 수 있다."

즉 스파이다. 남의 비밀을 캐고, 남의 정체를 확인하면서도 정작 자기 자신은 철저히 위장해야 하는 존재다. 가장 가까운 아내에게도 부모 형제에게도 자신의 존재를 알릴 수 없고, 궁극적으로는 자신에게도 스스로의 정체를 알릴 수 없는 존재가 바로 그다. 작품의 첫머리에 아내 릴리아가 나에게 결별을 선언하고 떠나면서 남긴 쪽지의 내용[6]이야말로 자신의 정체성을 확인하기 위해 주인공이 걸어갈 길을 암시한다.

주인공은 이 리스트를 '비열한 작별의 말'로 받아들이고 그 자체를 잊어버리려고 할 즈음 청소를 하다가 침대 밑에서 아내의 서명이 들어있는 종이쪽지를 하나 발견하게 된다. 그곳에는 '형편없는 언어 구사자'란 말이 적혀 있었다. 그 말은 그의 정체성을 확인시켜 주는 결정적 단서라고 할 수 있다. 주인공이 자신의 정체를 깨달아가는 과정은 이 암호를 해독해가는 과정과 일치한다. 일종의 복선으로 주어진 이 리스트는 단순한 소품이 아니라 작품 전체를 끌고 나가는 추동력으로 작용한다. 제명 '네이티브 스피커'와 배치되면서도 주제적으로 정합성(整合性)을 보이는, 절묘한 표현이 바로 '형편없는 언어 구사자'라는 말이다.

신혜원은 이 작품에 기존의 아시아계 미국 작가들이 보여준 언어에 대한 강한 자의식과 그에 따른 정체성에 대한 고민이 강하게 드러나며, '네이티브 스피커'라는 제목부터가 원어민이 아닌 자의 설움, 언어의 박탈감을 역설적으로 강조한다고 했다.[7] 언어의 문제를 포함하여 작품이 보여주고 있

---

[6] 위의 책, 13-14쪽 참조. "당신은 비밀스런 사람/인생에는 B+학생/바그너와 슈트라우스를 흥얼거리는 사람/불법 체류자/정서적 이방인/풍속화 수집광/황색의 위험: 신 아메리카인/침실에서는 대단한 사람/과대평가된 사람/부친 콤플렉스가 있는 사람/센티멘탈리스트/반(反) 낭만주의자/분석가 (자기가 빈칸을 채워요)/이방인/추종자/반역자/스파이"

[7] 신혜원, 「『네이티브 스피커』에 나타난 정체성과 의사소통의 문제」, 고려대 석사

는 한국 문화가 다문화적 정체성을 인정하는 주제의 필수 부분으로 편입된다고 본 권택영의 분석은 '네이티브 스피커' 담론의 새로운 지향점을 제시한 경우라고 할 수 있다.[8] 이와는 약간 다른 관점에서 김미영은 네이티브 스피커가 '기득권계층'을 의미한다고 보았다. 즉 기존의 네이티브 스피커들과 새로이 그 대열에 합류하려는 자들, 혹은 어느 관계망 속에서는 네이티브 스피커이면서 또 다른 관계망 속에서는 네이티브 스피커가 아닌 사람들의 이야기, 자본주의의 거대한 체제 아래 다면적인 정체성을 지니고 사는 현대인들의 모습이 뉴욕 이민자 사회를 통해 재현된다고 본 것이다.[9]

이 이야기를 지탱하는 여러 축 가운데 하나는 '주류사회와 언어' 문제이다. 미국의 주류사회는 유로 아메리칸 상류층이 지배하는 사회다. 무엇보다 영어를 모국어로 배운 계층만이 주류사회의 일원으로 행세할 수 있는 곳이 미국이다. 강용흘 이래 재미한인 작가들이 언어의 문제를 부단히 부각시켜 온 것도 언어의 습득이 이민 1, 2세대 안에 해결될 수 없는 난사이기 때문이다. 피부색과 함께 영어는 그들을 언제나 주류사회의 변두리에 머물도록 했다. 이민 1.5세대인 이창래 자신은 영어를 주류사회의 구성원들 이상으로 잘 구사하는 인물이지만, 자신의 부모를 비롯한 대부분의 이민자들이 영어 때문에 겪는 아픔을 목격했을 것이다. 피부색과 영어 때문에 당하는 소외는 정체성의 혼란을 가중시키는 본질적인 문제였다. 따라서 그 점을 이야기 전개의 축으로 삼는 것은 당연하다.

주인공은 이민 아동들의 영어를 가르치는 아내 릴리아를 도와주면서 다

---

학위논문, 1000, 41쪽.
8 권택영, 「계몽과 부정성:『마오 2』와『네이티브 스피커』에 나타난 한국 이미지」,『미국학 논집』 37권 2호, 한국아메리카학회, 2005, 23쪽.
9 김미영, 「『네이티브 스피커』를 통해 본 우리 시대 본격소설의 가능성」,『문학수첩』 3권3호(가을호), 2005, 407쪽.

음과 같은 깨달음을 얻는다.

> 아이들을 보면서 나는 내내 로물루스와 레무스에 관한 이야기가 생각났다. 고집불통에다가 변덕장이인 그 신화 속의 아이들이 자기들이 세운 로마의 오늘날 현실을 본다면 무슨 말을 할까? 전성기의 로마 시민은 식민지 주민들과 함께 살았다. 피정복국 주민들은 대사나 연인, 군인, 노예 등으로 로마에 와서 산 것이다. 그들은 자기 나라에서 먹던 양념과 의복, 의식, 전염병균을 함께 가져왔다. 그리고 물론 언어도 포함되었다. 고대 로마는 어떻게 보면 역사상 최초의 바벨탑이었을 것이다. 뉴욕은 두 번째 바벨탑이다. 그렇다면 마지막 것은 로스앤젤레스가 될 것이다. 이 찬란한 도시에 입성하려면 신참자들은 무엇보다 먼저 라틴어를 배워야 한다. 예전 말을 버려라, 굳은 혀부터 풀어라. 그리고 주의 깊게 들어라. 미국 도시의 외침과 함성을![10]

로마 시민들과 함께 살아가던 식민지 주민들, 뉴욕의 주류사회 시민들과 함께 살아가는 이민자들을 등치(等値) 관계로 파악하려는 것이 이 부분에 내재된 작가 혹은 주인공의 의도다. 로마 시대의 식민지 주민들은 누구인가. 대사나 연인·군인·노예 등이라고 했다. 그러나 그 가운데도 노예 쪽에 작가적 의도의 중심이 놓이는 것은 당연하다. 말하자면 주인공 자신을 포함한 뉴욕의 이민들은 주류사회 시민들과 동격으로 취급될 수 없는 존재들이었다. 주류인들과 비주류인들이 뒤섞여 제각각의 언어를 내뱉는 공동체가 바로 바벨탑으로 상징되는 로마·뉴욕·로스앤젤레스였다. 로마의 주류시민이 되기 위해 라틴어를 구사해야 하듯, 뉴욕의 주류시민이 되기 위해서는 영어를 '모국어처럼' 구사해야 한다. '예전 말' 즉 떠나온 구세계의 말을 버리고 영어에 맞추어 혀를 '풀어야' 한다. 구세계의 말은 구세계의 사고방식과 문화 그 자체다. 신세계 미국의 도시가 요구하는 것은 바로 그들의

---

[10] 이창래, 현준만 역, 『네이티브 스피커 2』, 미래사, 1995, 99쪽. 이하 『네이티브 스피커 2』로 약함.

말과 문화, 사고에 대한 복종이다. 마치 로마시대의 노예처럼 주류사회의 시민들이 지향하거나 시키는 대로 따르는 게 지상의 명령이었다. 노예는 독립된 인격체로서의 자아 정체성을 가질 수 없다. 자아 정체성의 모색을 위해 방황하는 노예는 이미 노예로서의 정체성을 포기한 존재다. 몸은 노예이면서 마음은 독립된 인격체를 모색하는 이중적 자아의 양상은 대부분의 이민자들이 갖고 있던 심리상태였다.

바벨탑은 무엇인가. 인간의 언어를 혼잡하게 하여 서로 알아듣지 못하게 하는 것이 원래 신의 뜻이었다. 그래서 바벨탑은 인간의 오만함과 그칠 줄 모르는 욕망의 업보였다.[11] 주인공은 뉴욕을 제2의 바벨탑이라 했다. 바벨탑의 첫 조건은 언어 장벽과 그로 인한 소통의 부재 상태. 그것은 주류사회 구성원들의 오만과 이민자들의 열등감이 혼합되어 형성된 장벽이었다. 『네이티브 스피커』는 바로 이런 바벨탑 이미지를 바탕으로 '자아 찾기'를 시도하는 재미한인들의 이야기다. 본고에서는 작가의 분신인 주인공이 바벨탑 속에서 어떻게 자아 정체성을 추구하고 확인해 가는가를 살펴보기로 한다.

## 2. 바벨탑과 소외된 자아

주인공은 시종일관 언어에 큰 관심을 갖고 있었다. 그 뿐 아니라 그의 아내인 릴리아 역시 말을 가르치는 교사였다. 주인공이 릴리아를 처음 만나던 때도 그는 그녀의 말부터 관찰했다. 그는 그녀가 언어로 무언가를 만들고 있다는 것을 깨닫게 되었다. 한 마디씩 끊어 내뱉는 그녀의 말, 그 음절

---

11 『관주 성경전서(한글판 개역)』, 대한성서공회, 1986, 13쪽.

들 사이에는 경계선이 그어져 있었다. 그는 '입을 커다랗게 벌리고 문장을 뱉어내는' 그녀의 모습을 관찰했다.

> 난 구호기관에서 일하고 있어요. … 그곳에는 무법자들이나 멕시코인들, 아시아인들이 많이 살고 있어요. 그런 곳에 숨어 사는 주민들은 모두가 갈색이거나 황인종들이죠. … 여기 사는 사람들은 죄다 영어를 배우기를 원해요. … 우리는 노숙자들의 사이에 끼어 벤치에 앉았다. 청명한 밤이었다. … 스페인어 말소리도 들리고 영어 말소리도 들렸다. 릴리아가 말한, 뒤죽박죽 섞인 듯한 말소리도 들렸다. 어떤 말투는 낭랑하기도 하고 느리기도 했으며, 예기치 않게 변하기도 했고, 감미로운 음악소리처럼 들리기도 했다 조금만 귀를 기울이면 도처에서 그런 소리를 들을 수가 있었다. "난 아직도 말할 때 악센트가 걸려요." 소금과 술, 그리고 라임 주스의 작용을 머릿속에 떠올리며 내가 말했다. "알 것 같아요." 그녀가 말했다. 어떻게 알았냐고 내가 물었다. "물론 당신 말은 완벽해요. 만일 당신하고 전화로 통화를 한다고 해도 바로 알아들을 수 있을 거예요." … "당신 얼굴은 평범해요. 하지만 당신이 생각하는 방식은 그렇지가 않죠. 당신은 꼭 자기 자신이 하는 말에 귀를 기울이고 있는 사람 같거든요. 자신이 하는 일에 주의를 기울이는 사람 말예요. 내 추측으로는 당신은 영어를 모국어로 사용하는 사람이 아닐 거예요. 무슨 말이든 아무거나 한번 해 보세요." "무슨 말을 하죠?" "내 이름을 한번 말해 보세요." 나는 소리 내어 말했다. "릴리아. 릴리아." "보세요 당신은 의도적으로 '릴-야'라고 하잖아요. 일부러 그러려는 건 아닐지 모르지만 발음이 그렇게 들려요. 상당히 주의를 하잖아요."[12]

주인공과 릴리아가 처음 만나 주고받은 대화다. 이 대화를 통해 미국사회의 주류 위치를 차지하고 있는 유로 아메리칸의 눈에 비친 동양인의 정체가 언어와 관련하여 극명하게 드러난다. 주인공이 첫 만남에서 릴리아의 독특한 언어습관을 알아챈 사실은 언어가 넘고자 하면서도 넘기 어려운 이민자들의 현실적인 벽임을 반증한다. 릴리아는 원래 구호기관에서 일하

---

[12] 『네이티브 스피커 1』, 21-24쪽.

고 있었다 트럭을 몰고 변두리 주민들에게 구호품들을 배달하면서 그들의 건강상태까지 체크하여 보건소로 보내는 일이었다. 그녀가 그런 곳에서 만나는 사람들은 제3세계로부터 들어온 이민자들이었고, 그들의 출신 종족은 다양했다. 릴리아는 멕시코인, 아시아인들과 함께 무법자들을 거론했다. 그리고 대부분 '숨어 사는' 그들은 '갈색'이거나 '황인종'이라 했다. 주류계층인 자신들로부터 '도움을 받아야 하는' 현실을 절실히 느끼고 인정하면서도 한편으론 '멸시'의 감정을 감추지 못하고 있었다. 말하자면 같은 대상을 두고 상반되는 양가(兩價)감정을 갖고 있었던 셈인데, 이러한 태도나 자세가 제3세계 이민자들로 하여금 주류사회에 대한 반감이나 열등감을 갖게 하는 주된 요인이기도 했다. 이들 모두가 '영어 배우기를 원한다'고 본 릴리아의 판단에는 이민자들에 대한 주류계층의 연민이나 오만함이 내포되어 있다.

주인공과 릴리아는 노숙자들과 함께 벤치에 앉아 다양한 언어들을 듣는다. 스페인어·영어, '뒤죽박죽 섞인 듯한' 말소리 등, 벤치에서 확인하는 언어의 다양성은 바벨탑의 이미지 자체를 형상한다. 그러면서 주인공은 악센트에 자신 없는 자신의 영어를 고백한다. 그러나 악센트만의 문제는 아니다. 릴리아는 그의 영어가 '모국어로 습득한 것'이 아님을 이미 알아채고 있었다. 릴리아는 가장 확실한 '네이티브 스피커'였기 때문이다. 그러면서 그녀는 주인공에게 그가 '자기 자신이 하는 말에 귀를 기울이고 있는 사람 같다'고 했다. '네이티브 스피커'는 자기 자신의 말에 귀를 기울일 필요가 없다. 스스로가 그 언어의 표준이기 때문이다. 그러나 영어를 외국어로 배우는 사람들은 항상 '네이티브 스피커'의 영어를 표준으로 삼기 마련이다. 그래서 자신의 말과 그들의 말을 비교하고, 자신의 말이 그들의 말에 얼마나 가까워졌는지 살펴야 한다. 그런 점에서 '자신의 말에 귀를 기울이고 있는 사람 같다'거나 '자신의 발음에 상당히 주의를 한다'는 릴리아의 평은 주인공이 지니고 있는 언어 콤플렉스를 정확히 짚어낸 셈이다.

주인공의 언어 콤플렉스는 이민 1세대인 그의 아버지로부터 물려받은 것이다. 그의 아버지는 한국에서 일류대학을 나온 인텔리지만, 이곳에서는 야채 가게나 운영하면서 나름대로 성공적인 이민자의 삶을 살고 있었다. 그러나 그 역시 여타 이민자들처럼 언어 콤플렉스에 갇혀 있었다.

> 아버지는 영어로 말하기 시작했다. 때때로 아버지는 무슨 일을 숨기려고 하거나 털어놓고 할 이야기가 못되는 경우에는 영어로 말했다. 아버지는 어머니와 다툴 때 종종 영어로 소리를 치곤 했다. 그러면 어머니는 興奮하여 "그만 해요, 그만!"이라고 부르짖었다 싸울 때 어머니에게 영어를 사용하는 것은 신사적인 주먹 싸움에 재크나이프를 뽑아 드는 것과 마찬가지였다. 한번은 가게로 인해서 돈 문제가 생겼을 때 아버지는 아주 상스러운 말로 어머니를 심하게 꾸짖기 시작했다. … 나는 그 싸움에 끼어들어 아버지를 비난하기 시작했다. 아버지의 부당성과 비겁함에 대해서 완전한 문장으로 이야기를 하고 있다고 자신했다. 나는 아버지가 쓰는 무기를 가지고 아버지를 공격했던 것이다. 결국 아버지는 주먹으로 탁자를 내리치면서 소리쳤다 "넌 닥쳐! 닥치라구!" 그러나 나도 지지 않았다. 말이 되는지 안 되는지는 접어 두고 '사회경제적'이라든가 '불가해한과 같은 학교에서 쓰는 가장 어려운 단어를 골라 끓어오르는 분노를 터뜨리며 그에게 대들었다.[13]

주인공은 한국어를 사용하는 부모 밑에서 자랐다. 아버지의 약점은 주인공보다 영어에 서툴다는 점, 더구나 고급의 영어 단어 앞에서 약해지는 아버지 모습은 이민자들의 집단적 콤플렉스를 대변한다. 어머니는 '짧은 영어를 가지고 이민생활을 시작한' 아버지보다도 더 영어에 약하다. 영어의 능숙도가 힘의 크기와 비례하는 현상을 주인공의 가정은 극명하게 보여

---

13 위의 책, 99쪽.

주는 것이다. 그것은 영어를 잘할수록 미국 주류사회에 더 가까워질 개연성이나 가능성을 지니고 있기 때문이다. 말하자면 영어야말로 아메리칸 드림의 발판이자 이민자들에게 닫혀 있는 주류사회의 열쇠였다. 영어 때문에 주인공보다 약한 입장이던 부친은 역설적으로 자식인 주인공의 영어 실력이 당당한 자랑거리이기도 하다. 부친의 가게가 자리하고 있던 매디슨가는 뉴욕의 화려한 거리 가운데 하나다. 그곳에 드나드는 사람들은 모두 그 사회의 주류계층 사람들이다. 파란색 머리를 한 부인네들과 애완견들, 벨벳 장식의 고풍스런 유모차를 밀고 다니는 매력적인 젊은 엄마와 아이들, 늘 생각에 잠긴 은행가 아버지 등이 미국 중산층 주류사회의 대표자들이다. 부친은 그 들 앞에서 자기 아들이 얼마나 영어에 능숙한지를 보여주고 싶어 했다.

> 아버지는 그렇게 하는 것이 사업에 유리하다고 생각하고, 그들에게 내가 영어를 얼마나 잘하는지를 보여주라고 재촉하곤 했다. 그들에게 영어 실력을 과시해 보라는 것이었다. 그러면 나는 이따금씩 '셰익스피어의 몇몇 단어들'을 암송하곤 했다. 나는 그의 당당한 자랑거리였다.[14]

'주인공의 영어 실력이 자신의 사업에 유리하다고 말한 것은 그들 앞에서 영어를 지껄이게 만든 부친의 '겸연쩍은' 명분일 뿐이었다 사실 주인공의 부친은 그렇게라도 주류사회에 대한 콤플렉스를 해소하지 않으면 견딜 수 없었을 것이다. 한국에서 일류대학을 나오고도 야채가게나 하고 있는 현실, 그러한 자기 모멸적 상황으로부터 잠시나마 벗어나 보려는 몸부림으로 이해하는 것이 타당하다. 이처럼 주인공의 언어 콤플렉스는 아버지로부터 대물림된 것이다. 사실 미국의 교육을 받고 자란 주인공으로서 언어

---

14 위의 책, 85쪽.

콤플렉스를 가질 필요까진 없었을 것이다. 그는 조사 대상인 존 쾅으로부터 '언어학자'의 자질까지 인정받았을 정도로 뛰어난 언어 감각을 지니고 있었기 때문이다. 그러나 어려서부터 목격해온 아버지의 슬픔이나, 자신을 향해 굳게 닫힌 주류사회의 빗장 등을 보면서 수시로 투사되어오던 언어 콤플렉스는 결국 자신의 문제로 고착된다.

거의 모든 재미 한인작가의 작품에 이민갈등의 내용으로 드러나 있는 것이 언어소통 문제인데,[15] 이 작품에서는 언어를 보다 본질적인 문제의 소재로 심화시켜 다루고 있다. '말이 달라 서로 소통치 못하는 현대판 바벨 뉴욕'[16]을 주인공은 강조하고 있지만, 이 작품에서 작자나 주인공은 언어를 소통의 차원과 달리 구분이나 인식의 표징으로 삼고자 했다. 영어를 잘하지 못해서 주류사회에 진입하지 못하거나 그곳에서 밀려나는 등의 차별적인 문제를 부각시키려는 것이 아니라, '피부색·인종·언어·문화 등의 외적 기표'가 개인의 많은 것을 규정해 버리는 사회[17]에 매몰되지 않고 자신의 정체를 찾아 미로를 헤매는 존재 그 자체를 그려내고자 한 것이 작자의 주된 의도였다고 할 수 있을 것이다.

주인공의 언어 콤플렉스는 어린 시절부터 형성된 것이다. 한국어만 말하는 부모 아래 있다가 학교에 들어간 첫해, 영어와 만나면서 언어에 대한 관심이 생겨난 것이다. 영어를 모국어로 배운 사람들은 이해할 수 없는 일들이 자신에게 수시로 일어난다는 사실을 비로소 깨달은 주인공에게 영어는 쉽사리 넘을 수 없는 벽이었다. 한국어에 없는 L과 R, B와 V, P와 F의 차이에서 오는 당혹스러움을 경험하면서 주인공은 '누군가 우리를 고

---

[15] 김윤규, 「재미한인 이민소재 소설의 갈등구조」, 『문학과 언어』 24집, 문학과언어연구회, 4쪽.
[16] 김미영, 앞의 글, 408쪽.
[17] 위의 글, 410쪽.

문하기 위해 이런 단어들을 생각해낸 게 틀림없다'[18]라고 생각할 정도였다. 그뿐 아니라, 낯선 사람 앞에서 '우물거리는' 부모의 모습은 주인공에게 일종의 굴욕이었다

낯선 두 언어의 충돌을 그린, 씁쓸한 경험담[19] 속에는 몇 가지 본질적인 문제들이 들어있다. 외연만으로는 단순히 영어와 한국어 음운의 구조적 상이점을 설명한 것으로 되어 있지만, 이면적으로는 주인공을 포함한 한인 이민자들이 직면한 정체성의 위기 또한 암시되고 있는 것이다. '듣는 사람이 내가 무슨 생각을 하는지 전혀 감을 잡지 못하게 하는 것','두 언어를 혼동하여 사용한다'는 것, '언어들 사이의 무수한 마찰과 충돌', '그런 마찰들로부터 초래되는 고통' 등은 단순히 영어와 한국어의 음운론적 차이를 설명하는 데 그치지 않는다. 좀 더 적극적인 차원에서 재미한인들이 이민지에서 겪는 마찰과 충돌, 그로부터 비롯하는 고통 등을 통해 자아 정체성의 혼란을 극명하게 드러내고자 한 데 그 의도가 있다. '나 아닌 다른 존재'가 되기 위해 열심히 흉내를 내다가 '원래의 나'도 잃어버리고 뒤죽박죽이 되어버리는 이른바 '한단지보(邯鄲之步)'[20]의 우행(愚行)을 반복해야 하는 이민자들의 운명적 고통은 언어라는 한 요소를 통해 자아 정체성 확인을 위해 분투하는 이민자들의 삶 그 자체로부터 생겨난다는 점에서 제유적(提喩的)이다. 이 경험담에 내재된 심리적 요인은 주인공의 열등감이다. 어린

---

[18] 『네이티브 스피커 2』, 94쪽.
[19] 위의 책, 94-95쪽.
[20] 전국시대 연나라 수릉의 몇몇 소년들이 조나라 사람들의 걸음걸이가 매우 우아하다는 말을 듣고 조나라로 걸음걸이를 배우러 떠나갔다. 조나라에 이른 소년들은 그 나라 사람들의 걸음걸이를 유심히 관찰하면서 애써 답습하려 했으나 끝내 배워오지 못하고, 나중에는 자기들의 원래 걸음걸이마저 잊어버리고 기다시피 하여 본국으로 돌아오게 되었다는 고사. 안동림 역주, 『新譯 莊子·外篇』, 현암사, 715쪽 참조.

시절 주인공은 몇몇 언어장애 아동들과 함께 특별반에서 과외학습을 받는다. 그 아이들은 대부분 어떤 문제들을 지니고 있다. 주인공은 그 아이들을 '정신적으로 약간 모자란 아이들, 말을 더듬거리고, 언제 무슨 행동을 저지를지 모르고, 바지에 오줌을 지리기도 하고. 말을 제대로 못하는 낙오자들'[21]로 표현한다. 말하자면 지독한 자기 모멸감의 표출이다.

이러한 현상의 근저에는 영어가 대표하는 언어 제국주의가 도사리고 있다. 미우라 노부타카 등은 제국 언어만이 편성을 갖는 문명의 중요한 도구가 된다고 보았다. 어려서부터 두 개의 언어권에 동시에 소속된 주인공이 언어로 자신의 정체성을 판단하는 일은 쉽지 않은 문제이다. 가정은 전통적 관습을 지닌 부모가 주도하는 한국어 공간, 학교나 사회는 영어라는 제국 언어가 주도하는 다언어 공간이다. 이런 상황에서 소수 언어인 한국어를 살리는 방법은 '언어의 사용 영역에 따른 가려 쓰기' 즉 바이링구얼리즘(bilingualism)의 구현만이 유일한 길이었을 것이다.[22] 공적인 방면에서는 제국어를, 가정 내에서는 민족어를 씀으로써 균형 있게 평화 공존하자는 도식인데, 미우라 등은 그것이 '기만적'인 제안이라고 비판한다. 가정 안에만 국한된 언어에는 어떤 미래도 없기 때문이라는 것이다.[23]

주인공은 언어와 관련된 어린 시절의 끔찍했던 추억을 되살리며 아내 릴리아의 지도를 받는 이민자 아이들을 지켜보는데, 그는 그 아이들에게 자신의 모습을 투사하곤 한다. 주인공은 그녀에게 지도를 받는 라오스 아이들을 보며 그들도 자신과 같은 '국제어주의자'에 속할 것이라는 생각을 갖는다. 국제어주의자란 무엇인가. 여기선 단순히 에스페란토와 같은 보편적

---

21 『네이티브 스피커 2』, 96쪽.
22 미우라 노부타카·가스야 게이스케 편, 이연숙 외 역, 『언어 제국주의란 무엇인가』, 돌베개, 2005, 56쪽 참조.
23 위의 책, 같은 곳.

국제어를 구사하는 사람을 의미하는 것은 아니다. 오히려 지도적 위치를 점하고 있는 제국어와 함께 소수자의 언어들까지 '덤으로' 구사하는 다국어 구사자의 우월적 가능성을 지칭하는 말일 것이다. 동시에 그것은 중심부의 지배문화에 밀려나 소외되고 있던 주변부 즉 이민사회의 정체성에 대한 성찰로 이어질 수 있는 가능성을 내포한 개념이기도 하다. 말하자면 중심부에 내재한 모순이나 비인간성을 드러냄으로써 무력하게 지배를 받아오기만 했던 주변부의 자아 정체성을 깨닫는 일이야말로 데리다류의 '탈중심화' 이론[24]과도 접맥될 수 있는 이 작품의 중요한 주제적 메시지로 볼 수 있다.

### 3. 언어 콤플렉스와 진실, 자아 정체성

주인공은 어린 시절부터 말에 대한 콤플렉스에 시달려 왔다. 성장 과정에서 그 콤플렉스는 새로운 국면으로 자라나 흰 피부의 유로 아메리칸인 아내와 '비참하게 죽은' 아들 미트에게도 투사된다. 미트에게 '바보 멍청이, 얼굴이 냄비처럼 납작한 황인종'이라고 놀려대는 주변의 아이들이나, '완전히 백인도 아니고 완전히 황인종도 아닌 것'이 미트의 문제일 수 있다는 아내의 판단을 접하면서 주인공은 문제의 근원을 서서히 깨달아가게 된 것이다. 그의 콤플렉스가 점점 긍정적인 방향으로 선회하기 시작한 것도 아들의 죽음, 아내와의 결별과 재회, 우여곡절이 많았던 탐정 업무 등을 통해서이다. 그리고 그 바탕에는 변함없이 '언어 콤플렉스의 제기와 해소'

---

[24] 자크 데리다, 김우창 역, 「인간과학 중심의 담론에 있어서의 구조와 기호와 놀이」, 김용권 외, 『현대문학비평론』, 한신문화사, 1994, 504-507쪽 참조.

라는 정체성 인식의 역동적 메커니즘이 작동하고 있다.

한국어를 사용하는 내부 공간으로서의 가정과 영어를 사용하는 외부 공간으로서의 사회를 왕래하는 주인공이 처음부터 겪어 온 것은 '혼란'이다. 그 혼란은 곧바로 정체성의 위기로 이어지곤 한다. 자신의 아들 미트에게는 가급적 그런 혼란을 안겨주고 싶지 않은 것이 주인공의 바람이고, 아내는 그에 대하여 정반대의 견해를 갖고 있다. 원래 아내는 미트를 는 한국어 학교에 보내야 한다고 주장했다. 그러나 주인공은 당시에 이미 미트가 한국어를 결코 배우려 들지 않으리라는 것을 알고 있었고, 주인공 역시 미트가 '통일된 세계에서 혼란스럽지 않은 삶'을 살기를 바랐다. 그가 크게 바란 것은 '평퍼짐한 동양인 얼굴'이 결코 줄 수 없는 권위와 신념이다. 그것은 '동화(同化)'에 대한 주인공의 욕구이다. 주인공은 아내가 미트의 피부색이 좀더 하얗기를 원했다는 사실을 알고 화를 내지만, 그후 그가 좀더 백인에 가깝게 태어나기를 바란 것은 정작 자신이었음을 고백하고 만다. 즉 자신이 가진 屬性을 아이가 물려받는 것이 두려웠던 것이다. 다시 말하여 '엄청난 헌신과 명예를 중시하는 관습, 싸늘한 내 피의 박동, 한때 내가 쓸모없다고 여겨서 한 번도 입 밖에 내려 하지 않았던 그 어색한 언어' 등 모든 것이 그 애에게 다시 대물림된다는 것을 그로서는 참을 수 없었던 것이다.[25]

'사랑과 증오'라는 양립 불가능한 이중적 감정의 대상이 바로 미국이다. 자식만은 그 중심부에서 결코 소외시킬 수 없다는 교훈을 스스로 실천에 옮겼으면 하는 욕망을 그는 갖고 있었던 것이다. 다시 말하면 '완전한 미국인'이 되기 위해 가급적 한국어를 잊고 영어만을 구사하게 해야 한다는, 열등감으로부터 터득한 신념을 미트에게 투사해온 그였다. 그래서 '자신과 한국어 구사력은 비슷했으나 이해력이나 발음과 억양이 훨씬 그럴싸한'

---

[25] 『네이티브 스피커 2』, 171쪽.

피터에 대하여 '앞으로 20년 후에는 이 아이의 한국어 발음도 나처럼 불확실해지고 불명료해질 것'이라고 예견하는 주인공 심리의 저변에는 그 역시 정체성의 혼란을 겪게 될 것이라는 암시가 들어있다. 그러면서 스스로 '한국인 세탁소나 과자 가게에 갈 때마다 마치 오디션을 받으러 간 사람처럼 난해한 기분이 든다'고 했다. 흡사 '박자와 음정은 다 외우고 있지만, 프리마돈나 앞에서 떨려서 입도 뻥긋 못하는 가련한 신세'[26]와 같았다는 것이다.

영어를 모국어로 하는 아이들 앞에서 주눅 들어 하던 것이 어린 시절의 일이었다면, 성장한 다음에는 한국어를 모국어로 하는 어른들 앞에서 주눅 들게 되었다는 아이러니컬한 현실과 정체성의 혼란을 이 말은 극명하게 보여주고 있다. 이러한 언어적 콤플렉스는 존 쾅과 대화를 나누면서 합석시킨 피터가 몸으로 보여주는 태도를 통해 문화적 정체성에 대한 추구로 한 단계 상승하고, 그것은 한인 이민자 존 쾅에 대한 새로운 인식으로 이어지는 디딤돌이 된다. 존 쾅으로부터 자신의 진심을 하나씩 얻어들으며 그에 대한 새로운 깨달음을 갖기 시작한 것이다. 그런 가운데 "존 쾅이 이런 순간에 우리 둘만이 아닌 또 다른 언어로 얘기해 주었으면 하는 생각이 들었다. 왠지 영어로는 내 속에 든 생각을 표현할 수 없을 것 같았다. 내가 피터만한 나이였을 때 했던 식대로 그에게 한국어로 말하게끔 하고 싶은 생각이 굴뚝 같았다"[27]는 주인공의 말이야말로 탐정활동의 대상인 존 쾅이 인간적인 대상으로 바뀌기 시작한 결정적 시기임을 말해준다. '또 다른 언어'란 '영어 아닌 한국어'를 뜻하고, 그들이 그 순간 한국인이란 정체성까지 공유하게 되었음을 의미한다.

---

[26] 위의 책, 145쪽.
[27] 위의 책, 157쪽.

그 시점에 이르러서야 주인공에게 감시의 대상인 존 쾅은 문화적 동질성을 찾아가는 동지로 바뀐다. '일에 너무 열중해서 자신이 누구인지조차 망각할 정도이고, 아내도 자식도 모국어마저 잊어버리며 조상들의 산소까지 잊어버린 채 살아가는' 이민자들의 삶을 새삼 자신의 것으로 수용하게 되는 것도 이 즈음이다. 존 쾅은 주인공에게 다중인격 장애자를차처한 인물이다. 자신과 같은 사람이 되려면 '동시에 여러 사람이 되어야 한다는 것 즉 아버지에다 독재자에다 하인에다 …. 이 나라가 생긴 이래 가장 능수능란한 배우가 되어야 한다는 것이었다.[28] 말하자면. '대중의 사랑을 잃지 않기 위해서' 그런 다중 인격체로 살아가야 한다는 조언이다. 그러던 중 어느 한구석 삐끗하는 바람에 그토록 '완벽한 연기'는 들통이 나 버렸지만, 감시자인 주인공에게는 역설적으로 인간적인 매력을 보여주게 된 것이다.

그뿐 아니라, 주인공은 존 쾅이 활용했던 한국 특유의 재산증식 모임 즉 계를 통해 '문화적 교훈'까지 발견해낸다. '인정과 사적인 약속에 이끌리는 한국관습의 소산'[29]인 계의 방식을 통해 자신의 아성을 구축해왔지만, 그 성의 와해 또한 그것으로부터 연유되었다는 사실은 매우 역설적이다. 주인공은 몰락해가는 존 쾅을 만나면서 그의 내면에 숨겨져 있던 한국인의 심성과 문화적·역사적 바탕을 하나하나 캐내게 된다. 「아리랑」 등 옛 노래를 통해 한 나라의 정신을 깨닫게 되고, 고향이나 어머니의 개념과 함께 미국에 뿌리내리고 사는 한국인의 강인함도 확인하게 된다. 그런 과정에서 그가 찾고 있는 것이 존 쾅의 '본래 모습', 즉 '생생한 상처의 흔적을 있는 그대로 보여주는 모습'임을 인식하게 된다.

주인공이 자신의 정체성을 확인하기까지 계속되는 것은 만남이다. 그가

---

[28] 위의 책, 183쪽.
[29] 권택영, 앞의 글, 17쪽.

사람을 만난다는 것은 그들의 '말'을 만난다는 것을 의미했다. 주인공이 자의식을 갖게 된 이후 부모의 존재를 새롭게 인식한 것도 이민사회의 말 덕분이다. 아내 릴리아와의 만남도 매개체는 말이었다. 주인공이 호글랜드의 측근 에두아르도를 만나면서도 먼저 만난 것 역시 그의 말이었다. 에두아르도는 항상 '자신에 찬 어조'로 '안-녕-하-세-요'라고 말을 건넨다고 했다. 그런데 그의 억양은 항상 주인공보다 '훌륭했다'. 한국인 선거구민들에게 인사를 하고, 사무실을 찾는 한국인들에게 정확히 인사를 할 수 있도록 존 쾅이 그에게 한국어 인사말을 가르친 것이다.[30] 그가 감시하고 있던 존 쾅의 경우, 말에 관한 한 탁월한 모습을 보여주고 있었는데, 그것이 이민지의 주류사회에 성공적으로 진입한 주요인으로 설명되고 있다. 주인공이 감시의 대상인 존 쾅을 자랑스러운 한국인의 전형으로 생각하게 된 것도 대중을 휘어잡는 말솜씨 때문이다. 상대가 청교도이건 중국인이건 조국을 잃은 난민이건 연단에 서서 '우렁차고 분명한 목소리로' 거침없이 열변을 토하는 그의 모습이 주인공에겐 매혹적으로 다가왔다. 그러면서도 가끔은 그의 영어에서 '어색한 대목'을 들을 땐 자기도 모르게 속으로 움찔한다고 했다. 그리고 '그것들은 단순히 새로운 악센트나 억양이 아닌 이민자의 가슴에 사무친, 새 세계에 대한 기대와 희망에 어우러진 과거의 자취를 무언중에 흘리는 것'[31]이기도 했다.

영어에 능숙한 존 쾅의 몰락을 지켜보며 주인공은 비로소 자신의 정체를 깨닫게 된다. '매일매일 살아남는 것이 속임수와 비슷하다'고 생각하며 삶을 견뎌왔고 세상에 적응했으며, 손익을 따지며 살아온 아버지처럼 그도 자신을 포함해 착취당할 만한 다른 사람들을 착취하며 살아온, '추한 이민

---

[30] 『네이티브 스피커 1』, 217쪽.
[31] 『네이티브 스피커 2』, 200쪽.

자의 실상'을 주인공 또한 자기 스스로에게서 발견하게 된 것이다.[32] 영어의 악센트와 어휘를 배운 것도, 상대방이 가진 최후의 자존심과 관행을 벗겨버리지 않으면 안 되었던 것도 모두 이민자로서 살아남기 위한 몸부림이었음을 깨달은 것이다. 그것이 그들의 역사였고, 동시에 그가 키우고자 한 유일한 재능이자 미국에서 배운 전부였다고 했다. 이제 주인공은 그것을 미국사회에 돌려주고자 한다고 했다.

주인공이 '안으로 달려 들어가 거울을 들여다본 것'은 존경하던 존 쾅의 몰락이 사회적으로 확인되던 순간이다. 그 '고독한 순간'에 '진정 나는 누구인가를 깨닫고 싶었기 때문이다.[33] 그러나 그곳엔 영어가 서툴러 주변 사람들에게 놀림을 받던 소년 시절 자신의 모습만 비치고 있다. 미국 주류사회에 '동화'되고자 하던 그의 꿈이 실현되지 못했음을 확인하게 된 것이다. 그것은 '또 다른 무엇으로 바뀔 수 없는' 존재의 절대성을 의미하는 일이다. 그것이 바로 그의 정체성이다. 한국인의 범주를 벗어날 수 없는 한국인으로서의 운명을 비로소 깨달은 것이다. 그것은 존 쾅이 별로 힘들이지 않고 '한국인 노릇'과 '미국인 노릇'을 해왔다는 지적과 상통한다. '노릇'이란 말은 '흉내'란 의미를 내포하고 있다. 한국인과 미국인 흉내를 내왔다는 것은 그가 본질적으로 한국인도 미국인도 아니란 사실을 뜻한다.

한국인도 아니고 미국인도 아니라면, 그의 정체는 과연 무엇인가. 두 범주의 사이에 서 있는 경계인일 수도 있고, 아예 제3의 존재일 수도 있다. 그 점은 미국인의 새로운 모습을 발견한 주인공의 말 속에 암시된다. 피부색이나 언어의 다름에도 불구하고 모든 미국인이 열광하면서 보여주는 행동이야말로 '그들이 습득한 또 하나의 언어', 아주 '특수한 언어'라는 것이

---

[32] 위의 책, 222쪽.
[33] 위의 책, 226쪽.

다.³⁴ 손을 번쩍 들고 공중에 손뼉을 친다거나 방방 뛰어대는 모습이야말로 무엇보다 다양한 미국인들을 하나로 묶는 언어라는 것이 주인공의 설명이다. 그러나 다양한 사람들이 살고 있는 뉴욕이 '말의 도시'라는 것이 주인공의 변함없는 주장이다. 알아들을 수 없는 외침들, 조화되지 않는 합창 같은 생소함, 화난 듯하고 연극을 하는 것 같은 사람들이 가득 찬 거리는 바벨탑의 이미지를 적절히 보여준다. 다양한 피부색들, 너무나 큰 말소리들, 다양하게 들려오는 영어, 서투른 영어로 내뱉는 불평들……, 이 모든 것들은 아수라장을 이룬 바벨탑의 내면이다. 그러는 와중의 마지막에 주인공은 아내 릴리아에게 초점을 맞춘다.

> 그녀는 마지막 음절에 액센트를 주어가며 아이 하나하나의 이름을 아주 정확하게 정성들여 불렀다. 나는 그녀가 열두 가지가 넘는 모국어를 말하는 소리를 들었다. 까다롭기만 한 우리들의 이름을 부르는 소리를.³⁵

유로 아메리칸인 릴리아는 분명 미국 주류사회의 구성원으로 손색이 없는 여자다. 그리고 그가 상대하고 있는 아이들은 차별을 받는 이민 자녀들이다 그녀가 아이들의 이름을 '정확하게' '정성 들여' 불러주는 광경, 까다롭기만 한 그들(주인공에겐 '우리들')의 이름을 열두 가지가 넘는 모국어로 불러주는 광경이 주인공의 감동을 불러일으킨다. 이 지점에서 비로소 주인공과 이민자들은 소수민족으로서 미국인이 된 자신들의 정체성을 깨닫게 되는 것이다. 알아들을 수 없을 만큼 많은 말들이 난무하는 바벨탑에서 비로소 자신들의 모국어로 자신들이 거명되는 환희를 맛본 것이다. 바벨탑에서의 자아 찾기는 그래서 성공적이라고 할 수 있다.

---

34 위의 책, .252쪽.
35 위의 책, 265쪽.

## 4. 결어

　1980년대 대거 쏟아져 나온 재미한인 작가들의 소설에 이어 1990년대를 빛낸 이창래의 『네이티브 스피커』는 새로운 '자아 찾기'의 주제의식을 보여준다. 1930년대에 처음 시도한 강용흘의 자아 정체성 탐구는 1980년대에 들어와서도 변함없이 반복되는 모습을 보여준다. 그러나 이창래의 단계에 이르러 자아 찾기는 내면화의 과정을 거쳐 한층 세련된 모습을 보여준다. 이 작품에서 '본격소설의 가능성을 찾는 것'도, '아메리칸 드림을 성취해가는 과정의 묘사로 보는 것'도, '이민자들의 목소리를 통합하여 자신의 서사구조에 담고자 한 것으로 보는 것'도 모두 타당하다. 그러나 본고에서는 좀더 예각화시켜 작가나 주인공이 갖고 있던 언어 콤플렉스를 이야기 전개의 중요한 축으로 보고, 그 과정에서 추구되는 자아 찾기의 실상을 밝혀보고자 했다.

　작가는 이야기의 무대인 뉴욕을 바벨탑으로 보고, 언어에 대한 인식이나 발견에서 주인공의 이야기를 시작하고 이야기를 끌어가면서 자아 정체성 추구의 과정을 보여주고 있다. 이야기를 지탱하는 축들 가운데 가장 중요한 것이 '주류사회와 언어'의 문제다. 영어를 모국어로 구사하는 계층만이 주류사회의 일원으로 행세하는 미국에서, 재미한인들은 여타 세계의 이민자들과 함께 주변인일 따름이다. 영어를 제대로 구사하지 못하는 약점은 피부색과 함께 그들을 소외시켰고, 그러한 소외는 정체성의 혼란을 가중시킨 본질적인 문제였다.

　주인공은 뉴욕을 역사상 로마에 이은 두 번째 바벨탑으로 보고 있다. 그 바벨탑의 주류시민이 되기 위해서는 영어를 '모국어처럼' 구사해야 한다. 신세계 미국의 바벨탑이 요구하는 것은 그들 주류사회의 말과 문화,

사고에 대한 복종이다. 주류사회 구성원들의 오만과 이민자들의 열등감은 이민자들이 쉽게 넘을 수 없는 장벽이다. 주인공은 어려서부터 이중적인 언어 세계 속에서 자란다. 피부색과 함께 영어를 제대로 구사하지 못하는 이민 1세대 부모로부터 말에 대한 콤플렉스를 물려받은 것이다.

　아내 릴리아는 말을 가르치는 교사이고, 그녀와의 만남 또한 말에 대한 관찰을 계기로 이루어진다. 그가 일하던 사설 탐정소, 그가 감시하던 존 쾅이나 함께 일하던 사람들에 대해서도 그의 일관된 관심사 중 하나는 말이다. 한국어를 사용하는 내부 공간으로서의 가정과 영어를 사용하는 외부 공간으로서의 사회를 왕래하는 주인공은 처음부터 혼란을 겪을 수밖에 없다. 아들의 죽음이나 아내와의 결별과 함께 탐정 업무 등을 통해 그의 언어 콤플렉스는 자아 정체성 발견에 도움이 되는 방향으로 선회하기 시작한다.

　존 쾅의 몰락과 함께 주인공은 아무리 애써도 한국인의 테두리를 벗어날 수 없다는 자신의 처지를 깨닫는다. 특히 마지막 장면에서 아내가 아이들의 이름을 각각의 모국어로 정성스럽고 정확하게 부르는 것을 듣고 나서야 비로소 주인공은 소수민족으로서 미국인이 된 자신의 정체성을 비로소 확인하게 된다. 무수한 말들이 난무하는 바벨탑에서 자신과 동류인 이민자의 아이들 이름이 그들의 모국어로 불리는 현장은 그에게 감동과 함께 깨달음을 준다. 마지막 장면이야말로 '바벨탑에서의 자아 찾기'가 비교적 성공적이었음을 보여주었다고 할 수 있는 것이다.

(조규익/숭실대 교수)

□ 참고문헌

1. 기본자료

Lee, Chang-rae, *Native Speaker*, New York : Riverhead Books, 1995.
이창래, 현준만 역, 『네이티브 스피커 1,2』, 미래사, 1995.

2. 논저

구춘서, 「재미동포의 중간자적 위치에 대한 신학적 이해」, 『재외한인연구』 10집, 재외한인학회, 2001.
권택영, 「계몽과 부정성: 『마오 2』와 『네이티브 스피커』에 나타난 한국 이미지」, 『미국학 논집』 37권2호, 한국아메리카학회, 2005.
김미영, 「『네이티브 스피커』를 통해 본 우리 시대 본격소설의 가능성」, 『문학수첩』 3권3호(가을호), 2005.
김윤규, 「재미 한인 이민소재 소설의 갈등구조」, 『문학과 언어』 24집, 문학과언어연구회, 2002.
민병용, 『미주이민 100년-초기인맥을 캔다』, 한국일보사 출판국, 1986.
신혜원, 「『네이티브 스피커』에 나타난 정체성과 의사소통의 문제」, 고려대 석사학위논문, 1999.
왕철, 「『네이티브 스피커』에서의 엿보기의 의미」, 『현대영미소설』 3호, 현대영미소설학회, 1996.
유선모, 「1990년대의 한국계 미국인 작가들의 경향」, 『한국계 미국 작가론』, 신아사, 2004.
이동하·정효구, 『재미한인문학연구』, 월인, 2003.
조규익, 『해방 전 재미한인 이민문학 1~6』, 월인, 1999.
_____, 「재미 한인작가들의 자아 찾기-욕망과 좌절의 끊임없는 반복」, 한국문학연구학회 창립 20주년 기념 국제학술대회 발표논문집 <세계 속의 한국인 한국문학 한국문학연구>, 한국문학연구학회, 2006. 4.
미우라 노부타카·가스야 게이스케 편, 이연숙 외 역, 『언어 제국주의란 무엇인가』, 2005.
자크 데리다, 김우창 역, 「인간과학 중심의 담론에 있어서의 구조와 기호와 놀이」, 김용권 외, 『현대문학비평론』, 한신문화사, 1994.

## ■ 찾아보기

### 작품명 및 정간물 찾아보기

「1959년 와히아와의 부활절」__51
「4.29 흑인폭동 현장에서」__39, 117
「495 Beltway」__109
「A시의 가족」__260
「Homeless」__103
「Valley Fever」__39, 117

### (ㄱ)

『가교문예』__85
「가을여자」__250
「갈라진 틈」__153, 154, 156, 157
『갑판 없는 배』__127
「개척교회 사모님」__99
「개화기의 자유시론」__67
『거문도에 핀 동백꽃은』__239
『검은 며느리』__239, 270
「검은 붓꽃」__137
「겨울비」__259, 260
「겨울아침」__100
「겨울의 사랑」__36
「경세환(警世丸)」__69
「고백」__267
「고향을 잃은 사람들」__269
「고향의 꿈」__199
「광화문 이야기」__223, 286
「狂者의 노래」__78
『구부러진 길』__234, 254, 259
「국치의 노래」__72

「귀가」__120
「그 남자 이름도 모르면서」__263
「그 후에 내린 비」__256, 268
『그네타기』__250
「그네타기」__259
「그대여 잠깐만 섰거라」__76
「그들의 시대」__41
「그래도 고국은 아직 봄이네―뉴욕日記」__24, 95
「그런 집단 속으로」__146, 148, 149, 150, 158
「그리고 노래한다 우리는」__145, 151
「그림 속의 도시」__263
「그림자 밟기」__269
「그믐달과 열쇠」__96
「그해 겨울」__223, 286
「글마루」__38
『금산』__80
「금지된 바늘땀」__128, 310
『기독교문학』__85
『기독문학』__110
「기억들, 갤러리 291」__141
「길- 텍사스 하이웨이에서」__75
「길가는 사람들」__254
「김달평씨의 하루」__272
『깃발 아래』__142, 146, 151, 161
「깃털」__42
「깡통도 무거웠다」__270
「꽃신」__36, 221, 280, 284, 345
「꿈꾸는 티아레」__248, 253, 267

(ㄴ)
「나그네 되어야 하는가」__122
『나르시스의 슬픔』__225
「나무의 시」__25
「나뭇잎은 흔들리는 나무 곁에」__227, 235, 288
「나비」__42
「나비의 꿈」__287
『나의 유령 형님의 기억』__281
『나의 한국 소년 시절』__280
「낙타와 상인2」__112
「난쳐난쳐」__31
「난초들」__137
「난초」__128
「남강의 가을」__199, 201, 202
「남편의 마더」__271
「낯선 땅에서 만난 소나기」__262
「내 나라야」__66
「내 이름이 교코였을 때」__348
「내가 말한 영어엔」__24
『널뛰는 아가씨』__348
『네이티브 스피커』__46, 47, 169, 280, 284, 367, 371, 386
「노란 꽃」__223, 225, 288
『눈 속으로 간 여자』__239
「뉴욕 91101」__119
「뉴욕 다운타운의 아침」__52, 105
「뉴욕 산조, 아메리카여, 사죄하라」__39, 117
『뉴욕 한국일보』__228, 236
『뉴욕문학』__24, 38, 43, 51, 85, 93, 97, 105, 109, 119, 122, 283
「뉴욕일기(2)」__101

「늪 주변」__42

(ㄷ)
『다리들』__128
「다친 장미꽃」__120
「당신들은 가심니까?」__79
『대사전』__222, 241, 284, 289, 292, 294, 297, 300, 303
『대한매일신보』__62, 72
「데아뜨로」__273
「도망」__270
「독립가」__71
『독립신문』__79
『독립』__80
「돌먹는 사람들」__199
「돌을 던진 우정」__269
『동광』__62, 73, 74, 75
「동굴을 떠난 동굴나라 사람 하나」__255, 259, 261
「同類」__116
「동물원에 가다보면」,__267
「동반도넷집」__71
『동아일보』__227
「동양선비 서양에 가시다」__167, 169, 170, 174, 190, 192
『동양의 시』__280
『동요하는 미국』__127
「동지들에게 보내는 시」__78
「동지」__199
「두 개의 일상」__26, 27
「두 개의 편지 안에서」__25
「두 개의 현을 위한 협주곡」__43, 268
『두 여자 이야기』__231

「뒤웅박」__36
「드림 하우스」__271
「들리지 않게 된 물레질 소리」__271
「등 뒤의 그림자」__260, 268
「등뒤의 그림자」__236
『딕테』__281, 307, 312, 321, 330, 339
「떠 있는 섬」__228

**(ㄹ)**
「라면」__109

**(ㅁ)**
「마리아의 꿈」__256
『마음에 그리는 사랑』__225
「막내딸」__133
「망해루」__223, 286
「망향」__66
「맨하탄」__113
「맨하탄 간이역에」__108, 113
「맨하탄의 네 거리, 그 질주 앞에서」__120
「맨하탄이 부끄럽다」__98
「모국어」__27, 110
「모래폭풍으로 머물다」__266
「모어의 번역」__157, 158
「목 타는 도시」__233, 239, 288
「목에 분을 바르는 소녀」__138
「몽유도」__269
「몽유병」__251
「무덤에 정을 붙여」__199
「무인도의 연가」__104
「무제」__71
『문장』__239

『문학과 문화』__239
『문학세계』__38, 42, 85, 283
『문학아메리카』__283
『문학예술』__42
『물결을 일으키기』__310
「물구나무서기」__269
「물방아」__109
「물새─'산타모니카'항에서」__25
「미국 유학」__73
「미국에서 그리는 자화상」__26, 115
「미국에서 맛본 달고 쓴 경험」__75
「미국을 사랑하라」__122
『미주 에세이』__283
『미주 한국일보』__231, 239
『미주기독문학』__38, 89, 99
『미주문학』__24, 27, 43, 51, 85, 95, 102, 106, 115, 122, 282, 284
『미주시세계』__85, 104, 114, 116, 283
『미주시인』__66
『미주아동문학』__283
『미주이민문학』__283
『미주펜문학』__85, 87, 99, 103, 283
「밑줄」__93

**(ㅂ)**
「바다와 목마」__249
「바보 응칠이」__239
「반달」__43, 264
「밤 전차 안에서」__74
「방 한 칸」__253, 268
「백 투 스쿨 수박 쎄일」__106
「병두네 식구들」__230, 238, 266, 290
「부록」__284

「부활절, 와히아와, 1959」__134
「북미에서 고학 5년간」__75
『분단국가의 비망록』__152, 159, 161
「불여귀」__71
「붉은 양귀비」__137
『브람스의 추억』__222
「블루 애비뉴」__222, 259
「비둘기와 금발미녀」__253
「비빌 데가 있었음에」__104
『비빔밥』__348
「비설거지」__90
「비의 노래」__91
「빨간 생철집」__269, 271
『뽕나무 프로젝트』__281, 346, 350, 353, 357, 363
「뿌리」__51, 93

(ㅅ)

『사금파리 한 조각』__281, 284, 348
「사랑의 기쁨」__42
「사랑의 예감」__42
「사랑하는 S누님께」__199
「사막과 장미」__265
「사월 그리고 팔월 이야기」__110
『사진 신부의 사랑』__227
『사진 신부』__50, 65, 127, 129, 133, 139, 141, 160, 284, 308
「사진 신부」__130, 132, 139
「사천삼백년」__203, 205, 345
「산울음-山淸에서」__98
「살리다」__273, 274
「살비에게」__227, 230, 298, 300, 304
「상사희」__71

「새날이 밝으면」__109
「새벽길」__99, 199
「새벽의 목소리」__42
「새하얀 장소로부터」__137, 139, 141
「샌프란시스코는 비」__239, 289
『샌프란시스코문학』__85
『샌프란시스코펜문학』__85, 283
「샤이엔강의 사랑」__239, 298, 304
『서사담론』__168
「선종(善終) 이후 4」__25
「섬」__257
「세대」__158, 159
『세탁부』__243
「세탁부」__273, 274, 275
『소년』__66
『손님 어디로 모실까요?』__222
「손님」__101
「손」__227, 230, 256, 291
「숙주」__128
『순교자』__35, 280, 282, 284
「숲속의 쉼터」__258
「쉐난도 강가의 돌멩이들」__52
「쉬카고」__79
「순국가」__67
『시 하와이』__128
『시간표 없는 정거장』__28
「시민권을 받으며」__115
『시세계』__110
『시와 시론』__222
『시조월드』__38
『시카고문학』__38, 85, 283
『시타커스, 새장을 나서다』__236, 254, 258, 261

찾아보기 393

『시향』__92, 98, 100, 106, 112, 122
『신대륙』__38, 85, 86
『신한민보』__29, 62, 68, 70, 75, 79, 87, 197, 282, 344, 345
『심상』__225
『심판자』__35
『쌀의 정물화』__281, 284
「쌍둥이 형제의 행진」__273
「찌 ㅅ쥽」__67

(ㅇ)
「아나폴리스」__112
『아름다운 흔들림』__222
「아름다움과 슬픔」__137, 138
「아리랑」__382
「아메리카 抒情」__101
「아메리카 향수」__40, 121
「아무도 알아듣지 못하는 말」__111
「아버지의 눈」__259
『아시아계 미국시 다음 세대』__153
『아아아!: 아시아계 미국 작가 선집』__309
「아우의게」__78
「안개의 국적, 코즈모폴리탄의 경전」__93
「안개의 칼날」__259
「애국자성공」__199, 201
「어느 소년의 죽음」__117
「어떤 시작」__42
「어머니가 된 당신」__24
「얼룩진 표창」__271, 272
「엄마의 다락」__263
『엄마의 집』__48

「에블린」__43, 44, 45
「여권」__24
「여들 검둥이 아희의게」__78
『여원(女苑)』__42
「연어」__51
「연싸움」__348
「열아홉 살의 징검다리」__286
「영어가 나를 웃기네요」__107
「영주권」__27
『오늘은 멀고』__28
『오렌지문학』__38
「오로라」__286
「오리건의 비」__122
「오줌싸개 서울-1998년 가을에 만난 서울」__52, 97
『오하이오강의 저녁노을』__239
「오후의 외출」__260
『옥수수밭 이야기』__236
「온몸으로 그리워하기」__254
『와이푸나의 파수꾼』__54, 346
『외국인 학생』__281, 284
「외로운 사람들」__239, 271, 289
『외지』__38, 104, 109, 120, 282
『우라키』__62, 75, 78, 79
「우리들의 유년에 바치는 조사(弔詞)」__43
『울림』__38, 85, 283
『워싱턴 달동네』__256, 258, 268
『워싱턴뜨기』__283
『워싱턴문학』__38, 85, 283
「원슈갑흐랴고」__67, 71
「원어민」__309
「원정대」__199

『위안부』__28
「유달산」__92
『유령 형의 추억』__309
「유채꽃」__96
「육육년 여름」__26
「은빛 무지개」__286
『은자작나무가 서 있는 마을』__239
『을지문덕』__30, 201
「이랑타기」__270
「이민 풍속도」__100
「이민의 강」__101
「이방인의 하루」__89, 99
「이방인의 현주소」__115
『이순신전』__30, 201
『이슬의 눈』__117
『이율의 항변』__28
「이전투구」__271
「이케바나」__138
「인디안의 넷 궁-클리푸 쑤월링에셔」__76
「인비트로」__263
「인사-우주인 닐 암스트롱에게」__26
「인연」__223, 233, 286
「잃어버린 세월」__247
「잃어버린 시간」__259
「잃어버린 여동생」__128
『잃어버린 이름』__35, 280
「잊힌 전쟁의 단편」__153, 155, 157

**(ㅈ)**
「자기 위한 연장전」__121
『자유문학』__236
「자유혼인」__32, 33, 199

「자줏빛 하늘에 남긴 편지」__286
「잔여물」__128
『재미 한국인』__33
「재미 한인문학 개관Ⅱ」__85
『재미수필』__38, 283
『재미한국인』__18
「전신주2」__116
『전원 평론』__128
「전필승」__72
「점점 커지는 보자기」__121
「정글에 뛰어들어」__260
「제2의 가족」__273
『제스처 라이프』__46, 47, 281
「조상나라」__67
「조지아 오키프 화집에서」__128
『종군위안부』__46, 281, 296, 346
『종이비행기』__54, 346
『죄없는 사람들』__280
「죽음을 옆구리에 끼고」__260
『중앙일보』__85, 228
『지평선』__24, 27, 38, 86, 282
「집과 하우스」__271, 272

**(ㅊ)**
「참쟝부면」__29, 31, 199, 200, 201
「창문과 들판」__129
『천사들의 도시』__253
「철혈원앙」__199, 201, 209
「첫동이틀째」__78, 79
「쳔주교의 넷 절-신타 바바라에셔」__76
『초당』__34, 167, 170, 181, 190, 280, 282, 284, 308, 362

「초대」__41
「추석」__97
「축출명령」__75
「츄은 것을 불으난 벌에」__67
「츔무노릐」__67
「치통2」__105
「칠일장」__92

(ㅋ)
「콘돔」__230, 232, 236, 237, 289
『크리스천문학』__282

(ㅌ)
「탈선의 최후」__203, 206, 209, 345
『탈식민주의 길잡이』__297
「탈출」__119
『태양의 연가』__28
「털실 침대보」__266
「테러로 사라진 앤디에게」__119
「테러와의 전쟁」__119
『토담』__169, 184, 190, 192, 280, 308
「특이」__204, 210, 212, 345

(ㅍ)
「페터슨시의 몰락」__117
「피가 부르는 소리」__271
『피겨스케이팅 기본동작』__130
「피더 루거 스떼익크 하우스에서」__108
「피의 충동」__271

(ㅎ)
『하나가 아닌 성』__334

『하나코』__28
『하얀 강』__94
「하얀 겨울」__253, 267
「하얀 나팔꽃」__137
「하얀 해바라기」__224, 225, 232, 287
「하얀 현관」__133
『하와이 평론』__128
『한돌문학』__283
『한미문학』__85, 98, 108, 113, 120
「한양성」__71
「할로윈 파티」__291, 304
『할머니가 있는 풍경』__284
「합중국 고추 장아찌」__114
「항구」__104
「해당화」__199
「해바라기」__137
「해에게서 소년에게」__66
『해외문학』__38, 283
「향수 2」__94
「향수」__79
「혀를 펴고 싶다」__106, 107
『현대문학』__36, 41, 42, 43, 299
「현미경」__199
「형제의 의미」__271
「화려한 감옥」__222, 230, 237, 251, 267, 288
「화폭」__236, 237, 288
「환영가」__71
「환우기」__273
「황구」__258
「황노인 이야기」__223
『황인종』__281, 284
「흑로망향가」__67

**인명색인**

강용흘__34, 167, 171, 180, 191, 218, 280, 308, 345, 362, 369, 386
강학희__114
강현우__223, 286
검영생__29, 199
고원__28
고현혜__117, 118
곽림대__71
곽상희__39, 96, 105, 117, 120
구름__199
권귀순__100
권소희__235, 255, 258, 260, 265, 288
김 미셸리아__106
김강자__89, 99
김난영__169, 183, 187, 190, 193
김명선__223, 286
김병헌__39, 117
김병현__24, 27, 110, 116, 121
김소향__50, 52, 97, 122
김순희__224, 225, 287
김시면__25, 27
김여제__62, 73, 75, 79
김옥례__91
김용익__36, 218, 221, 280, 284, 345
김월정__108, 113
김윤태__101, 120
김은국__35, 36, 218, 280, 284, 345
김정기__90, 101
김정미__28
김지원__41, 42, 204, 344
김진춘__24, 26

김혜란__80
김혜령__41, 244, 261, 264, 268, 277
김호철__78, 79
김희주__118
남궁 시예라__31
노라 옥자 켈러__41, 46, 126, 281, 296, 309, 346
단 리__55, 281, 284
대시생__69
로정민__71
류일환__280
리대위__199
리살음__67
리성식__71
리용직__67
린다 수 박__281, 284, 346, 348, 350, 356, 362, 364
마종기__25, 51, 117, 124
마팅씨__203, 345
만수산인__203, 344
맹하린__243, 269, 274, 278
명미 김__51, 125, 127, 142, 148, 151, 153, 158, 162
문금숙__104
문무일__92, 109
문무자__72
미쉬칸 구름__199
박경숙__223, 233, 246, 259, 266, 286
박경호__119
박시정__41, 204, 344
박태영__280
백순__92, 112
백일규__70

백훈__222, 230, 237, 250, 261, 287
변수섭__287
산꿀__204, 345
상항디방회__67
송상옥__41, 204, 344
송성호__223, 225, 287
송영구__106
수잔 최__41, 46, 219, 281, 284
수지 곽 김__51, 126, 153, 159, 162
신상태__228, 233, 299
신예선__223, 286
신지혜__50, 92, 124
신채호__30, 201
안경라__96
안선혜__97
안설희__236, 258, 277, 288
안중근__67
안창호__62, 68, 343
양동일__286
엣스생__199
연규호__239, 246
오금옥__110
오정방__122
오정수__32, 199
와룡산인__199
운국__199
운외연객__72
월터 K. 류__46
유경찬__109
윤영미__116
윤학재__99
윤휘윤__115, 120
이관희__39, 40, 117

이규태__286
이성열__26, 101, 115
이승자__40, 121
이언호__227, 246, 253, 277, 291
이영묵__246, 256, 260, 268, 277
이윤홍__50, 51, 102
이자경__68, 82, 291
이재학__109
이정두__62, 78, 79
이정자__98, 107
이종학__239, 269, 272, 278, 289
이창래__41, 46, 126, 169, 184, 219, 280, 309, 345, 369, 370, 388
이창윤__25
이창윤의 「__25
이천우__100
이혜리__281, 284
장금자__103
장명길__269, 272, 276, 278
장석렬__98, 101, 115
전달문__24, 25, 95, 124
전명세__223
전상미__231, 238, 250, 267, 277, 290
전지은__239, 288
전진택__67
정문혜__99, 119
조성자__50, 52, 105
조정희__246, 256, 267, 277, 279
주세중__286
차의석__80, 83
차학경__219, 281, 312, 321, 335, 337, 338, 340
채동진__23, 68, 70, 72

천취자__109
최복림__111
최서혜__121
최석봉__94, 124
최선영__25
최연홍__25, 104, 119
최용운__66
최유혜__236, 251, 262, 268, 277
최정열__246, 286
최태응__239
최희송__199
캐시 송__130, 133, 137, 142, 153, 160, 284, 308
하운__119
하인즈 인수 펭클__46, 281
한길수__112
한영국__41, 42, 43, 44, 221

한흑구__74, 78, 79
허권__122
헬렌 킴__41, 48, 49
현이 강__143, 147, 150, 313
형남구__104
홍언__62, 72, 76
황갑주__24
흰돌__199
Ann Choi__38
Chung Mi Kim__28
Gary Pak__54
Janet M. Choi__38
Jean Yoon__38
Ok gu Kang__19, 28
Theresa Hak kyung Cha__28
Willyce Kim__28, 54, 346
Yearn Hong Choi__38

재외한인문학연구총서 3
## 재미한인문학의 어제와 오늘

1판 1쇄 발행 2022년 4월 30일

지 은 이 ｜ 김영미 김양순 김정훈 오정화 이기인 이상갑 정덕준 조규익
펴 낸 이 ｜ 김진수
펴 낸 곳 ｜ 한국문화사
등     록 ｜ 제1994-9호
주     소 ｜ 서울시 성동구 아차산로49, 404호(성수동1가, 서울숲코오롱디지털타워3차)
전     화 ｜ 02-464-7708
팩     스 ｜ 02-499-0846
이 메 일 ｜ hkm7708@daum.net
홈페이지 ｜ http://hph.co.kr

ISBN 979-11-6919-002-2 93810

- 이 책의 내용은 저작권법에 따라 보호받고 있습니다.
- 잘못된 책은 구매처에서 바꾸어 드립니다.
- 책값은 뒤표지에 있습니다.

 오류를 발견하셨다면 이메일이나 홈페이지를 통해 제보해주세요.
 소중한 의견을 모아 더 좋은 책을 만들겠습니다.